·教育家成长丛书·

李镇西
与语文民主教育

LIZHENXI YU YUWEN MINZHU JIAOYU

中国教育报刊社·人民教育家研究院 组编
李镇西 著

北京师范大学出版集团
BEIJING NORMAL UNIVERSITY PUBLISHING GROUP
北京师范大学出版社

图书在版编目（CIP）数据

李镇西与语文民主教育/李镇西著；中国教育报刊社人民教育家研究院组编. —北京：北京师范大学出版社， 2015. 10（2021.2重印）

（教育家成长丛书）

ISBN 978－7－303－19144－4

Ⅰ.①李⋯　Ⅱ.①李⋯②中⋯　Ⅲ.①中学语文课－教学研究　Ⅳ.①G633. 302

中国版本图书馆 CIP 数据核字（2015）第 134730 号

营销中心电话　　010－58802181　58802123
北师大出版社高等教育分社网　http://gaojiao.bnup.com
电　子　信　箱　gaojiao@bnupg.com

出版发行：北京师范大学出版社 www.bnupg.com
　　　　　北京市西城区新街口外大街12–3号
　　　　　邮政编码：100088
印　　刷：天津中印联印务有限公司
经　　销：全国新华书店
开　　本：787 mm×1092 mm　1/16
印　　张：22. 5
字　　数：370千字
版　　次：2015 年 10 月第 1 版
印　　次：2021年 2 月第 2 次印刷
定　　价：75.00 元

策划编辑：倪　花　　　　责任编辑：鲍红玉
美术编辑：焦　丽　　　　装帧设计：焦　丽
责任校对：陈　民　　　　责任印制：马　洁

教育家成长丛书

编 委 会

总 顾 问：柳 斌 顾明远

顾 问：叶 澜 田慧生 林崇德 陈玉琨

编委会主任：杨春茂

编 委：（按姓氏笔画为序）

于 漪 方展画 田慧生 成尚荣

任 勇 刘可钦 孙双金 杨九俊

杨春茂 李吉林 吴正宪 张志勇

张新洲 陈雨亭 郑国民 徐启建

唐江澎 龚春燕 韩立福 程红兵

赖配根 鲍东明 窦桂梅 魏书生

主 编：张新洲

副 主 编：徐启建 赖配根

总 序

　　教育是国家发展的基石，教师是基石的奠基者。古人云："国将兴，必贵师重傅。"兴国必先强教，强教必先重师。党中央、国务院高度重视教师队伍建设。2013 年教师节，习近平总书记在给全国广大教师的慰问信中指出："百年大计，教育为本。教师是立教之本、兴教之源，承担着让每个孩子健康成长、办好人民满意教育的重任。"2014 年，在第 30 个教师节前夕，习总书记到北京师范大学视察并发表重要讲话，指出："一个人遇到好老师是人生的幸运，一个学校拥有好老师是学校的光荣，一个民族源源不断涌现出一批又一批好老师则是民族的希望。"《国家中长期教育改革和发展规划纲要（2010—2020 年）》也明确提出，"有好的教师，才有好的教育"，要"努力造就一支师德高尚、业务精湛、结构合理、充满活力的高素质专业化教师队伍"。"倡导教育家办学"，要创造有利条件，鼓励教师和校长在实践中大胆探索，创新教育思想、教育模式和教育方法，形成教学特色和办学风格，造就一批教育家。"两个一百年"奋斗目标的实现、中华民族伟大复兴中国梦的实现，归根到底靠人才、靠教育，而支撑起教育光荣梦想的，是千百万的教师。

　　时代呼唤好老师。有一流的教师，才有一流的教育；有一流的教育，才有一流的国家。出名师、育英才、成伟业，是时代赋予我们教育战线的神圣使命。"大学者，非有大楼之谓也，有大师之谓也。"好学校、好教育的最重要标准，就是要有好老师。一所学校、一个地区乃至一个国家，如果教师有理想、有爱心、有学识、有高超的教育艺术，那么硬件设施即使有些简陋，家长、学生也会心向往之。教师是中国梦的奠基者。教师的重要使命，就是为每个孩子播种梦想、点燃梦想，并帮助他们实现梦想。每一间平凡的教室，每一节朴实的课堂，都不仅是知识的传递，更是人类文明精神的接续、人生梦想的起航。正是有亿万个孩子梦想的放飞、绽放，中国梦才更加光彩夺目。如果说中国梦最坚实的土壤是在学校，那么教师就是最伟大的"筑梦师"，他们用默默无闻、孜孜不倦的智慧劳动，让每一颗年轻的心灵都与中国梦激情相拥。

倡导教育家办学，造就一批好老师，首先要尊重、珍惜我们的本土智慧、本土创造。教育家不是凭空产生的，而是扎根于自己的民族文化土壤，同时吸收一切人类文明成果，从而创造出独特而生动的教育实践、教育智慧和教育文明。五千年源远流长的中华文明，不但形成了有我们民族特色的教育理论话语体系，而且涌现出了千千万万优秀的教育家，有被推崇为"大成至圣先师""万世师表"的孔子，有"匹夫而为百世师，一言而为天下法"的韩愈，有"捧着一颗心来，不带半根草去"的人民教育家陶行知，等等。改革开放30多年来，随着教育改革的不断深入，教育战线涌现出了一大批杰出教师。他们痴情教育事业，坚守理想信念和教育良知，在三尺讲台上默默耕耘、刻苦钻研，同时以敢为天下先的精神大胆创新，不断进取、不断超越，形成了各具特色的教育思想和教学风格。正是他们的成功探索和实践，创造了具有中国风格的教育经验，丰富了具有中国特色的教育理论宝库。原由教育部师范教育司组织编写，现由中国教育报刊社人民教育家研究院具体组织编写的《教育家成长丛书》，就是要向这些可贵的本土创造性的教育经验致敬。

当前，教育领域综合改革正在深入推进，考试招生制度改革的大幕已经拉开，立德树人、培育和践行社会主义核心价值观成为大中小学教育的头等任务。可以预见，中国教育将发生深刻的变革，将从"中国制造"向"中国创造"转变。"没有革命的理论，就没有革命的运动。"没有适合中国土壤、具有中国智慧的教育理论，就不可能为未来的中国教育改革提供有效的指导。我们的教育要向"中国创造"飞跃，必然要首先创造属于我们自己的教育理论，而不是"言必称希腊"或者老是贩卖欧美的教育理论。170 多年前，美国思想家、诗人爱默生发表了著名演说《美国学者》，号召美国知识界："我们依赖旁人的日子，我们师从他国的长期学徒期时代即将结束。在我们周围，有成百上千万的青年正在走向生活，他们不能老是依赖外国学识的残余来获得营养。"由此，美国迈入精神立国阶段。

如今，我们也面临与爱默生同样的情形。随着我国GDP已从世界第二向第一迈进，我们的经济崛起已成为事实，但在道德文明、文化精神等方面，我们还需急起直追。没有文明的崛起，经济崛起就难以持续。当务之急，是我们需要化解内心深处的文化自卑情结、摆脱对他国文明的精神依附，自觉养成强烈的"中国意识"、独立的中国文化品格，并由此去俯视世界，去改造本土实践，去创造属于我们自己的精神养料——这在教育界显得尤为紧迫。《教育家成长丛书》，就旨在把我们本土教育实践中蕴含的中国智慧提炼出来，从而形成具有时代意义的中国特色的教育话语体系，再以此去关照、引领、改造中国的教育实践，为伟大的教育改革提供经验、理论支持，也为未来的教育家提供丰富、可资借鉴的精神养料。

让我们为中国教育的伟大未来一起努力吧！

2015 年 3 月 9 日

前　言

　　见证着中国基础教育半个世纪的春华秋实，代表着中国基础教育教学成果最高成就的"首届基础教育国家级教学成果奖"中，闪耀着李吉林、窦桂梅、吴正宪、张思明、洪宗礼、唐江澎、邱学华、于永正、孙双金、薄俊生、龚春燕等一大批优秀教师的名字，而上述这些中小学教师的杰出代表恰恰都是《人民教育》"名师人生"栏目中最受读者喜爱的名师，都是《教育家成长丛书》的作者。

　　《教育家成长丛书》（以下简称《丛书》），是在第20个教师节前夕，"为了研究、总结、宣传和推广我国众多优秀中小学教师的先进教育思想和鲜活的宝贵的教育教学经验，培养造就一大批德才兼备的优秀教师和杰出的教育家，促进教师队伍整体素质的提高，根据教育部党组安排，由师范教育司组织编写"的一套凝聚着一大批教育家成长智慧的大型教育丛书。

　　《丛书》自2006年问世以来，不但得到国务院和教育部领导同志的高度重视，而且先后印刷多次尚不能满足广大读者的需求。这其中的奥秘何在？

　　当你翻开《丛书》，每一部著作都讲述着一位教育家成长的故事。这些著作主要从"成长历程""思想概述""课堂实录"和"社会反响"等方面全景式反映其教育思想、教育智慧、专业精神和专业人格的形成过程和教学实践过程，这是教育家成长的基本素质所在。

　　当你沿着教育家成长的足迹走近他们的时候，你会融进这些带有"草根色彩",扎根中华教育实践大地,充满田野芳香的真实感人的教育故事中。

当你从《丛书》中,这些当年和自己一样的普通教师,成长为今天受人尊敬的教育家的成长过程中受到启迪,当你触摸着自己的爱心,把学生的成长和祖国的未来紧紧连在一起的时候,你会真切地感受到教育家离我们并不遥远。

当你用整个身心蘸着自己的生活积累去品味《丛书》中的每一部著作的"成长历程"时,在其浓缩着一位位名师在不断学习、不断超越自我、不断超越学科教学的求索足迹中,你会读懂"教育是事业,其意义在于奉献"的丰富内涵。

当你研读《丛书》中的每一部著作的"思想概述",和每一位名师展开心灵对话的时候,都会深深地感受到,一个教师对教育独立的理解与执著的追求有多么重要。从思想成就一位普通的教师成长为受人尊敬的教育家的过程中,你会读懂"教育是科学,其价值在于求真"的深刻含义。透过《丛书》,你会看到一代代教师用爱与智慧塑造民族未来的教育理想。

随着我们从"知识核心时代"走向"核心素养时代",教师教育教学活动的视野已拓展到人的生存与发展的方方面面。作为一名教师,要结合自己的教学实践去感悟"教育理念是指导教育行为的思想观念和精神追求",应该把爱化为自己的教育行为,让爱充盈课堂、触摸到一个个灵动的生命,让爱产生智慧,让爱与智慧在学生心中留下岁月抹不去的美好回忆,让教育者和受教育者都感受到教育的幸福,这是《丛书》给我们的启示,也应是每位教师应有的胸怀和视野。

时代呼唤教育家。为了进一步把我们本土教育实践中蕴含的中国智慧提炼出来,从而形成具有时代意义的中国特色的教育话语体系,以此去关照、引领、创新中国的教育实践并在更大范围加以推广,《教育家成长丛书》将由中国教育报刊社人民教育家研究院继续组织编写,希望能够在更广大教师的心田中播种教育家成长的智慧,从而出更多的名师、育更多的英才、成就中华民族复兴的伟业,这是时代赋予广大教育工作者的神圣使命。如果广大教师能在每位教育家成长、探索教育智慧的过程中受到启迪,形成自己的教育智慧,则是我们编辑这套丛书的初衷。

《教育家成长丛书》
编委会
2015 年 3 月

目 录
CONTENTS

李镇西与语文民主教育

且行且思
——我的教育自传

走进心灵
——我的教育理念

挥洒生命
——课堂教学实录

鼓励鞭策
——专家学者评说

教海拾贝
——教育成果一览

初版后记

修订附言

且行且思

——我的教育自传

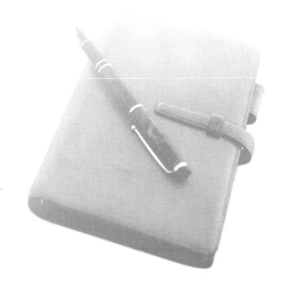

一、心灵写诗

（一）曾经是一个少年"诗人"

小时候的我应该算是一个"诗人"。

现在常常有朋友认为我搞教育是受了父母的影响，其实，虽然我父亲在教育局工作，母亲在小学教书，但我小时候从没有做过"教师梦"，而整天做的是"文学梦"。

我刚读小学便遇上"文化大革命"，几乎所有文学名著都成了"封资修"，但一本薄薄的《毛主席诗词》便足以成为我的文学启蒙读物：我不但能将所有已发表的毛主席诗词倒背如流，而且还煞有介事地写出一首首"革命诗词"。学校的板报上经常出现我"创作"的《菩萨蛮·看革命样板戏》《清平乐·芒果颂》《忆秦娥·欢迎工宣队进我校》……小学三年级的时候，学校欢庆党的九大"胜利召开"，我写了一首《卜算子·庆九大》："红日出东方，战旗映彩霞。革命小将心向党，万众庆九大。斗私又批修，胸怀亚非拉。待到全球一片红，江山美如画。"这首"词"后来在全校大会上朗读，还受到了工宣队队长的高度评价，说什么"红小兵能写出这样好的词"是"教育革命的成果"。

当时，除了背毛主席诗词和样板戏唱词之外，我还偷偷看了一些"禁书"。《欧阳海之歌》《红岩》《烈火金刚》《钢铁是怎样炼成的》《林海雪原》《草原烽火》《苦菜花》《红旗飘飘》等作品，曾经是那样地激动了我一颗少年的心！这些书不仅点点滴滴地在我的心灵中铸进了忠诚、正直、善良、坚韧等品格，也为我打开了一扇扇文学的窗口，潜移默化地影响着我后来的写作。

在那个年代，老师出作文题大多都是《不忘阶级苦》《五七指示永放光芒》之类，今天看来，毫无文学性可言；但我总能写得比同学们更有"文采"，因此，我的作文常常被当作范文在班上朗读。有意思的是，每次作文我都得写三四篇，因为班上有几个特别头疼作文的"哥儿们"求我帮忙，我当然乐意了，这不但能满足我的写作欲，而且"报酬"十分优厚：只要有谁欺负我，他们就帮我"教训"谁！个子矮小的我从此有了安全感。

我最喜欢写的还是"诗"。记得初二有一次老师布置的作文也是要我们写诗，我写了一首长"诗"《在广阔的天地里前进》："在明朗的海空上，矫健的雄鹰展翅翱翔；在广阔的天地里，革命的青年茁壮成长……"老师居然不相信是我写的，发作文本时她把我叫到一边问道："真是你自己写的吗？"看到我满脸诚实地点点头，她才当着我的面在作文本上写了一个大红的"优"。老师哪里知道，我已经将贺敬之的诗集抄了好几大本了！《十年颂歌》《西去列车的窗口》《回答今日的世界》《三门峡——妆台》《桂林山水歌》等诗篇我早已烂熟于心了。

读高中时，我又迷上了李瑛的诗、徐刚的诗，并模仿他们的风格，也写了不少"诗"。那时候基本上没有什么文学刊物，但上海的《朝霞》杂志，令我爱不释手。《人民日报》全文发表的那首北大"工农兵学员"创作的长诗《理想之歌》，更是读得我热血沸腾、荡气回肠。那时正逢"批林批孔""评法批儒""批邓反右"等运动如火如荼，我的"笔杆子"有了"用武之地"：《历史的车轮不容扭转》《新生事物赞》《我骄傲，我和"文化大革命"一道成长》《写给共产主义的明天》《斥"三项指示为纲"》……我的一首首"激情澎湃"的"诗"频频出现在学校大批判专栏上。我高中毕业那年的春天，北京爆发了悼念周总理、声讨"四人帮"的"四五天安门运动"，但当时的宣传说那是"反革命暴乱"，于是学校组织我们声讨"反革命暴徒"。在学校的批判大会上，我朗诵了自己写的一首诗《打一场诗歌反击战》："敌人用诗歌向我们进攻，我们就打他一场诗歌反击战！"当"红卫兵上讲台"作为教育革命的一项新生事物方兴未艾时，语文老师认为我的"诗"写得"好"，便叫我给同学们讲"如何写革命诗歌"，于是，整整一个星期的语文课，都是我站在讲台上大言不惭地给同学们谈所谓"诗歌创作"，俨然是一位"诗人"。

高中毕业，我到农村插队落户，很快就听到了"四人帮"被粉碎的消息。我所在公社组织知识青年文艺会演，我连夜"创作"了一首贺敬之式的长篇"政治抒情诗"《颂歌唱给英明领袖华主席》，然后组织一群知青朋友排练。结果我们这个口口声声"华主席啊华主席"的"诗朗诵"，在公社演出引起轰动，后来代表公社参加区上会演还获得优秀节目奖，我和所有参加朗诵演出的"演员"们都得到了当时很让人眼红的奖品：刚刚出版发行的《毛泽东选集》（第五卷）。

　　一年后，又传来恢复高考的消息。在填报志愿时，我想都没想就填上了"中文系"。我自认为我已经有了一定的"文学基础"，理应进中文系"深造"。虽然填志愿时我在"中文系"前面填的是"四川师范大学"，但这仅仅是为了增加录取的保险系数以让我早日跳出"农门"而已。于是，1978年春天，我带着文学梦走进了四川师范大学（当时学校名为四川师范学院）。

大学时代

　　坐在大学教室里，我才感到自己离文学其实还远得很：李白的诗歌，朱自清的散文，巴尔扎克的小说，莎士比亚的戏剧……这些真正的文学经典，我居然闻所未闻！于是，大学四年，我如饥似渴地阅读中外文学名著——而现在对我的教育工作十分有用的教育名著（比如苏霍姆林斯基的书）我当时则不屑一顾。我间或也写一些诗歌或小说，并且满天投稿。我曾经把我的"作品"寄给我很仰慕的作家萧殷同志"斧正"，还曾写信向南京大学中文系的叶子铭老师请教"文学创作"。让我颇为失望的是，除了收到萧殷老师和叶子铭老师热情洋溢的鼓励信之外，所有投稿无一不石沉大海。

大学实习期间，我来到一所县城中学教高一语文。也许是我性格比较活泼而且和学生的年龄也相近吧，很快我就和他们打成了一片。一个月后，当返校的汽车开动时，我回头看到学生们正流着泪在追赶着汽车……回到学校，我还久久沉浸在对实习生活的回忆和感动之中，我用了一个星期的时间写了一首以实习生活为素材的长篇叙事诗《校园钟声》。虽然这首诗仍然没能发表，但这是我第一次带着真情用笔写"教育"；或者干脆说，《校园钟声》是我的文学与我的教育美好的"初恋"。

1982 年 2 月大学毕业

正是怀着这种对文学"初恋"般美好的憧憬，1982年春天，我告别了大学，走上了四川乐山一中的讲台。

（二）开始把教育当诗来写

从教之初，我并不安心工作。我老想着哪位"文坛伯乐"能发现我这颗"文学新星"，然后调我到更适合我的岗位（比如什么作协之类的单位）去，我总觉得教师这个职业对我来说是"暂时"的。

但是，天真无邪的初一孩子们却把我当作他们"永远"的班主任和语文老师来爱戴。记得上课不到一个月，我嗓音便嘶哑了，有学生悄悄地将药塞进我的宿舍门。我拿着药在班上问是哪个同学送的，全班学生没一个承认，每一个孩子都对着我调皮地笑着。金色的阳光透过窗玻璃洒进教室，洒在每一个孩子的脸上，每一双眼睛都闪烁着太阳的光泽。这温馨时刻的一双双眼睛触发了我的灵感。当天，我写下一首短诗《眼睛》，我在诗中真诚地赞美孩子纯真的眼睛，进而赞美孩子们纯洁的童心。这首后来在报上发表的小诗，是我第一篇变成铅字的文字。

有一次，我生病住院的消息传到班上，教室里一片哭声。孩子们为了让我能随时听到他们的声音，放学后留在教室里面对录音机唱了一首又一首的歌，然后将录音磁带送到我的病房！当然，孩子们对我的爱更多的时候是"润物细无声"的：或是早晨走进教室，一声亲切的问候；或是我外出开会离开学校时，那眷恋的眼神；或者仅仅是夹在作业本里的纸条"希望李老师晚上早点睡！"我越来越感到，教育给我带来的心灵的愉悦决不在文学之下。

我开始把教育当成一首诗来写。为了让我的教育充满理想主义气息，也为了让孩子们有一个富有浪漫气息的班集体，我和学生为我们的班取了一个响亮的名字，叫"未来班"。我们设计了班徽，绘制了班旗，还创作了班歌。班歌的歌词是我和学生共同写成的一首诗《唱着歌儿向未来》，然后寄到北京请著名作曲家谷建芬同志谱上曲子。后来"未来班"作为一个优秀班集体被全国多家报刊报道。"未来班"成为我教育诗篇的第一行美丽的文字。

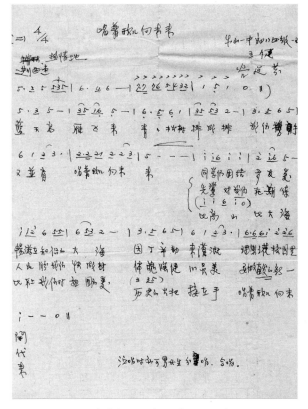

谷建芬老师为我班谱曲的班歌

　　我决定让文学成为我和孩子们共同的爱好。我不但把《青春万岁》《爱的教育》《红岩》《钢铁是怎样炼成的》等小说搬进了语文课堂，而且有时甚至把语文课搬到了大自然：岷江之滨、峨眉山下、草地上、田埂旁……都曾经是我和我学生的文学课堂。我还多次在寒暑假，与学生一起到大自然去长途旅游：我曾与学生站在黄果树瀑布下面，让飞花溅玉的瀑水把我们浑身浇透；我曾与学生穿着铁钉鞋，冒着风雪手挽手登上冰雪世界峨眉之巅；我曾与学生在风雨中经过八个小时的攀登，饥寒交迫而又兴趣盎然地进入瓦屋山原始森林……每一次，我和学生都油然而生风雨同舟、相依为命之情，同时又感到无限幸福。这种幸福不是我赐予学生的，也不是学生奉献给我的，它是我们共同创造、平等分享的。刚参加工作的那几年，每年大年初一，我都是和学生一起在郊外度过的——无论是小桥流水的幽雅意境还是大江东去的磅礴气势，无论是朝阳初升时小草上的一颗露珠还是暮色降临时原野的一缕炊烟，都能使我和我的学生深切地感受到冰心诗句的妙处："我们都是自然的婴儿，卧在宇宙的摇篮里。"

1987 年 8 月，和学生在瓦屋山原始森林探险

　　而每次旅途归来，我和学生们都写出长长的游记互相交流。正是从那时起，每给学生布置一篇作文，我都写一篇同题作文。那时我没听说过"下水作文"之说，我也没有刻意想过要给学生"示范作文"，我只是想通过这种方式，把自己作文谋篇布局、遣词造句的过程展示给学生看，并以我体验到的写作乐趣感染学生。但很多时候，有些学生的作文比我写得还好，因为少年的眸子往往比成人的目光更明澈，尚未蒙尘的童心往往对自然对生活有着比教师更独特更细腻也更真实的感受。每当作文讲评课上我和学生交流作文的时候，教室里总是洋溢着节日般热闹的气氛。学生很喜欢与我比赛作文，如果谁的文章被公认超过了"李老师"写的，孩子们会高兴得手舞足蹈，而我也会比他们更兴奋。这时候，很难说是谁"感染"谁——对美的感受和表达，成了我们共同的乐趣。

　　我喜欢写诗，也指导孩子们学写诗："其实，一个新颖的比喻或拟人，一个奇特的想象，写下来就是诗嘛！"于是，属于他们年龄的诗句便流出了他们的心灵："星空像一盘棋，有的地方密，有的地方稀。究竟谁输谁赢，永远是个谜。""岷江滔滔东流，好像长长的五线谱；江面点点风帆，便是那美妙的音符。""月亮哭了，泪水化作了星星。""雨，是出走的孩子，它终于回到母亲的怀抱，诉说着天上的故事。"……同学们惊奇地发现，自己的头脑中竟有那么多诗的萌芽。

　　我也用诗向学生表达我对他们的爱。每带一个新班，我都把全班同学的生日工整地抄贴在我书房的最醒目处，每个学生生日那天，我都送上一本小书、笔记本或其他小礼物。在赠送小礼物时，我都附上一篇小诗。比如"18岁，是奋进的鼓点，18岁，是生命的呐喊；18岁，是男儿的热血，18岁，是青春的誓言！"（写给李成）"名字也许太普通，人格永远不会平凡；生活也许很清贫，事业永远不会黯淡；歌声也许会暂停，旋律永远不会中断；理想也许还遥远，追求永远不会遗憾！"（写给黄金涛），等等。

　　1986年暑假，我和妻子到云南、海南、贵州、桂林等地旅游。在旅途的每一天，我都以书信的形式写一篇游记，然后将这篇文字寄给我的一位学生。那个暑假，我在外旅游了50多天，就写了50多篇游记，刚好班上50多个学生每人一篇。我确实没想过以此来"教育"学生，不，面对大理的白云、海南的碧波、桂林的奇峰、贵州的飞瀑，我在陶醉其中的同时，实在忍不住想让我的学生和我一起分享这大自然无与伦比的美。

在我的倡议下，学生们组织了一个文学社，他们自写自编自印了文学社社刊《凌云》。我在创刊号《序言》中写道："……我终于没成为'诗人'，而只是个'教书的'。然而，当我赞叹于学生交上来的一篇篇稚嫩而清新的诗文时，当我兴奋于学生自编'作文选集'自办油印刊物时，当我欣慰于学生的习作在报刊上发表时……我感到了我的'文学梦'正由我的学生一点一点地变为现实。"渐渐地，他们的诗文越来越频繁地出现在《中国青年报》《读者》《中学生》《现代中学生》《中学生读写》《少年文史报》等全国各地的报刊上。每当这时，我都有一种丰收的喜悦，好像是我发表了作品似的。

这种"喜悦"使我对教育开始有了越来越强烈的兴趣和情感，想当"诗人"的欲望渐渐淡化，因为我已经发现，教育本身就是一首纯净的诗。

（三）用笔记录生命的流程

当然，仅仅是兴趣和情感是远远不够的。随着教育实践的深入，我感到了自己教育理论的匮乏，于是，苏霍姆林斯基、陶行知、叶圣陶、赞可夫、布鲁姆、布鲁纳、巴班斯基、于漪、钱梦龙、魏书生……走进了我的生活。其中最让我着迷的是苏霍姆林斯基。

我特别为这位富有人情味的教育家30多年如一日地坚持写教育手记的精神所感动。正是几十年的教育手记，使苏霍姆林斯基的著作被誉为"活的教育学""教育的百科全书"。苏霍姆林斯基的著作，感情真挚而充沛，思想朴素而深刻，语言平易而精彩，且不乏文学的魅力。在读过一些即使硬着头皮读也实在读不懂的教育"理论"著作后，读到这样朴素亲切而富有感染力的教育名著，我感慨不已：没有令人敬畏的"理论框架"，没有故弄玄虚的深奥术语，通篇只是心灵泉水的自然流淌——这样的文字，其实我也可以写呀！当然，我那时绝对没想过将来也要写什么教育"著作"，但用文字记录下自己青春的足迹，总是一件有意思的事。于是，我也试着以日记的形式写我的教育手记了。

第一篇手记写的是这样一个故事：我因开玩笑而伤了班上一位残疾同学的自尊心，于是当天晚上我怀着内疚到了他的家里，向他赔礼道歉。现在看来是一个微不足道的小事，当时却一定是深深地触动了我的心灵——不然，我不会写得那么详细：

我开玩笑时的得意忘形，孩子委屈的表情，我真诚的内疚，我晚上家访迷路时的焦急，我在学生家里和他们的对话，以及告别学生后在回家的路上看到满天星斗时的轻松与喜悦……我当年的每一篇手记大多是这样一些真实而琐碎的故事：那堂自己感觉很好的语文课《小麻雀》，我和学生在春天原野上的一次次"疯狂"，我与一位陷入"早恋"而深感苦恼的学生的谈心……在写这样的手记时，我没有一点"写文章"的感觉，只觉得是在用笔挽住每一天平凡而纯真的日子，是在记录我生命的流程。

写作（1985 年在乐山一中）

手中的笔让我自然而然走进了学生的心灵。当时，班上有好几位性格内向少言寡语的学生。怎么才能够打开他们的心扉呢？我尝试着用书信与他们交流。于是，近在咫尺的通信成了师生心灵的桥梁。后来，我把通信的对象逐步扩大，再后来我干脆在教室里挂了一个"悄悄话信箱"。每当夜深人静的时候，读着学生来信或给学生写回信的时候，我觉得自己是在一个个独特的心灵宇宙中遨游，于是一种被信任的幸福感充盈胸中。当时我没有想到，这 15 万字的师生通信十年后会成为我第一本出版的教育著作：《青春期悄悄话——致中学生朋友的 100 封信》。

我正式发表的第一篇教育手记，记载的是我永远忘不了的一堂语文课。

那是 1985 年 5 月的一天，上课铃声一响，当我走进教室时——

"起立！"随着值日生清脆的口令，孩子们精神抖擞地站了起来。然后是比平时更整齐更响亮的童音："祝——李——老——师——生——日——快——乐！"

在我目瞪口呆之际，小小的讲台已堆满了鲜花、生日蛋糕、影集、笔记本、手绢、书签等各种礼物。台下，57双眼睛正闪着兴奋而得意的光芒望着我。同时，孩子们调皮地用富有节奏的掌声为我祝贺！

当时，我心中除了感激，更多的是惭愧。因为就在课前几分钟，我还在办公室为奖金"分配不公"而与校长理论。

我走下讲台，缓缓说道："同学们，我受之有愧啊！……李老师并不是你们想象的那样高尚。但是，今天同学们又一次深深地教育了我：教师的艰辛劳动所换来的报酬，决不仅仅是金钱，而更多的，是丰厚得无法估量的精神财富！——这，才是今天同学们送给我的最珍贵的生日礼物。今天并不是我的生日，但从此以后，我将把今天这个日子当作我的又一个生日。谢谢同学们！谢谢！"我深深地鞠了一躬……

那天的确不是我的生日，但学生为何错把那天当作我的生日，至今是个谜。16年后的今天，当我回忆起那堂课时，我耳边好像还回响着学生们那热烈、真诚而又带着几分顽皮的掌声和笑声，因而禁不住心潮澎湃！

就在这篇题为《生日》的教育手记发表后一个星期，我接到一个更令我振奋的消息：北京《班主任》杂志王宝祥老师来信，说我一个月前寄给他的《教育漫笔》将在《班主任》杂志分两期连载！

他说的《教育漫笔》，是我在1985年除夕的爆竹声中完成的。寒假第一天，我带着学生来到了大渡河畔。我们在河岸的沙滩上斗鸡、摔跤、用薄薄的鹅卵石比赛"扔水漂"……除夕那天我回到了母亲家，心里还充盈着与孩子们一起玩耍的欢乐。想到三年来教育赋予我的激情与喜悦，一种抑制不住的冲动使我赶紧拿出笔，任激情在纸上燃烧！伴着窗外响起的阵阵迎接牛年的爆竹声，我不停地写呀写，直到傍晚中央电视台的春节联欢晚会就要开始的时候，5 000多字的《教育漫笔》终于画上最后一个句号。那时，我不知道这篇有着浓郁的苏霍姆林斯基风格的教育手记算不算"论文"，更不敢相信后来在我偷偷地把它投寄到北京刚刚创刊的《班主任》杂志后居然能被连载！

接着，我又将一篇总结"未来班"教改成果的文章寄给王宝祥老师。《班主任》在发表这篇9 000字的长文时特意加了一段编者按："这是一份很好的报告。报告的作者是一位年轻的中学班主任，他从大学毕业就开始'未来班'的实验研究，他的探索是成功的。细读这份报告，每一位班主任都会受到许许多多的启示。"

我曾长期跟踪记载我与一个后进生每一天的"亲密接触"：开学第一天，他偷偷拿了同学的东西后我如何"神速破案"；他考试作弊后，我怎样引导全班同学写信帮助他；他被其家长打出家门后，我又如何在深夜去寻找他；他上课听不懂，我便给他推荐既有教育意义又有精彩情节的长篇小说《烈火金刚》，叫他在课堂上抄这部小说；他的语文考试第一次及格后，我带着他到郊外去放风筝……与顽童打交道，几乎每天都有"故事"，而故事跌宕起伏的发展，恰好反映出他在一次次曲折反复中不断进步。我每天晚上在灯下记录这些"可读性"很强的故事，从中感受到了教育的全部酸甜苦辣。这个过程也是考验我教育耐心和毅力的过程，更是我探索、积累转化后进生的规律和经验的过程。几年后，这5万字的教育手记成了《爱心与教育》中最精彩的篇章之一。

真诚感谢苏霍姆林斯基——正是在他的影响下，我的教育手记从四川乐山一中，一直写到成都玉林中学，写到成都石室中学……

（四）与青春同行诗意盎然

教育者的写作决不仅仅是单纯的写作，实践是它的源泉，阅读是它的基础，思考是它的灵魂。特别是"思考"，对于教师来说尤为重要。因为任何一位教育者都应该同时又是一位思考者。而教师的写作，便是教育思考的很重要的途径。

1987年年底，乐山市一位品学兼优的三好学生因不能正视社会丑恶而成为"真善美殉道者"。虽然这位自杀女生并不是我的学生，但面对她"纯洁的心灵"，我不得不反思我们的——不，首先是我的"玫瑰色教育"。整整半年，我通过剖析这位女生的精神世界进而剖析中国的基础教育，更剖析我自己的心灵，含泪写就一篇后来发表在1988年7月8日《中国青年报》上的报告文学《她给教育者留下什么"遗产"》。

1988年到1990年，我发表了一系列教育批判的文章：《商品经济的德育思考》《中学德育危机原因初探》《德育观念的十大碰撞》《正视历史的进步》《回答学生关心的问题》《德育的困惑》《关于改进爱国主义教育的思考》……

比批判更重要的是建设。结合班主任工作和语文教学，我继续进行以"立足课堂、面向社会、深入心灵"为模式的教育改革探索。这些实践不但使我收获了丰硕的教育成果（包括升学成绩），而且也深化了我对素质教育的认识：在素质教育的大旗上写着一个大写的"人"字！它是充满人性、人情和人道的教育，是为了一切人全面发展的教育。我陆续在《中国青年报》《光明日报》《中国教育报》《中学语文教学》《人民教育》等报刊上发表了《让思想冲破牢笼!》《接过陶行知民主教育的思想火炬》《追随苏霍姆林斯基》《语文：请给学生以心灵的自由》论文，用我的实践阐述我所理解的"素质教育"——素质教育是"民主、科学、个性"的教育！

需要说明的是，我的这些所谓"论文"都不是纯理论的演绎或推导，而是源于我对教育的切肤之感，所以它们也可以说不像"论文"：没有煞费苦心地"构建"什么理论框架，也没有玩弄文字游戏似的拼凑这样"原则"那样"性"，更没有借时髦的"理论"和晦涩的名词来进行学术包装，我只是让心灵的泉水自然而然地流淌出来。我想，即使是教育论文，也应该涌动着真诚的情感和诗的激情；因为真正的教育本身就燃烧着真诚的情感和诗的激情。

1997年的暑假，我从成都玉林中学调到成都石室中学，在搬家的过程中，我无意中又看到了那一捆尘封的教育手记。翻开我19年来所写的一本本教育手记，我自己都禁不住被自己感动了：那一页页发黄的文字，化作一张张老照片在我眼前变得清晰起来，分别多年的学生们正跑着跳着向我拥来，他们调皮的笑声萦绕在我的耳畔……正是在那怦然心动的一刻，我做出了一个庄严的决定：我一定要把我和我学生的故事写出来，让更多的人和我一起分享这教育的幸福与美！

那年秋天的一个晚上，我打开电脑，拉出键盘，敲出了第一行字：《爱心与教育——素质教育探索手记》。我完全没有写书的感觉，只觉得十几年来教育在我心中积蓄的思想感情的潮水一下喷涌而出，在键盘上恣肆奔涌，敲键盘的手指禁不住也微微颤抖。

整整三个月，我的业余时间都是这样在阳台的电脑前度过的。也许在旁人看来，如此不停地敲击键盘是何等乏味而枯燥；但我却感到这是一件多么幸福的事啊！你想想，在深夜或凌晨，周围没有一丁点儿声音，只有我的键盘在"嗒嗒"地敲着——这是世界上最美的乐声。我觉得不是在敲电脑，而是在弹钢琴，是在演奏来自教育、来自学生心灵的最美的乐章。眼前的电脑屏幕上是一页页很纯洁、很动情的文字，而这些文字又很自然地幻化为一幅幅很美丽、很鲜活的画面，那是宁玮善良而坚韧的面容，杨嵩纯真而调皮的微笑，岷江之滨的熊熊篝火、峨眉山雪地上的

日记手迹

灿烂阳光……于是，我的整个身心又沉浸在和学生一起度过的被青春染绿的日子里！

《爱心与教育》出版后引起的强烈反响，超出了我的预料。我收到几千封读者的来信和许多读者含泪打来的电话。1999年《爱心与教育》同时获得中共中央宣传部"五个一工程"大奖、冰心图书大奖和中国教育学会"东方杯"科研成果一等奖。

这以后，教育与文学共进，思想与激情同飞。我又陆续出版了《走进心灵》《从批判走向建设》《李镇西与语文民主教育》《教有所思》《民主与教育》《怦然心动》《心灵写诗》《听李镇西老师讲课》《与青春同行》《做最好的家长》《做最好的老师》《做最好的班主任》《用心灵赢得心灵》《李镇西和他的学生们》《给教师的36条建议》《李镇西教育作品》（12卷）《李镇西文集》（8卷）《老师教我做校长》《彼此珍

1989 年寒假，和学生在峨眉山雪地上打闹

藏最温馨》《返璞归真说教育》《教育的智慧》等 60 余部著作。我有一种丰收的喜悦：教育和文学给了我双重的回报——文学为我的教育事业插上了翅膀，同时，教育正在圆我的文学梦。

说实话，比起《爱心与教育》等获奖著作，我更为"班级风采录"这样的油印书而自豪，这是我和我学生共同的心灵诗篇——从 1984 年 7 月我的第一个班毕业开始，19 年来，我每完整地带一个毕业班，我都为学生编撰一本这样的书。于是，便有了《未来》《花季》《恰同学少年》《童心》《少年》和《花开的声音》……对我的学生来说，它是童心和青春的纪念碑；而对我来说，它是我教育和人生的里程碑。这一本本"班级风采录"，凝聚着我少年时代的文学情结，更体现着我从青年到中年的教育情怀。正如我在最新一本"班级风采录"《花开的声音》序言中所写的那样——

我不止一次庆幸我是一名教师，因为与青春同行使我的心永远年轻；我特别庆幸我是语文教师，因为这使我能用一双"文学的耳朵"随时倾听"花开的声音"并把这种世界上最美的声音用文字表达出来。

2001 年 1 月 19 日—23 日（农历除夕）

2015 年 1 月 20 日修改

二、从"禁书"到"禁书"

——我的阅读史

（一）

毛泽东的文字是我的启蒙读物。

我是 1965 年秋天读小学的，半年后等我真正能够识字读书的时候，"文化大革命"已经爆发。因此，我最早的读物应该是《毛主席语录》《毛泽东诗词》《老三篇》之类。

我估计现在的年轻人无法理解什么叫"天天读"，可"天天读"则是我少年时代每天的必修课。所谓"天天读"，就是天天读毛主席的语录、诗词、文章。这样的"天天读"一度取代了小学所有的课程。大家想想，在一个人记忆力最强的少年时代，成天读的背的记的都是"政策和策略是党的生命，各级领导同志务必充分注意，万万不可粗心大意""什么人站在革命人民方面，他就是革命派；什么人站在帝国主义封建主义官僚资本主义方面，他就是反革命派；什么人只在口头上站在革命人民方面，而在行动上则又是一套，他就是一个口头革命派；如果不但在口头上，而且在行动上也站在革命人民方面，他就是一个完全的革命派"之类的语段。一个八九岁的娃娃，完全不明白什么叫作"政策和策略"，什么叫作"官僚资本主义"，可硬是把这些话全部背了下来。以至此刻当我随意打下这两段毛主席语录的时候，完全凭的是我四十多年前的记忆！但我自信，我即兴想起的这些语录，如果去查对一下毛泽东原文，肯定不会有一点差错。这是一种怎样的滑稽？

不仅仅是语录，还有整篇整篇的背诵。九十年代中期，一次我听读小学的女儿在背诵毛泽东的《为人民服务》："我们的共产党和共产党所领导的八路军新四军……"我马上接着背诵："是革命的队伍。我们这个队伍完全是为着解放人民的，是彻底地为人民的利益工作的。张思德同志就是我们这个队伍中的一个同志。"我女儿大惊："爸爸，你怎么也能背诵？"我说："三十年前爸爸天天读的就是它！"其实，我还想给女儿炫耀我会背诵"白求恩同志是加拿大共产党员……"（《纪念白求恩》的开头），还有"我们开了一个很好的大会……"（毛泽东《愚公移山》的开头）

这就是我的阅读启蒙。说起来，起点倒是很高。一开始就是政治家的政论，是"一句顶一万句"的"真理"，可是这些政论这些"真理"对于一个本来需要童话需要诗歌的少年来说，是幸，还是不幸？

所以，1978年我上大学之后，面对那么优美的唐诗宋词却几乎一无所知，曾经很心痛地对同学说："如果能够把我脑子里装的毛主席语录全兑换成唐诗宋词，多好！"

当然，也不能完全说我少年的阅读都是"不幸"的，因为那个年代也不是绝对没有诗歌。那时，我读的唯一的诗歌，就是《毛泽东诗词》。"万木霜天红烂漫，天兵怒气冲霄汉。""赤橙黄绿青蓝紫，谁持彩练当空舞？""看万山红遍，层林尽染。漫江碧透，百舸争流。鹰击长空，鱼翔浅底，万类霜天竞自由。""西风烈，长空雁叫霜晨月。""天高云淡，望断南飞雁。""四海翻腾云水怒，五洲震荡风雷激。"……这些已经融入我血液的句子，当年是怎样的激动了我一颗少年的心？色彩缤纷，意象（当然，那时候我还不懂"意象"这个词）瑰丽，音韵铿锵，激情澎湃，气势如虹。我实在想象不出，还有什么文字比敬爱的毛主席的这些光辉诗句更美丽，更迷人，更能拨动我的心弦，更能让我热血燃烧？

也许我有着热爱阅读的天性。我一直认为我的阅读兴趣是天生的，渐渐地，《毛主席语录》《毛主席诗词》《老三篇》已经不能满足我的阅读欲望了，于是我自觉找来《毛泽东选集》通读。那是1967年至1969年期间，我的小学中断，虽然多数理论我依然读不懂，还有不少字我也不认识，但我居然还是翻来覆去读了好几遍，包括注释。为什么我对《毛泽东选集》有着如此浓厚的兴趣呢？因为抛开那些难懂的理论（比如《实践论》《矛盾论》），毛主席著作让我第一次感受了中国革命史是那样的波澜壮阔！"井冈山""淮海战役""杜聿明""李仙洲""南京政府向何处去""别了，司徒雷登"……《毛泽东选集》中的这些语段，构成了我少年时期对中国现代革命史的初步印象，也激发了我日后——直到现在——对历史特别是对中国现当代史的浓厚兴趣。

少年时代的阅读，对我的影响是深远的。应该说，直到现在我的文字或隐或现有着毛泽东的烙印。"成千成万的革命先烈，为着人民的利益在我们前头英勇地牺牲了，让我们高举起他们的旗帜，踏着他们的血迹前进吧！"这样的悲壮，这样的豪迈，不是现在还在我的文章中出现吗？"它是站在海岸遥望海中已经看得见桅杆尖头了的一只航船，它是立于高山之巅远看东方已见光芒四射喷薄欲出的一轮朝日，它是躁动于母腹中的快要成熟了的一个婴儿。"这样的一唱三叹，这样的气势磅礴，不是在我的文字中也"似曾相识"吗？（不好意思，我觉得我这样说要有点高攀老毛了，呵呵！）

（二）

在读毛泽东的同时，还有一种"地下阅读"。所谓"地下阅读"指的是有别于学校课堂上公开读背毛主席诗文的另一种"回家以后的阅读"。我父母都是搞教育的，妈妈是小学教师，爸爸曾做过小学教师，后来在教育局工作。因此我的家长期在学校。尽管"文化大革命"以来"破四"烧毁了不少书籍，但无论是在我家还是邻居叔叔阿姨家（也是教师）都或多或少还有一些"禁书"。于是，在朗读"革命是暴力，是一个阶级推翻另一个阶级的暴力的行动……"的同时，回到家里，我的眼前便展开了另一片阅读风景。

我读的第一本书应该是《高玉宝》，那大概是小学三年级的时候。书是从哪里来的我现在记不清了，能够记得的是这本书是繁体字印刷的，竖排。因此我看得很慢很慢，而且很投入。高玉宝妈妈死去的情节我永远不会忘记——怀孕的高玉宝妈妈被王大棒子和日本鬼子踢打致早产，刚生下高玉宝弟弟后，还躺在床上，王大棒子和日本鬼子又来"查瘟"，一脚踢坏门框，大门砸向高玉宝妈妈，可怜的妈妈连话都没有说一句就死了……我现在还记得，当时读到这里，一直流泪的我终于忍不住号啕大哭起来。高玉宝苦难的童年，让我当时真诚的觉得，生活在毛泽东时代，是多么幸福！其实，在我读《高玉宝》的日子里，学校已经停课，我母亲正在被忠于毛主席的工宣队迫害——因教室里出现了"反标"（给现在的年轻人解释一下这个名词："反标"即"反动标语"的简称，特指攻击毛泽东、林彪的标语），母亲成了"反革命分子"，每天她都被工宣队批斗。有一天晚上我还亲眼看到母亲被毒打。现在看来，无论如何那时的我，都谈不上什么"幸福"，但是，当时我和书中的高玉宝比，还是觉得自己幸福，因为高玉宝的妈妈不幸死了，而我的妈妈还在。

　　在那一时期，学校基本不上课，上课也是搞"大批判""忆苦思甜"，跳"忠字舞"之类。现在和以后的中国人一定很难明白，我们的民族曾经集体地如此发疯，而只有毛泽东（当然，还有周恩来、康生、陈伯达、江青等人）是清醒的，他说："需要一点个人崇拜。"课堂上既然除了毛主席语录之外，我读不到什么，那就只有读一些"禁书"了。说起"禁书"，现在看来也难以理解，那么革命，那么红色，甚至有的还是那么"左"的书籍，居然会被宣布为"禁书"！

　　我当时读的《红岩》是邻居张阿姨家的，没有封面，开头几页也没有了。但我读得惊心动魄，那是我第一次阅读关于共产党人事迹的书，幼小的心灵的确被震撼了。在敬佩的同时，我甚至还有些害怕。晚上睡觉闭上眼睛，就是渣滓洞的阴森、白公馆的恐怖，还有老虎凳、电刑椅、烙铁等。很长一段时间，晚上睡觉我不要妈妈关灯。除了害怕，还有焦虑：我是在担心如果以后我遇到那种情况，我能不能那么坚强，能否忍受那些酷刑？我知道我肯定不能的，我实在是害怕，怕疼，怕死。可是，这样我不就会成为叛徒吗？我越想越觉得可怕，也觉得自己可耻！进而自卑：我为什么不能像江姐他们那样勇敢坚强呢？但不管怎样，江雪琴、许云峰、成岗、刘思扬、孙明霞，当然还有小萝卜头……这些形象的确深深地刻进了我的脑子，他们所表现出来的忠诚、坚毅、气节等品质可以说融进了我的血液，潜移默化地影响着我后来的人生。我刚才参加工作的头几年，我还给我班的学生全文朗诵小说《红岩》。八十年代中期，听说重庆红岩渣滓洞烈士陵园在修建烈士群雕的消息后，我发动学生利用课余时间捡拾废品，然后卖了换成钱，全部捐给了红岩烈士陵园。记得我去寄这笔捐款的时候，我在汇款单上的署名是"献给先烈的五十三颗爱心和童心"。两年后，学生毕业了，我带着他们到重庆旅游，第一站便是渣滓洞。站在我们曾参与捐款建造的烈士群雕前，我们非常自豪地和先烈们合影。又过了二十年，我应重庆二十九中的邀请前去讲学，校领导陪我在朝天门码头散步，我说："这是当年江姐接头的地方！"可见《红岩》是怎样地深入了我的骨髓！虽然我至今都还没有加入江雪琴、许云峰的政党，而且对中国二十世纪上半叶的历史，我现在有了更成熟的认识，甚至有许多百感交集的喟叹。渣滓洞监狱的墙上，至今还留着烈士们的笔迹："为民主自由而战！"可是，烈士们为之献出的生命的理想，今天实现了多少？然而，暂且抛开特定的意识形态不说，也暂时别想我们今天是否远离了江姐他们的追求（我甚至有过猜想：如果许云峰没有牺牲，活到今天，他究竟应该是巍巍，还是李锐?），红岩志士们所代表的理想主义、英雄主义永远让我肃然起敬，且热泪盈眶。

还有《欧阳海之歌》也曾让我入迷，因为这部小说，欧阳海在我心目中的形象远远比雷锋高大；还有《烈火金刚》，史更新痛打猪头小队长让我开心解气，肖飞买药更是扣人心弦（若干年后，我也给学生全文朗读《烈火金刚》）；还有《林海雪原》，不但杨子荣、高飞等侦察员的大智大勇让我目瞪口呆，而且冰天雪地、茫茫森林的神奇让我有一种憧憬和向往；还有《草原烽火》《敌后武工队》《苦菜花》《红旗飘飘》……这些书陪伴着我度过了小学时代，也成了我的"正统"思想的源头和"文学"爱好的起点。

那年头，外国文学我基本上没有接触。之所以说"基本上"没有接触过，是因为我也读过一本苏联小说，那就是著名的《钢铁是怎样炼成的》。关于我和这本书的关系，九年前我曾写过专门的追忆文字，这里摘引部分——

　　我第一次读《钢铁是怎样炼成的》是在街头的连环画书摊上，当时我正读小学三年级。说"读"小学三年级其实是不准确的，因为那时正是"文化大革命"高潮，在学校我们除了读"老三篇"之外，早就无书可"读"了。正是在我渴望读书却又无书可读的时代，残存于街头书摊的"封资修"读物满足了我的精神需求。于是，保尔·柯察金走进了我的心灵。

　　现在想起来，最初吸引我的当然仅仅是情节。在钓鱼的小河边，保尔一拳把苏哈里科打进水里的潇洒，使我忍不住和冬尼娅一起为他喝彩；还有他在寂静的大街上不顾一切救出水兵朱赫来的行为，使我的身上也涌起了一股正义的激情。当然，我得说实话，吸引我的还有冬尼娅——不是后来在筑路工地上那个贵族太太冬尼娅，而是天真纯洁活泼热情的少女冬尼娅。就是在书摊上，我偷偷地撕了一页连环画藏在身上，回到家里后又拿出来欣赏：在静静的小河边，头发蓬乱的保尔在聚精会神地钓鱼，而在他身后的树丛中，身着水兵服的冬尼娅捧着一本书，可眼睛却在凝视着保尔。我小时候喜欢画画，这一页连环画，不知被我临摹过多少次，直到后来我下乡插队，它都还被我当作书签夹在我喜爱的书中。

　　真正第一次读到《钢铁是怎样炼成的》中文原著，是小学快毕业时，我在一位亲戚的家里，读到了繁体字竖排本的《钢铁是怎样炼成的》。也是在这本书的扉页，我第一次看到了作者奥斯特洛夫斯基的肖像，那双坚毅而略含忧郁的眼睛注视着远方。我对保尔的理解似乎比原来要"深刻"一些了。他和战友们一天向敌人发起 17 次冲锋的场面，激起了我对英雄主义战斗生活的向往；他卧病在床双目失明之后却以笔为武器，向着人生的厄运发起新的冲锋，使我明白了什么是"特殊材料铸造的人"；当然，还有他和冬尼娅的初恋，也在我刚刚进入青春期的心湖上撩起了微妙的涟漪……

再后来，我读大学时，在旧书摊上用非常低廉的价钱买了一本没有封面但内容完整的《奥斯特洛夫斯基传》。书也是竖排本，是 1950 年初出版的。令我高兴的是，书中有不少奥斯特洛夫斯基的"老照片"，其中，最"老"的一张是奥斯特洛夫斯基四岁时的照片：一个非常可爱的小男孩，瞪着一双非常天真的大眼睛，怎么也看不出来这个男孩几十年后会成为无数青年的"榜样"。

我对这本像文物一样的书十分珍爱，特地用上等牛皮纸为它做了一个封面，并用自以为得意的仿宋字在封面上一笔一画地写了书名：《奥斯特洛夫斯基传》。

参加工作后，我又买了新版的《钢铁是怎样炼成的》和奥斯特洛夫斯基夫人奥斯特洛夫斯卡娅写的《永恒的爱》。在买这些书的时候，我觉得我不仅仅是在买书，甚至根本不是为了阅读而买——比如新版的《钢铁是怎样炼成的》我就几乎没有认真地通读过。我之所以要买这些书，主要是出于一种很难描述清楚的"保尔·柯察金情结"。每当捧起这本书，我就捧起了我的整个少年时代。

直到现在，我也能大段大段地背诵其中的一些片断，比如，"秋雨打着人们的脸。一团团饱含雨水的乌云，在低空慢慢移动。深秋，一望无际的森林里，树叶全落了。老榆树阴郁地站着，把满身皱纹藏在褐色的苔藓下面。无情的秋天剥去了它们华丽的盛装，它们只好光着枯瘦的身体站在那里"。又比如，"青春胜利了。伤寒没有夺走保尔的生命。保尔已经是第四次跨过死亡的门槛，又回到了人间"。至于那段关于生命意义的话，我更是倒背如流。

还必须说明一下，上面所说那些"禁书"，好多我都是在街上小人书（就是"连环画"）摊上看的。现在想起来也怪，一些小说，本来明明是"禁书"，却居然通过"连环画"公开摆在街头摊点，"毒害"像我这样的少年，我花一分钱就可以看一本。

而这些一分钱两分钱，都是我通过打酱油打醋而"贪污"起来的——妈妈要我去打一毛钱的酱油，我却只买九分钱的，那一分钱自然进入了我的"小金库"，成了我读小人书的"资本"。这个秘密妈妈一直不知道，她始终都以为他的儿子从小诚实得很呢！

（三）

进入初中了，我的文化水平虽然远没有达到小学毕业程度，但那时也不看成绩，小升初更没有"升学考试"一说，无所谓。何况，更多的同龄人比我还糟糕，我好歹还看过一些"禁书"。初中的课程不是毛主席语录了，稍微有些正规了，比如有语文，有数学，还有"工基"（"工业基础知识"的简称，含化学、物理等学科知识）和"农基"（"农业基础知识"的简称，含生物等学科知识）。那时候的语文教材，也没有什么好文章，大多是大批判和忆苦思甜的文章，实在对我没多大吸引力。我又开始通过各种途径找"禁书"。记得假期在亲戚家玩儿，偶然看到一本萧三主编的《革命烈士诗抄》，虽然已经破旧不堪，但我依然如饥似渴地捧读了起来。夏明翰的《就义诗》、陈辉的《为祖国而歌》、叶挺的《囚歌》、蔡梦慰的《黑牢诗篇》……一首首一行行浸透着烈士鲜血的诗，把我的心引向悲壮与崇高。这些诗句和我以前读过的红色书籍相呼应，共同构筑了我心中的共产主义者的伟岸形象。而且，我就是从那时候，开始写"诗"了。这些"诗"，无非就是用极为幼稚笨拙的语句，抒发气势磅礴的英雄气概——"祖国"呀，"民族"呀，"阶级"呀，"斗争"呀，"理想"啊，"世界被压迫人民和被压迫民族"呀，"英特纳雄奈尔"呀……都是我"宏大诗篇"的常用语。

但那时候，能找到的红色"禁书"已经读得差不多了，失去了精神支撑，我一下感到了空虚和茫然。

后来林彪事件发生了，我当然不知道中国高层已经开始发生了巨大的变化，但我还是能够感到一些微妙的变化，比如《闪闪的红星》《沸腾的群山》《站起来的奴隶》等一些新书开始出版。这为我干涸的心灵注入了甘泉。记得《闪闪的红星》我是在一个下午开始读的，很快就被吸引，然后熬了一个通宵，一气呵成读完，虽然头昏脑涨，但更多的是心中的愉悦乃至浑身的舒畅。潘冬子的形象牢牢地刻在了我的脑子里。特别是他烈火中杀死胡汉山的壮举，让我难以忘怀。我算了算，潘冬子杀死胡汉山的时候，年龄和我当时差不多，可是如果换了我，我无论如何是下不了手的。自卑产生崇敬——潘冬子简直成了我心中的神！

魏巍的作品也解禁了。我买来他的散文集《谁是最可爱的人》一遍一遍地读。我最喜欢的还不是《谁是最可爱的人》，而是里面的另一篇散文《依依惜别的深情》。我还全文抄写了他的长篇散文《幸福的花为勇士而开》，这个手抄本，我至今还保存着。

特别值得一提的是，也是在林彪事件后，一批中国古典小说，主要是毛泽东肯定的《红楼梦》《西游记》等重新出版。不知什么原因，那时候我没有看到《红楼梦》，但我却读到了《西游记》，这是我读的第一本中国古代小说。孙悟空大闹天宫、高老庄收八戒、八戒大战流沙河、三打白骨精、真假美猴王……这些情节让我如痴如醉。我不止一次产生幻想，如果我也能像孙悟空那样就好了，想怎样就怎样，想要什么就有什么。

再后来，"批林批孔""评法批儒"，我在课堂上半懂不懂地读了一些孔老二的东西，什么"克己复礼""仁者爱人"之类，然后按老师要求写大批判文章。这算是我第一次接触《论语》吧，就和孔夫子干上啦！

进入高中，遇到毛泽东提出"学习无产阶级专政理论"，本来这应该是高级干部的事，但那会儿，毛主席的话都是对全国人民的要求，包括我们这些中学生。于是，《共产党宣言》《国家与革命》《哥达纲领批判》《无产阶级革命和叛徒考茨基》……这些我根本看不懂的书，也在老师的要求下读了起来。虽然脑子里装了不少国际共产主义运动的名词，但对这些著作的内容依然一窍不通。不过，后来我对国际产共产主义运动产生兴趣，可能源于这些"阅读"。

我的阶级斗争觉悟飞速提高。有一件事想起来特别惭愧，但我还是得如实记载下来。有一次上课，我偶然发现班上一个女生在偷偷读什么书，出于学习委员真诚的责任心，课后我悄悄来到她的课桌前"侦察"，从她的课桌下，我拖出一本旧小说，封面写着四个字"青春之歌"，我匆匆翻了翻，看到一段余永泽和林道静的爱情描写，我的心跳加快了，呼吸急促起来，我马上断定，这是一本黄色小说！我把书放回了原处，但我把这件事报告了班主任老师。后来的结果是，这个女生几天里脸色都很难看，我估计班主任找她谈过；班主任在班上不点名地狠狠批评了个别同学看"有毒小说"，说这是"资产阶级和无产阶级争夺接班人"，要我们"站稳无产阶级立场"，要"善于辨别香花和毒草"云云。今天这些听来很滑稽的话，当时我觉得老师说得真好！我不认为我的告密（俗称"打小报告"）有什么错，相反我觉得自己做了一件非常正义的事，甚至是在挽救正在堕落的"革命战友"，那个时代就是这样"神圣"地毒化着我的心灵。

后来又遇到"评《水浒》"。现在的年轻人很难理解，那时候毛泽东的只言片语都可能成为全国大规模运动的号角。年迈的毛泽东已经不能亲自阅读了，便请人来到床前给他读书，读到《水浒》，毛泽东说："一部《水浒》，好就好在投降……"这些话一听就知道绝对不是严肃正经的指示，但那年月，这几个字就成了全国人民学习的"圣经"或者说"圣旨"。对我来说，毛主席的这些伟大指示，让我接触了《水浒》，我也是一口气读完《水浒》，感觉比前几年读《西游记》还过瘾，真的是酣畅淋漓。不过，因为当时的"舆论导向"是批投降派宋江，所以，我也鹦鹉学舌地写了不少批宋江的诗。实际上是蛮不讲理地大骂宋江，但我的所谓"诗"颇受语文老师好评，也赢得了不少同学敬佩的目光。经语文老师的推荐，我这些分行的口号"发表"在学校油印的大批判刊物上。真对不住宋江！

高中时代，我对时事（那时候叫"国家大事"）特别关心。我甚至自费订阅了《人民日报》。整个学校，只有我一个学生在没有任何人动员的情况下，居然自费订阅中共中央机关报！当时让同学们感到不可思议，也让老师们对我刮目相看。现在的年轻人可能更会觉得我那时真的"有病"且"病"得不轻呢！尽管当时的报纸上充斥的都是"批林批孔""评法批儒"（这些概念现在要给年轻人解释清楚也挺费劲的），还有姚文元的《论林彪反党集团的社会基础》、张春桥的《论对资产阶级的全面专政》等"成人读物"，可我居然就那么兴趣盎然地读着。那时候，我真的非常敬仰报上所宣传的黄帅、张铁生等"反潮流"的"英雄"，每每自卑：我怎么就没有他们那么敏锐的阶级斗争嗅觉呢？

我其实也热爱科学，那时候重新出版了《十万个为什么》，我一度读得如痴如醉。不但读，而且还想办法动手把书中的知识变成手中的实验。记得读了半导体收音机的有关知识，我便琢磨如何自己安装一台收音机，简直着魔了。为了买到电子元件，我居然和几个同样爱好装收音机的同学在晚上步行了36公里到县城。正是这样的痴迷，所以我那时的数理化功课也学得很好。后来考上大学后，我那教物理的班主任张老师还惊讶我居然考中文系而不是物理系。

大概是 1975 年开始，一些刊物出版了，比如上海的《朝霞》《学习与批判》，还有北京的《北京文艺》，再后来《人民文学》《诗刊》也复刊了，我怀着浓厚的兴趣读这些杂志。我迷上诗歌——读诗和写诗。不知从哪里找到一本"文化大革命"前出版的贺敬之的诗集，我反复朗读，读得热血沸腾。《放声歌唱》《雷锋之歌》《回答今日的世界》《桂林山水歌》《十年颂歌》《西去列车的窗口》……不但读，我还抄。至今我还保存着好几大本三十多年前抄的贺敬之的诗，那是我青春的激情！当然不只是贺敬之，还有张永枚的《西沙之战》、徐刚的《潮满大江》、李瑛的《从澜沧江畔寄北京》……也让我为之倾倒，为之激动，为之荡气回肠，为之三月不知肉味！

说到诗歌，不能不提到《理想之歌》。写到这里，少年时代烂熟于心却已沉睡多年的诗句已经滑到嘴边："红日/白雪/蓝天/乘东风飞来报春的群雁/从红太阳升起的地方启程/飞翔到宝塔山头/落脚在延河两岸……"现在的年轻人可能不会有人知道北京大学中文系 1972 年工农兵学员"集体创作"（后来知道，主要执笔者为高红十）的这首长诗。1975 年秋天到 1976 年春夏，随着"批邓反右"（对不起，又写了一个现在年轻人搞不懂的"文化大革命"概念）的兴起，这首几年前的政治抒情诗在被修改之后，被"四人帮"的宣传机器反复宣扬。一时间，这首诗风靡全国，不断地在收音机和高音喇叭里被激情朗诵，那豪迈的诗句不断地撞击着我的耳膜。有一天晚上，我步行近三十公里回家，在夜幕下的公路上，还能听到远处不知什么地方的收音机里传出的激越男女声朗诵："啊，不可战胜的幼芽，在火红的年代诞生！……"这首诗沿袭还是贺敬之（再往前追溯我想应该是马雅可夫斯基）的风格：阶梯排行、宏大抒情、气势如虹。在一遍又一遍的朗诵中我的文风也受其影响，在我的作文中，也打上了深深的"贺敬之"的烙印。不，还不只是烙印，而是直接写出了许多山寨版的"贺敬之诗"或者"理想之歌"。直到现在，我的行文有时候还有着《理想之歌》那种不容置疑、舍我其谁的霸气和高屋建瓴、一泻千里的豪迈。

高中阶段，结合一个又一个的大批判运动，我写下了许多被老师称作"战地诗篇"的文字。我在班上成了著名"诗人"，乃至在全校都有些影响。毕业前夕，正是"批邓反右"的高潮，上面提倡"红卫兵上讲台"，语文老师便叫我走上讲台，给同学们讲了一个星期的"诗歌写作"。现在想起来，都脸红。

（四）

在《理想之歌》的鼓噪中，我高中毕业，被迫"自愿"插队落户来到了乡下农场。直到现在，我们时不时都还要做许多被迫"自愿"的事，真是"中国特色"。在我的行李中，除了必需的日用品，还有一大摞书。

农场在岷江畔的河石滩上，我们的任务就是要把这河石滩改造成飘香果园。白天挖坑、填土，累得浑身都要散架了，晚上我依然在灯下阅读。可以说，我是整个农场唯一爱好读书的人。那时候，谁也不会预见将来会有靠读书改变命运的一天。也就是说，我当时的读书，绝对没有任何功利色彩，纯粹就是一种生活习惯，一种行为惯性，甚至是一种生理本能。

当时读的书也非常有限，虽然"四人帮"已经粉碎，但极"左"的一套照旧统治着国家，所以我的阅读依然是"文化大革命"阅读的延伸。小说有当时出版的知识青年题材小说《鼓角相闻》《征途》等，特别有印象的是张抗抗的《分界线》，这是我第一次读张抗抗的小说。还有一些散文，比如曹靖华的散文集《飞花集》让我爱不释手。我特别痴迷的还有浩然的小说《艳阳天》《金光大道》。如果说，在诗歌方面，我的偶像是贺敬之；那么，在小说方面，我的偶像便是浩然了。不光是他的小说，还有他的散文，我也很喜欢。直到现在，我的书房里还保留着三十多年前我读过的浩然散文集《情满大地》。

在乡下，我读的不光是文学，还有政治和历史方面的书籍。虽然这些书多半还带着"文革"的极"左"色彩，但那时候除了这些书，我还能读什么呢？"文化大革命"后期，毛泽东提出"认真读书学习，弄通马克思主义"，要求全国人民学习无产阶级专政理论，因此国家出版了大量马列原著以及相关的辅导读物。对马列原著我读不懂，但对相关的辅导读物，却兴趣盎然，因为里面有许多历史，主要是国际共产主义运动史。我因此对国际共运史特别感兴趣。现在已经记不清我读过的具体的书了，但共产主义者同盟、倍倍尔、罗莎·卢森堡、李卜·克内西、伯恩斯坦、第一国际、第二国际、巴黎公社、"鹰有时比鸡飞得低，但鸡永远不可能飞得比鹰高"、布列斯特条约……这些短语充斥着我的脑袋。我还不知从哪里找来了一沓泛黄的小册子，那是六十年代中共中央著名的"九评"：《苏共领导和我们分歧的由来和发展》

《南斯拉夫是社会主义国家吗?》《无产阶级革命和赫鲁晓夫修正主义》等，不光读，还有貌似庄严实则幼稚且没有结果的思考，认真地思考国际共产主义的命运和中国的现状。我俨然成了一个少年共产主义者。

我一直订阅《人民文学》《诗刊》《文学评论》。1977年秋天，我在《人民文学》第11期上读到了刘心武的短篇小说《班主任》，心中受到的震撼难以用语言形容。我从《班主任》中，读到了自己，那个被极"左"路线纯化而毒化的谢惠敏就是我啊！当时我是坐在江堤上一口气读完这篇小说的，心中激起的潮水和着眼前江水汹涌地奔流着。我想到了自己的精神经历，对过去的"自豪"不寒而栗，自以为是正义在手真理在胸，其实我已经不知不觉把灵魂交给了道貌岸然的恶魔。这可能是我隐隐约约的觉醒。

不久，也就是1977年冬天，国家恢复高考。我完全没有系统复习的时间，也不知道如何复习，反正就糊里糊涂地进了考场。面对语文、政治和史地试卷，我可以说是风卷残云，不费吹灰之力，"谈笑间，樯橹灰飞烟灭"。说实话，这不能说我有多么聪明，更不能说我有多么渊博的知识，只能说（的确也是）试题太简单了！然而，面对这么简单的题，相当多的考生依然做不出，还闹了不少笑话，比如，有考生解释"先验论"为"李先念的言论"（四川话里，"验"和"念"同一发音，"先验论"读成"先念论"），解释"巴黎公社失败的原因"是"因为没有学大寨"。相比之下，我能够成为整个农场唯一考上的大学生，不能不得益于我平时多少还读了一些书。

在农场知青们眼中，我算是"有学问"的人。高考前我曾没信心报考，许多知青是这样劝我的："如果我读了你这么多书，肯定要去考！""没问题，你这么有学问，绝对考上！"但是，当我跨进四川师范学院（现在的四川师范大学）的大门，置身于同学特别是老三届的同学之中，我才感到自己什么都不知道，简直就是文盲。

（五）

刚进大学，改革开放还没有拉开序幕。我和同学们怀着"一定要好好学习，这样才对得起英明领袖华主席"的真诚愿望，开始发愤读书。那时候大家都知道读大学的机会来之不易，因此我们真的很勤奋。课堂认真听讲不说了，课后大家在寝室里多半也是在读书。每天晚上吃完饭之后，第一件事是奔进图书馆在自习室的空座上扔一本书，干什么？占位置啊！然后再去散步。

那时的中国已经是大变革的前夜，所以那时候上课也很有意思：昨天的文艺理论课还在批判周扬的"反革命修正主义文艺黑线"，今天的报上已经看到周扬平反的消息了；昨天中共党史课还在批判"叛徒""内奸""工贼"刘少奇"妄图复辟资本主义"，今天的广播里已经响起中共中央为"刘少奇同志"平反的声音。在这大背景下，许多以前的"禁书"纷纷开放，这里所说的"禁书"就是我前面说的那些红色小说，还有被马克思恩格斯列宁所肯定过的18、19世纪的批判现实主义作家——比如列夫·托尔斯泰呀，巴尔扎克呀，雨果呀，狄更斯呀等人的作品。

这些作家我过去几乎闻所未闻，所以我说我是"文盲"一点都不夸张。不不，也有些夸张。我进大学后在第一次期末考试中，"中共党史"这门课考了96分，全班第一名。我过去热衷于政治读物，包括国际共运的书籍，算是派上了一点点用场，终于有了"用武之地"。

但这个分数以及给我带来的"荣誉"，除了那几天让同学们惊叹我"记性好"之外，很快被人忘记。我所在的寝室是混合寝室，七个同学来自不同的班。其中有两个是来自大班（当时我们这个年级因为学生年龄悬殊太大，学校将学生按年龄分为大小班）的"老三届"，已经三十多岁，是"文化大革命"前毕业的。晚上熄了灯聊天，听他们谈起文学，我简直插不上话。记得有一次他们说《昭明文选》，我怎么也听不懂，竟然认真而天真地问："这本书是哪个写的？"引来善意的哄笑。笑声中，我真的是自卑到了极点。

文艺开始解冻，一些中外名著陆续重新出版，这引发了人们的购书狂潮。我记得学校那时有一个小书店，一次因为出售外国小说，小小的营业窗口竟然被同学们围得里三层外三层！我也是很早便去排队，排了很久，挤出一身臭汗，才购得一本《茶花女》。

我不知道该用什么词来形容我当时的阅读状态，也许是"贪婪"，也许是"饕餮"，对，应该说是"饕餮"。总之，我真的像高尔基所说的那样，"如同饥饿的人扑到了面包上"，简直就是"穷凶极恶"地阅读我所能得到的所有书籍——从《安娜·卡列尼娜》《复活》《双城记》《红与黑》《高老头》《欧也妮·葛朗台》等19世纪欧洲批判现实主义作家作品，到《诗经》《离骚》，再到李白、杜甫、苏东坡、辛弃疾、李清照等中国古代作家作品，还有古代白话小说《红楼梦》《三国演义》《三言二拍》《古今奇观》《儒林外史》，以及先秦散文《论语》《孟子》《老子》《庄子》《左传》《战国策》，一直到"鲁郭茅巴老曹"……用现在的流行语来说，那真叫"恶补"，补得个昏天黑地！

1985年夏，在家中阅读

说几个关于那几年读书的记忆：

有一次上了现代文学，提到《青春之歌》，我自然想到了几年前高中时以为该书是"黄色读物"而"告密"的事。课后，我去图书馆借《青春之歌》。当图书管理员老师从藏书间给我找出来的时候，面对柜台前许多借书的同学扬起那本书大声问："刚才哪个同学要借的《青春之歌》？"我竟然不敢大声回答："是我要借的。"因为周围有我的同学，我是在怕人家笑我："你连《青春之歌》都没有看过？"我当时没有出声，直到人少的时候，我才把那本书拿到了手。

还有一次也是去图书馆借书，管理员问我书名，我实在不好意思说是借《家》，只是用手中的笔指点着借书卡上的书名登记。因为我旁边站着许多同学，我实在怕他们笑我："哼！居然连巴金的《家》都没读过！"

有一段时间我迷上了古典诗词，借来《唐诗三百首》一遍又一遍地朗诵，背诵，还和寝室里的同龄人（当然不敢找"老三届"）比赛谁背得快背得多。最后当然是我赢了。因为我花了很长时间把三百首诗全部手抄了一遍！对李白、杜甫、白居易等人的诗，还有苏东坡、柳咏等人的词，我不但背诵，还模仿写。竟然还写了不少"古诗词"，有模有样的。我研究格律词牌，写了许多所谓"律诗""绝句"。这种爱好一直坚持到大学毕业后分配到乐山一中，后来看到我岳父写的古体诗词，我简直无地自容，从此洗手不干啦！

有一年在家度暑假，每天早晨我都到家后面的一座小山上（这是我所在的古城区中的一座小山）看书，山顶有一座古亭，还有范成大的遗迹。在这空旷落寞的山顶古亭，我读了《斯巴达克斯》《悲惨世界》以及茨威格的许多小说。尤其是《悲惨世界》，让我心潮激荡，为芳汀和珂赛特的遭遇长吁短叹，更为冉·阿让高贵灵魂而感动不已。正是从那时起，我就特别喜欢雨果的著作了：《巴黎圣母院》《九三年》《笑面人》《海上劳工》。参加工作后，我多次给学生朗读《悲惨世界》，冉·阿让使我的历届学生心灵激荡。当然，这是后话。

除了中外经典，还有当时的小说，后来被称为"新时期文学"的小说，也是我特别关注的。我本来在乡下就订了《人民文学》，到了大学继续订阅。除了《人民文学》，还有刚刚创刊的《十月》《当代》，以及各个省的文学月刊和大型文学刊物，如《作品》《青春》《钟山》《清明》等。《伤痕》《枫》《乔厂长上任记》《剪辑错了的故事》《爱，是不能忘记的》《大墙下的白玉兰》《在小河那边》《我该怎么办？》《人啊，人！》……这些作品不仅仅是展示和控诉刚刚过去的民族劫难，而是以文学的方式揭示人性是如何丧失的，引导人们思考如何避免民族悲剧的重演。应该说，我对现代迷信的怀疑是从文学开始的。

当时读过的一本书值得一提，就是1979年由上海文艺出版社出版的《重放的鲜花》。这是一本特殊的作品集，作者都是1957年的"右派"，如王蒙、刘宾雁、公刘、张贤亮等，作品有《组织部来了个年轻人》《本报内部消息》等。这些作家大多出生于20世纪30年代，少年受革命影响或直接参加了革命，作为青春热血的一代文学新人，对新中国的清晨充满理想，在"百家争鸣，百花齐放"的文艺方针鼓舞下，以主人翁的热情和身份携着他们积极干预现实的处女作走上文坛。但是在20世纪50年代末的反右斗争中又饱受批判和迫害，直至"文化大革命"结束后70年代末才获得平反。当时我读到这本书，怎么也看不出里面作品是反党反社会的"毒草"

（如果以今天的眼光看，那简直还"左"得很呢）。我对王蒙和刘宾雁的关注就是从那时开始的。后来，王蒙发表了《风筝飘带》《布礼》《蝴蝶》《买买提处长的故事》《说客盈门》《春之声》……都让我着迷，我从此成了"王蒙迷"。大学三年级的时候，我读到了他的第一本长篇小说《青春万岁》，那种清新、那份纯洁，简直让我几乎流下泪来。

还有刘宾雁，我也是从《重放的鲜花》中的《本部内部消息》《在桥梁工地上》开始关注他的作品的，刚好那时他发表了震动全国的报告文学《人妖之间》。从此以后，他的每一篇（毫无例外的是"每一篇"）报告文学，我都没有放过，一直到他后来寓居海外。

直到现在我都还给学生提及的中篇小说《晚霞消失的时候》，就是那时候我在《十月》杂志上读到的。小说写"文化大革命"中一对青年恋人，后来两个参加了不同的派别。小伙子的父亲是共产党高级将领，姑娘的父亲是国民党高级将领，两个人经历很多感情波折，最后不得不分手。"文化大革命"结束后，他们在泰山偶然相遇到。女主人公南珊说了一段话非常好："人在自己一生的各个阶段中，是有各种各样的内容的。它们能形成完全不同的幸福，价值都是同样的珍贵和巨大。幼年时父母的慈爱，童年时好奇心的满足，少年时荣誉心的树立，青年时爱情的热恋，壮年时奋斗的激情，中年时成功的喜悦，老年时受到晚辈敬重的尊严，以及暮年时回顾全部人生毫无悔恨与羞愧的那种安详而满意的心情，这一切，构成了人生全部可能的幸福。它们都能给我们带来巨大的欢乐，都能在我们的生活中留下珍贵的回忆。"这段话当时就给我深刻的印象并且对我后来的人生产生了一定的积极影响，所以我给我历届学生都读过这段话。

《公开的情书》可能现在很多人不知道了，但这部书信体中篇小说，当时却让我和我的许多同学着迷。这是一部在"文化大革命"期间流行的地下文学文本。虽然是"情书"，但我看到的是几个年轻人在一个精神窒息的时代所拥有的精神世界：关于生活，关于信念，关于理想，关于责任，当然还有关于爱情……他们因迷茫而清醒，因信仰而批判，因放弃而追求。当时我是在《十月》杂志上读到这篇有思想含量的爱情小说的。我和几个同学居然轮流着手抄完这部小说。几年后，我才知道，作者"靳凡"就是著名学者金观涛和他夫人的共同的笔名。

还有一篇不起眼的短篇小说也应该记在这里。好像是 1979 年暑假，家在自贡的一个同学给我写信（那时候打电话还非常奢侈），向我推荐他刚刚读到的《工人日报》上发表的张洁的小说《谁生活得更美好》，他在信中说："你一定要找来读，小说中有一个人非常像你。"我找到这篇小说，读了之后的确被一种清纯和透明感动了。小说通过叙述公共汽车上的故事，写了三个人——善良和充满灵慧的售票员姑娘、纯真而有些幼稚的施亚男和"高贵"而十分虚荣的吴欢。我那同学说，我就是作品中的施亚男。参加工作后，我多次给我的学生朗诵这篇小说，最近的一次就是三个月前。

我对外国诗歌也充满浓厚的兴趣，普希金、拜伦、雪莱、泰戈尔……他们的诗我是背了又背，抄了又抄。在阅读背诵甚至仿写古典诗词和外国诗歌的同时，我当然依然保持着对中国当代诗歌的热爱。《诗刊》是我高中最后一年复刊的，我从复刊第一期便开始订阅。上大学后又订阅了《星星》。"天安门事件"正式平反前夕，由华国锋主席题写书名的《天安门诗抄》公开出版，轰动一时，我当然也是最热心的读者。和小说相呼应，那时候的诗也成了催醒人们走出现代迷信的号角。叶文福的《将军，不能这样做！》让我激动不已，也愤慨不已。这可能是新中国第一首反腐败的政治抒情诗。一时间，这首诗传遍全国。

张志新事迹披露以后，整个中国又一次掀起了诗的高潮。多年以后的 2000 年 6 月，我曾在《面对张志新同志的遗像》中有这样的追忆：

> 在 1979 年，当张志新的名字出现在包括《人民日报》在内的各种媒体之中时，整个中国震惊了！无数双善良的眼睛面对张志新美丽的眸子流下了泪水……一时间，人们用泪水写下的诗歌传诵在中国大地："她把带血的头颅，放在生命的天平上，让所有苟活者，都失去了重量。"（韩瀚：《重量》）"一枝'无产阶级专政'牌号的枪，对准了一个女共产党员的胸口！……中国的良心啊，岂能忍受这种奇耻大辱，清明雨，洗不净不清明的时候，野心取代了良心，兽性代替了人性，权力枪毙了法律，暴政绞杀了自由……"（熊光炯：《枪口，对准了中国的良心》）"我们有八亿人民，我们有三千万党员，七尺汉子，伟岸得像松林一样，可是，当风暴袭来的时候，却是她，冲在前面，挺起柔嫩的肩膀，肩起民族大厦的栋梁！"（雷抒雁：《小草在歌唱》）……
>
> 中共辽宁省委做出决定：追授张志新同志为"革命烈士"。

1979 年新版的《辞海》多了一个词条："张志新"。

中国的 1979 年被称为"思想解放年"。

那一年，我正在大学读二年级。当我第一次读到张志新的事迹时，思想上所受的震动是前所未有的。大地在我脚下旋转，世界在我的眼中失去了色彩。许多从少年时期便铭刻在脑子里的某些"神圣"的形象和"庄严"的字词开始变得虚伪而荒诞起来。经过了几个彻夜未眠的心灵痛苦之后，我写了一首题为《我和亚瑟》的短诗，表达了我对现代迷信的永远的决裂。

张志新，是引领我走出现代迷信的思想启蒙者。

独立思考，是我从张志新那儿继承的精神遗产。

从那以后，我就抱定一个信念：在这个世界上，除了真理，我决不能再迷信任何东西，不管它披上多么神圣的外衣！

与此同时，"朦胧诗"开始崛起。北岛、舒婷、芒克、顾城、梁小斌、徐敬亚……取代贺敬之成了我新的偶像。"卑鄙是卑鄙者的通行证，高尚是高尚者的墓志铭。""黑夜给了我黑色的眼睛，我却用它寻找光明。""中国，我的钥匙丢了！"……这些句子简直就是我所想也想说，却无法说得这么朴素而优美，简洁而深邃！

我本来考的是师范学院中文系，但是，整个四年大学期间，我阅读得更多的是"中文"，而不是"师范"。那时候，也有教育学、心理学的课程，但一来教材陈旧，二来老师讲得也不好，于是我纯粹就应付。所以包括后来对我影响很大的苏霍姆林斯基，我连听都没听说过。我喜欢的只是文学。

1982 年 1 月，大学最后一次期末考试，我的外国文学考了 93 分，再次名列全班第一。这个分数，为我的大学生活画上了一个圆满的句号。

（六）

刚参加工作，踏上中学语文讲坛，虽然是老师了，但还没有完全摆脱"文学青年"的"气质"。尽管因为年龄较小、长相幼稚、想法天真，我在大学往往被同学们看作"那个小娃儿"，但在学生面前，我俨然博学。

大学刚毕业的课堂上

　　我的阅读爱好当然传染给了我的学生，我把感染过我打动过我的作品，都尽可能介绍给我的学生，甚至在课堂为他们朗诵。这是一种"强势"，现在看来的确不好，与我后来的所追求的"引领与尊重"显然相悖，但当时我自以为有一种责任感，要把最优秀的作品推荐给我的学生。我给学生全文朗读的第一部长篇小说是《青春万岁》，利用语文课和中午休息的时间，花了一个学期才读完。第二学期，读的是《红岩》。后来还有《烈火金刚》《青春之歌》《钢铁是怎样炼成的》《悲惨世界》……

　　我一直认为 20 世纪 80 年代，是共和国文学的黄金时代，也是人文学术氛围极为宽松的时代。我继续迷恋着小说。王蒙的《活动变形人》《名医梁有志传奇》《冬天的话题》、刘心武的《立体交叉桥》《钟鼓楼》、路遥的《人生》《平凡的世界》、张贤亮《绿化树》《男人的一半是女人》、莫言的《红高粱》、刘索拉的《你别无选择》、徐星的《无主题变奏》、王安忆的《小城之恋》、柯云路的《新星》《夜与昼》……都在我的视野中。还有两部"过时"的作品，也让我和我的学生特别喜欢：林语堂的《京华烟云》和钱钟书的《围城》。

　　遗憾的是，我对当代外国文学特别是欧美文学渐渐失去了关注，除了罗曼·罗兰的《约翰·克利斯朵夫》、肖洛霍夫的《静静的顿河》、马尔克斯的《百年孤独》等寥寥几部小说，直到现在我几乎没有再读 20 世纪的外国小说和诗歌。这是我的一

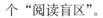

个"阅读盲区"。

继续接着说当代中国小说的阅读。在所有小说家中，王蒙对我的影响最大。我读过他所有的小说。他遣词造句堪称天才，机智俏皮得令人防不胜防，妙趣横生得让我捧腹喷饭，排山倒海的气势，恣肆汪洋的排比，匪夷所思的比喻，让我感到汉语在王蒙手中简直随心所欲，撒豆成兵！应该说，他的语言风格深深地影响了我，虽然我的文字韵味远不及他万分之一。

20世纪80年代还是共和国历史上报告文学的巅峰时代，刘宾雁、苏晓康、理由、陈祖芬、赵瑜、钱钢、靳大鹰、刘亚洲……真的是群星璀璨！钱钢的《唐山大地震》是我读到的第一部灾难作品，读得惊心动魄。我把这篇报告文学给学生全文朗读，在沉重得有些压抑的课堂气氛中，学生们和我却很自然地进入了对生命和自然的思考。靳大鹰的《志愿军战俘纪实》，让我看到了"另类"志愿军英雄——曾为战俘，但对祖国的爱让他们冲破重重阻力回到大陆，却被"祖国"视为"变节者"而受尽迫害二十多年，但他们依然对祖国忠诚不改痴心不变。这篇报告文学我依然给学生们全文朗读了，同样激起强烈反响。不久，作者靳大鹰来到我们学校，我和学生们同他座谈。对这部作品的阅读以及和作者的交流，将学生们对爱国的思考引向了深入。

几乎陪伴我整个80年代的报告文学作家，应该是刘宾雁和苏晓康。也许我可以这样断定，刘宾雁和苏晓康的作品影响了80年代的无数读者。刘宾雁的《艰难的起飞》《三十七层楼上的中国》《人血不是胭脂》《正是龙腾虎跃时》《第二种忠诚》……每一部都引起轰动，当然也引起争议。其实，他也写过不少歌颂性的作品，如写张海迪的《向命运挑战》，写朱伯儒的《因为我爱》《全凭这颗心》，写优秀大学生徐攀的《美在攀登》……这些作品，我同样给学生朗读。他发表的最后一篇报告文学是《未完成的埋葬》。当然，也有人对他和他的作品恨得咬牙切齿，也许他的作品真的有这样或那样的缺点，但是，我从他的作品中读到的是一种忧国忧民的情怀，是一种对人民特别是下层老百姓深深的爱，是一种顶天立地的凛然正气。苏晓康的作品充满思辨色彩，《自由备忘录》《洪荒启示录》《阴阳大裂变》《神圣忧思录——中小学教育危机纪实》《乌托邦祭》等作品，带给我的更多的是对历史、现实和未来的一种深沉的思考。这些作品我都同时介绍给了学生，有的甚至就是直接给学生全文朗读，比如《神圣忧思录——中小学教育危机纪实》。我在读这篇报告文学之前，先读了作家冰心题为《我请求》的文字："请求我们中国每一个知书识字的公民，都来读读今年第九期的《人民文学》的第一篇报告文学，题目是《神圣忧思录》，副题是《中小学教育危机纪实》……这题目使我专心致志地一直看下去，看到我泪如雨下！真是写得太好了，太好了！……这篇《神圣忧思录》广闻博采，字字沉痛，可以介绍给读者的句子，真是抄不胜抄。对于这一件有关于我们国家、民族前途的头等大事的'报告'文章，我还是请广大读者们自己仔细地去考虑、思索。"

那时我读过之后给学生朗读的，还有一些中篇小说和纪实作品，比如毕淑敏的《送你一条红地毯》，池莉的《烦恼人生》，刘震云的《新兵连》，刘亚洲的《魔鬼导演的战争》，梁晓声的《从复旦到北影》和《京华闻见录》等。

读了《傅雷家书》之后，我马上给学生推荐——直到现在，这本书我依然给学生推荐。在我看来，《傅雷家书》是一部关于人生、关于艺术、充满人格魅力和文化意蕴的大书。《傅雷家书》虽然是父子之间的通信，但它又不是一般意义上的"家信"。当时，儿子远在国外，父亲既关注儿子艺术事业的发展，更关心儿子做人境界的长进。因此，在这些家书中，傅雷谈音乐，谈文学，谈美术，谈中国文化，谈西洋文明，谈人格修养，谈意志磨炼……我曾经给学生朗读《傅雷家书》的片段，引领学生进入一个五光十色的人文世界：有贝多芬、肖邦不朽的旋律，有罗曼·罗兰、巴尔扎克永恒的声音，有李白、苏东坡恣肆的意象，有丹纳、罗素闪光的哲理，有孔子、王国维精辟的思想，还有中国汉代石刻古朴的线条和巴黎罗浮宫迷人的色彩……而照亮这一切的，是一轮闪耀着人格光芒的太阳：高尚的情操，纯正的思想和真挚的情感！

我对马克思主义哲学产生了兴趣。本来我读大学之前，时代就把马列著作"强加"给了我，所以我多少还有些基础。参加工作后，我是主动阅读马克思主义哲学的，这可能和我当时正在追求加入中国共产党有关。我这个人是很认真的，我既然要加入一个政党，当然应该从理论上弄清这个政党的指导思想。我除了重读《共产党宣言》之外，还读了《反杜林论》（没有全部读懂）和《资本论》（基本上没读懂，所以没有读完），但《路德维希·费尔巴哈和德国古典哲学的终结》是读懂了的。这本薄薄的小册子全面论述了马克思主义哲学和黑格尔、费尔巴哈哲学之间的批判继承关系，系统阐述了辩证唯物主义和历史唯物主义的基本原理，具体说明了马克思主义哲学产生的理论来源和自然科学基础，深刻分析了马克思主义哲学在哲学领域中革命变革的实质，阐述了哲学基本问题和哲学中两大阵营根本对立的原理，指出"全部哲学，特别是近代哲学的重大的基本问题，是思维和存在的关系问题"。哲学家们依照如何回答这个问题而分成了唯物主义和唯心主义两大阵营。除了读马克思主义原著，我还读了一本厚厚的《马克思主义原理》。虽然后来我并没有加入中国共产党，但读这些书对我不是没有意义的。

除了马克思主义，我对西方哲学也产生了兴趣，杂七杂八读过不少流派的书，什么斯宾塞的《实证主义》啊，尼采的《权力意志主义》啊，《生命哲学》和《伯格森主义》啊等等。这些书读得都不精，大多囫囵吞枣，不求甚解。但是，我对存在主义却读得非常仔细和认真。至今我还保留着当年读萨特（《存在与虚无》《存在主义是一种人道主义》）和海德格尔（《存在与时间》）的读书笔记。

那时候的学术真的是活跃，各种人文学术著作精彩纷呈，令人眼花缭乱。其中，我读得最多的是金观涛主编的《走向未来》丛书中的著作。写到这里，我起身看了看书橱上珍藏了20多年的《走向未来》丛书的一些著作，这都是我当年读过的，里面的勾画批注已经褪色，我的记忆依然鲜亮。它们是：《兴盛与危机：论中国社会超稳定结构》《人的发现》《激动人心的年代》《语言学与现代科学》《在历史的表象背后》《让科学的光芒照亮自己》《人的现代化》《昨天今天明天》《艺术魅力的探询》《儒家文化的困境》《悲壮的衰落》《梁启超与中国近代思想》《走向现代国家之路》《人的创世纪》《上帝怎样掷骰子》《人心中的历史》《人的哲学》等。

我开始涉猎了不少政治学（有的书也很难说仅仅属于"政治学"）文化学方面的著作，比如《六大观念：真、善、美、自由、平等、正义》《民主和专制的社会起源》《宽容》《异端的权利》《自我实现的人》《中国思想史论》《文化的冲突与抉择》《第三次浪潮》……

受当时学术界的"文化热"的影响，我读了李泽厚大量的文字，《美的历程》不用说了，还有他大量关于中国文化和中国思想史的文章。还有刘再复，一本《性格组合论》让我边读边勾画圈点，最后面目全非。还有柏杨，他的《丑陋的中国人》不但进入了我的心灵，而且还进入了我的课堂。

我重读鲁迅。"鲁迅"这个名字也是少年时代被特定时代"强加"给我的，鲁迅在我小时候的心中，是"痛打落水狗"的形象。现在我已经是成人了，而且是教师，还自以为是知识分子，不能不用自己的眼光读读鲁迅。我买了一套八卷本的《鲁迅文集》，花了一年多（将近两年）的时间通读了一遍，读出了先生的深刻，也读出了他的孤独。我感到鲁迅就在我的身边，评论着我每天所见到的中国的现实。在读鲁迅的同时，我还读了许广平的《欣慰的纪念》、朱正的《鲁迅传略》和钱理群的鲁迅研究专著《心灵的探寻》——这是我第一次读钱理群老师的著作。

很难说上面的那些杂乱斑驳的阅读对我的教育有什么具体的意义或者对我的课堂设计有什么直接的作用，但这些阅读让我的思想一下子丰富起来，视野也变得开阔起来，或者说看这个世界，看周围的人，多了一双眼睛。正如我曾在一篇文章中所说："这些著作的观点我不一定都能理解，或者即使理解了也不一定都赞同，但这些著作不仅开阔了我的思想视野，更主要的是，它们让我越来越明确地意识到自己的身份：'我是一名知识分子！'从那时候，我就提醒自己，尽管我也许一辈子都只是一名普通的语文教师，但这不妨碍我在三尺讲台上通过语文教育传播人类文化精华，以行使一个知识分子推动社会进步的神圣使命。"

说到"语文教师"，我还得谈谈我的专业阅读。通过一本《著名语文特级教师评价》，我知道了一些教改名家：于漪、钱梦龙、陈钟梁、宁鸿彬、欧阳黛娜、洪镇涛、蔡澄清、陈日亮、魏书生……那时候，我还订阅了好多种中学语文教学杂志：北京的《中学语文教学》、上海的《语文学习》、山西的《语文教学通讯》、陕西的《中学语文教学参考》等。我不但对每期杂志上的每一篇文章都认真读，还做了大量的资料索引卡片，以方便我备课查找。读得多了，联系自己的课堂教学也就有了许多共鸣和思考，于是我也试着把这些共鸣和思考写下来，投寄给这些杂志，渐渐地成了这些杂志的作者，直到现在。从读者到作者，这也是我最得意的一点。

还有一位我身边的语文老师对我的阅读影响很大——他就是我的岳父万鲁君先生。我分到乐山一中时，曾和他同一教研组。他年轻时读大学学的是法律，但同时精于文史哲，诸子百家烂熟于心，数理化、生物、英语、医学等都有所涉猎。他渊博的学识，让我看到了阅读所赋予的人格魅力！他的藏书很少，远远不及我的多。但他的学问全部装在他的肚子里！而且他的学问我一辈子都赶不上，我肚子里没什么学问，只好把学问都堆在书橱里。但是，我愿意向他学习。退休后，他也手不释卷，给我以感染，让我情不自禁有一种必须不停读书学习的紧迫感。

关于教育专业阅读，我当然要提到陶行知和苏霍姆林斯基的名字。一本《陶行知教育文选》，被我翻得破旧不堪，尽管读的只是"文选"，但我的心已经被陶行知的民主教育思想"击中"了。关于苏霍姆林斯基，可以毫不夸张地说，我读了我能够找到的这位教育家的所有著作。关于这一点，我已经在许多文章中有详尽的回忆与说明，这里从略。但我还是要强调的是，陶行知所倡导的民主教育以及苏霍姆林斯基思想中的人性光辉，直到现在都还照耀着我的教育实践。苏霍姆林斯基的观点直接指导了我的教育教学，比如"真正的教育是自我教育""给学生提供更广阔的智力背景""课堂上的研究性学习""发现孩子独一无二的禀赋进而给孩子以自信自尊""人的智慧是从指尖开始的"……当然不只是读陶行知和苏霍姆林斯基，还有洛克、布鲁纳、卢梭、裴斯泰洛奇、马卡连柯、巴班斯基、布鲁姆……而且还读了包括弗洛伊德、桑代克、荣格等人在内的不少教育心理学著作，我同样受益匪浅，但陶苏二位在我心中占据的突出位置无人替代。

不光是我给学生推荐书，我的学生也给我推荐书，因此我也读了不少学生喜欢读的书，比如琼瑶小说。当琼瑶小说风靡校园的时候，媒体贬斥比较多。但在学生的影响下，我先后读了琼瑶的《窗外》《烟雨蒙蒙》《几度夕阳红》《彩云飞》《心有千千结》《在水一方》《月朦胧，鸟朦胧》《雁儿在林梢》等小说。我对琼瑶小说的评价远比各主流媒体的评价高。她的小说有一种古典文学的氛围，唐诗宋词的意境，很美。而且，琼瑶的小说也并不都是"软绵绵"的，《烟雨蒙蒙》就很有历史的厚度、思想的深度和精神的硬度。我特别喜欢。但不知为什么，中学生（当然远不仅仅是中学生，还包括成人）当时就特别痴迷（并一直延续至今）的武侠小说，我一点兴趣都没有。也曾在学生的鼓动下捧起过金庸，但实在读不进去，只好放下。

20 世纪 80 年代，我还读了相当多的关于评价毛泽东的书：《毛泽东的读书生活》《走下神坛的毛泽东》《毛泽东之魂》《文人毛泽东》《青年毛泽东》《晚年毛泽东》《毛泽东的秘书们》《毛泽东生活实录》《毛泽东家世》《我和毛泽东的一段曲折经历》《传统下的毛泽东》……我读这些书的时候，已经没有了少年时代对"大救星"的狂热崇拜，有的是理智的审视。这些都是大陆公开出版的著作，绝对没有半点"丑化"企图，但我还是从许多细节中了解到了更加全面而真实的作为"人"的毛泽东。

对了，我差点还忘记了一个人的名字。我怎么能够忘记她呢？——龙应台！她1985 年出版的《野火集》，大概是 1988 年在大陆出版。我很快买到，并一口气读完。心灵受到的震动难以言表。《中国人，你为什么不生气》《幼稚园大学》……她

且行且思 41

抨击台湾的文字，简直也是为大陆而写。从细节处洞察社会，一针见血；于常态中抨击时弊，掷地有声。未必有多么深刻，但绝对犀利。她的文字和文风影响了我。后来，我一直给学生推荐龙应台："她是中国当代最优秀的作家！"注意，我没有说"最优秀的女作家"，也没有说"最优秀的作家之一"，她就是"中国当代最优秀的作家"！

20世纪共和国的80年代，是在悲壮中轰然落幕的，"万类霜天竞自由"的学术黄金时代也一去不复返。

（七）

在批判"资产阶级自由化"和反对"和平演变"的主旋律中，中国迎来了20世纪90年代。

刚好我从乐山调到了成都，暂时单身一个，正好有更多的时间读书。但几年前学者们的学术井喷戛然而止。昨天还洛阳纸贵的著作，今天成了禁书。一时竟然无书可读。学者们有的流亡，有的沉默，只有何新在喧嚣。我读了他的著作《世纪之交的中国与世界——何新与西方记者谈话录》和一些文章，其言论并无新意，文风也似曾相识。

林默涵和魏巍主编的《中流》横空出世，我自费订阅，成了它忠实的读者，每期的每篇文章都不放过。我并不同意《中流》上大多数文章的观点：否定"市场经济"，反对"三个代表"……但我觉得看看不同观点的文章总归比只听一种声音强。不过，读着《中流》上许多"气壮山河"的文字，我找到了少年时代在"文化大革命"中读"两报一刊"社论和"四人帮"舆论刊物《学习与批判》的感觉。遗憾的是，十年后它被强令停刊。我至今仍为它的被迫停刊鸣不平——捍卫每一个公民的言论自由，是社会的进步，否则是历史的倒退。

《邓小平文选》第三卷出版了，我校每个党员都发了一套，连同以前出版的第一和第二卷。可是，我看到我办公室的党员老师都将《邓小平文选》放在书架上，根本不读。我觉得怪可惜的，便请某党员老师借给我看。该党员莫名惊诧："你对这个感兴趣？送给你吧！"其慷慨之情，竟然让我有了几分感动。于是，正如少年时我通读《毛泽东选集》一样，中年时，我又通读了《邓小平文选》。

　　几年前我针对学生的青春期心理进行了一些有效的辅导，积累了一些和学生的往来书信。我决定根据这些素材写一本书信体的心理教育专著。因此，我又开始读一些通俗的教育心理学的普及性著作，如《人格心理学导论》《中学生心理学》《中学生趣味心理学》《中学生心理与教育》《青春期常识读本》《性格与人生》《认识自身的力量》，等等。边读边写笔记，同时给中学生写建议，这就是我的第一本教育著作《青春期悄悄话——给中学生的100封信》的由来。

　　有一段时间，因为要讲《林黛玉进贾府》，我假期里备课时，把《红楼梦》又细细读了一遍，做了一些读书笔记，进行了一些肤浅的研究，并写了一组随笔式的小论文，内容涉及人物形象、诗词韵文、典故引语、宗教哲学等。不过，说实话，我一直认为《红楼梦》是一座采掘不尽的学术矿山，却不是一部以情节引人入胜的小说，因此我对它的评价，一直没有达到"公认"的高度。

　　我重新读了我书架上的苏霍姆林斯基的所有著作；同时，第一次完整地通读了《论语》《孟子》和《庄子》——大学时只读了这些经典的选读本；还有一项令我骄傲的阅读是，我居然通读了司马迁的《史记》；还读了一些与我的班主任工作和课堂教学没有直接联系的书，如《中国教育史》《外国教育史》。我试图从更深远的中外教育发展史和更广阔的文化背景中来思考教育。在这一时期所读的书中，特别值得一提的，是陶行知和叶圣陶的著作。我以前只是"语录"式地接触过这两位教育家的一些观点；而现在，我相对比较系统地阅读了《陶行知文集》和《叶圣陶语文教育论集》。说实话，我的阅读远远谈不上是精读，而还只是浮光掠影地浏览，但尽管如此，我还是被两位教育家博大精深而又富于中国气派的教育思想所打动了。联系我以前读过的苏霍姆林斯基，我不禁感叹：这几位教育大师的思想与我们今天的教育现实实在是太贴近了！他们所言所论，就仿佛是针对今天中国教育的弊端而发出的。换句话说，我们现在津津乐道的一些教改新"观念"，早在几十年前或更早，就在这几位教育家的著作中有相当精彩而通俗的论述。

　　对文学的兴趣依然没有减弱，但我很少读小说，更不读诗歌了，我主要关注随笔杂文。我读了李锐、于光远、邵燕祥等人的大量文字，这批老共产党人身上一以贯之的理想主义和对民主自由的追求精神，让我敬佩不已。

　　特别要说说邵燕祥。作为一名普通的中学语文教师，我最初知道"邵燕祥"这个名字，是从20世纪80年代《中国青年报》上读到他的杂文开始的：《"娘打儿子"

论》《觉慧会不会变成高老太爷》《论"七八年再来一次"》《历史的遗憾和遗憾的历史》《如果太平天国不失败》……仅仅看这些杂文的题目,我们就会感受到邵燕祥那属于自己祖国的一颗滚烫而沉重的心。我同意孙郁《百年苦梦》中对邵燕祥的评价:"你读他的作品,会依稀感受到本世纪后半叶,中国历史的最为沉重的那一页。他仿佛从寒冬走来,从那冒着热气的口吻里,不断叙说着冬天的故事。"我甚至认为,邵燕祥近20年来所发表的一篇篇杂文,集中体现了中国知识分子尚未泯灭的良知。

但20世纪90年代,邵燕祥让我惊心动魄的文字是他的新著《人生败笔——一个灭顶者的挣扎实录》。如果说,邵燕祥的其他杂文,主要是向社会弊端投出的匕首的话,那么,这本书中作者则把解剖刀对准了自己的灵魂。在"文化大革命"结束20年后,作者将自己在共和国最黑暗岁月写下的文字辑录下来,作为献给历史的一座特殊形式的"'文化大革命'耻辱碑"。这都是些什么样的文字呢?比起我读到邵燕祥的其他文字,本书毫无文采可言,却比其他文字更震撼我的心灵。作者在序言中写道:"在我,无论违心的表态或真诚的认罪,条件反射的或处心积虑的犯案,无论揭发别人以划清界限,还是以攻为守的振振有词,今天看来,都是阿时附势、灵魂扭曲的可耻纪录。在我,这是可耻的十年。也许可以说,直到今天面对这可耻的纪录,我才真正触及了灵魂。"当许多人有意无意淡忘或回避那段历史的时候,邵燕祥却一次次用历史伤痕提醒我们"忘记过去,就意味着背叛";当许多人提到"文化大革命"便大谈自己如何受迫害或如何"不屈抗争"的时候,邵燕祥却用自己的"可耻的灵魂"对我们民族的昨天进行着深刻的反思。

我同样把邵燕祥的一些文字作为语文补充教材推荐给学生,我还写下一篇随笔发表在《成都晚报》,题目就是《向邵燕祥同志致敬!》。我这样写道:

在新中国霞光满天的清晨,他曾唱出一首首真诚的恋歌;在共和国阴霾密布的季节,他曾写出一篇篇违心的文字;十年浩劫中,面对"红色恐怖"的灭顶之灾,他一次又一次用写赞美诗的笔鞭挞自己的心灵,进行着一次又一次的灵魂挣扎;当我们的民族从噩梦中醒来,他又开始了对极"左"路线、对自己人生、对社会痼疾的冷峻而犀利的思考与剖析。

从牧歌的玫瑰到杂文的投枪,从诗人到战士,近半个世纪以来,无论是真诚的抒情还是深刻的反思,一直不变的是对祖国真诚的爱!

　　是的，我说的正是被誉为"20世纪最后一位鲁迅式杂文家"的邵燕祥同志。

　　此外，杨东平、徐友渔、鄢烈山、钱理群……那一时期都在我关注的视野之内。谢泳研究储安平和《观察》杂志以及西南联大知识分子群体的文章著作，如《逝去的年代——中国自由主义知识分子的命运》，和李辉有关中国现代著名知识分子的传记文字如《风雨中的雕像》，都引起了我浓厚的阅读兴趣。

　　余秋雨刚刚出版散文集《文化苦旅》和《文明的碎片》，便立刻引起了我的注意。读惯了过去单纯"借景抒情"的杨朔式或刘白羽式的歌颂性散文，余秋雨散文在当时的确让人耳目一新。他的笔，饱蘸着对中国文化、人类文明的赤诚热血，把自己穿越历史和时代的深层次的文化愁绪和文明忧思，通过凝重而又洗练，从容而又奔放的语言倾泻出来，深深地拨动读者的心弦并产生强烈的共鸣。我马上想到了中学语文教学。中学语文教育应体现出强烈的人文精神：在训练学生语言能力的过程中，塑造其健全人格，丰富其思想感情，发展其创造思维，培养其科学精神。整个语文教育应当充满着一种对"人"本身的关注——浓烈的人情、真正的人道、崇高的人格、纯朴的人性、丰富的人生……而秋雨散文正是试图通过对富于文化意味的现象或景观的考察去探寻它们所深藏的民族文化心理和民族文化人格。于是我选了一些余秋雨散文（如《老屋窗口》《三十年的重量》《华语情结》等）进入我的语文课堂。记得1995年我教高三课文《念奴娇·大江东去》的时候，我把余秋雨的《苏东坡突围》印发给学生一起学习。尽管十多年后，他的一些言行让我很难理解，但我至今不否认他散文应有的价值。

　　当然，也读了少量小说，比如《废都》《白鹿原》。我对后者的评价非常高，认为这部小说必将成为中国文学史上的经典之作。还有王朔的小说我也读了不少，他是我的同龄人。读他的作品，能够从字里面读出只有我们这个年龄的人才能意会到的味道。

　　刘醒龙的中篇小说《凤凰琴》让我流泪。同为教师，我和小说中的山区小学的民办教师们的境况简直是天渊之别，我甚至感到惭愧。这篇小说直到现在都还是我语文课的补充教材，这段时间的语文课上，我刚好正在给学生朗读。1994年的一次语文课上，我给成都玉林中学高95届一班的学生朗读《凤凰琴》，读到中途，我哽咽了，就在眼泪即将夺眶而出的一刻，我怕学生看到自己的失态，便赶紧走出了教室。一两分钟之后，等我平息了情绪，擦干眼泪，重新走进教室，看到不少同学都趴在桌上抽泣，抬着头的同学也都泪流满面……

我还读了一些学生给我推荐的小说，比如秦文君的《男生贾里》《女生贾梅》，韩寒的《三重门》等。我还真读进去了。韩寒的文字非常机智，不乏刻薄，我当然不同意他的所有看法，但他有的观点的确能够引起我的共鸣。

我更多的不是文学类阅读而是思想类阅读。我读《顾准选集》，心灵再次受到震撼。这位曾为新中国的建立而付出青春的革命者，同时又是一位真正的思考者，被自己参与建立的政权投进大牢后，却在黑暗中孤独而顽强地继续思考中国的过去、现状和未来。他的真知灼见，直接影响到后来中国的改革开放。他真的是"拆下肋骨当火把"，照耀着后来人探索的道路。

林达的《近距离看美国》系列——《历史深处的忧虑》《总统是靠不住的》《我也有一个梦想》让我拍案叫绝。关于美国的政治体制、法律制度、文化传统、种族历史……居然可以写得这么通俗有趣，这么跌宕起伏，这么引人入胜！我不但给我的学生推荐，而且给许多朋友推荐。十多年后的今天，我的书架上还有着林达的书，包括去年买的《如彗星划过夜空》。

这里还得特别提到李泽厚。沉寂几年后，20 世纪 90 年代中期，他的著作突然又在大陆出版：《走我自己的路》《中国古代思想史》《中国近代思想史》《中国现代思想史》等。好几年前，除了《美的历程》，我更多的是读他的文章。这次我比较系统地读了我能买到的他的全部著作。

这些阅读不但赋予我独立思考的信念，而且让我从历史和文化的角度俯瞰教育。我越来越不愿意把自己仅仅当作"教书的"，特别是作为语文教师，我更是越来越不愿意把自己当作文章学、修辞学、语言学、考试学的分析家，甚至只是教材与教参的熟练操作者，而首先是文明的传播者、思想的启迪者、人生的导航者。这些阅读对语文教学并非没有关联，相反它能直接让语文课变得丰满而更有深度。比如《城市季风》会使我从京派文化和海派文化的角度理解中学语文教材中老舍、郁达夫、夏衍、巴金乃至叶圣陶、朱自清等人的作品；《东方诗魂——屈原与中国传统文化》使我能够比较准确地把握《涉江》中体现出来的屈原个性和屈原精神；而《青楼文学与中国文化》则让我更加全面而深刻地认识白居易《琵琶行》中的情绪蕴含和人生哲理……

（八）

2000 年 9 月，我来到了苏州大学校园，师从朱永新教授攻读博士学位。我的专业名称很长："马克思主义哲学教育哲学方向"。阔别大学校园 18 年后，又成了大学生，坐进教室，真是亲切而又尴尬。

这是我阅读的又一个高峰期。过去我就读过一些马克思主义的原著，那都是自学，这次是在导师——首先是朱永新，此外还有任平、崔绪治、王金福、李兰芬等教授——的指导下，我再次读了许多马克思、恩格斯、列宁的原著。重新系统全面地学习了辩证唯物主义和历史唯物主义。导师们还给我们开了一门课叫"哲学前沿"，主要是讲当代西方哲学。这对我来说，基本上是一个新的学术窗口。

我由此读了不少政治学、教育学、哲学等方面的理论书，包括以前多少读过但并没有真正认真研读过的马克思、恩格斯原著，也读了诸如现代、后现代的书，"哈贝马斯""福柯""德里达""利奥塔""维特根斯坦""罗蒂""库恩""波普尔"等人的名字从我口中说出来也毫不拗口结巴而是非常流畅了。

我的专业方向是"教育哲学"，这就让我不得不在阅读的同时认真思考：什么是"哲学"？这个问题在那段时间困扰我很久。阅读不同时代不同流派哲学著作，使我越来越认为，现在人们不喜欢哲学，恐怕不能完全怪人们太实际而不爱理论，而还要从"哲学"本身找原因，应该反思哲学的存在形式或者说哲学的体现方式。在古代，"一切尽在哲学中"，认为哲学是真理体系的化身，哲学成了所有学问的集大成者。到了近代，"一切不在哲学中"，各学科争相"闹独立"，从哲学中分化出来，包括教育学、伦理学、美学等。到了当代，"哲学在一切中"，哲学没有自己独特的领域，而又渗透在一切领域之中，把一切领域中的根本问题作为研究对象。后现代哲学不承认哲学，认为哲学是笛卡尔式的，是柏拉图式的，先一般后个别。这种哲学具有先验意义，必须重新打倒、消解。

我对时髦的"后现代哲学"进行了肤浅的阅读和研究，在这之前，我对此基本上不熟悉。后现代哲学虽然以消解哲学为己任，但有人认为这是"别一种形式"的哲学。后现代哲学隐藏了几个观点：如对本文的崇拜，反对对本文的分析（特别是福柯、德里达）；差异观、平等观等都体现了它的形而上学，这同样是在构造一种思维方式；打倒了单一的主体性，消解理性。而我们的时代进入了无底板、无规范、差异化、多元化的哲学时代。如果说农业时代是人与自然的关系，工业时代是人与机器的关系，那么后工业时代是人与人的关系，即多极主体之间的关系。

阅读并思考这些观点，我会很自然想到我所熟悉的教育和课堂。仔细研究当时方兴未艾的新课程改革，就会发现，新课改的许多基本观点，是源于后现代哲学。

在苏州大学校园，我对解释学产生了浓厚的兴趣。解释学本身并不是统一的理论学说，而是一门学科。围绕"理解"这个研究对象，在不同的时代不同的解释学家提出了不同的解释学理论，因而出现了不同的解释学派别——如施莱尔马赫（认识论解释学）、狄尔泰（认识论解释学）、海德格尔（本体论解释学）、迦达默尔（本体论解释学）、罗蒂（后现代主义解释学）等。作为语文教师，我深感解释学对阅读学的意义是不言而喻的，通过对解释学不同理论的学习研究，我们可以批判吸收各种解释学理论的合理思想，逐步形成科学的解释学观念，以指导我们的阅读教学。科学的解释学对阅读不但有着认识论的意义——即帮助我们认识"阅读"的规律和特点，而且也有着方法论的意义——即为我们提供尽可能科学的阅读方法。当时，我曾写下一篇长长的读书笔记《阅读教学的解释学思考》。

2001年夏天，我和波普尔交上了朋友：先是读《波普尔传》，进而读波普尔的《研究的逻辑》《猜想与反驳》《历史决定论的贫困》和《开放的社会及其敌人》等著作。

波普尔是当代西方最著名的科学哲学家和社会哲学家之一。要用简洁的语言概括波普尔博大精深的思想，是我力不能及的。这主要不是受制于我的语言概括能力，更主要的原因是，我不得不承认，以我有限的学识，对波普尔的著作我并没有完全读懂。但尽管如此，我仍然被我能够理解到的他的一些思想所打动。我认为，在他全部理论的体系中，最富有思想穿透力和生命震撼力的，是他的批判精神。他以卓越的创造精神，对"什么是科学""科学与非科学的分界""科学知识增长的方法和过程"等问题做出了自己全新的回答，并推翻了许多人心目中从来都"理当如此"的"常识"。

波普尔提出：科学的理论或命题不可能被经验证实，而只能被经验所证伪，即观察和实验所提供的经验事实只能证明一个理论是假，却不能证明一个理论是真。

因此，科学的划界标准只能是可证伪性：一切命题凡是能够被经验证伪的，就是科学的，否则就是非科学。需要特别说明的是，按我的理解，在波普尔的理论中，"证伪"这个概念有着特定的含义——"证伪"之"伪"不是"假"的意思，而是"不完善""有缺陷""有待超越""有待发展"等含义。由此波普尔得出结论：科学的进步在于不断地批判旧的理论，大胆地猜测新的理论，不断去除错误理论中的错误。由于科学理论总是有可能被证伪的，这样的循环往复就是无限的，因而对科学理论的批判是无止境的，所以科学的发展也是无止境的。

波普尔的思想让我信服。的确，所有不能被证伪的理论都是非科学或伪科学。在当年作为作业上交的一则读书笔记中，我这样写道：

> 科学理论的特征恰恰是不能无条件地"自圆其说"或"放之四海而皆准"，它一旦被发现其缺陷——即被"证伪"，便获得了向前发展的生命力。就自然科学而言，从伽利略理论到牛顿理论再到爱因斯坦理论，就是物理学理论不断被证伪因而也不断向前发展的过程；就社会科学而言，从马克思"社会主义革命不能首先在一国成功"的理论被列宁"社会主义革命只能首先在一国成功"的实践所突破，到再被毛泽东"革命可以通过农村包围城市的方式取得成功"的实践所超越一直到被邓小平关于"社会主义可以搞市场经济"的理论所发展……这一次次被"证伪"的过程，正体现了马克思主义作为科学理论的伟大生命力所在。相反，任何宣称"万能"标榜"永远立于不败之地"并且不许怀疑拒绝批判的"学说""理论""终极真理"都是非科学，比如"法轮功"之类。波普尔提倡科学家应该具有四种科学精神：一是敢于犯错误的精神，二是批判的精神，三是否定或革命的精神，四是创新的精神。是的，不断地实践，不断地批判，不断地否定，不断地创新，这也是我特别推崇的科学精神。

我毕竟是一名教育者，因此我当然花了更多的时间相对比较系统地读了《中国教育思想史》《中国教育哲学史》《西方教育思想史》，我特别读了除苏霍姆林斯基、马卡连柯、杜威等人之外我还不太熟悉的国外教育家的著作：夸美纽斯的《大教学论》、爱尔维修的《论人的智理能力和教育》、康德的《论教育》、卢梭的《爱弥尔》、约翰·洛克的《教育漫话》、赫尔巴特的《普通教育学》、福禄倍尔的《人的教育》、第斯多惠的《德国教师培养指南》、斯宾塞的《教育论》、爱伦·凯的《儿童的世纪》、克伯屈（这个名字真难记！直到最近在一篇文章中我还错写为"屈伯克"）的《教学方法原理》、罗素的《教育与美好生活》、布鲁纳的《教育过程》、雅斯贝尔斯的《什么是教育》、阿莫纳什维利的《学校无分数教育三部曲》……说实话，读这些书并不那么轻松，但几乎每本书都能给我这样或那样的启发，有时候甚至仅仅是一个观点或一句话。比如爱伦·凯提倡使儿童接触到真正的生活，在各种方面遇到人生之真经验；儿童不仅需要了解蔷薇，还需要了解蔷薇上的刺。又如，雅斯贝尔斯认为，教育与训练不同，训练是一种心灵隔离的活动，教育则是人与人精神相契合、文化得以传递的活动。教育也不同于控制，控制以被控制者个性泯灭为代价。而人与人间通过教育而平等交往就是驱逐愚昧和塑造人格的最有利形式。人与人的交往应是"我"与"你"的关系，而这是人类历史文化的核心。他还认为，教育过程首先是一个精神成长的过程，然后才成为科学获知过程的一部分。

我把我的博士论文的主题确定为《民主与教育》，在朱永新老师的指导下，我阅读了大量的相关的著作：

联合国教科文组织的《教育——财富蕴藏其中》《从现在到2000年教育内容发展的全球展望》《学会生存》《从现在到2000年教育内容发展的全球展望》、任平的《交往实践与主体际》、黄济的《教育哲学通论》、陈桂生的《"教育学视界"辨析》《教育原理》（第二版）《人的全面发展理论与现代时》、林毓生的《中国人文的重建》、杜时忠的《人文教育论》、金生鈜的《理解与教育——走向哲学解释学的教育哲学导论》、爱弥尔·涂尔干的《道德教育》、王宗耀和潘玉琼的《民主教育与时代反思》、霍布豪斯的《自由主义》、帕斯卡尔的《思想录》、大卫·杰弗里·史密斯的《全球化与后现代教育学》、马振清的《中国公民政治社会化问题研究》、许大同的《西方政治思想史》、桑新民的《呼唤新世纪的教育哲学》、许苏民的《人文精神论》、罗伯特·达尔的《论民主》、刘军宁的《民主 共和 宪政》、丛日云的《当代世界的民主化浪潮》、茅于轼的《公民教育和民主政治 》、石中英的《民主、知识与教育》、李慎之的《修改宪法与公民教育》……

我在这一部分有点不厌其烦甚至是有些枯燥地罗列书目，绝没有炫耀的意思。实际上，作为一个博士生，读这些书也没有什么值得炫耀的，何况许多书我读了就忘，现在能够记得的也仅仅是书名而已。我之所以列出这些书目，我只是想记录一段阅读的历程，作为"我的阅读史"，没有这段记载肯定是不完整的。说实话，这些枯燥的书，博士毕业后我就很少读了。

（九）

博士毕业后到现在，时间的脚步渐渐走到了新世纪第一个十年的尽头。这六年多里，我除了有近两年时间在成都市教科所，其余时间都在学校。我又开始了自由阅读（相对来说，读博阅读不是那么"自由"，是课程的迫使）。

我的阅读越来越集中于三个方面，一是历史著作，主要是中国近代、现代和当代史和国际共运史，如麦天枢的《昨天——中英鸦片战争纪实》、张建伟《世纪晚钟——紫禁城里的最后改革》、袁南生的《斯大林、毛泽东与蒋介石》、笑蜀的《历史的先声——半个世纪前的庄严承诺》、胡平《禅机——1957 苦难的祭坛》、李锐《庐山会议实录》（重读）、马立诚的《交锋三十年——改革开放四次大争论亲历记》等；二是反映中国现代和当代知识分子命运的著作，包括报告文学、人物传记、回忆录等，比如瞿秋白的《瞿秋白写作生涯》、杨显惠的《夹边沟记事》、万同林的《殉道者——胡风及其同仁们》、老鬼的《母亲杨沫》、余英时的《重寻胡适的历程》、孙郁的《鲁迅与胡适》、陆建东的《陈寅恪的最后 20 年》、郑超麟的《郑超麟回忆录》、丁东的《反思郭沫若》、李辉的《沧桑看云》、陈徒手的《人有病，天知否》、郭小川的《郭小川 1957 年日记》、谢泳的《血色闻一多》、傅国涌的《1949 年中国知识分子的私人记录》、傅光明的《口述历史下的老舍之死》等著作；三是关于自由主义思想的著作，对此我得多说几句。

当今中国，没有什么思想学说能够比自由主义更能引起人们真诚的追求、狂热的崇拜、无知的误解和理性的质疑了。但"自由主义"究竟是什么？包括许多拥护者和反对者在内的人恐怕都没有认真地了解过，包括我，在少年时代，心目中的"自由主义"就是毛泽东著名文章《反对自由主义》中所批评的那种"自由主义"："事不关己，高高挂起""大事做不来，小事又不做"之类。从 20 世纪 80 年代开始，我对自由主义产生了兴趣，因而零碎地读过一些相关的书；但我从来没有相对系统地读过自由主义大师们的著作。尽管凭着一些感性的了解，我对自由主义有着情感的向往；但我承认，我对自由主义的了解往往是只言片语一知半解，因而是非常肤浅的。没有对自由主义大师们原著（至少是中译本）的直接阅读，简单地赞美和指责都是不科学的，也是不严肃的。读博期间，开始接触自由主义学者的一些原著；博士毕业后的一段时间，我又比较集中地阅读一批自由主义理论家的著作。于是对自由主义有了比过去更深入的了解——当然仍然谈不上理解乃至精通。不过，在阅读的过程中有一些感想，边读边抄边写，做了几万字的读书札记。印象中，我主要读了这些著作：托克维尔的《论美国的民主》、杜威的《新旧个人主义》、霍布斯的《利维坦》、斯宾诺莎的《神学政治论》、孟德斯鸠的《论法的精神》、卢梭的《社会契约论》、罗素《西方哲学史》、哈耶克的《通向奴役之路》、哈维尔的《哈维尔文集》、顾肃的《自由主义基本理念》、王炎的《自由主义与当代世界》、李慎之与何家栋的《中国的道路》、王元化的《思辨随笔》、秦晖的《问题与主义》、朱学勤的《书斋里的革命》、徐友渔的《自由的言说》等著作。

我时不时也读一些教育学著作，但读得不多了。最近几年读过大卫·杰弗里·史密斯的《全球化与后现代教育学》、保罗·弗莱雷的《被压迫者教育学》、马克斯·范梅南的《生活体验研究——人文科学视野中的教育学》和《教学机智——教育智慧的意蕴》。对最后一本书，我赞不绝口，逢人便推荐。记不清是 2005 年还是 2006 年，在朋友的推荐下，我读过科尔伯格的《道德教育的哲学》，还写下了万字长篇读书笔记，虽然我基本上不同意作者的观点（我得实话实说），不过这本书对于拓宽我对德育的思考还是不无裨益的。最近我又读了目前比较流行的《教学勇气——教师心灵漫步》，还是说实话，我是读懂了的，也同意书中的观点，但这本书句法比较别扭，甚至还有病句，当然，我估计是翻译者的水平所致。

我重读了苏霍姆林斯基的《给教师的建议》《把整个心灵献给孩子》《和青年校长的谈话》《帕夫雷什中学》，这些书上再次留下了我的笔记。逛了一大圈，又回到苏霍姆林斯基这里，还是觉得这位教育家和我的心贴得最近。

按道理说，我已经做了校长了，应该看一些管理方面的著作，但我的确很少读关于管理的书。彼得·诺斯豪斯的《领导学：理论与实践》我翻了翻，印象不深。倒是我的同龄人的著作让我颇有收获，如程红兵的《做一个书生校长》、李希贵的《学生第二》《为了自由呼吸的教育》。不少人给我推荐一些企业管理的书。这方面书很多很畅销，但我有一种不讲道理的排斥，我固执地认为，学校不是企业，教师不是工人，管理学校和教师应该按知识分子的特点来管理。

　　我阅读文学的时间显然大大减少了，但也还是读了一些文学作品。王蒙的"季节系列"和三卷本自传我读完了。我对王蒙的作品依然关注，但因为王蒙过于"机智"，过于长袖善舞，也因为他在自传中的一些言论，我对他的敬意已经大大减弱。还读过几部长篇小说，印象比较深的有阎真的《沧浪之水》、王蒙的《青狐》、张平的《国家干部》、郭敬明的《梦里花落知多少》。最后一本是女儿给我推荐的，但我只读了一半就读不下去了。

　　对了，说到文学作品，这里我得谈谈沈从文和张爱玲。这两位作家是我以前不曾或至少是很少关注的。更多的是因为受某种时尚的影响，我开始关注了沈从文和张爱玲。沈从文的作品我读得并不多，但其小说《边城》《长河》、散文集《湘行散记》，那意境，那语言，实在让我感到"迎面吹来凉爽的风"。

　　但对张爱玲，我很难有许多读者那么高的评价。《倾城之恋》《小团圆》《金锁记》《红玫瑰与白玫瑰》……她的确太有语言天赋了，在她的作品中，随处可见多姿多彩的精妙比喻，还有着流转自如的音韵节奏。有人说，张爱玲以其灵动飞扬的想象开创了一个美不胜收的语言世界。但我依然不喜欢张爱玲！道理很简单：我无法容忍国难当头，有一个女人能够从容而精致地抒发与整个民族格格不入的个人情感。就以很多人所赞赏的张爱玲的一篇"美文"《夜营的喇叭》为例。这篇文字不长，作者开头写道："晚上十点钟，我在灯下看书，离家不远的军营里的喇叭吹起了熟悉的调子。几个简单的音阶，缓缓的上去又下来，在这鼎沸的大城市里难得有这样的简单的心。"最后作者写道："外面有人响亮地吹起口哨，信手拾起了喇叭的调子。我突然站起身，充满喜悦与同情，奔到窗口去……"孤立地看这些文字，很美呀，但是，这篇文章发表于1944年5月5日，敌伪《新中国报》以大块的文章欢呼日军在我国河南"大获全胜"，而在同一天的这张报纸上，就赫然刊登着张爱玲特为该报写的一篇散文，就是上面所提到的《夜营的喇叭》。一听到"皇军"的喇叭的调子，竟然那样的"充满喜悦与同情，奔到窗口去！"在这里，我无论如何没办法把文学和民族的灾难分开。她与胡兰成的关系，我就不多说了。我只想说的是，类似的文字和情感，在张爱玲作品中绝不是个别的。赞美皇军的喇叭声，就不止一次。不要给我说什么"别'因人废言'"呀，什么"别'因人废文'"呀，抱歉！对张爱玲，我做不到。

　　国难当头，你可以不发出激越的呐喊，你可以沉默，但你不可以公开歌颂侵略者！也许在现在一些"思想前卫"的人看来，张爱玲不过是写出了她的真实感受而已，是"说真话"而已，但我认为，人可以不高尚，但不要太无耻；或者再退一步，人可以无耻，那是你的"自由"，但请不要宣扬无耻，而且用精美的语言宣扬龌龊的无耻！

正因为如此，我特别赞同哥伦比亚大学唐德刚教授1995年写的一段评论："一个社会，纵在异族和暴君统治之下，也不能无文艺，因此在敌人豢养之下的汉奸报刊崛起之后，另一种作家艺人也就应运而生。这种作家艺人的作品，一定要有个大前提——那就是他们作品的内容和风格，一定要为凶残的异族统治者和无耻的本族汉奸所接受。换言之，这是一种'顺民文学''皇民文学'，写得好的，也颇能承继战前'性灵文学'的技巧；写起男情女爱来，也颇能惹出读者一掬眼泪，一声叹息，一丝微笑……这种作品兜来转去，只在个人情感小圈圈内，装模作样，惹人怜惜；山鸡野狐，终非上品——这就是张爱玲了。"

写到这里，我想到了2005年10月巴金去世时我在纪念文章中的一段话，请允许我再次大段引用：

　　我曾读到著名海外学者夏志清在其《中国现代小说史》中对巴金刻薄的评价，我当然不敢苟同。作为一个普通的中国读者，我没有夏志清那么渊博的学识，但我仍然有权利为巴金辩护。夏志清认为，中国现代作家过多地将精力集中在社会问题上，许多具有很高天赋和才华的作家之所以没有最终创作出一流的世界经典小说，则是因为他们过多地将自己的才情挥洒在社会事物上，小说的创作仅仅成为他们思想的传递方式或政治见解的宣传品。他说，"中国作家由于整日惦念的都是国家与社会问题，因此他们所求之于西方小说家的，主要还是知识上的同情与支持。他们对这些作家的思想和说教，拼命吸收，却很少去注意艺术上的技巧问题。"我认为，20世纪的中国有着太多的苦难，夏志清坐在书斋里做学问的优雅心态是无法真正贴近20世纪上半叶中国作家的心灵的！面对苦难的中国以及这片土地上呻吟的人民，面对残暴到极点的侵略者和独裁者以及奋起抵抗的弱小民众，任何一个有良知的作家如果不"整日惦念的都是国家与社会的问题"，他会感到羞愧甚至可耻！和平时期读有些纯文学的文字，我们会感到生活的有趣或美好，但在三十年代民族危亡的时候，一些悠闲的文人置民族苦难与视而不见，通过娴熟优美的文字谈"喝茶"，谈"女人"，谈"幽默"！这样的文字放在今天我一样喜欢，但在当时，"文学"是有了，良心却没了！巴金多次否认过自己是作家，他说他不过是面对令人窒息的中国，写出了"我控诉"！他没有想过所谓"纯艺术上的技巧"，只是凭着知识分子的善良与正直写出了自己的见闻和心声，因此他便成了中国的良知！这一点，外国人或者某些华裔学者是否认可，无关紧要，关键是巴金因此而获得了绝大多数中国人的敬意！

我读当代文学不能回避曹文轩。对于中国最近一二十年的小说，我同意这样一种评价："有故事，没文学。"但我觉得曹文轩例外。的确，现在许多小说，作者太注重"一下子抓住读者"，可以编织惊心动魄的情节，却忽略了或者不屑于"文学"——美的情感，美的形象，美的景物……这一切当然都是通过美的语言来实现。曹文轩的小说我读的不多，《草房子》《青铜葵花》等几篇小说。但我实在是被征服了。无论是桑桑、凸鹤，还是纸月、细马，或者青铜、葵花……都是生活中普通得不能再普通的人物，但曹文轩正是通过描写这些平凡的人们美好的心灵，演绎出了一个个催人泪下的故事，谱写出了一首首感人至深的人性的颂歌。直到现在，我一直都还给我的学生推荐曹文轩。

进入21世纪，我一直订阅《随笔》《炎黄春秋》《同舟共进》《老照片》《中流》（后来停刊了），每次都认真地读，每篇文章都不放过。透过字里行间，我能够感受到一些人物或事件的细节，甚至能够触摸到《人民日报》或《新闻联播》上看不到的鲜活的历史灵魂。

我依然对历史充满浓厚的兴趣，读大量公开出版的或地下出版的纸质著作或网络书籍，让我了解到许多教科书没有的历史真相。比如，有一段时间我一直在读沈志华的《中苏关系史纲》，这本书依据最新解密的档案（包括苏联解体后公开的档案资料），对过去一些似是而非的说法进行了更接近历史真相的叙述。我因此明白了，许多过去历史教科书中"不容置疑"的"权威"说法其实离历史的真相还差得远呢！

还得提到吴非的文字。他的杂文，不但我读，我还给我学校的老师推荐。今年春节过后，我给我校每一位老师都发了吴非的两本杂文集《不跪着教书》和《前方是什么》。前不久我刚刚写了一篇短文《吴非的良知》："吴非文字的一针见血，掷地有声，并不是因为他有多么深刻——我不认为吴非有多么'深刻'，他洞察人们浑然不觉的虚伪和道貌岸然的假象，所用的武器无非就是'常识'。我曾在冉云飞博客上读到一句话：'比知识更重要的是见识，比见识更重要的是胆识，比胆识更重要的是常识。'吴非的胆识就在于他敢于说出常识。今年二月，我在给程红兵的信中写道：'我之所以现在到处推荐吴非，是因为他从许多司空见惯的'常态'中揭露出了病态，他说得不过是常识，但在一个互相欺骗的社会，说出常识便是深刻，更是勇气。读他的文章，我好多时候感到惭愧，因为从中读到了我的庸俗和苟且。'"

近十年来，随着网络的兴起，我还有大量的网络阅读，有些网站，比如"共识网""五柳村""博客中国""乌有之乡""毛泽东旗帜网"等网站是我几乎每天都要光顾的。在这些网站上，我读到了不同的观点，这些观点甚至尖锐对立，有时候我能感觉到各种思潮暗流汹涌的较量，比如，改革中存在的问题大家都看到了——贫富悬殊、腐败猖獗、环境恶化……有人主张深化改革，特别是要推进政治体制改革，让公共权力受到监督与制约；有人则主张回到毛泽东时代，甚至再来一次"文化大革命"。我认为，多看一些不同观点，总是好事。何况我相信自己的判断。

随着香港和澳门的回归，以及中外文化交流的深入，我读到了越来越多的大陆没有出版的书籍。有人物传记，表达对人物的不同评价；有历史纪实，展示历史的不同侧面。这些书，真真假假，鱼目混珠，但总只听比一种声音好。不过，这些书现在都还是"禁书"。有的书据说是"非法出版"。

写到这里，我不禁笑了：我真正的阅读是从"禁书"开始的，现在依然在读"禁书"。如果要给这篇冗长的文字取个标题，最恰当的也许应该是：《从"禁书"到"禁书"》。

2010 年 2 月 25 日

三、我成长历程中的关键事件、关键人物和关键书籍

我同意李希贵先生的说法，在任何人的成长历程中，都有着一些关键事件、关键人物和关键书籍。我多次说过，成长是一种自觉选择、自我培养和自由发展。而

在这过程中，与一些关键事件、关键人物和关键书籍的相遇，是至关重要的。这种相遇，也许是偶然的，但相遇后对自己成长产生的影响，却是必然的。

我想到了我的成长历程。33 年来，我的教育之旅也伴随着许多关键事件、关键人物和关键书籍。和这些事件、人物和书籍相遇，多数时候并不是我刻意为之，但一旦相遇，便嵌入了我的灵魂，滋养着我的成长。

（一）关键事件

1. 第一篇论文在《班主任》杂志发表

1985 年春节期间，回顾我三年的教育，许多故事和感悟涌上心头，我情不自禁拿起笔一气呵成地写了 9 000 多字夹叙夹议的文字。开学不久，我从《光明日报》一则消息中得知，北京教科院的《班主任》杂志即将创刊。我想到我那篇文字，便不知天高地厚地给《班主任》杂志投去了。很快我便收到该杂志王宝祥老师的回复，说"大作拜读，甚好。拟分两期刊载"。这对我这个刚刚工作三年的小伙子来说，是一个多大的鼓励啊！这件事更为重大的意义，是让我信心倍增：原来论文居然可以这样写啊！于是，从那以后三十年来，我且做且思且写，其乐无穷。如今，我已经出版了 60 多部著作，发表上千篇文章。这一切的源头，都在 1985 年的《班主任》杂志。

2.《爱心与教育》的出版

1997 年 8 月，我在搬家过程中无意看到了许多老照片，也读到我写的教育日记。这些照片和日记已经发黄，勾起我美好而温馨的回忆。回忆中，一些故事浮现脑海，恍惚中，已经毕业的孩子们笑着向我跑来……我禁不住热泪盈眶。就在那一刻，我做出一个庄严的决定，我要把这些故事和人物写下来，让更多的人分享我教育的幸福。两个月后，《爱心与教育》成稿了。那时还没有"炒作"一说，但仅仅是凭着读者的口碑，这本书出版后至今畅销不衰，产生了出人意料的社会影响，我收到无数封泪迹斑斑的读者来信。这本书对我的意义至少有三点，一是让我在更大范围内结识了更多的教育志同道合者；二是让我开始有意识地以教育故事或者说教育案例的方式，记录并传播我的教育收获；三是——我得坦率地承认——这本书为我赢得了巨大的声誉，让我成了所谓"名师"。

1998 年 9 月，参加《爱心与教育》签名活动

3. 出席纪念苏霍姆林斯基八十诞辰国际研讨会

1998 年 11 月，我去北京出席苏霍姆林斯基八十诞辰国际学术研讨会。最初我很自卑，因为与会者大都是中外著名的苏霍姆林斯基研究专家。因此当主持人王义高教授请我发言时，我根本不敢接招："我是来学习的，讲不出什么理论。"王教授说："谁叫你讲理论了？你讲你的故事就行！"这给了我信心，因为我的故事太多了。第二天，当我讲完故事时，坐我身旁的苏霍姆林斯卡娅递给我一张纸，赵玮教授当即给我口译，原来这是一段表达感动并鼓励我的文字，其中有"你是中国的苏霍姆林斯基式的教师"的评价。坦率地说，这个评价很高，但我能接受。因为所谓"苏霍姆林斯基式的教师"，就是富有爱心和智慧的教师，我觉得自己有爱心也有一定智慧。当然，"苏霍姆林斯基式的教师"不止我一个人而是很多，但我作为其中的一员，无比光荣。正是从那时开始，我的视野更加开阔，我对苏霍姆林斯基的学习和研究更加积极主动。这为我的教育实践注入了可持续的精神动力。

4. 温家宝总理的批示

2007 年 7 月 22 日，我通过邮局投寄了一封平信，收信人是"北京国务院温家宝"。八天以后，我得知温家宝总理给了这封信一段长长的批语，然后转给当时的四川省委书记。我写这封信的背景，这里略去不说。我想说，信的内容绝无任何个人要求，谈的全是平民教育。我呼吁总理支持平民教育。按中国眼下的国情，总理批语的信自然会让各级政府"认真贯彻落实"，于是不只是我所在的学校，包括成都市乃至四川省的农村教育一时间都得到高度的重视。总之，这封信产生了极好的效果。也有人误解我，认为我给总理写信有点"那个"。但我认为，一个公民给另一个公民写信很正常。只有骨子里缺乏平等意识的人才觉得给总理写信怎么怎么。当然，这事我后来很少提起，因为我并不认为值得炫耀。在我们校园，看不到温家宝总理的批示，我在外讲学也极少提起。这次我写这篇文章也想过不提，但这件事的确是我成长历程中的关键事件之一。我得诚实。

（二）关键人物

1. 谷建芬

当写下这个名字时，我心中充满了感激。其实，到现在我和谷建芬老师也没任何私交。刚大学毕业不久，为了让我的教育既有意义也有意思，我决定把我的班取名为未来班，并和孩子们一起设计班训、班徽、班旗和班歌。班歌歌词是全班每一个同学起草，经过我修改后交给音乐老师谱曲。可孩子们从他们的音乐课唱的谷建芬的歌中，喜欢上了这位谷阿姨，便提出："能不能让谷建芬阿姨为我们谱班歌？"这个想法大胆而奇特，但当我们给谷建芬老师写信提出这个请求时，谷老师居然答应了。从此，她专门为我班孩子谱写的班歌《唱着歌儿向未来》就一直伴随着我的班主任工作。我之所以把谷建芬老师视为我成长历程中的关键人物，是因为三十多年来，我一直觉得她的目光注视着我，我因此而感到一种激励。她答应为我谱班歌，对我来说是一种"运气"，是偶然；但谱了歌之后，我却有意识地把她视为一种标杆，这是必然。每当我的工作有所懈怠时，我就问自己，连和教育没有直接关系的作曲家谷建芬老师都那么关心我的学生，我有什么理由不好好爱我的每一个学生并做好每一天的工作呢？

2. 王绍华

说起"王绍华"，绝大多数读者会感到陌生，但对我来说，这也是刻入我生命的名字。王绍华是我在成都市石室中学工作期间的校长。他当年诙谐而真诚地用"谈恋爱追对象"来比喻他希望我到千年名校石室中学工作的迫切心情，至今让我感动不已。但他对我的影响绝不只是"感动"。记得我刚到石室中学，他便问我有什么要求，我说我就希望能安安静静地当一名语文教师和班主任，王校长马上说："好！我就让你当一名教师，并尽量创造条件让你朝名师和专家的方向发展。"我顿时有一种被理解的感动。以后王校长果然没有"打扰"我，我得以从容不迫地上课带班。但关键时候他也给我有力的支持。1998 年 11 月我想去北师大参加纪念苏霍姆林斯基八十诞辰国际学术研讨会，但不够某种"资格"，是王校长努力争取让我得以成功。我因此而结识了苏霍姆林斯卡娅，我的教育视野也上了一个境界。两年后，当我提出要考博士时，王校长不但很爽快地签字同意我报考，而且还特意勉励我向著名特级教师顾泠沅学习，说顾老师也是以一名中学教师攻读博士学位的。应该说，王校长在这两件事上对我的支持，都加速了我的成长。另外，王校长的仁慈、大度和智慧，都影响了我后来做校长。现在每当遇到困难，我往往会情不自禁地想，如果是王校长，他会怎么做呢？

在成都石室中学课堂上

3. 朱永新

许多熟悉我的人都知道我是朱永新老师的博士生。但朱老师对我的影响，首先却不是知识和学问，而是他的为人。第一，他毫无功利地爱才。我当然算不上有多大的才，但他却把我当作"才"来爱惜与提携。我俩原本素不相识，偶然相见后，他便提出要调我到苏州工作，我婉言谢绝后，他又提出让我考他的博士生。博士毕业后，他希望我留在苏州工作，但我回到了成都。从那以后到现在，他多次对我表示出期待，可我每一次都坚守成都没让他如愿。但他依然一如既往地支持我、帮助我。不光对我，他还帮助了许许多多普通的老师，但从没要求"回报"。在我看来，他对人的帮助，就是他善良的自然流露。他总是希望所有有理想有才能的人都能做出一番成就。第二，他胸襟博大。他曾亲口对我说过："只有大胸襟，才能做大事业！"他的大气大度，感动了很多人，也包容了很多人。有时候我们都觉得他的宽厚到了"没有原则"的地步，但他总说："谁没缺点？看人只看他的优点就是了，大家一起做事，需要彼此多包容。"这点对我影响很大。第三，他对教育全身心地热爱与投入。作为民进中央副主席、全国政协副秘书长和中国教育学会副会长，他有多忙可想而知。但他依然利用周末和节假日投身"新教育实验"，常常马不停蹄，甚至通宵达旦地奔波。他说："我愿意为新教育打工！"我曾把他称作"中国教育第一义工"。现在，我无论多么忙，只要想到朱老师，我就觉得自己的所谓"忙"实在不算什么。

4. 雷福民

雷福民是成都市武侯区教育局局长，以前他在位时，我不便公开向他表达我的敬意和谢意，现在他退下来了，我写文章夸他，不至于被人视为"拍马屁"吧？我之所以把雷局长视为我成长路上的关键人物之一，固然是因为他给了我一个做校长的平台——当初我打算离开成都时，他给我一个短信："明天到我办公室来一趟！"这条短信决定了我继续留在成都，也决定了我出任成都市武侯实验中学校长。但这还不是他对我"最关键"的唯一原因，甚至不是主要原因。主要原因还在于雷局长对我的理解与包容。所谓"理解"，就是他明白我的追求是什么，也知道我的长处和短处，进而给我以实实在在的支持。我说我当校长不是目的，搞平民教育才是我的追求，于是他把我派往郊外的一所农村学校（随着城市化进程，现在这所学校叫"涉农学校"）；为了不让烦琐的管理杂务缠住我，他给我配备常务副校长，把我解脱出来，让我脚踏实地专心致志地思考与研究。他不但理解我，更包容我。他了解我的个性，并宽容我的个性，尽可能给我以思想的自由，也给我行动的宽松，他甚至允许我不参加教育局的校长会。所以，我在他面前说话从来坦诚直率，有时候甚至肆无忌惮。正是这种自由，让我这几年的心灵相对舒展，我的行动也相对潇洒。顺便说说，雷局长退了之后，两位继任者都延续了他对我的理解和宽容。这是我的幸运。

（三）关键书籍

1.《青春万岁》

这不是一本教育理论书，而是一本反映校园生活的长篇小说。今天读来，这部写于20世纪50年代初的书，很是幼稚与粗糙。但当我在大三时读这本书时，我却被书中纯净清新的校园气息所陶醉了，被主人公的纯真健朗打动了，被作品所洋溢的理想主义和浪漫主义所感染了。原来教育是这样的美丽而美好！《青春万岁》激起了我对中学校园的向往，它也成为我踏上中学讲台后给学生全文朗读的第一本长篇小说。

2.《给教师的一百条建议》

无论怎么评价《给教师的一百条建议》对我的影响都不过分。这本书我不知读了多少遍，每读一遍我都心潮起伏。书中包含哲理的语句，以及浓浓的人情味，让我痴迷，甚至让我感到我在亲耳聆听苏霍姆林斯基的教诲。我常常能够从字里行间读到我自己，我的故事和我的思考。进而坚定我的教育信念。这本书还影响了我的文风，寓思考于故事，在叙事中抒情，让思想闪烁着人性的光芒，这是苏霍姆林斯基教给我的写作风格。

3.《帕夫雷什中学》

在我看来，这一部学校管理的百科全书。在书中，苏霍姆林斯基全方位地展示了他在德育、智育、体育、美育、劳动技术教育以及学生个性发展、教师专业成长等方面的探索实践。和作者的其他著作一样，该书同样以案例呈现其教育理念。"教育如童话般美丽"是这本书的精髓。可以说，我教育中的浪漫，正是源于《帕夫雷什中学》。

4.《陶行知教育文选》

这本薄薄的小册子蕴含着丰富的教育的爱、思想和智慧。打开这本书，一股浓郁的中国气派、生活气息会扑面而来，让人感到朴素亲切而又富有鲜明的时代感。如果我们细细清理陶行知先生为我们留下的丰厚的教育遗产，我们会强烈感受到他在教育实践中所体现出来的鲜明的民主精神。正是先生的民主教育思想，深深地影响了我，直到现在。

2014 年 11 月 19 日晚北京至成都的航班上

走进心灵

——我的教育理念

一、语文：让心灵自由飞翔

——我的语文教育观

作为我们国家"文化大革命"后恢复高考的首批大学生中的一员，我是 1977 年冬天参加高考并于 1978 年春天入学的，因此，如果从我师范大学中文系开始算起，我接触语文教育（学习师范语文和从事语文教育）的 30 余年，刚好和我们国家改革开放的历史进程同步。因此，我首先要表明的是，我的语文教育观也好，语文教育实践也好，离开了这个大的时代背景，是无从理解的。正是有了 30 年来，宽松开放的社会环境，百花齐放的思想自由，"万类霜天竞自由"的学术氛围，我的语文教育才能一步步有所作为，并有一些成绩。这些时代背景是众所周知的，因此，为了节约篇幅，下面在叙述我的语文教育历程的时候，对时代背景我尽量笔墨简洁甚至略去不表。但这并不意味我的语文教育思考与实践是脱离社会与时代的孤军奋战或孤独探索。

我从来不认为我的语文教育观点有任何原创性质。我多次申明，我的一切思考与实践都是对老一辈大师和同时代名家的思想和实践的学习与运用。也许在一些细枝末节具体的做法上，我有些所谓"独创"，但从总体上说，无论理论还是操作，我都是继承和借鉴，连发展都谈不上。但我并不因此而自卑。结合自己的实际继承别人的理论且借鉴别人的实践，并取得成就，同样光荣，令我自豪。

我是不太赞成给语文教学贴标签的，因此，对于近年来各种令人眼花缭乱的"××语文"的说法，我一直持保留态度。我不认为有了不同的标签，就百花齐放、流派纷呈了。但是，在梳理自己语文教育发展历程的时候，为了表述的简洁明了，我还不得不暂且用这种标签式的表达。请读者原谅我在这里的"自相矛盾""言行不一"。简单地说，我的语文教育，经历了从"语文教学"到"语文教育"，再从"语文素质教育"到"语文民主教育"的过程。如果再细细切割，大致可以分为"浪漫语文"——"训练语文"——"生活语文"——"创造语文"——"人格语文"——"民主语文"等若干阶段。需要特别指出的是，后一阶段对前一阶段不是否定与取代，而是包容与覆盖。

（一）从"语文教学"到"语文教育"

所谓从"语文教学"到"语文教育"，是我刚参加工作那几年，对中学语文教师"要做什么"这个朴素问题的一个认识转变——即由单纯的知识传授能力培养向传授知识培养能力的同时还要凸显语文教学过程中的"思想性"（现在看来这个表述非常不够，但当时，我能够意识到这一点已经是一个进步了）。

1985年，我写下我的第一篇专业论文《变"语文教学"为"语文教育"》，其中有这样的阐述——

> 教育与教学，本是两个有密切联系的概念。教育，主要指学校按一定的目的、要求，对受教育者在德、智、体、美诸方面进行培养的过程。而教学，是指为达到教育目的，教师把知识、技能传授给学生的过程。可见，教育统帅着教学，教学体现了教育；教育是教学的根本目的，教学是教育的主要途径。任何单纯的知识传授是没有的，因为任何教学都永远具有教育性。从这个意义看，语文教学当然也应该体现教育思想，况且，多年来我们的语文教学理论的确一直在强调"文道统一""教书育人"，因此，也许有人会认为"语文教育"的提法是多余的，甚至容易引起人们在语文教学理论上概念的混乱。

> 但是，无论是就目前大多数语文教师的认识而论，还是从普遍的语文教学实际来看，语文教学本身应包含的道德培养、思想教育、思维训练被有意无意地排除在语文教学之外，人们所理解的"文道统一""教书育人"，也只是就课文分析而言，是"最好应该达到"的"高标准、严要求"，总之，"传道""育人"并不是语文教学的分内任务。针对这种情况，为了明确语文教学所固有的思想性，为了进一步深化、充实"文道统一"的内容，并使之体现的范围更广、方法和形式更多样化，为了使广大语文教学工作者在指导思想上真正把"育人"看成"教书"的有机组成部分，我们提出了"语文教育"的概念。

> 可见，"语文教育"的提法仅仅是为了重申、强调语文教学的思想性，而决不是要在理论上否定真正意义上的语文教学，也不是要在实际运用中取消语文

教学的概念。因此，本文所使用的加了引号的"语文教学"和"语文教育"的概念，都是特指当前语文教学实践中客观存在的两种不同的教学指导思想。

在这篇文章中，我还指出了"语文教育"的内容——

与"语文教学"相比，"语文教育"的内容除包括听说读写能力和语文基础知识外，还应有：（1）造就良好的道德情操——纯洁的心灵、远大的理想、坚定的信念、强烈的社会责任感、坚忍的意志。（2）培养思维的智力品质——发展学生思维的灵活性、敏捷性、深刻性、批判性、独创性。（3）在全面培养思维的智力品质的过程中，注意提高学生思维的批判性——分清美丑、辨明是非、善于质疑、敢于发问。（4）在提高学生思维的批判性的同时，着重发展学生思维的独创性——科学想象、大胆怀疑、独立分析、积极创新。

30多年后的今天，回头看这些文字，我读出了真诚和幼稚。但这些文字不管有多么肤浅，它们都不是纯粹的思考，而是源于我当时学习和实践的切身体会。我不仅是这样想的，也是这样做的。

（二）"浪漫语文"

其实，我最初参加工作，脑子里还没有那么多"观点"，尽管我已经是语文教师了，但骨子里还是一个文学青年，而语文教学不过是我热爱文学、展示文学的一种方式而已，所谓"把文学梦托付给教育"。因此，在最初参加工作的时候，我的语文课堂充满了文学的浪漫：纯真、激情、梦幻、诗意……

我的课一开始对学生就有一种吸引力，这种吸引力其实不是来自我本人的教学艺术，而是文学本身的魅力。在我的课堂上飞扬着激情，我追求对学生的心灵激荡。不仅仅是课本上的课文，还有大量的课外读物，都成为我的语文教材。我甚至把长篇小说搬进了课堂。我给学生朗读的第一部长篇小说，就是充满浪漫气息的《青春万岁》。不仅仅是朱自清沉醉于牧童短笛所吟唱的春天的赞歌，老舍迎着冬天的阳光所描绘的济南水墨画，以及苏东坡屹立长江之滨所挥洒的万丈豪情，还有梁衡散文的诗情画意、沙叶新随笔的妙趣横生、邵燕祥杂文的激扬文字、王蒙小说的透明纯真……都汇入了我的语文课，或在学生的精神原野流过一股清澈的小溪，或在学生心灵的大海上掀起滔天巨浪。春天来了，我把孩子们带到大自然，坐在岷江之滨，用手中的笔描绘春风是如何绿了江两岸。那几年，在我和我学生的心目中，语文和大自然是融为一体的：我曾与学生站在黄果树瀑布下面，让飞花溅玉的瀑水把我们浑身浇透；我曾与学生穿着铁钉鞋，冒着风雪手挽手登上冰雪世界峨眉之巅；我曾与学生在风雨中经过八个小时的攀登，饥寒交迫地进入瓦屋山原始森林——夜晚，我们住在森林中的小木屋里面，听着雨水敲打着屋顶的清脆声，我给学生说故事、讲童话、读诗歌……

"浪漫语文"是我语文教学的起点，却永远都不会是终点。直到现在，我也认为，离开了浪漫气息的语文不是完整的语文。因此，现在虽然我已不再年轻，但我的语文课上，依然富于青春的激情。

（三）"训练语文"

很快，"片面追求升学率"（那时候还没有"应试教育"的说法呢）的阴影开始笼罩着我的语文课。老教师的提醒、平行班级的竞争，还有家长对分数的越来越看重，让我不得不将"严格的语文训练"也重视起来。说"不得不"不太准确，应该说，我也渐渐地从积极意义上认识到，语文教学，不应该仅仅是让学生获得梦幻般的享受，还应该让他们掌握语言文字的工具，所谓"学以致用"，因此，科学的训练，必要的考试，乃至对分数的追求，不但无可厚非，而且也应该是语文教学本身的重要内容。

只是，我这里说的"训练"，不仅仅是字词句的死记硬背或读写教学中某些教条的机械操作，而是重视思维训练，狠抓口语训练，以此带动学生读写听说能力的全面提高。当时我是这样认为的——语文基础知识的传授与读写听说能力的培养，都是语言的理解、训练与运用。而语言与思维的关系是十分密切的：语言是思维的直接现实，思维靠语言来组织。无论是语言的理解，还是语言的表达，其中的思维活动都十分活跃。由此可见，脱离或轻视思维训练的语言训练无异于空中楼阁、舍本求末。因此，不管是基础知识的传授还是读写听说能力的培养，都应以思维训练为统帅，只有这样，才抓住了语文教学的实质和核心。当然，思维总是通过语言的运用表现出来，这就决定了思维训练只能通过语言训练来进行，贯穿于语文教学的各个方面。

听、说、读、写四大能力构成了语文能力系统。四种能力既各有区别，又互相联系，因此，必须整体把握，全面重视。但对于刚进初中的学生来说，听、说、读、写的语言训练，应以口语表达（说）的训练为起点和突破口，以带动其他语文能力的训练与提高：以说促想，以说练听，以说带读，以说助写。口语表达是思维活动最直接最迅速的反映，口语训练本身就是最好的思维训练。语言能力的提高，有助于思维的发展。通过口语训练，不仅能有效地训练学生思维的条理性、准确性和灵活性，而且能增大思维训练的密度，提高其效率。在生活中，说与听一般总是同时相随，有人说往往必有人听，而且说话人本身也要通过监听自己说话去获得反馈信息以不断调整自己的语言表达，因此，在口语训练的同时自己可以训练听力，二者皆可促进。口语训练对阅读训练的积极影响更是明显："说"的遣词造句和谋篇布局更多的是从阅读中汲取营养，有时甚至"说"的内容也从阅读中来（如口头问答、课文复述、读者感想等），所以，没有良好的阅读基础，是不可能说好的，而加强口语训练可以促使学生课外阅读。"说"与"写"的关系更是密切："写"之前的"说"，能为作文开拓思维、厘清思路、启发构思，可以说，口语训练为写作进行了有效的铺垫，是写作的助跑线。在"读""说""写"三者中，"读"是吸收，"写"是表达，"说"既是吸收（在与人交往中吸收信息）也是表达，因而"说"是由"读"到"写"的过渡，是"读"·与"写"的桥梁。

基于以上认识，我在 20 世纪 80 年代中期，开始了"以思维训练为中心，以口语训练为突破口，促进听说读写语文能力的全面提高"为课题的三年语文教改实践，并取得了非常显著的成效。在对学生进行全面能力训练的时候，已经有专家对我进行了高度评价，特别是我对学生进行口语训练，这在当时还算是比较超前的。

（四）"生活语文"

课题实验的过程中，我对学生进行全面的语文训练，学生收获的是语文知识的丰富和语文能力的提高，而我收获的是对"语文教学"认识的逐步深化：既然语文教学涉及的是人的精神，那它的教育性是显而易见的，而且这种"教育性"不是外加的，而是语文本身所蕴含的。因此，仅仅从事语文"教学"还不是一个合格的语文教师，而全面实施语文"教育"才是语文教师的任务和使命。

这里的"教育"当然以学校教育、课堂教育为主，但还应该包括学生的生活。当时，我正迷恋陶行知和苏霍姆林斯基。两位教育大师都特别强调教育和生活密不可分。而当时的现状是，确有一些语文教师，有意无意地忽视了语文与生活的联系，把"应考"的需要作为教学内容取舍的唯一依据，把"语文教学"变成了纯粹的"应试语文"——我之所以要在这种"应试语文"前面加上"纯粹"的定语，是想说明，语文教学当然不应该回避而且还应该教会学生科学地"应试"，这没有什么不好意思的。问题是，如果仅仅是纯粹的"应试语文"，那么这种"应试"不但使语文在学生眼里失去了应有的魅力，而且造成了学生语文知识懂与会的分离，学与用的脱节，最终我们所追求的语文教育成效也自然无从谈起。

如何改变这种局面？我通过学习叶圣陶、吕叔湘、张志公、于漪等语文教育大家有关"语文与生活"关系的一系列精辟论述，并联系自己的语文教学实践进行的一些思考，深感要使学生真正扎扎实实地掌握并得心应手地运用语文这一人生的工具，就必须打破语文与生活之间的"厚障壁"，让语文教学与学生心灵相沟通，让语文课堂与社会天地相接壤，使语文教学突破"应试语文"的束缚而成为"生活语文"。

从 20 世纪 80 年代后期，我开始探索并实践"生活语文"的具体操作。我追求的"生活语文"可以用两个互相依存、互相补充的命题来表述："语文教学生活化"和"学生生活语文化"。所谓"语文教学生活化"，在实践中，包括"语文讲读生活化""语文训练生活化"和"语文教育生活化"，强调的是教师在传授语文知识和训练语文能力的过程中，自然而然地注入生活内容，进行生活教育，让学习明白"生活与教育是一个东西，不是两个东西。"（陶行知语）在学习语文的同时学习生活并磨砺人生。所谓"学生生活语文化"，在实践中，包括引导学生"日常生活语文化""班级生活语文化"和"社会生活语文化"，强调的是学生在教师的引导下，形成"语文是生活的组成部分，生活须臾离不开语文"的观念，并养成事事、时时、处处吸收与运用语文知识，在社会生活中培养语文能力的好习惯。

需要强调的是，这里的"生活语文"之"生活"二字，不单指语文教学注重与生活的联系，以及指导学生在生活中学习并运用语文，还包括教师在教学中引导学生将语文学习与陶冶灵魂、磨炼思想、完善人格水乳交融，使二者互相促进，使语文教育达到如叶圣陶先生所说的"第一须认定国文是儿童所需要的学科。……第二须认定国文是发展儿童的心灵的学科"以及于漪老师所说的"变语文自我封闭性为开放性，开发语文教育空间，面向生活，面向社会，面向活泼的中学生，不用机械训练消磨学生的青春"的理想境界。因此，从这个意义上讲，"生活语文"也可以称作"素质语文"。

（五）从"语文素质教育"到"语文民主教育"

所谓"从'语文素质教育'到'语文民主教育'"，是我对"语文教育"在认识上和实践中的进一步深化。其背景显然是我们国家在 20 世纪 90 年代初明确提出"全面实施素质教育"和我在世纪之交攻读教育哲学博士期间对民主教育理论的系统学习和思考。

我在追求"生活语文"的时候，已经不自觉地逼近了（或者说"靠近了"）"素质教育"。从 20 世纪 90 年代中期开始，我的文章开始出现了"语文素质教育"的表述（当然不是我第一个用这个表述的），对于这个提法，不只是当时，乃至现在都还有不同意见，但我认为如果我们不学究式地拘泥于名词术语的"规范""严谨"的话，应该说，"语文素质教育"基本上是表达了我们对语文教育改革的愿望，这就是"体现素质教育的语文教育"。

当时，我在一篇文章中这样写道——

与其他学科教学相比，语文学科的性质决定了其素质教育更具有自己独特的优势。柳斌同志说："素质教育是以全面提高公民思想品德、科学文化、身体心理、劳动技能四方面的素质，培养能力，发展个性为目的的基础教育。……教会学生做人，是素质教育的首要任务。"（柳斌：《关于素质教育问题的思考》，《人民教育》1995 年第 7 期）这与语文新大纲所确定的语文学科的性质和教学目的相吻合。据庄文中先生介绍，正在审定中的语文新大纲突出了语文工具的个性特征——负载文化的交际工具。"语文是负载文化的交际工具，这个语文的新性质观决定了语文的主要教学目的是培养理解和运用语文的能力；决定了语文教学的主要模式是在交际过程中训练学生运用语文的交际能力；决定了语文训练和思想道德教育的统一，或者说语文训练和思想道德教育是在一个教学过程中不可分割地完成的。"（庄文中：《审定中的语文新大纲体现了新思想、新观念》）比较柳斌同志对素质教育的论述和庄文中先生对语文学科新性质观的分析，并纵观以往各家各派成功的语文教育实践及其成果，我们可以清楚地看出，素质教育是语文教学的题中应有之义，真正科学的语文教育是与素质教育天然相连并融为一体的；或者换句话说，今天我们提倡实施语文素质教育，绝不是要在语文教学以外"加进"素质教育的内容，而是还科学与民主的语文教育的本色。

中学语文教学中的素质教育因素十分丰富。根据语文教学本身的特点和优良传统，并结合未来社会对人才的要求，我认为，着眼于使学生具备高尚的情操、开放的思想、全面的能力和鲜明的个性，应是语文素质教育的重要内容，也是其主要目的。

随着我对"语文素质教育"的自觉探索与实践，我的认识必然走到"语文民主教育"。毫无疑问，民主教育当然不能仅仅由"语文"来承担，而应该是所有学科的共同任务；但语文作为"发展儿童心灵的学科"（叶圣陶语），在民主教育中所起的特殊作用也是不言而喻的，原苏联伟大的教育家苏霍姆林斯基曾给教育下了这样一个定义："教育——这首先是人学。"（《把整个心灵献给孩子》）而语文，正是一门解放心灵、唤醒自我、发展个性的"人学"！

然而，纵观当时的语文教学现状，不少语文教师却有意无意地剥除着语文教学中的人性：压抑学生的主体情感，束缚学生的个性张扬，限制学生的独立思考，磨灭学生的思想锋芒……结果是学生主体人格的失落，表现在语文能力上是思想贫乏，语言干瘪，思维僵化，唯师（或唯书）是从，最终失去了自我。当我们津津乐道于对每篇课文的肢解分析或按"考点"对学生进行各种阅读模拟训练时，学生在语文学习过程中应有的审美体验、激情燃烧、思想碰撞、心灵对话却消失了——一句话，作为精神主体的"人"失落了！

而真正科学与民主的语文教育，应该是"目中有人"的教育。

我在世纪之交的一篇文章中，这样写道——

最近 10 年以来所兴起的语文素质教育热潮，特别是当前方兴未艾的语文课程改革，从某种意义上说，是对语文专制教育的反动，是对"语文人学"的呼唤。因为语文新课程标准（无论是已经颁布的《九年义务教育语文课标准》，还是正在征求意见的《高中语文课程标准讨论稿》）的理念与民主精神是完全相通的。语文课程标准的每一条每一款，无一不体现了对学生作为语文学习主体的尊重，处处闪烁着民主的光芒："必须面向全体学生，使学生获得基本的语文素养""尊重学生在学习过程中的独特体验""学生是学习和发展的主体。语文课程必须根据学生身心发展和语文学习的特点，关注学生的个体差异和不同的学习需求，爱护学生的好奇心、求知欲，充分激发学生的主动意识和进取精神，倡导自主、合作、探究的学习方式。教学内容的确定，教学方法的选择，评价方法的选择，都应有助于这种学习方式的形成。"（《九年义务教育语文课程标准》）"必须关注学生在原有基础、发展方向和学习需求等方面的差异，最大限度地发挥学生的现实能力和潜在能力，提供丰富多样的学习内容和途径，增强课程的选择性，为具有不同需求的学生创设学习语文的条件和发展空间，支持学生特长和个性的发展。""语文审美教育，应关注学生情感的丰富和发展，塑造学生美好的心灵。应充分开发和利用语文课程资源，尤其是通过鉴赏优秀文学作品，让学生受到美的熏陶，培养学生自觉的审美意识和高尚的审美情趣，以及审美感知和审美创造的能力。""高中语文课程应引导学生自主学习和探究，使学生增强研究意识，养成研究习惯，初步掌握科学的研究方法，分析研究语言文学现象和人文社会等方面的问题，使语文学习的过程成为积极主动探索的过程。""在教学中应该注意帮助学生克服自我中心的思想倾向，使他们积极参与讨论及其他活动，学习正确自如地表达，敞开自己的心扉，同时也学习倾听他人的意见，吸纳他人的意见，深入到别人的内心世界，在追求共同目标的学习过程中，学会协作和分享，学会宽容和沟通。"（《高中语文课程标准讨论稿》）

至此，我明确地把我的语文教学追求，定位于"语文民主教育"。

（六）"创造语文"

在我进行"生活语文"探索的时候，出现了关于语文属性的"工具"与"人文"之争。我从来都不擅长理论思维，因此，我实在没有能力从学术上就这个争论发出富有高度和深度的声音。但是，我对此也有自己朴素的理解。当时，我曾在一篇文章中这样表达过我对"工具性"的理解——

> 如果说"语文是工具"，那么我认为不要狭隘地理解这个"工具"，而应该理解为它既是人们日常生活、学习、思想交流、社层交际的工具，也是做人的工具，创造的工具。所以，语文教学的任务，既包括向学生传授语言知识，培养其语文能力，使学生能正确地运用祖国的语言文字，也包括在引导学生理解、掌握语文知识和能力的过程中，培养学生高尚的情操、优良的品质和健康的审美情趣，让学生在提高语文水平的同时，学会认识、改造自己的主观世界和社会、自然等客观世界。

我由此总结并提炼出我十多年的从"语文教学"到"语文教育"演变的指导思想：立足课堂，面向社会，深入心灵，激发创造。

"立足课堂"，就是语文教育要以课堂教学为基础，通过课堂教学，传授给学生以必要的语文知识，并进行严格的读写听说基本训练，扎扎实实地引导学生掌握语文学科的知识能力体系。"面向社会"，就是语文教育要紧扣时代脉搏，干预社会生活。把社会风云引入语文课堂，把语文课堂延伸到社会天地。使语文教学充满时代气息，让学生在热爱生活、关心社会的过程中广泛地吸收语文养料，在社会生活的实践中把语文知识转化为语文能力。"深入心灵"，含义有二：一是通过语文教学要使学生发自肺腑地热爱语文学科，并能自觉地通过各种途径广泛地学习语文，使语文学习成为自己生活不可分割的一部分，使语文养料渐渐与自己的思想、情感、道德相渗透与融合，最后达到能在实践中情不自禁、得心应手地运用语文知识与能力的理想境界；二是通过语文教育，应潜移默化地对学生进行美的感染与熏陶，使学生拥有美的情趣、美的思想、美的志向、美的人生……"激发创造"，就是语文教师要同语文教育培养学生的创新精神，引导学生将所获得的语文素养转化为创造的能力。"立足课堂"，主要是系统学知识；"面向社会"，着重是全面教育能力；"深入心灵"，是前二者要共同达到的目标；而"激发创造"是语文教育要实现的最佳效果。

上面这段表述，实际上包含了我从教以来"浪漫语文""训练语文""生活语文"的要素，但到了现在，我更自觉而清醒地追求语文教育对人创造精神的激发与培养，因此，我姑且将其简称为"创造语文"。

所谓"创造语文"，是要解放学生的精神世界，给学生以心灵的自由。在长期纯粹的应试教育的机械训练下，学生的精神世界已经被束缚了，他们的心灵套上了镣铐。因此，我们要解放学生的心灵，要点燃学生熊熊燃烧的思想火炬，让学生拥有自由飞翔的心灵。我坚信，每一位学生都有着创造的潜在能力；所以，教师要做的首先不是"培养"，而是发现、发挥和发展。

我这样抨击有的语文课——

在某些语文课堂上，不但没有师生平等交流，共同研讨的民主气氛，反而存在着唯师是从的思想专制——学《孔乙己》，学生只能理解这是鲁迅对封建科举制度的批判；学《荷塘月色》，学生只能理解这是朱自清对"4·12"大屠杀的无声抗议；学《项链》，学生只能把路瓦栽夫人理解为小资产阶级虚荣心的典型；写《我最敬佩的一个人》，学生往往会习惯性地写老师，而且多半会把老师比作蜡烛或春蚕；写《在升旗仪式上》，学生往往会先写"朝霞满天，红日初升"，然后是对革命先烈的联想和对今天幸福生活的赞美，最后想到的是自己的"神圣使命"；写景，只能是借景抒情；写物，只能是托物咏志；写事，只能写有"意义"的事；写人，只能写"心灵美"的人……在如此"崇高""庄严"的"语文教育"下，学生的心灵已被牢牢地套上了沉重的精神枷锁，哪有半点创造的精神空间可言？

也许这种"奇怪"的现象不是个别的：有的学生不喜欢上语文课，但在课外却对文学作品情有独钟甚至如痴如醉；有的学生写命题作文一筹莫展或套话连篇，但私下写的日记或随笔却灵气飞扬……这说明了什么？我认为，这说明人的心灵一旦冲破牢笼，必将成为自由飞翔的思想雄鹰或纵横驰骋的感情骏马！因此，所谓创造语文的核心，就是给学生以心灵的自由。

我提出了给学生以心灵自由的条件——

给学生以心灵的自由，教师自己就必须是一个心灵自由的人。我认为，教师应拥有一种追求真理、崇尚科学、独立思考的人文精神。我们实在无法设想：一个迷信教材、迷信教参、迷信高考题的教师会培养出富有创造精神的一代新人。教师的心灵自由，取决于教师宽阔的人文视野。我们应该博览群书，站在人类文化成果的高峰俯瞰我们的每一节语文课。我们的心灵应该向古今中外的大师们开放。给学生以心灵的自由，就要帮助学生破除迷信。这里所说的"迷信"主要是指学生长期以来形成的对教师的迷信、对名家的迷信、对"权威"的迷信和对"多数人"的迷信。给学生以心灵的自由，就要让学生在课堂上畅所欲言。特别是在阅读教学的课堂上，教师应该为学生提供一个思想自由的论坛：面对课文，教师和学生之间，学生和学生之间，教师、学生和作者之间应该平等对话；在平等的基础上，交流各自的理解甚至展开思想碰撞。教师当然应该有自己的见解，但这种"见解"只能是一家之言，而不能成为强加给学生强加给作品的绝对真理。给学生以心灵自由，就应允许学生写他们自己的文章。文章应该是思想感情的自然体现，写文章应该是心灵泉水的自然流淌。如果学生不敢在文章里说真话、写真事、抒真情，其文章必然充满新八股的气息，而八股文绝无任何创造性可言！

"创造语文"就是要让学生明白并学会——写作，就是让心泉自然而然地流淌；阅读，就是让思想自由自在的飞翔。

（七）"人格语文"

上面所说的"创造教育"谈到解放人的精神世界，培养人的创造能力，已经涉及人格教育的内容，但还不全面。随着对语文素质教育的深入思考与实践，我越来越感到，教育，从根本上说，就是对人的影响、引领与改造。而语文教育，实质上就是通过"语文"的途径对学生进行人格教育。这里的人格，指个人的精神面貌或心理面貌。从现代心理学观点看，人格是人的性格、气质、爱好、品德、操行、观点、态度等心理特征的总称。追求对学生进行人格教育的语文，我将其称之为"人格语文"——通过语文教育让学生具备高尚的情操、开放的思想、全面的能力和鲜明的个性。

　　培养学生高尚的情操，既是传统语文教育的核心，也是新时代语文教育的首要任务。以今天的观点看，传统教育——特别是以儒家为主流的封建正统教育，固然有种种糟粕与腐朽之处，但其超越时代、超越民族的教育精华——如"天行健，君子自强不息"的探索精神，"富贵不能淫，贫贱不能移，威武不能屈"的浩然正气，"先天下之忧而忧，后天下之乐而乐"的爱国情怀，"勿以恶小而为之，勿以善小而不为"的道德修养等，都应该融入我们今天的语文教育之中。同时，不断蓬勃发展的社会主义现代化事业和当今社会某些理想沉沦、道德滑坡、精神颓废的现象，也从正反两个方面向我们的教育（包括语文教育）提出了更迫切的人格培养的要求："为中华崛起而读书"的宏伟抱负，"中流击水，浪遏飞舟"的进取勇气，"朴质，坚强，力求向上"的民族气节，"毫不利己，专门利人"的无私品格……总之，培养高尚的情操，永远应该是语文教育中激越而辉煌的主旋律！

　　拓展学生开放的思想，是21世纪不仅更加繁荣而且更加民主的社会主义现代化中国对语文素质教育的必然要求。所谓"开放的思想"，主要是指一种海纳百川的文化胸襟，一种高屋建瓴的人文视野，一种不畏权势的民主意识，一种独立思考的批判精神……这是让我们的学生真正"面向现代化，面向世界，面向未来"所必需的思想素质。不能想象，一个目光短浅、心灵封闭、观念保守、思维萎缩的人，会成为新世纪中国的脊梁。拓展学生开放的思想，前提是帮助学生逐步学会运用马克思主义的唯物辩证法，在了解、热爱和继承优秀的民族文化传统的基础上，以"拿来主义"的眼光注目世界和未来，学习、借鉴世界上人类共同的进步文明成果，以充实、壮大、发展中华民族的优秀文化。当然，这需要我们教师做许多扎扎实实的具体工作——比如扩大学生的课外阅读面和社会生活面，训练学生勇于独立思考、善于科学鉴别的能力等，以引导他们在信息时代能吸收真正的文化营养。

　　提高学生全面的能力，即着眼于学生将语文知识由教材上的训练转化为生活中的运用，而又在日常交际过程中逐步形成并不断巩固语文综合素养。在这里，"能力全面"的含义至少有三点：一是学生最终拥有的语文素养是完整而丰富的——既有语修逻文的知识，又有读写听说的技能；既有高雅的文学修养，又有实用的语文本领。二是学生能以"生活"（班级生活、日常生活、社会生活等）为中心学语文、用语文——让学生在热爱生活、关心国事的过程中情不自禁地汲取语文养料，在各种社会实践中得心应手地把语文知识转化为生活能力。三是学生具备创新能力，比如阅读过程中尝试发现问题的能力，独立思考做出推论或预测的能力，纵向追踪挖掘思维深度的能力，综合串联拓宽思维广度的能力等；又如作文过程中立意的正确独到，思想的辩证深刻，构思的新颖奇妙，语言的鲜活自然……需要强调的是，在学生的语文能力结构中，重点是创造能力——这是对束缚学生思想，扼杀学生创造欲望的传统语文教学的突破，也是跨世纪人才观对素质教育的基本要求。

在北京演讲

　　发展学生鲜明的个性，是素质教育的重要内容之一。正如柳斌所说："实施素质教育，主要是通过为学生个人个性发展服务来实现的。"我认为，这是针对过去传统语文教学"目中无人"的严重弊端而提出的具有革命性意义的命题。应该说，在过去的教育理论中不是没有提到过"教育个性"，但那更多的是指"因人而异""因材施教"的教学方法而已。今天我们谈发展学生鲜明的个性，固然也有应根据不同个性的学生采取不同的方法施教以培养不同层次、不同类型的人才的意思，但更强调学校教育所培养出的每一位学生，都应该在禀赋、兴趣、气质、情感、技能等方面具备自己与众不同的特性，并拥有属于自己的心灵世界和独具魅力的精神空间，使我们的学生今后无论从事什么职业，也无论其社会地位如何，他都能成为心灵高贵而自由的精神巨人。因为"人的天赋、可能性、能力和爱好确实是无可限量的，而每一个人在这方面的表现又都是独一无二的……共产主义教育的英明和真正的人道精神就在于：要在每一个人（毫无例外地是每一个人）的身上发现他那独一无二的创造性劳动的源泉，帮助每一个人打开眼界看到自己，使他看见、理解和感觉到自己身上的人类自豪感的火花，从而成为一个精神上坚强的人，成为维护自己尊严的不可战胜的战士。"（苏霍姆林斯基）语文教育中发展学生个性的前提，是教师具备高度的民主素养和真诚的人道主义情怀，即发自内心地尊重每一位学生的心灵世界，在语文教学中把学生视为与自己一起探求新知、追求真理的志同道合的同志与朋友。

"人格语文"是我 20 世纪 90 年代末至 21 世纪初，对语文教育最重要的思考与实践，这是对我过去近 20 年不同阶段（从"浪漫语文"到"创造语文"）的语文教育特点的整合。

（八）"民主语文"

2000 年 9 月至 2003 年 6 月，我暂别中学语文讲台，进入久违的大学校园，师从朱永新先生攻读教育哲学博士学位。我第一次相对全面而系统地学习了有关民主和民主教育的理论。

徜徉于人类民主思想发展史，我发现支撑现代民主制度的理论基石是从 14—16 世纪欧洲文艺复兴运动、17 世纪的英国革命、18 世纪的法国启蒙运动，一直到美国独立战争期间，一系列思想先驱的杰出理论：人道主义、自由学说、平等观念、天赋人权、社会契约、法的精神、权力制约、人民主权……而从卢梭、洛克、杜威到陶行知乃至苏霍姆林斯基，都对民主教育的理论与实践做出了不可磨灭的、卓越的贡献。

系统的学习和思考，使我对"民主"有了真正科学而深刻的理解：民主，不仅仅是一种政治制度，而且也是一种生活态度和方式。其核心是对人的尊重。爱因斯坦说："我的政治理想是民主。让每一个人都作为个人而受到尊敬。"阿克顿指出：民主的实质，就是"像尊重自己的权利一样尊重他人的权利"。

由此我受到启发，"民主教育"的核心，不也应该是"尊重"吗？尊重学生的人格、尊重学生的情感、尊重学生的思想、尊重学生的个性、尊重学生的差异、尊重学生的人权、尊重学生的创造力……当然，与此同时，教会学生尊重他人。

杜威、陶行知、苏霍姆林斯基等教育家的民主教育理论，一下照亮了我的教育（参加工作以来，我一直担任班主任工作），包括语文教育——让我的语文教育思考与实践前所未有地敞亮起来。或者说，这些思想让我重新审视、清理我过去的教育和语文教育。我明确意识到，民主，是对人的尊重与解放；民主教育，就是对人的唤醒与发展。而语文教育，理应"目中有人"——人的思想解放、人的感情熏陶、人的精神提升，人的个性发展，应该是语文教育的生命。

结合当时已经开始兴起的新课程改革，我这样概括语文民主教育的特征——

1. 语文民主教育是充满自由精神的教育

新课程标准强调培养学生的创造精神，而创造的基础是心灵的自由；自由本身不是创造，但没有自由就绝对没有创造。因此，语文教育首先应该尊重学生心灵的自由。

尊重学生心灵的自由，就是尊重学生思想的自由、感情的自由、创造的自由。自由精神当然不是语文教育所独有的内核，而且也不是语文教育的全部内容，但没有自由精神的语文教育，便不是真正的语文教育。

2. 语文民主教育是充满平等精神的教育

"对话"是新课程的一个重要理念，而"对话"的前提是双方的平等。虽然就一般情况来说，教师的学科知识、专业能力、认识水平等远在学生之上，但就人格而言，师生之间是天然平等的。语文民主教育，首先体现在师生关系上，不但是教师对学生人格和权利的尊重，而且把自己视为与学生平等的朋友与同志。

尊重学生，就包括尊重学生的思考，真正优秀的教师应该是学生的引路人，也是和学生一起追求新知、探求真理的志同道合者。合作学习的态度，就是平等精神在语文教育中的体现。与学生同志式地探求真理，就应尊重学生发表不同看法的权利，并且提倡学生与教师开展观点争鸣。教师不但自己应该对每位同学一视同仁，而且还应该在教学中营造一种同学之间也互相尊重、真诚友好、平等相处的氛围。平等只能在平等中培养。今天的教师如何对待学生，明天的学生就会如何去对待他人。

3. 语文民主教育是充满法治精神的教育

语文教育不是治国，因此，在这里说"法治"似乎有点儿牵强附会甚至可能有人会觉得风马牛不相及。然而，"法治"是一种治理国家的方式，其精神实质无非是依靠体现公共意志的规则（法律）来实施管理，而且所有人都必须遵守统一的规则。因此正是在这一精神实质上，语文民主教育与法治精神得以沟通。民主精神同时也就是法治精神。

让学生依据共同制定的规则参与语文教学管理，是语文教育中法治精神的突出体现。学生作为语文学习的主人，其主体性不仅仅体现在主动学习和积极思考方面，也体现在参与语文教学的管理方面。既然尊重学生，而且承认教师的所有工作从根本上说都应服务于学生，那么，学生对教学更应有建议、评价与监督的权利。教师没有理由不尊重学生的这个权利。对真正的民主教育来说，教育者与被教育者的互相监督是理所当然的。

在整个语文学习的过程中，学生也要遵守统一制定的规矩，但这不是传统意义上的"听老师的话"，而是遵守公共规则——这规则里面既凝聚着集体的意志，也包含了自己的意愿。行为规范与思想自由是不矛盾的——前者是对他人的尊重，后者是对自己的尊重。而只有充分地尊重他人（老师和同学），自己的思想权利才能得到真正的保障。这种充满法治精神的语文教育，不仅仅有助于增强学生语文学习的主动性和自觉性，更重要的是学生会在潜移默化中自然而然的学会一种民主的生活态度。

4. 语文民主教育是充满宽容精神的教育

民主就意味着宽容：宽容他人的个性，宽容他人的歧见，宽容他人的错误，宽容他人的与众不同……作为教师，当然承担着教育的使命，对学生不成熟的乃至错误的思想认识负有引导的责任。但是第一，学生的不成熟乃至错误是一种成长现象，其中往往包含着求新求异的可贵因素，如果一味扼杀便很可能掐断了创造的萌芽。第二，宽容学生的不成熟和错误，意味着一种教育者的真诚信任和热情期待：相信学生会在继续成长的过程中自己超越自己，走向成熟。第三，教师的引导，前提是尊重学生思想的权利，然后通过与学生平等对话（而不是居高临下的训斥），以富有真理性的思想（而不是所谓"教师权威"）去影响（而不是强制）学生的心灵。

语文教师的宽容，说到底仍然是尊重学生思考的权利，并给学生提供一个个发表独立见解的机会。不要怕学生说错，不犯跌跟斗错误的人永远长不大，所谓"拒绝错误就是毁灭进步"，正是这个意思。语文课应成为学生思考的王国，而不只是教师思想的橱窗。如果不许学生说错，无异于剥夺了他们的思考。在充满宽容的语文课堂上，对一篇课文的理解和分析，不应只有教师的声音，教师更不应该以自己的观点定于一尊，而应允许学生有不同的看法，在阅读教学的过程中引导学生独立思考，提倡学生展开思想碰撞，鼓励学生发表富有创造性的观点或看法。努力使整个阅读教学课堂具有一种开放性的学术氛围，让不同层次的学生既有共同的提高也有不同的收获。

宽容，不仅仅是教师对学生的宽容，也包括学生对老师的宽容，更包括学生之间的宽容。独立思考绝不是唯我独尊，更不是拒绝倾听他人意见；相反，在对话探究的过程中能具备海纳百川的胸襟是一种极可贵的民主品质。教师应善于在教学过程中以自己的宽容向学生示范，在鼓励每一个学生珍视表达自己见解的权利的同时，也尊重别人发表不同看法的权利——既勇于表达又善于倾听，既当仁不让，又虚怀若谷。

5. 语文民主教育是充满妥协精神的教育

"妥协"和"宽容"一样，也是现代文明社会公认的民主准则之一。在语文教育过程中，如果说"宽容"是善待他人的不同观点，那么"妥协"则是对话双方都勇敢地接纳对方观点中的合理因素，彼此相长，共同提高。

在传统语文教学中，学生向老师妥协是再寻常不过的事了。不管这种"妥协"是出自内心的真诚，还是由于对老师权威的绝对迷信；但教师向学生妥协，则非常少见。更多的情况是，教师明明错了，而且学生都知道老师错了，可当老师的怎么也放不下"面子"承认错误向学生妥协。我们所提倡的语文民主教育，尤其注重教师向学生妥协。其实说到底，妥协也不是简单地向对方"认输"，而是服从真理以完善自己的认识。对教师来说，这本身也是对学生的一种民主精神示范。

妥协的前提仍然是平等。教师要乐于以朋友的身份在课堂上和学生开展同志式的平等讨论或争论，并在这过程中主动吸取学生的合理见解。其实，更多的时候，所谓"妥协"并不是绝对的"甲错乙对"因而甲方在思想上向乙方投降，而是"双赢"，即在讨论争辩中，双方都不断吸收对方观点的合理因素进而使双方的认识更接近真理。

妥协，常常还体现在师生之间的"遇事多商量"：大到制定语文教和学的计划是否可行，小到每天布置的作业是否适量，以及语文教学内容的选择、教学进度的调整、教学形式的改革等，尽管教师起着主导的作用，但学生的参与也是必不可少的。人们常常说，成功的语文教育，往往都是师生合作的结果，这"合作"之中便有"妥协"。

6. 语文民主教育是充满创造精神的教育

民主是对人的本质的解放，而人的本质在于创造。发展学生的创造精神，是语文民主教育的使命——注意，我愿意再次重复一遍，我说的是"发展"而不是"培养"。

说起创新教育，有些教师首先想到的往往只是思维品质和具体思维方法的培养，比如思维的"深刻性""批判性"，或这样"性"那样"性"，以及"逆向思维""发散思维""求异思维"等。应该说，针对学生长期以来在"应试教育"背景下所形成的僵化思维模式，这些引导和训练当然是很有必要的。但我认为，我们更要思考一下，学生原有的创造精神是如何失落的。当务之急，不是对学生进行"从零开始"的所谓"培养"，而是"发展"他们与生俱来的创造性。首先是要点燃学生熊熊燃烧的思想火炬，让学生拥有自由飞翔的心灵。我坚信，每一位学生都有着创造的潜在能力；所以，教师要做的，是提供机会让学生心灵的泉水无拘无束地奔涌，说通俗一点，就是要让学生"敢想"。创造，意味着思想解放。而学生一旦获得了思想解放，他们所迸发出来的创造力往往远远超出我们的意料。

真正的教育者理应把学生看作有灵性的活生生的人，而不是教师见解的复述者，更不能成为教师完成课堂教学任务的道具！我们不应把学生的大脑当成一个个被动接受知识灌输的空荡荡的容器，而应看作一支支等待我们去点燃的火炬，它一旦被点燃，必将闪烁着智慧的火花、创新的光芒。因此，发展学生的创造力，与其说是手把手地教学生怎样去做，不如说是给学生提供一个个发表独立见解的机会，特别是要鼓励学生敢于向书本、向老师、向名家、向一切"权威"说"不"！——正如江泽民同志在1999年全国教育工作会议上所说的那样："爱护和培养学生的好奇心、求知欲，帮助学生自主学习，独立思考，保护学生的探索精神、创新思维，营造崇尚真知、追求真理的氛围，为学生的禀赋和潜能的充分开发创造一种宽松的环境。"

当我们无视学生的潜在能力，把他们当作"低能儿"进行"培养"的时候，学生的表现也许让我们不甚满意甚至失望；但是，如果我们充分信任学生，给他们提供机会并积极鼓励、激发、诱导其展示自己的智能时，学生所迸发出的创造性思维火花常常令我们惊喜。

上面对语文民主教育（也可简称为"民主语文"）的概括，实际上包含了我以前对语文教育不同阶段所有的合理思考和有效实践，是我对自己语文教育一次系统的实践总结与理论（如果这也能算"理论"的话）提升。

写到这里，应该正面回答何谓"语文民主教育"这个问题了。

什么是"语文民主教育"呢？简言之，语文民主教育就是充满民主精神的语文教育，就是尊重学生各种精神权利的语文教育，就是给学生以心灵自由的语文教育，就是师生平等和谐共同发展的语文教育。

这里，还得谈谈语文民主教育与语文素质教育的关系。从根本上说，语文民主教育与语文素质教育是相通的。但是，要在教学中真正提高学生的素质，必须站在民主教育的高度走进学生的心灵，面对每一个富有个性的学生。因为"真教育是心心相印的活动。唯独从心里发出来的，才能打到心的深处。"（陶行知语）对于教育来说，缺少对学生的民主态度——具体说，离开了对学生的人格尊重和潜能的信任，离开了教育过程中精神与精神的交融，心灵与心灵的呼应，任何教育都不是陶行知所说的"真教育"而只能是"伪教育"。由此可见，任何科学的教育方法不过是民主教育思想的体现。如果我们认可柳斌同志所概括的素质教育的要义是"面向全体学生，让每一位学生全面发展，让学生主动地生动活泼地发展"的话，那么，我们似乎就可以这样说，民主教育是素质教育的灵魂。

但对语文教育而言，"民主"并不仅仅是教育手段，也是教育内容，更是教育目的——自主、探究、合作式的学习方式和课堂氛围必然有利于学生思维的健康发展乃至创造力的激活，而语文教育本身（包括教材）所蕴含的丰富民主养料将有助于学生健康人格的铸造；但从长远来说，"民主"是不可抗拒的历史潮流所赋予语文教育的面向未来的使命。通过民主的语文教育，培养学生的平等、自由、宽容等民主素养，使学生成为个性鲜明并具有独立人格和创造精神的现代公民。

以上赘述算是我对自己30多年"语文生涯"（从学师范语文到教中学语文）的思想梳理。于漪老师说："与其说我做了一辈子教师，不如说我一辈子都在学做教师。"于老师尚且如此，何况我呢？因此我也可以说，与其说我教了几十年语文，不如说我几十年都在学教语文。现在，我已经不再年轻，而且还担任了学校校长，可我依然担任着班主任并继续学教语文。

　　面对日益浮躁与眼花缭乱的基础教育界和语文教育界（为此，我特别推崇著名杂文家，同时也是南京师大附中特级教师吴非的新作《力戒浮躁》），我越来越坚定不移地认为，真理总是朴素的，教育总是朴素的，语文教育总是朴素的。没那么多"花样"。现在的教育，恰恰是脂粉太厚，油彩太浓，口红太艳，穿着华丽的旗袍，夺人眼球。在某些方面，语文教育也如此。所以，我现在想得更多的是，让语文教育回到朴素的起点：如果我们的学生喜欢上语文课，而且下课后也情不自禁地去阅读去写作，进而成为一个有书卷气的雅人和有责任心的公民；教师能够在语文课上体验到快乐，能够在课堂上挥洒青春，流淌生命，燃烧激情，点燃理想，能够以自己是一名语文教师而由衷的自豪，这样的语文教育，就是最好的语文教育。

　　我愿再重复一遍：关于语文教育，我所有的思考和全部实践，都没有原创因素，都是对前辈大师和同代名家的学习与借鉴。作为一个从事语文教育实践的中学语文教师而非专业研究者，我并不因此而自卑。能够站在巨人的肩膀上，坐享其成地运用他们的思想种子而在我的语文园地里开花结果，我很得意，也很幸福，于是"偷着乐"。

　　但这并不意味着我放弃了自己作为"知识分子"的思想权利。在实践的同时，我依然力所能及地进行着一些肤浅的思考。我始终认为，作为"知识分子"的教师应该是一个思想触觉十分灵敏的人；追求真理，崇尚科学，独立思考，应该是每一个教育者坚定的人生信念。作为思想者的教师，在踏踏实实地做好每一件具体教育工作的同时，我们还应该让思考的火炬照亮我们实践的每一个环节：备课的时候，能不能先抛开教参用自己的心灵直接与作者对话？阅读教学的课堂上，能不能在讲清楚"考试重点"之后，也让学生谈谈自己独到的见解？作文教学，能不能在作文的命题和批改等方面除了研究高考作文动态，也多琢磨学生的写作心理？面对无法避开的题海，能不能动一番脑筋进行筛选和提炼？每上完一堂课，能不能通过写教学手记对其得失进行一下反思？面对每一个学生，能不能在关注他们表面上的学习态度、学习方法和学习成绩的同时，更研究一下他们的心灵？此外，我们在认真上好每一堂课的同时，能不能关注一下语文界、教育界、整个社会乃至天下的风云变幻？我们在尊重并继承古今中外一切优秀教育理论与传统的同时，能不能以追求科学、坚持真理的胆识，辨析其中可能存在的错误之处？甚至对一些似乎已有定论的教育结论，我们能不能根据新的实际情况、新的理论予以重新的认识与研究……

博士毕业后再次当上班主任

　　我将继续在语文教育的课堂上带着一群孩子发现风景，体验快乐，参与创造……我将继续享受着作为语文教师特有的幸福。我将继续期待着语文教育一步步逼近其学科特点，逼近人的心灵，成为最富个性、最具魅力的精神创造，和最自由、最愉悦、最美好的心灵之旅。

2009 年 5 月 2 日

二、思想创新与语文教育

　　当人类第一次用一块石头去打制另外一块石头时，这就标志着人把自己同一般的动物区别开来了。这个创新当然是原始的，但它昭示了人的本质。

　　今天我们提创新，的确是时代发展的必然。在农业经济时期，生产的资料是土地，知识形态是经验，生产力是人力、畜力和直接的自然力。在工业经济时期，生产的资料是大厂矿及其机器系统，知识形态是技术，生产力是通过转化的自然能量（比如蒸汽机）。而知识经济区别于农业经济和工业经济最重要的一点，在于知识在生产过程、经济运行中所占的比重、含量的大大增加（不只是量的增加，更是质的增加），这些"知识"不但起主导作用，而且是经济增长的源泉。因为知识具有共享性，传播速度很快，所以知识创新的周期非常短，因而知识必须不断创新。与传统的创新不同，知识经济时代的创新，是主动的、自觉的。

然而，现在人们提到"创新"，往往只是想到技术创新，具体到教育上，更多的是技巧创新。比如"一题多解"呀，作文的"构思新颖"呀，或者是小发明、小制作等。技术（包括技巧）的创新当然是需要的，但比技术创新更重要的，是思想创新。

一说到"思想创新"，有人便认为是"异端"，是脱离了马克思主义的"思想轨道"。然而纵观整个马克思主义的发展史，它恰恰是一部思想创新史。马克思主义的标志是《资本论》；列宁主义的标志是《帝国主义论》；列宁对马克思主义的创新是，马克思认为社会主义革命不能首先在一国成功，而列宁则提出了社会主义革命只能首先在一国成功并实践证明了这一点。毛泽东对列宁主义的发展是提出革命可以通过农村包围城市的方式取得成功。邓小平的贡献在于社会主义可以搞市场经济……我们看，这不都是思想创新吗？从人类历史长河看，思想创新显然比技术创新更重要，因为它是宏观的，是影响整个社会发展的。比如，《新青年》所发起的新文化运动，不仅点燃了五四运动的思想火炬，而且为中国共产党的诞生提供了思想资源，并因此也孕育了几十年后的中华人民共和国。又如，关于真理标准的讨论，我们无法说它产生了多少"当量"，但它却开启了整个改革开放的伟大时代，奏响了中国走向现代化的进行曲。

如果我们承认思想创新的巨大意义，那么，我们不妨再继续追问：思想创新的权利只是少数巨人独有呢？还是每一个普通人都应该享有？从理论上讲，思想创新的权利当然是人人拥有。但是，在两千多年的封建统治中，"思想"是统治者的专利；即使新中国成立后，由于封建残余的惯性和极"左"路线的肆虐，一般老百姓是没有思考的权利的，更别说思想创新的权利了。无论是马寅初、顾准，还是遇罗克、张志新，他们因独立思考而付出的代价已经说明了这一点。而中国千千万万的普通人逐渐丧失了思想继而彻底放弃了思想创新的权利，正是中国至今落后的根本原因。

从这个意义上看，江泽民同志所说的"创新是一个民族进步的灵魂，是国家兴旺发达的不竭的动力"实在是至理名言。

　　我从来认为，真正的教师同时又是真正的知识分子，语文教师当然也应该具备现代知识分子所拥有的天然的使命感和批判精神。因此，语文教育应该成为思想创新的启蒙教育，这是理所应当的。那么，如何对学生进行创新教育？我认为，首先是教师本人要有思想创新的意识、能力和胆略。其中最关键的是要有独立思考的勇气。如果习惯于在权威面前关闭自己思考的大脑，就谈不上任何创新。即使是对公认的大师级的语文教育家，我们都不能搞"两个凡是"。这里我斗胆以我十分尊敬的"三老"为例。"三老"的思想无疑是当代语文教育界的理论高峰，他们的许多精辟的思想至今仍是我们语文教改的理论养料；但人的生命之有限，而时代发展却无穷，在绝对真理的长河中，任何人都只能拥有相对真理。如果语文教师在实践过程中，只会言必称"三老"，甚至以"三老"只言片语之"履"来削当今语文教育实际之"足"，这只能窒息语文教育事业的发展。须知我们尊敬的"三老"之所以能够称为"高峰"，恰恰就在于他们的思想不断随着时代的发展而创新。不能苛求每一位教师都是思想家，但每一位语文教师至少应该是一个独立思考者，并珍视自己的思想创新的权利，否则，让一个没有思想创新意识和能力的人去搞语文创新教育，岂非缘木求鱼？

　　其次，语文教师要尊重学生思想创新的权利。不客气地讲，在相当长的一段时期里，语文教育（当然，不仅仅是语文教育）的过程，就是不断扼杀学生思想创新的意识的过程。久而久之，学生的思想也麻木了，他们除了迷信教师、迷信书本之外，已经意识不到自己也有思考的权利。共和国50多年来之所以没有诞生过诺贝尔奖获得者，这至少是其中一个重要的原因。现在，一些教师开始重视对学生进行创新教育，但说来说去，还只是停留在"技巧"（包括思维技巧）上。必须声明，我一点不反对"技巧"的培养乃至训练，因为所谓"观念""意识"都不应该是空洞的，而必须通过操作来体现。问题是，在进行技巧训练的同时，不要忘了创新教育中更重要的一点，这就是开启学生思想的闸门，让他们的心灵获得自由。比如在阅读教学中，与其煞费苦心地"引导"学生找这个"关键词"寻那个"关键句"，不如让学生畅抒己见；宁肯让阅读课成为学生精神交流的论坛，也不要让它成为教师传授阅读心得的讲座。又如作文教学，与其仅仅让"训练"学生如何在"怎样写"上下功夫，不如放开让学生更在"写什么"上多动脑筋。总之，衡量一堂语文课成功的标志，不在于学生与教师有多少"一致"，而是看学生与教师、学生与学生之间有多少

"不一致"。从某种意义上说，宽容学生的"异端"，就是对学生创造精神和创新权利的尊重。

中国所有教师的思想创新和学生的思想创新，是让社会主义现代化中国真正跻身世界强盛民族之林的希望所在。

2001 年 1 月 21 日

三、没有思想就没有个性

1984 年，也就是我参加工作的第三年，我迷上了魏书生。那时魏书生还远远不是名人，但《语文教学通讯》一篇介绍他的小文章，就足以成为我"画瓢"的"葫芦"。于是，我语文教学的每一个环节上，都尽可能"逼真"地向他看齐："课堂教学六步法"、画"知识树"、控制"三闲"……不能说这些学习一点效果都没有，但从总体上看，我并没有取得魏书生老师那么辉煌的成绩。当时，我很苦恼，却百思不得其解。直到后来，随着教育实践的积累和教育思考的深入，我才渐渐认识到：从某种意义上说，任何教师的教育都是不可重复的，因为教育的魅力在于个性！

是的，任何一个杰出的教育专家或优秀教师，其教育模式、风格乃至具体的方法技巧都深深地打着他的个性烙印。也就是说，他们的生活阅历、智力类型、知识结构、性格气质、兴趣爱好以及所处的环境文化、所面对的学生实际等因素，就决定了任何一个教育专家都是唯一的、不可重复的。这就是为什么不少人苦苦"学习"于漪、魏书生却老也成不了第二个于漪、第二个魏书生的原因，也是为什么许多优秀教师的先进经验难以大面积推广的重要原因。我这样说，当然不是反对向优秀教师学习，而是想说，向优秀教师学习主要是学习其教育思想，而不是机械地照搬其方法；而且，其先进的教育思想也必须与自己的教育实际和教育个性相结合，只有这样才能将别人的精华融进自己的血肉。因此，我非常赞同程翔老师的观点："我们必须以自身为基础来吸取消化别人的先进经验。我们学习于漪老师，并非把自己变成于漪老师；我们学习魏书生老师，也并非把自己变成魏书生老师。其实，即使你想变成于漪、魏书生也是不可能的。他们所达到的高度是属于他们自己的高峰，别

人是不可企及的；你只能重新创造一座属于自己的高峰。这个高峰就是结合的产物。"（《中学语文教学》1999 年第 1 期）

如果要比较"学术"地解释什么是"个性"，我想在众说纷纭的答案中选取这样一种比较通俗的解释："……狭义的个性通常指个人心理面貌中与共性相对的个别性，即个人独具的心理特征。"（《教育大词典》）事实上，这个解释并没有完全揭示我们平常使用这个词时约定俗成的含义。平时我们说的"个性"，更多的是指一个人在天赋、能力、兴趣、气质、行为等方面表现出来或潜在的独特性甚至独一无二性。关于个性的重要性，我曾在一次学术会议上，听顾明远先生说过这样的话："个性的核心是创造性。"虽然这话当时就引起了争议，但我想至少个性与创造性是直接相关的，压抑个性发展就会抑制创造性欲望和创造性人才的成长。因此，让教育充满个性，这应该是教育改革的方向。

所谓"让教育充满个性"，对学生而言，是指重视学生的需要、兴趣、创造和自由，尊重人的尊严、潜能与价值，反对一切非人性的教育措施，培养完美的人格，促进学生生物的、社会的、认识的、情感的、道德的及美感的整体成长，成为健全的社会公民；对教育者而言，则要求我们具备科学与民主的教育思想以及富有创造性的教育方式、方法与手段。特别要说明的是，我们这里所说的"个性教育"，不仅仅是指"因材施教"之类的教学方法，更主要的是宽容学生的"与众不同"，尊重学生的心灵自由和精神世界的独特性，同时鼓励学生思考的批判性、思维的独特性和思想的创造性。

语文教育，本来应该是最具个性的教育。因为第一，语文教育所借助的载体——文章是人类精神的结晶，通过任何一篇我们所感受到的都是一个独一无二的精神宇宙；第二，感受这些精神宇宙的心灵，也是独一无二的精神宇宙；第三，担任"心灵导航"的语文教师，对语文内容的感受、领悟、解读等，也深深打上了其精神世界独一无二的烙印。因此，有个性的语文教育应该是理所当然的，而没有个性的语文教育倒是不可思议的。但是，现在的语文恰恰成了最公式化的学科：以前的教学程序是告诉学生"时代背景""作者介绍""段落大意"等，现在的教学技巧是教会学生选择 A、B、C、D。这当然不能一味指责教师"素质低"——在教材统一、教参统一、备课统一、练习统一、考试统一的背景下，教师本身的个性空间都受到严重的挤压，谈何发展学生的个性？

　　只有个性才能发展个性，没有教师的个性便谈不上学生的个性，这几乎是不需要论证的真理。然而目前，语文教育特点对教师个性的呼唤与语文教学现状对教师个性的压抑却形成尖锐的矛盾。怎么办呢？无非是在两个方面双管齐下：一方面是寄希望于整个国家语文教育改革的深入，为语文教学开拓越来越广阔的个性天地；另一方面是语文教师自己努力提高自身的素质，在与应试教育的"周旋"（"周旋"就包括了应对与超越）中形成自己的教育个性。对于前者，随着基础教育课程改革的启动和语文新课程标准的实施，我们可以依稀看到一些希望；对于后者，当然很难，但只要努力，也绝非达不到。就以前面提到的魏书生老师，不就是在应试教育的荆棘丛中走出了一条属于自己个性的路子吗？

　　语文教育的个性，当然是通过阅读教学、作文教学等具体的教学过程乃至教学技巧体现出来，但从根本上说，教学个性决不仅仅指某一项教学技艺的"别出心裁"，而是指一位教师整个的教学风格：同是老一辈的特级教师，于漪和宁鸿彬的风格不一样；同样是年轻的特级教师，程红兵和黄厚江的风格不一样；同样是上海的老一辈特级教师，陈钟梁和钱梦龙风格不一样；同样崛起于山东的年轻特级教师，程翔和韩军风格不一样……既然"一千个读者就有一千个哈姆雷特"，那么，一千个教师完全应该有一千种风格。这富有个性的风格的形成，需要我们在多方面进行努力，比如实践积累，比如博览群书，比如善于采名家之长，等等。但其中最关键的一点，是善于思考，要有思想。

　　风格的背后是思想。一提起真正的大家名家，我首先想到的不是他们哪一堂课，而是他们所提出的教育（教学）思想或观点——于漪的"人文教育观"，钱梦龙的"主体•主导•主线"，张孝纯的"大语文教育"，魏书生的"民主加科学"，程红兵的"语文人格教育"，韩军的"新语文教育"……也许他们的这些思想观点至今仍有争议，但这不妨碍我把他们的个性首先看成是思想的个性。思想源于思考。同样是教了 10 年书，有的老师可能相当于只教了一年，因为他不断地重复自己，只有实践而没有思考；而有的老师则真是教了 10 年，因为他在不断思考中，每一年乃至每一天都不简单重复走过的路。思考，积累成思想；而思想，形成教育者的教学个性。

　　我现在仍然学习魏书生，当然，同时还学老一辈的于漪、钱梦龙，学同龄人程红兵、高万祥，学比我年轻的许多后起之秀，但我不会再把他们的具体做法当成"葫芦"来"画瓢"了，而是通过他们的教学方法而感受他们的灵魂，从他们的思想中采汲取料滋润我的思想，以形成我的教育个性。因为我越来越感觉到：教育个性当然不仅仅体现于思想，但没有思想绝对就没有个性。

2002 年 6 月 24 日

四、共享：课堂师生关系新境界

（一）

如果把课堂教学内容比作食物，那么，课堂师生关系经历了三种模式——

第一种是"填鸭式"。教师觉得食物对学生来说非常有营养，于是，便不择手段地满堂灌，唯恐学生吃不饱，而全然不顾学生是否有食欲，也不管学生是否消化不良；当然，也有"高明"的教师，他会将食物先咀嚼得很细碎，然后一点一点地喂学生。应该说，这种"填鸭式"现在基本上没有了市场。

第二种是"诱导式"。教师不是直接将食物灌输给学生，而是把食物摆在学生面前，然后以各种美妙的言语让学生明白眼前的食物是多么富有营养同时又是多么可口，以打动学生的心，激发其食欲，使他们垂涎三尺，最后争先恐后地自己动手来取食物，再狼吞虎咽地吃下去。这种"诱导式"在教学上也叫"启发式"，比起"填鸭式"无疑是了不起的进步，因而在目前的课堂教学中方兴未艾。

第三种是"共享式"。面对美味食物，师生共同进餐，一道品尝；而且一边吃一边聊各自的感受，共同分享大快朵颐的乐趣。在共享的过程中，教师当然会以自己的行为感染带动学生，但更多的，是和学生平等地享用同时又平等地交流：他不强迫学生和自己保持同一的口味，允许学生对各种佳肴做出自己的评价。在愉快地共享中，师生都得到满足，都获得营养。这种"共享式"现在还不普遍，但已经开始出现。

任何比喻都是蹩脚的，何况课堂教学毕竟不是餐厅吃饭。但以上三种进餐方式，分别形象地代表了课堂教学中三种师生关系模式：教师绝对权威而学生绝对服从；教师在行动上似乎并不专制但思想上却分明是学生的主宰；师生平等和谐，教师在保持其教育责任的同时又尊重学生，和学生一起进步。

　　毫无疑问，今天我们提倡并需要的课堂师生关系，正是第三种"共享"。

（二）

　　"共享"的过程就是"对话"的过程。

　　表面上看，师生关系仅仅是一个情感问题，其实不然。透过不同的师生关系模式，我们可以看到不同的教育观——我这里所说的"教育观"特指对教育属性的认识：教育是属于"科学"还是"人文"？如果我们将教育实践视为纯粹的科学研究（自然科学或者社会科学），那么，科学研究所要求研究者具备的客观、冷静以及与研究对象保持一种严格的主客观界限，都会使我们自觉不自觉地把教育对象（即学生）当作物而非人。在这种情况下，师生关系自然不会是人与人的关系，而是人与物的关系。当然，教育（无论是实践还是理论）都不可能没有"科学"的因素——不仅自然科学和社会科学的知识是教育的重要内容，而且科学研究的方法也是教育所不能不借鉴的。但是，教育首先是属于"人文"的，而非"科学"的。在一般的科学研究中，科学家所面对的是客观现象（包括社会科学研究所面临的社会现象也是客观的），因此，科学家在研究中与研究对象是分离的——这是严谨的科学研究所必需的。而教育则不然，苏霍姆林斯基说："教育——这首先是人学。"（《把整个心灵献给孩子》）陶行知说："真教育是心心相印的活动。"（《陶行知教育文选》）这就决定了在理想的教育中，教育者必须融进教育对象之中，避免师生在精神上的分离。换句话说，师生交往的本质就是教师人格精神与学生的人格精神在教育情景中的相遇。

　　基于以上认识，我认为，在课堂教学中，我们当然可以把教师角色定为"导游""主持人"以及"导演""舵手"等；但更重要的是，不管什么角色，教师都应该在课堂中营造一种"对话情境"。这里所说的"对话"，不仅仅是指教师和学生通过语言进行的讨论或争鸣，而主要是指师生之间平等的心灵沟通。这种"对话"，要求师生的心灵彼此敞开，并随时接纳对方的心灵。因此，这种双方的"对话"同时也是一种双方的"倾听"，是双方共同在场、互相吸引、互相包容、共同参与以至共同分享的关系。"师生之间的这种相互作用或对话的交互性，说明二者的关系是一种互主体性关系，这不仅是指二者只是两个主体在对话中的互相作用，而且指二者形成了互主体性关系即主体间性，这样相对于对方，谁也不是主体，谁也不是对象，谁也不能控制谁、操纵谁，或者强行把意志意见强加于另一方。"（金生鈜：《理解与教育——走向哲学解释学的教育哲学导论》）

而且，针对过去教学中的"教师中心"倾向，我们更强调对话情境中教师的"倾听"。毫无疑问，教师不但承担着教育的责任（我们并不因为"对话"而在思想上削弱这种责任感），而且无论专业知识还是社会阅历都在学生之上，但作为一个真实的活生生的人，作为一个和学生同样有着求知欲的成年学习者，教师同时也是学生年长的伙伴和真诚的朋友；在倾听学生言说的过程中，学生的见解和来自学生的生活经验直接或间接地作为个人独特的精神展示在教师面前，这对教师来说，同样是一份独特而宝贵的精神收获。如果说，在过去"教师为中心"的师生关系中，教师和学生相对于对方都是一种"他"者，双方的关系是一种"我——他"关系的话；那么，在对话情境中，师生之间是一种"我——你"关系。在这种关系中的课堂教学过程，对师生双方来说，都是一种"共享"。师生之间人格的相遇、精神的交往、心灵的理解，便创造了也分享了真正的教育。这种教育，同时也是师生双方的生活，是他们成长的历程乃至生命的流程。

在北京讲"未来班"的故事

（三）

在"对话"与"共享"的课堂氛围中，学生既是学习者又是建构者。

作为学习者，学生的任务当然是获取知识、形成能力并获得健康的人格，正是在这个意义上，我们说学生是"教育的对象"。甚至如果在理论上静态地、孤立地考察作为教育对象的学生，我们把学生视为教育客体，也是没有错的。

问题在于，从来就没有"静态"的教学过程。一旦进入实践层面，无论作为学生还是教师，都处于教学过程的"动态"之中。而学生只要进入教学实践，他们就绝对不是嗷嗷待哺的被动客体，而同样是积极参与的主体——是"建构"的主体。

这里不得不谈到曾风行于中国基础教育界的建构主义理论。建构主义有许多不同的派别，但不同的建构主义者却仍然有着这样一些共同点：首先，他们都认为知识不是被动接受的，而是学习者积极建构的。其次，他们都认为学习是学习者个体主动建构知识的行为。再次，他们都重视学习者先前所建构的知识和经验，并将学习者已有的知识作为新知识的生长点。最后，他们在强调学习者的自我发展的同时，并不排斥外部的引导，只是反对简单的、直接的知识传递。

至少这几个共同点是有助于我们重新思考学生在教学过程中的位置的。

作为学习者，学生在学习内容、学习方法等方面接受教师的指导；作为建构者，每一个学生在学习过程中都依据自己不同的知识储备和生活经验，对所学的内容进行选择、评价、重组和整合，进而把知识变成真正属于自己的一种能力乃至一种信念。在这过程中，学生主动地就知识质疑、对教师发问、向权威挑战……都是理所当然的。在这里，至关重要的，是教师应鼓励并尊重学生独立思考的权利。这符合学生求知心理，并能尊重其个性，因而可以有效地把学生推到主动学习的位置。学生由生疑、质疑，再到思疑、解疑，整个过程充满了积极求知的主动精神，其所获知识印象更深。

以语文课堂教学为例：无论把"语文"理解成"语言文字""语言文学"还是"语言文化"，其核心都是"语言—思维—人的发展"的相互作用及其相互促进。而离开了学生富有个性和创见的独立思考，这一切都谈不上！语言的千姿百态反映了思维的丰富多彩，学生在阅读教学过程中的"仁者见仁，智者见智"，正体现了能力形成和知识运用方面语文学科不同于其他学科的独特性。培养学生的思考能力，实际上也是在训练学生科学的治学方法。打开一切科学大门的钥匙，无疑是问号。知识传授绝不是最终目的，我们的目的是通过教学，为学生的未来开辟一个广阔的文化空间，让学生自己去探寻、研究、发展和创造。因此，教会学生治学尤为重要，而治学的过程很大程度上就是一个独立思考的过程。培养学生的思考能力，符合时代发展的需要。因为教会学生思考，其更深远的意义在于为学生未来的人生播撒科学精神的种子，为我们国家的未来造就民族振兴的栋梁。科学精神最重要的内涵之一便是怀疑精神——怀疑不是否定，而是不迷信。从人类文明史上看，怀疑是创造的起跑线，是科学的助产士，是真理的磨刀石。如果我们的学生没有起码的思考能力和怀疑勇气，那么，他们就不可能真正成为未来中国物质文明和精神文明的创造者，更无力迎接国际竞争的挑战。这将是中华民族的悲哀！

学生之间、师生之间的思想碰撞，应该是"对话"的主旋律。

这里，还有必要反思一下"启发式"教学。当然，相对于"填鸭式"教学，"启发式"当然是一个了不起的进步。"启发式"的教学策略之一，是"教学问题"的设计与提出。然而，正是在这一点上，"启发式"暴露出了其"教师中心主义"的胎记。

"学生为主体，教师为主导"是改革开放以来比较有影响的教学改革命题，许多教师也把这句话作为自己教改的指导思想。但是，在一些教师的课堂教学实践中，"教师为主导"成了"教师为'主套'"。针对过去"满堂灌"的弊端，许多教师开始注重"启发式"教学，但是，谁来"启发"？仅仅是靠教师启发，还是引导学生之间互相启发，同时更注重学生的自我启发？这些问题往往被一些教师忽视。于是，"满堂灌"便成了"满堂问"，就以为是"主体""主导"的统一，这实在是一种可怕的误解。因为在这样的教学中，教师所依次抛出的自己所"精心设计"的一个个问题，常常成为学生的思想圈套——正是在这样教师的一步步提问、学生的一次次回答和教师对学生答案的纠正中，学生成了教师思想的俘虏！学生没有一点个人的创见，教师也不允许学生自己对文本进行富有个性的创造性理解；学生要做的，只是充当教师见解的复述者！这样的课堂教学中当然也有"人"的存在，但这里的"人"只是教师而非学生；而学生的"精神主体"却在教师的"引套"中消失了！

因此，教师应该警惕：千万别让课堂成为学生"思想的屠宰场"！

（四）

但是，这决不意味着教师放弃了自己教育的责任，而只能做学生"思想的尾巴"——如果这样，我们的教学就失去了它对学生应有的教育功能和发展意义。

有教师认为，既然讲教学民主，既然在课堂上教师也是"平等的一员"，就没有必要强调教师的引导作用，否则又会回到教师"话语霸权"的老路上去。这种认识是对教学民主的误解。在"对话"与"共享"的过程中，教师当然是"教学共同体"中与学生平等的一员，然而他是"平等中的首席"。他不是知识的灌输者，不是行为的约束者，不是思想的主宰者，但他在"对话"与"共享"中发挥着其他参与者（学生）所无与伦比的"精神指导"和"人格引领"作用。

"平等中的首席"这个位置，是教育本身赋予教师的。教育的方向和目的，教师对学生成长所承担的道义上的责任，都决定了在教学过程中，教师不可能是一个放任自流的旁观者或毫无价值倾向的中立者，而理应成为教学对话过程中的价值引导者。事实上，无论是教学目标的确定还是教学活动的组织，都体现了教师的价值取向。纯粹"客观"的教学，永远不可能存在。在课堂教学中，教师的价值引导主要体现在：一方面，他创设和谐情境，增进学生合作学习，鼓励学生积极参与并主动创新。让学生在尊重中学会尊重，在批判中学会批判，在民主中学会民主……这本身就是教育者应该追求的教育目的。另一方面，面对争议，特别是面对一些需要引导的话题，他不是以真理的垄断者或是非的仲裁者自居发表一锤定音的"最高指示"，而是充分行使自己也同样拥有的发言权，以富有真理性的真诚发言，为学生提供一些更宽阔的思路更广阔的视野更丰富的选择。教师的发言尽管只是"仅供参考"，但由于教师所处的首席地位，尤其是教师发言所闪烁的智慧火花思想光芒，教师的一家之言必然会打动学生的心灵，在他们追求真理的道路上产生积极的影响。

当然，在"对话"过程中，有时候学生的见解比教师更具真理性。在这种情况下，教师首先要能够放下"师道尊严"的面子，具备向真理投降的勇气和向学生请教的气度，乐于以朋友的身份在课堂上和学生开展同志式的平等讨论或争论，并虚心地吸取学生观点中的合理因素。对学生来说，这本身也是一种民主精神的熏陶与感染。"一日为师，终身为父"这句古语在积极倡导尊师风尚的同时，却强调了学生绝对服从的臣民意识和教师至高无上的家长权威；相比之下，"吾爱吾师，吾更爱真理"则更能体现出在追求真理的前提下既尊重师长又保持个人心灵自由的人文精神。既然承认师生平等，那么"真理面前，人人平等"就是理所当然的了。应该特别指出的是，师生之间的商榷并不只是是非之争，更多的时候是互相启发、互相补充和互相完善，只要言之成理，还可以求同存异甚至不求同只存异，而不必非要定于一尊不可。宽容歧见，尊重多元，这也是教师应该引导学生逐步具有的民主胸襟。

"对话"过程中教师的价值引导作用，正在于此。

和孩子在一起

（五）

相比起"填鸭式"与"启发式"，"共享式"更能体现出课堂教学中师生的新境界。

它"新"就"新"在重新确立了课堂教学中的师生关系，特别是重新确立了教师在课堂教学中的职责："……把教师称为'师长'（Masters）（不管我们给这个名词一个什么意义），这只是越来越滥用的名词。教师的职责现在已经越来越少地传递知识，而越来越多地激励思考；除了他的正式职能以外，他将越来越成为一位顾问，一位交换意见的参加者，一位帮助发现矛盾论点而不是拿出现成真理的人。他必须集中更多的时间和精力去从事那些有效果和有创造性的活动：互相影响、讨论、激励、了解、鼓舞。"（联合国教科文组织国际教育发展委员会：《学会生存——教育世界的今天和明天》）

"共享式"教学，把教学过程还原成师生积极互动、共同发展的交往活动过程。无论"填鸭式"还是"启发式"，信息流向都是单向、静态的，而且是居高临下的。而"共享式"则体现了师生之间和学生之间动态的信息交流，真正实现了师生互动，在对话中师生互相影响、互相补充、互相促进，最终共同进步。师生关系的本质是教育性的，因而"我们相信，在这样的师生关系中，学生会体验到平等、自由、民主、尊重、信任、友善、理解、宽容、亲情与关爱，同时受到激励、鞭策、鼓舞、感化、召唤、指导和建议，形成积极的、丰富的人生态度与情感体验。"（钟启泉等：《为了中华民族的复兴》）

这正是"共享式"师生关系所要达到的教育目的，也是未来更加民主的社会主义中国对当今教育的热切期盼。

2002 年 8 月 8 日

五、对话：平等中的引导

（一）

首先需要特别说明的是，语文教学过程中的对话，不仅仅是师生对话，还包括学生之间的对话。这里主要探讨师生对话。

说到"对话"，一些教师更多的只想到课堂上师生之间的口头语言交往。这个理解不能说不对，但不够。新课程改革理论将教学的本质定位于交往，把教学过程理解为师生共同参与、共同发展的互动过程。因此，作为体现交往哲学理念的"对话"，不仅仅是一种调动学生教学手段，更是一种尊重学生的教育思想；不仅仅是一种激活课堂的教学技巧，更是一种走进心灵的教育境界；不仅仅是指教师和学生通过语言进行的讨论或争鸣，更是指师生之间平等的心灵沟通与交流。这种"对话"，要求师生的心灵彼此敞开，并随时接纳对方的心灵。因此，这种双方的"对话"同时也是一种彼此的"倾听"，是双方共同在场、互相吸引、互相包容、共同参与以至共同分享的关系。

简言之，我理解的"对话"，既是一种教学方式，更是一种师生关系。正是由于从这个意义上审视对话，我把对话分为"微观的对话方式"和"宏观的对话关系"。

所谓"微观的对话方式"，更多是作为一种教学手段或现象呈现于课堂教学过程中。主要包括：①问答。教学中师问生答或者生问师答，这是最常见、最基本、最原始状态的一种对话方式。②讨论。课堂上就某一问题或主题，师生之间（含学生之间）展开探讨和交流。③争鸣。教学过程中，大家就某一观点，展开思想碰撞。④写作。师生通过作文、周记、随笔、评语等交流看法，了解对方的思想感情。⑤朗读。阅读教学过程中，师生的课文朗读也是一种传递精神交流信息的方式，通过朗读过程中对课文抑扬顿挫的节奏甚至对某一个字的处理，听众感受朗读者对课文的理解和再创造。微观的对话也可以叫作"显性对话"。

所谓"宏观的对话关系"，更多的是指在师生相处过程中彼此之间精神交往的良性状态。主要包括：①互相学习。师生在"学习共同体"中彼此交换知识和各种信息，以丰富、提高或完善各自的认识。②互相影响。师生双方同时在人格上彼此感染，进而在精神上发生积极的变化。③互相鼓励。在学习过程中，师生通过彼此间的激发、勉励，获得持续不断的学习热情并实现各自的超越。④共同参与。教师和学生都作为学习成员投入到学习过程中，通过合作互动，使学习过程成为师生各自精神发展和生命流淌的过程。⑤共同分享。师生心灵沟通精神交融，不仅仅分享经验知识，也分享思想感情；不仅仅分享获得成功的结果，也分享战胜困难的过程。宏观的对话也可以叫作"隐性对话"。

（二）

现在人们在谈到教学过程中的"对话"时，往往在前面加上"平等"二字，以突出师生作为对话双方互相尊重的关系。然而，争议正由此产生。不止一次听一些教师和专家质疑道："教师和学生可能绝对平等吗？教师就是教师，学生就是学生，二者在各方面的不平等是客观存在，比如，教师上课要领工资，学生上课要交学费，可能平等吗？硬要说师生平等，不过是一种理想的愿望罢了！"不能说这种质疑没有一点道理。是呀，师生之间哪有"绝对平等"呢？

但是，提倡"师生平等对话"就是"绝对平等"吗？究竟谁说过师生之间是"绝对平等"的呢？事实上，一般人们在谈教育时所说的"师生平等"，不是也不可能是"绝对平等"，因为世界上根本就不存在人与人之间的"绝对平等"。

看来，有必要对我们所说的"平等"含义做一番剖析。

每一个人的出生背景、智力水平、学历程度、生活经验、经济状况、社会分工等都不可能完全一样，因此，任何时候都不存在绝对的平等。但社会学、政治学上讲的人与人之间的"平等"，是指人们在政治、经济、文化等各方面享有同等的权利。1776年7月4日发表的美国《独立宣言》庄严宣告："我们认为下述真理是不言而喻的：人人生而平等，造物主赋予他们若干不可让与的权利，其中包括生存权、自由权和追求幸福的权利。"1948年12月10日联合国大会通过的《世界人权宣言》第1条明确昭示："人人生而自由，在尊严和权利上一律平等。"

由此可见，这里的"平等"不是指也不可能是指所有方面的"平等"，其含义是"尊严和权利"的平等。而"尊严"是通过"权利"来体现的——"尊严"是一个人内在的精神感受，但"权利"则是看得见的社会行为；尊重一个人，必然尊重法律赋予他在各方面的权利，而剥夺了一个人的权利，其尊严也就失去了依托。因此，说到底，在平等的所有含义中，核心是权利的平等。

具体到教育上，我们所说的"师生在课堂教学中的平等"，也不是说师生"绝对平等"，而是拥有同等的权利。这又会引起误解。我曾就此与一些同行探讨时，就有人质疑道："难道教师所有权利学生都可能拥有吗？（作业批改、学业考试、分数评定等）？"然而，这里的"权利"指的是课堂教学中师生对话时的平等权利，具体含义是师生双方都拥有思考的权利，发表自己观点的权利，以及与他人（包括学生与老师）展开观点争鸣的权利——一句话，是思想的权利。在这一点上，师生当然是平等的！如果以教师的职业角色以及教师远远比学生丰富的生活阅历和更加成熟的思维品质为由，而否认师生平等对话的权利，是不妥当的。对同一个问题，教师的认识也许更全面、更科学、更深刻，但在表达自己观点的权利上，学生和教师是平等的。

对话过程中的平等还有一个含义：真理面前，人人平等。当教师服从学生的正确认识时，这与其说是向学生学习，不如说是服从真理。这是教师民主情怀的体现。陶行知曾说："民主的教师，必须具有：（一）虚心；（二）宽容；（三）与学生共甘苦；（四）跟民众学习；（五）跟小孩学习——这听来是很奇怪的，其实先生必须跟小孩子学，他才能了解小孩的需要，和小孩子共甘苦。并不是说完全跟小孩子学，而是说只有跟小孩子学，才能完成做民主教师的资格。否则即是专制教师。"（《陶行知教育文选》）

我们今天强调平等是有特定的现实针对性。长期以来，师生关系上的突出问题不是师生太平等，而是师生缺乏平等。"我们并不去强调不需要强调的东西。这就是说，有些东西已经很受重视，就无须强调……在一定的时期或一定的时代，在有意识的规划中，往往只强调实际上最缺乏的东西，这并不是一个需要加以解释的矛盾。"（杜威《民主主义与教育》）

有的教育者之所以对"平等对话"有误解，有一个很重要的原因，在于他们认为，有些教师一谈"平等"就意味着教师引导作用的淡化。不能说这种误解没有根据。因为的确有一些教育者把平等对话理解成为"淡化引导"。他们甚至认为，如果强调对话中的引导，就不是真正的平等对话，就仍然是教师的"话语霸权"甚至是"思想专制"。这样一来，"微观的对话"成了"各说各的"，成了"自言自语"，成了"怎么说都对"；而"宏观的对话"则成了学生的随心所欲和教育者的放任自流。

我想，只要对教师角色和教师责任有清醒认识的人，都不会把平等对话理解成放弃引导的。《义务教育语文课程标准（2011年版）》明确指出："教师是学习活动的组织者和引导者。"作为学习活动"组织者和引导者"的教师，是平等对话中的"首席"，而"指导""引导"就是这个"首席"必须承担的责任和必须履行的义务，否则就是失职！以任何理由反对引导，都会导致教育的被取消。

（三）

当然，理论上说"应该引导"是不难的，关键在于实践上"如何引导"。这里，我想结合自己的语文教育实践，谈谈自己的认识和做法。

1. 以自身的行为为学生示范

既然对话也是一种关系，那么，在师生相处的过程中，教师以自己的教学行为（实际上也是自己的人格形象）去感染和影响学生，这是最重要的精神引导。

以兴趣激发兴趣：教师以对自己所教学科的态度去影响学生，用发自肺腑的职业情感去感染学生对学科知识的热爱。语文教师当然不一定是诗人，但他应该具备诗人的气质；语文教师也不一定是作家，但他应该拥有作家的情怀。我们不是给学生讲语文，也不是带着学生学语文，而是用自己的语文气质去感染学生。对任何一位优秀的语文教师来说，他讲《背影》，他就是朱自清；他讲《记念刘和珍君》，他就是鲁迅；他讲《在马克思墓前的讲话》，他就是恩格斯……教师本人应该"语文化"，并自然而然的去"化"学生。

以能力培养能力：没有语文能力或者语文能力不强的教师，是很难培养起学生真正的语文能力的。这是不言而喻的。在这里，"培养"同样首先意味着教师本人语文能力的示范。教会学生阅读，教师本人就应该善于阅读，特别善于在阅读中发现问题。我爱读书，并常常一边读一边写下读书随笔，每写完一篇读书随笔，我都要拿给学生看，以此向学生展示我在读书过程中的思考和批判。每上一篇新课，我都要给学生讲讲我在备课中遇到的问题，以此带动学生和我一起思考。我还喜欢和学生一起写作文，每次给学生布置作文，我都和学生同题写作，在作文评讲时，我把自己的作文拿出来让学生评判，同时，我又给学生讲我在写作过程中是如何构思、如何遣词造句的。我深深感到，对学生来说，这是最好的作文指导方法。

以思想点燃思想：与其教给学生以现成的思想，不如以思考的习惯去带动学生一起思考。学生思考的火花只有用教师思考的火花去点燃。我们不能设想，一个迷信权威、毫无创见的教师，会培养出敢于质疑、富于创新的学生。我经常在报刊上发表教育教学文章，有时还引起一些学术争鸣，这为我培养学生的思考能力提供了极好的机会。每次我在报刊打笔仗时，我都给学生读有关不同观点的文章，启发学生思考、辨别，并且鼓励学生也展开思想和我论战。通过参与这些思想争鸣，我试图让学生树立这样的观念：独立思考必然伴随着论辩，而以追求真理为目的的论辩并不是固执己见的强词夺理，也不一定是非白即黑的是非之争。平等争鸣的结果，更多的是双方认识的互相补充、不断完善和共同提高。

以民主造就民主：不能否认我们呼唤民主的真诚，但由于长期封建传统文化的影响，我们在呼唤民主的同时有时往往不自觉地充当着专制的角色。我们常常忘记了杜威的观点，民主不仅仅是一种政治制度，同时还是一种生活方式，而且这种生活方式往往通过不经意的细节体现出来。那么，平时在教育过程中，教师如何在学生相处时体现出对学生的尊重，这都是民主精神的体现，并影响着学生如何去尊重他人。具体在语文课堂上，教师如何让自己的教学接受学生的监督，如何保持独立思考不迷信权威的自由人格，如何宽容地对待不同意见，如何在争论中尊重对方表达观点的权利，如何倾听吸纳对方的合理之处，如何勇敢地向真理投降……这些都是最好的民主示范，都在潜移默化地培养着学生的民主情怀。

2. 教学的预设与调整

应该说，教学中的引导就包括了对教学目标和教学程序的预设。但是，在新课程改革的热潮中，有些专家却提出：教学不应该预设，比如教学目标不应该由教师事前设定，而应该在教学过程中"自发生成"；教学问题也不应该由教师课前准备，而应该让学生在探究的过程中发现问题；教学的具体环节也不应该由教师预设，而应该让学生在活动中自然而然展开思维的飞翔……如果预设了教学目标，就会对学生探究思维形成束缚。我认为，这种观点值得商榷。

教育，本身就是有目的地培养人的活动。因此，教学任务、目的明确以及教学环节的设计等"教学预设"，我认为这是无可厚非的。尽管现在在一些研究性学习的过程中，我们提倡学生自己提出课题、发现问题，但教师宏观的指导与导向也是必不可少的。问题不在于教学是否"预设"，而在于如何"预设"以及"预设"后是否依据课堂推进过程中的实际情况进行调整。现在教学预设存在的主要问题是：第一，预设的依据来自书本而非学生的实际情况，"教学目标""教学重点""教学难点"等等均来自教学大纲和教材中的单元要求和课文前的提示；第二，教学程序预设得过于死板僵硬，不但教学过程中的具体步骤顺序不能变动，而且连每一个环节需要的时间都精确到了分秒。

我主张，教学预设既应依据教学大纲、课程标准、教材要求，更要面对学生的实际，而且，更重要的是，对教学环节的预设应该富有弹性，要留有机动灵活的创造空间。任何教学预设都是可以也应该根据课堂上学生的变化而予以调整。而所谓"引导"正体现在这调整的艺术中。

《世间最美的坟墓》一文，按教材单元规定的学习重点是"概括要点，提取精要"。但我课前通过检查学生的预习，发现绝大多数学生都已经能够达到这个要求。如果我的课堂教学重点目标仍定位于"概括要点，提取精要"，这不但会使教学成为无效劳动或低效劳动，而且是对学生的不尊重。于是，我研究学生预习时的提问："为什么明明朴素的坟墓作者却说最美？""作者为什么提到拿破仑等人的墓？""为什么作者要反复提到小小长方形土丘，而且强调没有十字架，没有墓碑，没有墓志铭？"……学生的提问是很散乱的，但我将这些提问上升概括为这篇课文的学习重点："探究本文对比修辞手法的运用"。从学生散漫的问题里提炼出带有共同性的研究课题，以此作为教学重点，并指导学生去探寻，这也是"引导"。

教《荷塘月色》时，按教案设计的程序是，先让学生自读一遍课文，然后和学生一起交流对朱自清生平的了解，再进入课文的朗读并交流各自的感受。但上课前，有学生来办公室问我有关单元重点的问题，我在表扬这位同学良好预习习惯的同时，心想：是呀，这是学生进入高中学的第一篇课文，应该先引导他们把握单元学习重点，树立单元学习的观念。于是我决定上课时不从朱自清生平开始，而是引导他们关注单元要求："整体感知，揣摩语言。"大家围绕这八个字思考、讨论，学生一开始就进入了思考的氛围。最后我总结道："同学们注意，所谓阅读，主要就是通过揣摩语言去整体感知文章的内涵，体会作者的思想感情，进而走进作者的心灵。"本来按教学计划，接下来的一步应该是介绍朱自清的生平。但此刻，我的话题已经说到通过揣摩语言而进入作者心灵，学生们也跃跃欲试了，于是，我临时决定先不介绍朱自清，而从这里切入课文："比如，今天我们要学的《荷塘月色》，就值得我们好好揣摩品味。而揣摩品味的第一步就是朗读，那种'把自己放进去'的朗读。好，现在请同学们自己朗读一遍课文。注意，在朗读《荷塘月色》的时候，你就是朱自清！"于是，学生开始各自朗读。一时间，课堂气氛非常好，学生们通过朗读，用心去发现感受自己心中的"那一个"朱自清，然后各自谈体会。最后，我再引导大家回过头来交流对朱自清生平的了解。这堂课没有按我事先设计的程序运行，而是根据学生的情况做出及时的调整，使教学过程如行云流水一般的自然，而且真正走进了学生的心灵。

3. 营造课堂学术氛围

作为自主探究的课堂，必须充满一种民主的学术氛围。由于长期以来我们的课堂实际上是教师的"一言堂",学生也习惯了老师的"一言堂"。因此,在目前的课堂上这种学术氛围是不可能自发产生的。而在课堂上为学生营造一种学术氛围,就是教师的一种引导。

这里所说的"学术氛围",显然不是大学课堂上或真正的专家学者在学术论坛进行争鸣探讨的那种氛围,因为严格意义上的学术研究,是对某种较为专门、有系统的学问的研究,绝大多数中学生显然达不到这个高度。但这不妨碍中学语文课堂上充满一种民主平等、富于批判精神而又闪烁着创造性智力火花的学术氛围。

指导学生正确使用教参资料:与其教给学生现成的答案,不如教会学生治学——虽然同样是获取知识,但前者是由教师灌输而后者是学生在教师的指导下用自己的大脑去探寻,其收获除了知识更有能力。正是基于这种认识,我主张在教学中向学生公开备课资料,包括与教材配套的教参,这既显示出教师引导学生的自信,又体现了教师相信学生的民主。而且,师生共同占有参考资料,大家研究课文就不再仅仅是一些表面的语言现象而是更深层次的东西。当然,教师应指导学生善于鉴别、取舍和消化资料,而不成为教参的奴隶。

激发学生进行不同观点的交锋:语文教学课堂应闪烁着学生思想碰撞的火花,以照亮通往真理的道路。当然,也许并不一定每一次观点交锋都会有一个终极答案,但争鸣本身就是目的。独立思考是追求真理的起点,学生敢于发表不同看法,就表明他们已开始具备探求真理的勇气。教师组织课堂上的思想争鸣,还应教会学生运用一些正确的思想方法——具体问题具体分析,顾及全篇主旨分析某一语句的含义,结合一定的时代背景和社会特点把握某一作家的思想感情及其作品的得失等。

鼓励学生向课文质疑:教师在引导学生从课文中吸取思想养料、学习写作技巧、获得审美体验的同时,还应鼓励学生实事求是地指出课文可能存在的不足,以破除学生头脑中唯书是从的迷信思想。对古代作品中的消极因素,学生比较容易发现也勇于指出;对当代作家的名篇,学生则容易盲目崇拜。针对这种情况,我常给学生读一些课文的原稿和修改稿,说明任何佳作都不可能绝对十全十美,并带头在名篇中"挑刺"。渐渐地,学生的思想解放了,也能逐步发现一些课文的美中不足。学生向课文质疑,并且提出自己的修改意见,这实际已不仅仅是怀疑了,其中还包含有积极创造的因素。这样做,并不妨碍学生对作家的尊重和对课文的欣赏,只是不迷信罢了。

　　指导学生写研究性小论文：指导学生写研究性小论文，既是治学方法的综合训练，也是对学生独立钻研课文、形成独到见解的能力的有效检验。教《守财奴》，我指导学生就课文末尾"这最后一句证明基督教应是守财奴的宗教"的理解写小论文；学《雷雨》，我要求学生撰文分析"周朴园对待侍萍的感情"；讲《林黛玉进贾府》前，学生便在预习的基础上写成了一篇小论文：《黛玉为何步步留心、时时在意?》《谈宝玉的顽劣》《小议王熙凤的哭和笑》《人物出场艺术浅析》……我允许学生写作时查阅有关资料，也可适当引用，但必须经过自己的消化并有自己的见解，在文末注明主要参考资料。学生写这种文章往往兴趣颇浓而且思维特别活跃。其主要原因大概是，与一般的命题作文不同，学生的这种小论文更带有批判性和创造性，也更能体现出学生的主体意识、思想自由和个性色彩。

　　引导学生矫正自己的思想认识偏差：学术研究的科学性决定了研究者应随时克服谬误，接受真理。我们在培养学生独创意识的同时，还要培养学生实事求是、虚怀若谷、乐于容纳不同观点、勇于纠正自身错误的学术道德。"让思想冲破牢笼"，也包括让学生冲破自我的思想束缚：自以为是而固执己见，习惯接受现成结论而不愿追求探索新知，思想方法陈旧，思维模式单一等。我曾让学生研究他们的作文状况，然后以编写《中学生作文"俗套词典"》的方式对中学生作文中立意、构思、语言等方面的公式化、雷同化现象提出批评——写女教师，总是"像妈妈一样慈祥"；写小孩，总是"大大的眼睛"；写安静，总是"掉根针都听得见"；写星星，总是"在眨眼睛"；写托物咏志的文章，结尾往往是"我爱××，更爱具有××精神的人!"……分析文学作品，我让学生尽量冲破"好人坏人"的思想框框，结合具体的社会环境把握人物丰富多彩的独特个性。

　　语文教学中学术氛围的营造和学生初步治学能力的培养，就是语文教师在课堂中的一种积极的引导，这既体现出一种教学艺术——对学生知识的有效转化，更体现出一种教育民主——对学生思想探寻的充分尊重。

　　4. 把学生的思考引向深入

　　思维从问题开始。针对过去问题往往是教师提出而学生往往被剥夺了发问权的情况，现在我们提倡问题从学生当中来。这无疑是对的。但这并不意味着教师就不能提问，作为平等对话的一员，教师也应该有提问的权利。教师的提问也是一种引导，有时正是在教师富有启发性的提问中，学生的思考的火花被点燃。

　　当然，无论对于学生还是对于教师，不能仅仅止于提问。在课堂对话的过程中，往往有这种情况，围绕某一问题的探讨，学生的思维尽管很活跃，但这种活跃同时又处于一种自发的无序状态。由于生活经验的不足，也由于思维发展的不成熟，他们思考与探究，常常停留在浅表层次。这就需要教师进行"思维搭桥"，通过适度的点拨，把探究引向深入，也把学生的思考引向深入。

　　讲《孔乙己》时，我和学生一起探讨"孔乙己之死"。学生们一般能够理解孔乙己之死的社会原因，但对于作者在作品中营造的悲剧气氛——特别是"大约"一词所表达出来的人情冷漠的社会特点则不一定能够理解。于是我提出了一个问题："孔乙己被打折腿是在什么时候？"学生们经过看书、思考，一般都能回答："中秋前的两三天。""中秋过后。""中秋节前后。"我紧接着说："对了，中秋节。即课文所说的。中秋节，这正是中华民族家人团聚的日子啊，可孔乙己却遭遇到什么？"学生们回答："腿被打折了。"我说："是啊，在家人团聚的时刻，孔乙己却被丁举人吊起打了大半夜，直至打折了腿！请同学们注意鲁迅先生这样沉痛地描写：'秋风是一天凉比一天……'同学们想过没有，作者为什么要这样写？"一位学生说："说明了鲁迅先生对孔乙己的同情。"这样的回答当然也不错，但我继续追问："秋风和同情之间有什么联系呢？"另一学生回答："因为秋风是令人感到萧瑟的，而孔乙己的遭遇是非常悲惨的。这是用秋风来烘托一种感情，烘托一种气氛。"本来这个问题似乎可以到此为止了，但在肯定这位学生理解不错的同时仍然追问："还有没有其他的理解？"那一刻，教室里一片沉寂，但我能够感受到学生思维的火焰正在熊熊燃烧。一位学生回答道："读到这里，我感受到了孔乙己的生命一天比一天萎缩。因为秋天是万物凋零的季节，是死亡的季节。这就暗示了孔乙己的必然死亡。"我不敢说鲁迅当时写到这里时，就是这样寓意的，但学生能够读出自己的理解，就是一种创造性阅读。我立即赞扬学生这一观点，然后以自己的理解将其升华，把学生这个富有创见的思想推向更高的境界："我同意你的观点。'秋风一天比一天凉'，和你一样，读到这里，我深深地感到人心也是一天比一天凉，社会也一天比一天凉，孔乙己的生命之火更是一天比一天凉！你刚才说秋天是死亡的季节，但实际上对人们来讲，秋天本来更是一个收获的季节，而在这样一个收获的季节，孔乙己连自己的生命都难以'收获'了，等待他的只有死亡。读到这里，我相信任何一个有良心的读者都会感到心情的沉重！"我提示学生们细细体会课文中"不一会儿，他喝完酒，便又在旁人的说笑声中，坐着用这手慢慢走去了"的句子，最后大家达成共识："大约孔乙己的确死了"，这个"大约"隐含着社会的冷漠，这个"的确"表现了孔乙己死亡的必然。我们可以从一个人的命运看一个社会的本质。冷漠的社会，造就了孔乙己的悲剧性格，也导致了孔乙己的悲剧命运！这个"人"没了，这个社会也必然应该灭亡，它没有任何理由继续存在！如果说孔乙己的死令人同情的话，那么，我们有理由诅咒这个社会的灭亡！

在上面所述的课堂教学片断中，我并不认为我的提问是对学生思维的束缚，更不认为我给学生讲我的观点就是"思想霸权"。既然是"平等对话"，教师当然也有发言权；既然是"平等中的首席"，教师的发言就不应该停留在一般的交流层面，而应该尽可能对学生更具有思维的发展性和拓展性。

5. 激发学生的创造潜能

已经有不少专家指出，孩子的创造性不是教出来的。我同意这个观点。应该说，创造是人的天性，儿童与生俱来的好奇心和探究兴趣，就是创造性的萌芽。但现在的问题是，传统教育不是发展孩子的创造性，而是相反，随着孩子受教育程度的增加，他们创造的能力却在下降。这已经是不争的事实了。如何在教学对话中激发学生潜在的创造能力（而不是"凭空培养"），这正体现了教师的引导。

激发学生创造性思维的潜能，首先不是所谓"训练"，而是根据维果茨基的"最近发展区"理论由浅入深给学生设立思维的梯度，或者说一步步提高思维的难度，让学生在"思维登山"的过程中展现出潜在的能力。维果茨基把儿童在"有指导的情况下借成人的帮助所达到的解决问题的水平与在独立活动中所达到的解决问题的水平之间的差异"确定为儿童的"最近发展区"。他认为，教学不应指望儿童的昨天，而应指望于他的明天；只有走在前面的教学，才是好的教学。按我的理解，作为有效的发展性教学，教师既不能不切实际地超越学生的心理准备状况，或超越学生的"最近发展区"，也不能落在心理准备或"最近发展区"的后面，而要在适应学生现有发展水平的同时，还要积极引导和促进学生的发展。通俗地说，教师对学生思维发展的引导，关键在于准确地找到学生的"最近发展区"，把学生引导到他们跳一跳就能够达到的地方，将学生"逼"聪明。

的确，只要教师为学生提供机会并引导得法，他们所迸发出来的创造性思维的潜力是无限的。《为了六十一个阶级弟兄》一文刚刚讲完，学生开始做课后的有关练习。其中，第四题要求学生解释六个成语——车水马龙、危在旦夕、素不相识、不遗余力、风驰电掣、化险为夷，并特别要注意加点字的含义。这道题不难。我让学生举手发言，口头解释；对其中较难的加点字，则让学生查字典比赛。很快，全班同学基本上完成了题目要求。然后，我依次提出要求。我先说："能够解释的成语不一定会运用。下面请同学们用这几个成语各造一个句子。"这当然难不倒学生，当学生达到这个要求后，我接着提出更高要求："你们能不能说一段话，把这六个成语恰当地运用进去呢？"学生同样很快"达标"，但内容大多是都市抢险救灾之类。我评价道："从刚才的发言看，成语都用得正确，但主题相近，情节雷同。"然后我提出新的要求："下面，请同学们再动动脑筋，还是用这几个成语说一段话，但不许再说繁华都市，也不能再说抢险救灾。"

　　学生对我的"刁难"显然很有兴趣，情不自禁地小声讨论起来。过了一会，有几个学生举起了手，有学生说："他离开了车水马龙的城市，告别了病床上生命危在旦夕的母亲，风驰电掣地赶回边防线。母亲和祖国在他心中都很重要，但他首先选择了祖国。为了这更伟大的母亲，为了亿万与自己素不相识的同胞的安宁，他将不遗余力地守卫好脚下这片土地。他坚信，有了自己和战友们筑起的长城，任何敌情都将化险为夷。"还有学生说："在海洋深处，各种鱼儿车水马龙般地穿梭着，其中有一只蓝鲸慢慢悠悠地游来游去。突然，鱼儿们都四散飞游，原来是一群大白鲨冲过来了。它们团团围住了巨大的蓝鲸。可怜的蓝鲸生命危在旦夕。这时，和这只蓝鲸素不相识的更大的一群海豚风驰电掣地冲向鲨群，它们不遗余力地撞击大白鲨。渐渐地，大白鲨退却了，蓝鲸总算化险为夷了"。

　　但是，我继续"刁难"学生："请仍然用这六个成语说一段话，但只能反映你们的生活，只能描绘安静的场面！"这次学生们陷入了紧张的思考，但几分钟后，学生们的发言实在是令我惊喜，其中有一位女生这样说道："教室里静静的，大家都在紧张地做着老师发下来的物理试卷，可我的脑袋里却一片空白，那些力学公式好像和我素不相识，以前都不曾在我的脑子留下一点印象。时间在一秒秒地过去，但那如山如海的试题却车水马龙般地向我涌来，尽管我不遗余力，努力从自己的头脑中挖出以前学过的有关知识，然而一节课快过去了，我的试卷仍留下一大片空白。终于，铃声响了，我脑袋嗡的一声炸了——那可怕的分数、老师的批评、父母的责骂……在我脑海里风驰电掣地闪过。我不敢想下去了，只是呆呆地坐在那里等待老师收试卷。就在这危在旦夕的时刻，突然听到老师说：'这次只是课堂练习。由于怕你们不认真地独立完成，我才对你们说是考试。好了，没做完的同学请回家后继续做完．'我心里的石头落了下来，并不禁为这次的化险为夷而暗暗庆幸。"不可设想，如果没有教师的引导，学生会被"逼"得如此聪明。

我想再次强调，作为对学生成长和发展真正负责的教育，平等对话并不排斥积极引导。我们应该努力追求的是，既不因"引导"而取消"对话"，也不因"对话"而放弃"引导"；既不因"引导"而扼杀学生的思想自由，也不因"平等"而放弃教师的教育职责。即使在高扬个性旗帜的今天，我们也不应该忘记：科学的引导正是个性健康发展的条件。

2003 年 2 月 14 日—23 日

六、阅读教学的解释学思考
——解释学读书笔记

（一）关于解释学

解释学是关于理解的学问，是对"理解"的理解。对"理解"本身进行理解（反思、研究），将有助于自觉地对待自己和别人的理解，更有助于我们正确地理解。

解释学本身并不是统一的理论学说，而是一门学科。围绕"理解"这个研究对象，在不同的时代，不同的解释学家提出了不同的解释学理论，因而出现了不同的解释学派别——如施莱尔马赫（认识论解释学）、狄尔泰（认识论解释学）、海德格尔（本体论解释学）、迦达默尔（本体论解释学）、罗蒂（后现代主义解释学），等等。从时间发展的顺序看解释学的历史发展，解释学可以分为古代解释学、近代解释学、现代解释学、后现代解释学。从解释学的研究对象的发展来看解释学的发展，解释学的历史发展可以表述为从局部解释学或专门解释学向一般解释学或哲学解释学的发展历史。从解释学的基本哲学观点或基本哲学原则来看解释学的发展，又可以从两个角度来划分。根据发展观来划分，解释学可以分为三个基本派别：绝对主义的解释学、相对主义的解释学、辩证的解释学。

解释学对阅读学的意义是不言而喻的，近代解释学即阅读学。通过对解释学不同理论的学习研究，我们可以批判吸收各种解释学理论的合理思想，逐步形成科学的解释学观念，以指导我们的阅读教学。科学的解释学对阅读不但有着认识论的意义——帮助我们认识"阅读"的规律和特点，而且也有着方法论的意义——为我们提供尽可能科学的阅读方法。

（二）理解是对文本意义的把握

解释学的"理解"，指的是对文本的理解。所谓"文本"，从广义上讲，是由人创造的体现人思想感情的作品，包括文字、绘画、音乐等作品。从狭义上讲，是指作者的文字作品。阅读教学中所说的"文本"，指的就是文字作品，即"课文"。

理解的对象是一定的文本，实质是一定的意识。这个文本具有双重性，一方面，作为存在，是一定的物，是一定的符号系统；另一方面，作为理解的真正对象（任务），是一定的意义，这个意义是作者思想感情的表达。理解就是通过符号系统把握意义，而不是认识符号系统这个物本身。文本的本质是意义，即作者所灌注在作品中的含义。因此，理解文本，就是理解其物质形式（符号系统）所表达的思想、感情、意志、观念等。物质形式是理解文本意义不可缺少的中介，但不是真正的或本质的理解对象。

"理解的实质是把握文本的意义"这个道理似乎无甚新意，但对今天的阅读教学来说，至关重要。在为数不多的语文阅读课堂中，师生所关注的更多的是文本的符号系统，而忽视了意义——停留在文本的"物质"层面，孤立地进行词语积累、语法分析和修辞训练，而"忘记"了文本的"精神"层面。这样的阅读，实质上是理解本质的失落。

（三）文本也是"主体"

在阅读教学的课堂上，存在着三类主体——两类阅读（理解）主体，即师生双方；文本背后的主体，即作者。

通常流行的观念是，只有教师才是理解的主体，学生则只是被动接受教师的"理解"。而文本（课文）更是理解的客体。于是，在这样的课堂上，教师垄断了理解的特权，成了文本唯一的诠释者乃至学生思想的主宰者。

科学的解释学认为，面对同一文本，别人是理解的主体，"我"也是理解的主体；同为理解的主体，主体之间的关系是平等的，主体之间的相互理解、探讨、批评，是推进正确理解的重要途径。

同时，文本就物质形式上讲，是我们理解的客体，但这个客体不同于认识论中认识的客体——在认识论的客体中，人们要认识的是其本身的属性和运动规律；而解释学所要理解的文本，其本质是人赋予的意义；因此，我们对文本的理解，实际上是通过文本的物质符号系统这个中介与物质符号系统背后的作者进行对话，从这个意义上说，我们阅读文本，实际上是主体之间的精神交流。

因此，阅读教学的过程，实际上是教师、学生、作者三方平等"对话"的过程。近年来，已经有不少教师意识到师生之间的平等主体关系，这比起过去的教师单一主体观无疑是一个很大的进步。但我认为还不够，我们还应该将文本作者纳入阅读过程中的主体行列。当然，作为文本作者的主体有其特殊性，这特殊性表现在他不是"现场主体"，而是隐蔽的或者说没有出场的主体，它可能与我们同一时代但不同空间，也可能与我们根本就不是同一时代，因而这个主体在阅读过程中是无法言说的，是处于沉默状态的。

然而，文本主体之所以是主体，不仅仅是因为它也是一个精神承载者，而且它仍然参与了我们的对话与交流，引导着、影响着、制约着我们的理解。其引导、影响、制约的中介便是其作品。我们可以这样理解也可以那样理解，或者我们只能这样理解而不能那样理解，除了理解者自身的因素外，还取决于作品。

把握这一点特别重要。过去我们之所以对课文进行随心所欲的错误理解，有一个重要原因便是忽视了文本背后那另一个主体的存在。从这个意义上，因为有了这个隐蔽主体，我们对文本的理解便不可能拥有绝对的自由。

这绝不是否认理解者（师生）的能动性。在解释学发展的历史上，一直存在着读者中心主义和文本中心主义两种倾向。前者强调读者的绝对主观性，所谓"作者写了什么并不重要，读者读了什么才是重要的"，这导致了理解的相对主义；后者强调文本的客观性，这导致了理解的绝对主义。我们认为，如果从能动的理解者这个角度看，读者的确是理解的中心；但读者的理解毕竟是对文本的理解，在这过程中，读者的整个理解都是围绕文本进行的。我们强调尊重文本，实质上是强调我们对另一个主体的尊重。

唯有教师、学生、作者三方平等对话，我们的阅读教学才真正充满了互相尊重、互相宽容的民主精神。

（四）关于理解的目的

在前面谈阅读教学时，"理解"的含义基本上等同于"阅读"。但这里我谈目的时，我要将这二者暂时区别开来。理解的目的，就是指向意义本身，而阅读的目的则是指向阅读者的生活（物质的或精神的）需要。

语文阅读教学所说的"理解"有两种情况：一是帮助学生理解文本的意义；二是帮助学生理解作者是怎样表达意义的。前者重在内容，后者重在形式。

关于理解的目的，解释学不同的理论有不同的回答。

第一种是"复原说"或"重建说"。所谓复原说或重建说，是说理解本文的目的是把握文本自身的意义，或者说，是为了把握作者的思想，通过理解，使文本的意义或作者的思想在理解者头脑中得到复现或重建。近代及其以前的解释学，主要采取这种解释学立场，有人用"客观主义"来称呼这种立场。

第二种是"创造意义说"。"创造意义说"认为，理解的目的不是复原或重建作品的意义，而是创造作品的意义，使作品具有生成意义。这种观点所谓"意义"只是一个"可能的世界"："作品有它自己的世界，解释者也有他自己的世界。这两个世界在解释者的理解中发生接触后，融合为一个新的可能的世界——意义。"（殷鼎：《理解的命运》）

第三种是"实用说"。"实用说"认为，理解的唯一目的是达到自己的实用目的，理解不要去问作品自身的意义问题，不要去问理解是否符合作品自身的意义的问题。理解达到了我的目的，为我服务，这就够了。

在这三种观点中，第一种和第二种、第三种的根本区别在于是否承认作品有自身独立的意义。"复原说"或"重建说"是明确承认的，"共同创造意义"来含混地否认，而"实用说"则根本就丝毫不管作品是否有意义这个问题。

我是同意"复原说"的。因为这一观点建立在两个基本的前提下：第一，作品有自身的独立于理解者的意义；第二，正确理解作品的意义是可能的。正因为有意义并可以理解，我们才谈得上理解。否则，无异于取消了理解。"复原说"不否认读者对文本的创造性理解，但前提必须承认文本原本就有自身的意义。"复原说"也不否定理解是为了应用，但反对断章取义的实用主义态度。

我之所以强调这一点，当然不是无的放矢。应该看到，"意义创造说"和"实用说"在阅读教学中不是没有市场的。比如，过去我们对鲁迅作品的理解，就是典型"实用说"。当然，就目前而言，比较占上风的是"意义创造说"，因为它以创造性阅读的面目出现，风头正健。"意义创造说"有两个基本的前提：第一，作品没有自身的不依赖于理解者的意义；第二，复原是不可能的，也是没有意义的。第一个前提，实际上是取消了理解，因为作品已经没有意义了，"理解"从何谈起？如果把作品视为一个静止的物质符号系统，一个存在物，当然没有自己的意义世界。但作品作为作者思想的表达的载体，作品的世界就是作者的精神世界。作者的精神世界就是作品的意义。第二个前提似乎有一定道理。的确，从绝对意义上说，复原是不可能的。但任何阅读都是绝对与相对理解的统一，从这个意义看，复原又是可能的。

需要特别指出的是，我反对"意义创造说"，并不反对创造性阅读，关于这一点，下面还将展开阐述。

（五）帮助学生建立"前理解"

在备课时，有的教师常常更多地只考虑自己如何把握文本的思想内容、写作特色，而忽略了学生的认知水平。这种情况，拿哲学解释学的术语来说，就是教师用自己的"前理解"取代了学生的"前理解"。

所谓"前理解"，通俗地说，就是"理解前的理解"，即主体理解文本前所已有的价值观念、经验、知识、思维方式等。人们在阅读作品时，实际上情不自禁地加入了许多"先入之见"甚至"传统偏见"。阅读教学中，教师往往要设法让学生克服这种"先入之见"，从而进行所谓"清白的阅读"。在传统解释学中，受 18 世纪理性主义的影响，先见、偏见、传统等"前理解"确实曾被看作是影响正确理解的因素，是应当消除克服的东西。而哲学解释学则为"前理解"正名，认为"前理解"正是理解之所以成为可能的重要条件之一。因为，第一，没有"前理解"就不可能有理解，比如一个出于纯生物状态的婴儿是不可能有什么理解的；第二，"前理解"构成了理解者的视野，一个人能够理解什么，理解到什么程度，恰恰取决于其"前理解"。

对阅读教学来说，"前理解"理论具有方法论的意义。第一，它提醒阅读者（师生双方），价值观对于正确理解文本的重要性，阅读者的价值取向、道德观念、政治立场、目的、动机都将对理解产生积极或消极的影响。第二，它提醒读者应尽可能扩大阅读面，"前理解"只有在不断"理解"中才能得以增强。第三，它提醒读者之间应加强交流，听听各种不同的"前理解"，以扩大自己的"前理解"；对任何一个文本，不同的"前理解"都只能从某一个"窗口"看到文本的一道"风景"，而不同"前理解"视觉的交叉，则使我们可以借助别人的眼睛看到更多的"风景"。

我认为"前理解"理论对语文教师最重要的意义是，在备课时，一定要先以学生的视觉（"前理解"）来看到课文，尽量考虑学生的"前理解"，只有这样，阅读教学才能真正贴近学生的心灵。当然，学生的"前理解"不是固定不变的，从某种意义上说，阅读教学的目的就是不断充实学生的"前理解"。

"前理解"对理解当然也有消极作用，比如，它可能会限制我们的理解视野和理解深度，但这种消极作用也只有在不断扩大"前理解"中得以克服。

课外阅读指导

（六）解释学、接受美学与创造性阅读

前面在谈到理解目的时，我从总体上否认了"意义创造说"。但"意义创造说"注重理解者的积极参与，这点却有着一定的合理性，它对目前我们提倡的创造性阅读有着积极意义。

说到创造性阅读，不能不提到著名的"接受美学"（也叫"接受理论"或"文学接受理论"）。可以说，接受美学是影响语文阅读教学改革最大的理论之一。接受美学认为，面对文本，读者的地位和作用与作者相当，二者均为作品创造的积极参与者。与传统的文艺理论只承认读者对文本的被动接受，充其量是充当鉴赏者或批评者角色不同，接受美学强调读者的能动创造，并给这种创造以充分而广阔的自由天地，即读者对文本的接受过程实质上是对作品的一种再创造过程。

实际上，接受美学与解释学是有着某种"血缘关系"的。有学者认为，接受美学作为西方20世纪中期以来出现的颇有影响的文学批评思潮，是紧随着解释学而发生的，它与解释学具有一种内在的联系。可以这样说，解释学发展到后来，也就逐渐演变为接受美学。解释学到了海德格尔和伽达默尔那里，解释作为一种再创造的元素被赋予了一种新的文化含义，形成了以接受美学形式出现的新的解释学观。所以，有人甚至把接受美学也看作一种广义的解释学。

应该说，接受美学是符合阅读特点的，也是符合理解规律的。前面我说了，任何阅读都不可能是"清白的阅读"，都必然加进阅读者自己的"前理解"，因此，任何读者理解到的意义都不完全等同于作品原来的意义，而且不同读者面对同一作品所理解到的意义（对于文艺作品来说，则是感受到的艺术形象）都不可能完全一样。所谓"有一千个读者便有一千个哈姆雷特"，便是这个道理。

但是，真理往前多跨出半步则导向了谬误。如果把创造性阅读理解成不顾作品的意义而随心所欲地"自由理解"，则只有"创造"而无"阅读"了。这里的关键在于，"创造"的基础是否离开了"阅读"，即是否抛弃了作者的本意。应该说，读者理解到的意义与作品本身的意义是不完全等同的，前者属于作者自己而后者既包括文本自身意义也包括读者的"前理解"。也就是说，作品的意义（含义）与读者理解到的意义，既有区别——因为加进了读者的前理解，但绝不是与原作无关——因为

毕竟是对作品的理解。如果是在这个意义上说"共同创造",则是科学的,因为这种"创造"的前提是肯定作品有自身的意义。

这里又有一个问题出现了,允不允许学生对文本进行"戏说乾隆"式的再创造?我认为,当然可以。所谓"古为今用""洋为中用"以及"旧瓶装新酒"式的"故事新编"都是允许的。比如,"滥竽充数"新说,比如"龟兔第二次赛跑",等等。学生联系自己的生活和时代特点由文本而激发新的联想或想象,进而赋予文本以新的含义,或者将作者的意义加以引申(包括对文学形象进行再创造),这不但符合学生的阅读心理,也是阅读要达到的真正的意义之一。但是,如果我们把这种新的意义、新的形象强加给作者,硬要说这是作者的原意,这便是极不严肃的。正如魔术师耍分身术的魔术,魔术师明说这仅仅是魔术而不是真的,观众都不会误解;但如果魔术师硬要说其"分身术"是真的,那么,这便成了伪科学。而且,即使是并未强加给作者的新意,也不能完全离开文本,"戏说乾隆"说的毕竟是乾隆而非尼古拉二世。近年来,有人把《荷塘月色》中的情感"新解"为朱自清的婚外恋苦闷,把《孔雀东南飞》中刘兰芝被休的原因"新解"为刘兰芝的"不孕症",我认为,诸如此类随心所欲的"理解"是很不严肃的,也是违背理解规律的。

解释学的确与接受美学有着某种相通。解释学所理解的创造性阅读包括:用自己的前理解去阅读,同时又借助于别人的"前理解";努力发现别人没有发现作品的其他含义;对理解到的意义做出自己独到的价值判断而不仅仅停留于理解本身或人云亦云;在理解意义的基础上产生联想而生成新的意义和塑造新的形象;将阅读与生活相联系,用阅读去影响生活,等等。

(七)阅读过程中的"解释学循环"

阅读教学中,教师在引导学生理解课文时,常常提醒学生注意语境,即联系上下文来理解某一个字、词或某一句话。这是对的,但还应看到逆向的一面,即通过理解某一个字、词或一句话,来完成对某一"上下文"(语段)的理解。

只有理解了整体,才能理解局部;只有理解了局部,才能理解整体。理解就是在从整体到局部、从局部到整体的循环中前进的。这便是解释学中所说的"解释学循环"。解释学循环是指理解中的一个客观的矛盾,即理解局部和理解整体之间的一种矛盾关系，这种关系具有一种循环的性质。

哲学解释学扩大了对解释学循环的理解，而且把解释学循环看作理解的基本条件之一。确实，只有理解了整体才能理解局部，反之亦然，只有理解了局部才能理解整体。没有解释学循环，理解是不可能进行的。事实上，对任何局部的理解，都已有了某种整体的理解，不然局部是根本无法理解的。同样，对整体的理解是通过局部的理解达到的，不理解局部，就不能理解整体。因此，理解总是一种不断的循环：从字到句，从句到段，从段到文……

应说这种"循环"一直在我们的阅读教学中存在，但哲学解释学循环丰富了循环的内容：不仅仅在字词句段之间循环，而且从文章的内容理解作者的整体思想，从作者的整体思想理解作者所处的那个时代，从作者所处的时代理解整个人类历史，反之，从整个人类历史理解作者所处的时代，从作者所处的时代理解作者的整体思想，从作者的整理思想理解文章的内容……我们还可以扩大循环的范围，比如在读者与作者之间进行循环：要理解作品，必须扩大对作者的了解，而要扩大对作品的了解，又必须不断地阅读其作品；要扩大自己的阅读，必须增强自己的理解能力，而要增强自己的阅读能力，又必须不停地阅读，如此等等。总之，没有循环，便没有理解，我们的理解永远处在循环之中，而这个循环是无止境的。

因此，从这个意义上说，阅读教学的过程，就是引导学生不断进行解释学循环的过程。

（八）理解是相对与绝对的辩证统一

对一些经典作家的经典作品（比如鲁迅的作品）的理解，不少教师常常存在着两种认识：一种意见认为，仁者见仁，智者见智，只要言之成理，无所谓"标准答案"；另一种意见则认为，只要方法正确，我们是可以完全理解作品意义的，并达到阅读者之间的理解统一。这两种意见显然都是片面的：前者是理解的相对主义，后者是理解的绝对主义。

应该说，任何理解都是相对的，也都是绝对的。理解的相对性是理解的本性，是理解固有的性质。理解的主观性、局限性、不确定性、不完全性、历史性、变动性、开放性等因素，决定了特定时空的理解者的理解只能是相对的。同时，理解的绝对性也是理解的本性，是理解固有的性质。理解的客观性、非局限性、确定性、完全性、永恒性、固定性、封闭性等因素，又决定了特定时空的理解者的理解具有绝对性。

因此，在这个意义上，我们提倡辩证的解释学，反对理解问题上的绝对主义和相对主义，认为理解是相对和绝对的统一：相对之中有绝对，确定之中有不确定性，差异之中有同一性。

因为"理解"本身就意味着对象是可以被理解的。正确的理解是可能的。所谓"正确的理解"就是把握文本的本意。当然，对某一个具体的理解者来说，其"正确理解"只是"相对正确"，只是绝对真理长河中的一瓢水，但无数理解者理解到的"相对正确"却构成了所有理解者对文本的"绝对正确"，当然，这是一个无穷无尽的过程。理解者之间的差异，也是正常的。差异之间符合文本意义的重叠，便是绝对正确的理解。正如世界上没有完全相同的两片树叶，但世界上也没有完全不相同的树叶一样，理解没有完全一样的，但理解也没有完全不一样的。

再以"一千个读者心目中的一千个哈姆雷特"为例：每一个读者理解到的"哈姆雷特"都是原作的部分意义与读者前理解结合的产物，属于相对理解；但一千个"哈姆雷特"中把握到的原作意义（亦即对原作理解一致的部分）的总和，便是绝对理解。

只要理解，总有误解；只要理解，总理解到点什么（总这样那样地理解了作者的思想、情感），在相对的理解中有绝对理解的成分。

（九）解释学带给我们的阅读方法

尽管解释学不是方法论，但它却可以给我们以方法论的启示。前面所说的解释学循环，便是一种主要的理解方法。除此之外，解释学为我们提供的主要理解方法还有：历史的方法、语法分析的方法、心理分析的方法、唯物主义和辩证法。

历史的方法。作品不具有直接的可读性，必须对作品做出历史的定位。历史的方法就是把作品放到一定的历史情景中去理解的方法。运用历史的方法首先要有历史的观点。所谓历史的观点，就是把作品看作一定历史条件下的产物。这有两个方面：作者思想的历史发展和社会的历史发展。作者的思想有历史的发展过程，一定的作品是作者思想发展的一定历史阶段的产物。既要反对用作者先前的思想来解读作品的方法，也要反对用作者后来的思想来解读先前作品的方法。作者是处于一定社会中的人，这个社会处于一定的历史发展阶段，必须从社会历史条件来解读作品。

语法分析的方法。我们面对的是一定的文本，我们只能通过文字来理解意义。要了解词语的意义。同时，要在一定的语法结构中来理解词语和句子的意义。语法分析的方法主要是理解作品的字面意义。作者是通过语言来表达思想的，因此，必须搞清作品的字面意义。仅仅是对文本做字词分析是不对的，但那种完全抛弃字面意义而去理解作品的意义的方法是不可取的。

心理分析的方法。所谓心理分析的方法就是透过作品把握作者内心世界的方法，也就是不停留于作品的表面意义而深入到作者的内心世界，把握作者的真实思想和情感。我们面对一定的文本，目的是要理解作者的内心世界。如果文本的字面意义和作者的内心世界是完全一致的或直接同一的，那么所谓心理分析的方法是没有必要的。但是作品的字面意义和作者的真实思想并不完全一致。因此，我们理解一个作品，不能停留于作品的表面意义，而要透过字面深入到作者的内心世界，把握作者的真实思想和情感。

唯物主义和辩证法。即唯物辩证法在阅读理解上的运用，比如坚持理解的客观性，一切从文本出发，首先面对文本，尊重文本的原义，尊重作者的思想感情。又如坚持理解相对性与绝对性的统一，防止理解上的相对主义和绝对主义。

（十）从解释学看语文的"交际"功能

"语文是人类最重要的交际工具"，这是《中学语文教学大纲》对语文性质的界定。严格地说，这里的"语文"应该是"语言文字"，因为一般意义上的语文（"语言文学"或"语言文化"）本身即工具的运用。

语言文字的确是交际的工具，而交际是在对文本语言的理解中完成的，因为文本是语言的存在。这里的文本，既指口语文本也指书面文本。然而长期以来，我们对语文的交际功能却做了狭义的理解，我们谈到交际时，更多的是指同一时空面对面口头交际，似乎"交际"只是人与人之间面对的交谈。这显然是很不够的。

最近，著名特级教师陈钟梁先生对语文的"交际"功能提出了新的见解，他认为不能简单地把"交际"理解为同一时空面对面的交际，今天来谈语文的"交际"至少还应包括两个方面，一是通过文本同时代的其他人乃至其他民族和国家的人进行交际，比如我们通过《文化苦旅》与余秋雨进行沟通，通过《第三次浪潮》同托夫勒展开交流；二是通过文本与历史对话、与未来对话，比如我们通过阅读《史记》与司马迁对话，所谓"抚摸历史的伤痕"，我们也可以通过自己留下的文本与未来的人对话。

我完全同意陈钟梁先生的观点。在解释学看来，根据时间关系，我们可以把理解分为两类，一是对共时性（即同一时空）对象的理解，二是对历时性（即跨时空）对象的理解。听别人讲话，属于对共时性对象的理解；阅读文字作品，属于对历时性对象的理解。这两类理解，在性质上是没有根本区别的，但在理解的难度上有差别，对历时性对象的理解要比对共时性对象的理解困难些。就这两类理解而言，解释学偏重于研究对历时性对象的理解。

同是文本，口头与书面语有很大的不同。与口头语相比较，书面语时空不受太大的限制，可以长时间和大范围的保存，因此可以面对无限扩大的读者，让思想得到长久而广泛的传播。同时带来一些局限，就是语境模糊，与读者的间距扩大，读者不能直接面对作者，不能提问和讨论，理解比较困难，歧义增多。而超越这些局限，正是阅读教学的任务。

语文"交际"内涵的丰富，将有助于我们重新认识阅读的意义：我们的阅读，绝不仅仅是读文字本身，而是通过文字与古今中外的作者进行"对话"——读屈原便是与屈原对话，读鲁迅便是与鲁迅对话，读茨威格便是与茨威格对话，读霍金便是与霍金对话……如果这样来理解语文的"交际"功能，我们阅读教学乃至整个语文教育的内涵就要丰富得多，其前景也广阔得多。

2001 年 4 月 18—19 日

（本文写作过程中，得到苏州大学王金福教授的指导，特此说明并致谢。）

七、读到"自己"，读出"问题"

也许不会有人否认，真正的阅读是一个心灵激荡的过程——用眼下比较时尚的术语说，叫作"生命的体验"。但现在的学生是否体验到阅读的精神愉悦呢？我的一位高一新生在一次关于语文阅读教学的问卷调查中这样写道："我喜欢自己读朱自清，但不喜欢老师讲朱自清。因为我自己读《背影》，读到的是我父亲的背影，而听老师讲《背影》，我得到的只是一些所谓'关键词''关键句'而已。"对于中学语文阅读教学，专家学者们提出了许多很精辟的理论。在这里，我想问一个朴素的问题：我们的阅读教学，怎样才算是走进了学生的心灵？

如果要从理论上深入探讨这个问题，我们可以洋洋洒洒写出许多的论著，但朴实无华的真理总是源于生活实践而不是来自纯"理论"的逻辑推导。这里，我一点没有蔑视理论的意思，而只是希望我们的思考能够返璞归真，回到生活的起点。具体说，我想从自己阅读的切身体会谈起。回忆我自己的阅读，每当我感到心潮起伏的时候，往往不外乎两个原因：要么是从作品中读到了"自己"，要么是从作品中读出了"问题"——前者如我曾经读过的《把整个心灵献给孩子》，我由苏霍姆林斯基所描述的充满诗意的教育故事以及他所揭示的教育那纯真、纯正、纯净的人性之美，想到自己每一天平凡而同样美丽的教育实践，进而心潮起伏，难以自己；后者如我正在拜读的《"教育学视界"辨析》，作者陈桂生教授对许多人们习以为常的教育"常识""公理"提出的质疑，敲打着我的心房，使我对作者的质疑以及其他一些教育"常识"也投去质疑的目光，以致放下该书后我那被作者点燃的思想火把还在继续燃烧——这种伴随着感情流淌或思想飞扬的阅读，才是真正深入心灵的阅读；而作为语文教师，我们为什么不让学生也能享受如此心旷神怡的阅读呢？

我认为，语文阅读教学要走进学生心灵，就应该引导学生与作者对话，帮助学生寻找并打开进入作者心灵世界的精神通道，让学生通过文本与作者交流感情或碰撞思想——读到"自己"或读出"问题"。

先说"读到'自己'"。这里的"读到'自己'"，指的是通过阅读文本而情不自禁地联想到自己相似的情感、自己熟悉的生活、自己所处的社会或自己正经历的时代，进而与作者产生心灵的共鸣。任何一部经典作品（当然包括语文教材中的课文），不管其时空距离与我们有多么遥远，它之所以能够流传至今，主要是因为它凝聚着人类某些方面共同的思想感情或精神品质，它是属于全人类的，同时也是属于每一个读者的；换句话说，面对同一部经典作品，不同时代不同民族的每一个读者都可以从中捕捉到属于自己的那一根思想感情的"琴弦"——所谓"读《三国》流泪，替古人担心"就是这个道理，周恩来曾给英国朋友解释《梁山伯与祝英台》是中国版的《罗密欧与朱丽叶》也是这个原因。

说穿了，所谓"读到'自己'"，就是我们常说的"把自己摆进去"。有一类课文，学生是很容易读到"自己"的。比如《春》《背影》《从百草园到三味书屋》《一碗阳春面》等。从这些课文中，学生相对比较容易被课文的景、情、人、事所感染，因而不知不觉使自己成为课文中的一个"角色"。但有的课文所表现的内容距离学生比较遥远，因而学生往往无动于衷，"进入不了角色"，这时便需要教师在课文所表达的思想感情与学生的心灵之间"搭桥"。学富兰克林的《哨子》，我要求学生们以"我的'哨子'"为题进行讨论，引导他们反省自己曾经犯过的类似错误；学莫泊桑的《福楼拜家的星期天》，我和学生一起审视我们今天的星期天是怎么度过的，并思考怎样让我们每一个普通的日子都闪烁着思想的火花；学鲁迅的《孔乙己》，我既让学生联系当时的社会背景理解孔乙己的不幸命运，又让学生以今天素质教育的眼光来评判孔乙己的悲剧性格，同时还结合当今一些社会现象剖析一下身边的"咸亨酒店"式的冷漠，并扪心自问自己是否也是一个"看客"，进而感受鲁迅那穿越时空的深邃目光……

再说"读出'问题'"。面对一部作品，可能各位教师都有这样的体会，研读越深，收获越大，同时疑问也越多；相反，对我们根本无法读懂的著作，至少我是提不出任何问题的。因此，从某种意义上说，"读出'问题'"正表明读者读懂了。当然，这个"懂"是相对的，在"懂"的同时又伴随着"不懂"，即一个又一个的问题，而思想之鹰正由此展开了飞翔的翅膀！这个道理应该告诉学生，并引导他们"读出'问题'"。语文教师应该在阅读教学中善于点燃学生思考的火花，使语文课堂成为学生思考的王国——善于发现问题，敢于提出问题，乐于钻研问题；在此基础上，既尊重老师，更崇尚真理，大胆怀疑，科学探寻，勇于创新。

学生思考的火花只有用教师思考的火花去点燃。我们不能设想，一个迷信权威、毫无创见的教师，会培养出敢于质疑、富于创新的学生。所以，对学生最好的指导，莫过于教师在教学过程中的示范。我常常给我的学生讲我在备课钻研教材时遇到的疑问，比如，《故乡》中鲁迅说杨二嫂是"一个画图仪器里细脚伶仃的圆规"，鲁迅为什么会这样说？文中几次出现的"圆规"，到底是属于什么修辞手法——比喻？或借代？小说的主题究竟应该是什么？再如，《守财奴》结尾"这最后一句话证明基督教应是守财奴的宗教"究竟该怎么理解？又如，孙犁《好的语言和坏的语言》后半部分的结构是否不太严密……经过教师的示范和引导，学生们大多能从课文中提出不少问题：有的是作者的疏漏，有的是读者的疑惑——前者如有的学生在李健吾《雨中登泰山》中找出了几个病句，有的学生批评杨朔散文有构思雷同化的倾向，等等；后者如学《背影》，有学生问道："当时朱自清都已二十多岁了，回北京念书乘火车还要父亲送，并哭哭啼啼的，是不是太娇气了点？"学《包身工》，有学生问："解放已经50多年了，可为什么我们的国家还有类似包身工的现象？"学《为了六十一个阶级弟兄》，有学生问："为什么作者要强调'阶级弟兄'，如果中毒的不是'阶级弟兄'难道就不救吗？那这算不算真正的人道主义精神"……

　　对课文的质疑必然伴随着学生之间乃至师生之间的讨论、争鸣，而这样的思想碰撞正是把阅读引向深入的过程。学完《指南录后序》，有学生对文天祥的局限提出了不同的看法：有的说文天祥"辞相印不拜"以致丧失军权是失策，有的说文天祥"意北亦尚可以口舌动也"是轻信，甚至还有学生认为文天祥拼死挽救一个腐朽无能的南宋王朝不能算爱国……我鼓励学生各抒己见，同时引导他们用历史唯物主义的观点评价历史人物。在争论中，有学生对文天祥的评价颇有见地：爱国总是具体的，一定时期的"国"总是通过一定的政府来体现；文天祥未必看不到南宋的腐败，但正因为这样，他更希望拯救它，振兴它，这恰恰是他的忠诚之处和悲壮之处，千百年来人们敬仰的正是他这种誓死报国的民族气节。教师组织这样的思想争鸣，还应教会学生运用一些正确的思想方法——具体问题具体分析，顾及全篇主旨分析某一语句的含义，结合一定的时代背景和社会特点把握某一作家的思想感情及其作品的得失等。

　　引导学生在课文中读到"自己"、读出"问题"，就是让学生与作品在精神上融为一体。唯有这样，我们的阅读教学才真正走进了学生的心灵，因为"从来就没有人读书，只有人在书中读自己，发现自己或检查自己。"（罗曼·罗兰）

2001 年 10 月 9 日

八、我看网络与语文教学

互联网的发展给人类社会生活所带来的巨大震荡性影响怎么估计都不会过分，而且这种"震荡"最终将达到何种程度，我们今天也很难预料——也许它是没有"最终"的。它对教育已经产生的影响，人们评价各异，褒贬不一。比如，对于学生接触网络的现象，有人认为这是素质教育应该提倡的，并将其视为"信息时代教育改革的必然结果"；而相当多的人则认为这种现象影响了学生的正常学习，而且网络上不健康的信息将有害于学生的成长。具体到语文教学上，我注意到这样一种有意思的现象，一些教师一方面赶时髦似的将多媒体技术生搬硬套地强加到语文教学中，以体现其"现代教育气息"；而另一方面则对学生上网忧心忡忡，甚至竭力反对，担心学生网络技术在一天天增强的同时各种能力却在弱化（比如不再接触社会生活，不再读经典名著，传统书写和写作技能下降等），于是呼吁要"让学生的语文学习回到传统"。

这实际上是给我们提出一个挑战：网络时代如何进行语文教学？

语文教学离不开对学生进行读写训练，而读写又离不开生活中的人际交往和交流。古人说："读书破万卷，下笔如有神。"又说："读万卷书，行万里路。"这正是说的"读""写"与"交往"的关系。因此，多年来我们提倡学生多读多写并走向生活，的确是符合语文学习的特点的，而且这个特点至今仍然未变。但是，互联网技术发展到今天，我们应该思考语文教学如何在保持其特点的同时又体现出鲜明的时代性，并随时代的发展而发展。否则，固守被僵化了的所谓"传统"必然导致取消语文教学本身。

因为互联网的发展趋势是不可抗拒的，它对学生的诱惑更是难以抵御的。我们应该对此加以科学地研究，在此基础上对学生进行引导，最大限度地发挥其积极因素并限制其消极影响。我认为，对语文教学而言，网络将带来阅读方式、写作方式和交往方式的革命，我们应该将这种"革命"融入新一轮语文教学的改革，使语文教学获得新的生命力。

　　网络将带来阅读方式的革命。传统的阅读方式是书籍阅读，阅读的过程更强调朗读、吟诵和咀嚼，然后在这样的精读中获取精神养料，并完成读写能力的互动，所谓"熟读唐诗三百首，不会吟诗也会吟"。但"熟读唐诗三百首"得有个前提，就是不学数理化，不学外语，也没有电影、电视、电脑等现代媒体的诱惑。而今天的孩子正处在这种诱惑的包围之中，这正是孩子们今天语文学习和我们进行语文教学必须面对的现实条件。如何在有限的时间里获取更多的有用信息？这是网络时代给我们提出的课题，也是网络对阅读方式提出的挑战。与传统阅读相比，网络阅读不仅仅是阅读载体发生了变化，而且还具有信息多、内容新和阅读速度快的特点。面对网络，读者更多的不是诵读，而是选择。我当然不是说要用网络阅读完全代替传统阅读，如果这样也是很可怕的，因为这就将意味着传统的中断乃至终结。但是，我们在继续对学生进行传统阅读训练的同时，也应该主动指导学生正确地进行网络阅读。在网络阅读中，传统过程中的读书笔记、资料卡片、圈点勾画等方式都已经不需要了，而网络阅读有着其自身的一套方法，比如，如何选择阅读需要的信息？如何搜索相关的主题？如何在众多的信息中辨析有用的信息？如何在电脑上编辑储存这些信息？等等。这都需要教师对学生进行指导和训练。现在许多教师的语文教学都在进行研究性阅读的尝试，而网络阅读则为研究性阅读提供了极好的条件。

　　网络将带来写作方式的革命。写作需要真情实感，而真情实感源于对生活的感受和思考，这一写作原则我想永远也不会变。但网络时代的写作方式却发生了革命性的变化。这个变化，首先体现在书写工具上，由以往的纸笔相触变成键盘操作；其次体现在写作过程中，以往写作中的酝酿、草稿、修改等程序在电脑上可能完全被打破或重新排序；再次体现在文本形式上，由过去的手稿或印刷品变成了网络页面、电子邮件或软盘，人工字迹不复存在。由于这些特点，电脑（网络）写作在速度上大大优于传统写作方式。也许书写方式的变革远不止这些，但仅仅是这几点，就应该引起语文教师的关注。我们应该指导学生如何进行电脑（网络）写作，让他们能够得心应手地运用现代媒体技术表达自己的思想感情。根据我的教学体会，我认为，网络写作给语文教学带来的最大优势，是教师对学生的作文批改更加便捷而直观。过去传统的作文批改方式，是教师在学生交上的作文本上修改批语，这既加重了教师的工作负担，而且效率很低，效果还不一定很好。现在，我们可以让学生交软盘，然后在多媒体教室里，把任何一位学生的文本展现在所有学生的电脑显示器上，让所有学生参与作文批改。另外，不少教育者对现在学生的网上用语很是忧虑，担心造成语言文字污染，我则认为，语言是用来交际的，特定的环境下使用特定的语义符号，只要不影响思想交流，就应该予以宽容。如果这些"文字"妨碍了交流，自然会被淘汰。

网络将带来交往方式的革命。语文离不开交往，因为"语文"本身就是"人类最重要的交际工具"，所谓"语文"只有交往中才有意义，才有生命。然而在今天，我们对"交往"方式的理解不应该太狭隘，不能认为只有同一时空面对面的交往才是交际的唯一形式。古人曾把"秀才不出门，能知天下事"视为一种理想的境界，而在互联网时代，这已经不是少数人才能达到的境界了。近年来，许多"网上生存"实验的成功，已经证明个人与社会的交往形式可以不以物理空间的转换为必要条件。语文教学应该正视这一交往方式的革命，并对学生进行正确的引导。比如，对于网上聊天，现在人们往往只看到其副作用，而不知道，这些副作用恰恰是我们由于没有加以引导而任其自由才产生的。实际上，许多人对网络虚拟世界存在着误解，以为虚拟世界的一切都是"虚拟"的，是不真实的。其实，以我的感受，虚拟世界除了交往者之间的身份姓名等因素可能是虚拟的之外，思想感情往往（注意，我说的是"往往"）是很真实的。因为消除了任何心理障碍，没有了任何直接的利益关系，心灵之间的交流反而变得纯洁而透明起来。当然，这需要教师的指导。比如，如何控制网上交流的时间？如何选择真诚而有益于自己成长的网友？如何简洁而准确地表达自己的思想感情？如何遵守"网德"以尊重他人？等等。另外，网络所带来的交往方式的革命还体现在师生关系上，过去在传统的语文课堂上，无论教师如何强化自己的民主平等意识，站在讲台上的教师和坐在下面的学生这种客观的布局，就很难让师生之间真正有一种平等对话的关系。而在网上，每一个电脑终端都是一个交往主体，电脑之间的交往实际上是人与人之间的交往，这就彻底打破了单一主体性而使师生之间的交往成了真正平等的主体之间的交往。

从人类历史的发展看，任何一项科学技术的诞生都必将引起整个人类社会各方面的革命。现在，网络所带来的阅读方式、写作方式和交往方式的革命已经并且还将继续引起语文教学的革命。作为语文教师，我们不应该无视这一趋势，而应积极地迎接这一挑战，以推动语文教学事业的发展。最后，我还想强调的是，网络给语文教学所带来的主要是方式上（技术上、形式上）的变革，而非内容和精神的变革，更不是要将语文教学导向"技术化"的工具主义。虽然，它可能也会影响到语文教学的内容，而且也必然会丰富我们的教学手段，但作为一门人文学科，语文教学所蕴含的"语文素质"（包括知识、能力、思想、精神、人格、信念等），则是不会变的；而语文教育的宗旨——通过"语文"对学生进行人格教育，进而推动社会文明的进步，则依然是我们永远的追求。

2001 年 4 月 14 日

九、心灵的选择
——回忆我的两次公开课

1985 年 9 月的一个星期天，我把学生召到学校里，为第二天的公开课《我的老师》做最后的准备。

按理说，我已经准备得相当充分了：我在另外一个班已经试讲过一次，讲完后教研组全体老师又帮我进一步雕琢、打磨，现在连每一个环节所需要的时间都已精确到了"秒"并写进了教案；学生早已在两个星期前就做了充分的预习，充分到差不多每一道课后练习的答案都已经烂熟于心了；为了保证课堂气氛的活跃，我事先安排了几个学生重点准备。

但为了"万无一失"，我在上课前的一天，仍然把学生叫到学校，进行有"针对性地预习"。我还特意对全班学生说："明天上课大家不要紧张，大家一定要展示我们学校我们班的风采。老师提问时大家一定要都举手，别怕。反正我要叫谁已经是确定了的。"

是啊！从教三年多，我第一次在全市"崭露头角"。我感到荣幸，更感到压力：事关面子和荣誉，绝不能"砸锅"！

我第二天上课时，我走进教室，面对坐得规规矩矩的学生和后面黑压压的听课者，我稍一定神，便开始导入课文："同学们，老师是一个普通的字眼，但是，每一个人在成长中都离不开老师……"从孔夫子的地位到刚刚度过的第一个"教师节"，从夸美纽斯"教师是太阳底下最光辉的职业"到毛泽东对徐特立的评价……毕竟背过许多遍了，这段开场白我说得非常流畅，最后我自然引入课文："可见，每一个人在成长中都离不开老师。那么，我们今天来看看魏巍同志是怎么写他的老师的呢？"……

一切都按"程序"进行：学生朗读之后是教师范读，然后是字词讲解，段落划分……

该学生提问了。学生们果然很"乖"地举起了手。教室里手臂如林，一派"生机勃勃"的喜人景象。然而我很快失望了，因为在林立的手臂中恰恰没有我最盼望的那只"手臂"——我事先安排提问的课代表，竟然没有举手！而我让他要提的问题实在太关键了："作者为何要写蔡老师的七件事？能不能少写几件？"如果这个问题提出来，我就可以"顺势"引导学生讨论。

怎么办？我把这个问题提出来吗？不行，那咋叫"以学生为主体"？

突然，我急中生智，对学生们说："嗬！这么多同学举手啊！可我叫谁呢？"我装出很为难的样子，然后又做出终于下定决心的表情："这样吧，大家把问题写在纸条上，交上来好不好？"

两分钟之后，我一一展开纸条念了起来。念完后我暗中拿起一张白纸，煞有介事地念道："作者为何要写蔡老师的七件事？能不能少写几件呢？"

我说："这些问题提得都很好，说明大家很会动脑筋。特别是这最后一个问题，直接涉及课文的写法。大家就先围绕这个问题讨论吧！"

终于化险为夷，我为自己的"教学机智"暗暗得意！

接下来的课就上得相当顺利了。最后，这堂公开课在学生们《每当我走过老师的窗前》的歌声中结束了。

下来的评课自然听到不少令我喜滋滋飘飘然的好话："语言干净而富有感染力""学生的思维非常活跃""真正做到了以学生为主体""真是一次享受"，等等。

下来后我问那位同学为什么不举手，他说他太紧张了。当时沉浸在成功喜悦中的我没有过多地批评他，但第二学期，我把他的课代表换下来了。

两年后学生毕业时，我叫他们给我写一封信，专门写"李老师的缺点和不足"。那位课代表在信中提到了那堂公开课：

"那堂公开课，你准备了很久，上完后也得到了很多好的评价。可是李老师，我觉得你上得最好的课是平时的课。平时的课自然，而公开课很做作；平时的课我们很自由，而公开课，我们都不敢乱说；平时的课很真实，而公开课则很假。为什么那堂课我没按你的要求举手？其实并不是紧张，而是我很反感你弄虚作假……"

当时我羞愧得无地自容，以致我没有勇气给他回信。但十几年来，我珍藏着这封信，并一直在用行动回答他，回答我所有的学生。

后来我读陶行知，他给我"真教育"的叮咛；读叶圣陶，他给我"文当然要作的，但是要紧的在乎做人"的提醒；读苏霍姆林斯基，他给我"教育，这首先是人学"的忠告。

我开始问自己：教师在公开课上——其实，哪里仅仅是公开课？——为了自己教学的"完美"而无视学生的精神自由，让学生成为自己表演的道具，这样的教育难道是我们应该提倡的吗？

在学生的心灵与社会的"评价"之间，我应该选择什么？

从那以后的十几年里，我先是从乐山一中调到成都玉林中学，继而又调到成都石室中学，我一直都在实践中探求"主导"与"主体"的科学关系。我发表了《"让思想冲破牢笼！"》《语文课堂学术氛围的营造》等文章，多次在文章中抨击教师以"引导"为名而一步步俘虏学生的思想，以"主导"为名主宰学生心灵世界的现象。这些抨击也是对我自己教育的无情解剖。

1998年5月，我到天津参加全国性赛课活动，执教《在马克思墓前的讲话》。

赛课的头天晚上，我的内心展开了激烈的斗争：是上一堂"无懈可击"而受到"广泛好评"的课呢，还是上一堂可能会引起争议但真正尊重学生的课？那年，我满40岁，已经得过省赛课一等奖了；如果能抓住这最后一次机会拿个全国一等奖，岂不"功德圆满"？

但我不甘心放弃个性。陪我赴津的成都市教科所吴玉明老师鼓励我："拿奖不是第一位的，第一位的是应该展示出你的教育思想！"广东的卢福东老师和青海的郑旭老师也对我说："李老师，希望你宁愿上一堂真实的改革课，也不要上成虚假的表演课！"

我一下想到了十几年前那堂"成功"的公开课：如果仅仅是为了获奖而又上成"表演课"，这十几年的思考与探索，岂不付诸东流？那个朴素的问题再次涌上心头——

在学生的心灵与社会的"好评"之间，我应该选择什么？

最后我告诫自己：绝不能以束缚学生心灵为代价，换取赛课的奖杯！

顿时，我胸中豪情万丈：展示个性（我的个性与学生的个性），舍我其谁？

在第二天的课堂上，我一开始就对学生说："听说同学们已经学过这篇文章了，那么，重新学习你们有没有新的发现呢？我建议我们今天以一种新的方式来学习这篇课文，争取有新的发现和新的收获。用什么'新方法'呢？用马克思的精神来学习有关马克思的这篇文章。马克思的什么精神呢？"

我在黑板上写下一句马克思的座右铭："思考一切。"

接着说道："马克思的战友威廉·李卜克内西曾这样评价马克思：'他是一个彻底正直的人，除了崇拜真理之外他不知道还要崇拜别的，他可以毫不犹豫地抛弃他辛辛苦苦得到的他所珍爱的理论，只要他确认这些理论是错误的。'作为跨世纪的当代中学生，我们理应具备崇尚科学、追求真理的思考精神。所以今天我和同学们就以马克思的独立思考的精神来学习。"

这堂课，我完全让学生自由提问，然后组织学生讨论，我也以平等的一员参与其中。一切都不是我预设的，但一切都是学生的心灵所真正需要的。学生不知不觉地进入了思考的王国，不知不觉地燃起了思考的火焰，不知不觉地展开了思想的碰撞。

在快下课的时候，有个学生问了这样一个问题："恩格斯为什么要说'他的英名和事业将永垂不朽'？为什么要用一个'将'字呢？"

学生马上围绕这个问题展开讨论，最后多数学生认为，马克思当时所处的环境是资本主义社会，相对来说，社会主义社会和共产主义社会还比较遥远，因此，恩格斯认为马克思的事业"将"永垂不朽，就是说共产主义事业的胜利可能是将来的事。

但是，这个学生继续追问："如果'永垂不朽'说的是马克思的共产主义事业，可是，我想，社会主义国家的生命力不是太长，到现在为止，世界上只有几个国家还在坚持高举社会主义大旗。那么，我想问，苏联的解体和东欧剧变，这是不是说明马克思的事业发生了什么问题？这又怎么理解恩格斯所说的'永垂不朽'？"

这个问题显然超出了语文教学的范围，而且是我事先没有想到的。我完全可以圆滑地绕过去，但面对学生的心灵，我不能这样做！

　　我继续让学生发表看法，最后我坦然发表了我的看法："从参加马克思葬礼的十几个人到 20 世纪席卷全球的共产主义运动，从 20 年前关于真理标准的大讨论到社会主义市场经济的提出，从苏联解体、东欧剧变到中国改革开放的蓬勃生机，从《共产党宣言》不朽的生命力到当代马克思主义邓小平理论的诞生……"最后我说："苏联的解体并不是马克思主义的失败，而是把马克思主义教条化的所谓社会主义模式的终结。而中国的社会主义正以自己的发展证明着马克思所开创的人类美好事业的永垂不朽。如果说，《共产党宣言》是人类新纪元的宣言，那么，十五大报告则是新世纪宣言。这是马克思主义不朽的一个象征，更是马克思主义蓬勃发展的一个里程碑！如果马克思恩格斯今天能在这世纪之交，亲眼看着自己所创立的科学理论被中国人民的实践注入新的活力而蓬勃发展，那该多好啊！"

　　最后，我问那位学生："你觉得我说的有道理吗？"

　　那位学生真诚地回答道："您说得有道理。您的话使我想起了邓小平说过的一句话。大意是只要中国人民坚持社会主义，那么世界上就有五分之一的人在坚持社会主义，社会主义的生命力就不会消失。"

　　……

　　客观地说，这堂课的确有许多不足；但整体上讲是成功的。成功的标志首先是赢得了学生的好评。下课后，学生们对我说："我们从来没上过这么真实自然的公开课！"有学生说："我们虽然一时还不太理解马克思的学说，但我们的确很佩服他伟大的人格！"仅仅是这么一堂课，学生和我有了很真诚的感情——在我离开天津时，他们来为我送行；回到成都后，他们给我写信。直到现在，我都还不时收到已经读大学的他们的来信。

　　正如我预料的，这堂课果然引起了争议。最主要的批评是说这堂"不像语文课"，还有人问："这堂课教师的主导作用何在？"我自然没有评上一等奖，而"荣获"了二等奖——那一次，所有参赛选手至少都是二等奖。

　　我至今对有些批评仍持保留态度，但我真诚感谢所有的批评者；因为恰恰是不同观点，让我更全面地思考语文教育一些深层次问题。后来我陆续发表的《语文课应该成为学生思考的王国》《质疑"公开课"》《还学生以独立思考的权利》《语文：请给学生以心灵的自由》等文章，便是这些思考的结晶。

　　从教 19 年，我多次上公开课，唯有这两次公开课我印象最深。有意思的是，当

在天津南开中学演讲

年上《我的老师》，评课者一致好评，学生却不买账；十多年后上《在马克思墓前的讲话》，引起专家和老师们的争议，却赢得学生欢迎。不能说学生的感受与专家的评价是绝对对立的；但当二者不太统一的时候，教师的选择便折射出其教育观。这两次公开课都促使我思考语文课堂中的师生关系，并带动了我对整个语文教育的探索。

而思考的核心仍是那个朴素的问题——

在学生的心灵与社会的"好评"之间，我应该选择什么？

2001 年 11 月 5 日

十、话说"借班上课"

自从 1998 年 5 月天津赛课讲《在马克思墓前的讲话》"败北"，我对公开课开始了反思。

　　我把公开课分为两类：一类是研究性的实事求是的公开课，一类是表演性的弄虚作假的"公开课"。为了表述简洁，我把后一类"公开课"加上引号，迄今为止我所抨击的都是这样的"公开课"。而对前一类公开课，我并不反对。

　　反思的结论之一是：我不适合上"公开课"。于是我下决心以后不上"公开课"了，但由于种种原因，有时又不得不上。怎么办？我给自己订了个规矩也作为给邀请单位的条件：不上阅读课，只上作文课。

　　为什么我会这样呢？这首先得从"借班上课"说起。

　　成功教学的基本前提之一，是教师对学生的了解。如果是在本班上课，一般来说这是不成问题的。但如果是"借班上课"，至少我很难在课堂上与素不相识的学生"水乳交融"。我原来也上过这样的课，而且评价还不错。但我清楚：不管我在课堂上多么"机智"，最后都是想方设法把学生置于自己的思想框架之内；学生不管在课堂上多么热闹，显得多么有"主体性"，其实他们或多或少、或明显或隐约地都成了我表演的道具。

　　但这也怪不得我。试想：连"知己知彼"（在教学上就是师生互相了解）这个起码的要求都达不到，教师怎么能上课？但这课又必须上，那当然就只有由教师制定一个比较完美而又巧妙（即看不出痕迹）的教学框架，包括设计一系列"问题"等。在这样的课堂上，教师不得不提前做好了"预制板"。于是教师完全掌握了学生思维的主动权，"以不变应万变"，当然"游刃有余"。

　　因此，我一直腹诽"借班上课"。

　　我丝毫不怀疑的确有真正高明的教师，能够借班上出真实的好课——这样的课，我是听过的。但我完全没有那种能力和教学艺术——在事前一点不了解学生阅读基础的情况下进行一堂真正有效的课堂阅读教学，对我来说，难于上青天！

　　于是，每当我不得不上公开课时，我便选择作文教学。

　　按理，至少对我来说，作文教学公开课比阅读教学公开课更难上。因为如果进行阅读教学，我可以拿一篇课文来闭门造车地准备。如果某篇课文上熟了，我可以拿着这篇课文"走南闯北"，根本用不着备课。而作文教学不然，我必须得了解学生的写作水平，这样上起来才有针对性。尽管上作文公开课比上阅读公开课难，但我又认为，就事前了解学生而言，作文公开课有一点比阅读课强，这就是我可以事先通过阅读学生的作文了解学生的写作情况。因此，每次我借班上公开课，我都要请对方单位提前请当地参加公开课的学生写好作文给我寄来。然后，我至少要花整整两天时间对每篇作文进行批改和研究，大到学生整体的谋篇布局，小到作文的一个错误标点。这样一来，我可以自信地说，我对该班学生的写作状况就有了比较感性的了解，尽管学生没有见过面，但他们对我来说已经不陌生。每次去上课前，班上绝大多数学生的名字我都能说出来。

这里得补充说说我平时在班上的作文教学。我的作文教学十年前就形成了一套比较稳定的"程序"，总的精神是最大面积地鼓励学生并最大面积地让学生参与，同时，师生共同研讨写作规律。另外，为了让作文教学对学生比较有吸引力，我对课堂进行了一定的包装，每次作文课都由 10 来个小板块组成："榜上有名""佳作亮相""片断欣赏""咬文嚼字""出谋划策""教师试笔""昨夜星辰"，等等。当然，由于每次的作文题目不一样，所以每次评讲课的具体板块也不完全一样；更重要的是，因为每次学生作文的情况不完全一样，所以课堂上学生的随机活动也不一样，因此，对学生而言，每次作文课都充满了"悬念"。2000 年 4 月，我去陕西师大参加骨干教师培训前，上的最后一堂课是作文评讲课。我至今记得当时我一抱着作文本走进教室，学生就欢呼起来："呀，又是作文课！"学生过节一般高兴的表情，是他们对我最好的褒奖。

继续再说"借班上课"的作文公开课。如同在我班一样，我也有相对稳定的"程序"，但课堂状况不可能完全一样，因为学生不一样，写作水平不一样，我的引导也不完全一样，有时为了临时出现的新情况，我不得不将就学生而增加或取消一些环节。最近两次作文公开课，我都以高一教材的作文第一单元"用心感受生活"为写作内容，布置作文然后进行评讲，但由于学生的写作总是充满个性色彩，因此，我必须根据学生的情况做相应的调整，以体现出针对性。

其实我知道，真正意义上的公开课是不可能取消，也不应该取消的。当务之急，是考虑如何改进。而且我也知道，既然有公开课，就免不了要"借班上课"。但是我又想，我们能不能按"借班上课"的特殊性来评价公开课，以尽量避免公开课中出现的虚假现象呢？比如，能不能允许公开课"冷场"呢？能不能允许公开课上没有学生主动发言？能不能允许公开课上教师讲得多一些？能不能允许公开课上教师不慎失误？能不能允许公开课没有"完整性"？能不能允许公开课上没有"高潮"？能不能允许公开课"平平淡淡"一些？等等。

如果这样，可能公开课会真实一些，至少我将不那么怕"借班上课"。

2002 年 1 月 11 日

十一、语文学习是一种生活习惯
——从我当年语文高考谈起

当年语文高考的情景，至今历历在目。

记得当时我一拿到语文试卷，便迅速看卷末的作文题，一看作文题，顿时心中大喜，我几乎忍不住想高呼："天助我也！"——世界上竟有这么巧合的事吗？作文是要求根据一则材料写一篇读后感，所提供的材料正是我不久前看过的那篇通讯《一个矿工的变化》！一周前，我在家里复习，休息时我照例上街到邮局报栏看当天的报纸。我清楚地记得那天的《四川日报》上有一篇长篇通讯《一个矿工的变化——记青年工人吴秋生》，内容是说某煤矿一个叫吴秋生的青年工人，在"四人帮"横行的时候如何如何深受毒害，不思进取，几乎堕落；粉碎"四人帮"后，在党的教育下，又如何如何"焕发了革命青春"，"扬起了理想的风帆"，进而为四个现代化忘我工作，立志"把被'四人帮'耽误的青春夺回来"，等等。当时，我很感动，我想我也要把被"四人帮"耽误的青春夺回来。没想到，作文题正是这个！

心情好了，信心自然大增。本来其余的题也相当简单，什么判定"虚心使人进步，骄傲使人落后"所使用的修辞方法呀，什么默写《蝶恋花·答李淑一》呀，等等。这些题对我来说，简直不费吹灰之力！于是，不多一会儿，前面 30 分的基础知识题便被我风卷残云一般解决了。而且当时我就判定，这 30 分我绝对能得满分！70 分的作文我自然写得相当顺手，因为我用不着再仔细研读材料，而只需考虑怎么把我的已有的感想表达出来。我越写越兴奋，作文的结尾，我这样"抒情"地写道："此刻，我抬头看黑板上方，英明领袖华主席正用期待的目光看着我，仿佛在问我：年轻人，你用什么来接受党的挑选呢？顿时，我心潮起伏，热血沸腾，豪情万丈！我迎着华主席慈祥的目光在心里说道：感谢您粉碎了'四人帮'，给了我考大学的机会。您放心吧，我一定向吴秋生同志学习，把自己火热的青春乃至整个生命，献给我们的四个现代化事业，让社会主义祖国早日富强；献给人类解放事业，让鲜红的太阳照遍全球！"这些在今天看来十分空洞、十分"社论"的语言，当时的确发自我的肺腑，以至 20 多年过去了，我居然还能背诵出来。

就我自己的感觉而言，在所有考试科目中，语文考得最得心应手。其实在一个月的复习期间，我花精力最多的是数学，但那次数学考得最糟。我们那一届的考生都不知道自己的高考成绩，但两个月后，我收到大学录取通知书。很多年后一次偶然的机会，我看到了我高考的语文成绩：92.5 分（满分为 100 分）！

回想当年的语文高考，我真是感慨万千。我现在也是中学语文教师了，也经常带领学生冲刺高考，但我越来越觉得：现在的语文学习和语文高考，和我当年所经历的完全是两码事！

当年我不需要背作文，只需在作文中表达真情实感就可以了（虽然那时的"真情实感"打了特定时代的烙印），而现在学生考试前不但要背作文，而且考场写作文时，还要揣摩命题人和阅卷人的喜好意图进而编造作文去迎合；当年我基本上没有复习语文，也没办法复习语文，语文考试成绩却还不错；而现在的学生从小学一年级就开始为十二年以后的语文高考做准备，到头来居然相当多的人语文不能过关！

而且我感到我越来越不会教语文了。我经常问自己两个非常朴素的问题："我给学生训练了这么多的方法，当年我是不是这样学语文的？""学生做的考试题，我是不是都会做？"而答案往往是否定的。

回想当年我自己的语文学习，无非就是多读多写，哪有那么多的"方法""技巧"？对比现在学生的语文学习，我又不禁思索：学生应该读什么？（仅仅是课文吗？）学生应该写什么？（仅仅是教师命题吗？）阅读量应该有多少？（仅仅限于教材篇目吗？）写作量又应该有多少？（仅仅限于课堂作文吗？）学生该怎样读？（是不是非要"受教育"不可？）学生又该怎样写？（是不是非要写"托物咏志"或"借景抒情"的杨朔式散文不可？）……

养成多读（尽可能多地接触语言材料）、多写（尽可能多地实践语言技能）习惯，在不断地熏陶、感染、领悟中形成对语言的敏感和敏锐（即人们通常所说的"语感"），这就是我自己当年语文学习的经历，我想可能也是大多数语文教师有过的体会。我们何不把这些质朴的道理告诉学生，并设法让他们也具备这样的语文学习习惯——实际上也是生活的习惯呢？

愿我们的语文高考越来越符合这种"生活的习惯",而不是相反。

2002 年 7 月 18 日

十二、作文呼唤真善美

前不久,《南方周末》整版刊登了中小学生在作文中说谎的事。我深有同感。我是在"文化大革命"中成长起来的一代,那时候中小学作文的情况比报道中说的更厉害:"革命""斗争""毛主席革命路线""阶级斗争""消灭帝修反"(我在敲"帝修反"这个短语的时候,输入法都没有这个词)"解放全人类"等都是我和我同学作文中的常用短语。但这其实大部分都是假大空的虚话。

我教语文近三十年,不敢说我的学生就绝对没有说过假话,但至少我一直力图在作文教学中追求真情实感的自然表达。在 1999 年出版的《从批判走向建设》一书中,记载了我批评学生作文中假话、套话连篇的现象。

我每接一个新班,都要为纠正学生作文中的公式化、假话、套话费很大的气力。有时,全班学生交来的作文几乎就是一个人写的!有一年,我批评学生时,忍不住质问他们:"看着你们升学考试的语文分数都那么高,那么作文水平肯定也是很不错的。但怎么会这样?"学生们回答说:"毕业考试前老师让我们仿照课文分别写了记人、记事、搞活动等好几篇作文,然后给我们仔细修改好,最后让我们把这几篇作文背熟,一到考试时就默写作文,当然能得高分啦!"

许多教师都说,这是现在"应试教育"背景下普遍存在的一个令人忧虑而又让人无奈的现象。

这样说当然不错,但我认为,还不能仅仅归咎于"应试教育"。问题的实质在于,整个国家弥散着假话和套话,人们失去了说真话的权利,进而也就失去了说真话的勇气,甚至到最后连说真话的意识都没有了!没有了思想自由,必然鹦鹉学舌。这反映在教育上,便是阅读教学中的"思想一律"和作文训练中的"假话盛行"!

改革开放以来,极"左"路线的镣铐被砸碎;但是,历史的惯性远没有消失,极"左"的思维方式或多或少地还残存于一些教育者的头脑中,因而,教育中的种种弄虚作假现象至今仍未绝迹。其实，哪里又仅仅是"教育中的种种弄虚作假"呢！

当我看到不少学生因此而形成了心灵扭曲的双重人格时，我往往不寒而栗：也许我们在津津乐道于培养了许多擅长"编作文"的"写作尖子"时，学生的童心已经锈迹斑斑了！

然而，现在许多中学生（小学生我不熟悉，不敢妄加评论）的写作似乎已经呈现出了另一种形态——让我忧虑的"真实"。我想到了 2003 年我曾担任《华西都市报》首届"真性情"作文大赛评委时读到的最后入围的 120 篇作文。七年过去了，我对作文中的某些"真实"至今还留有很深的印象。应该说，最后进入决赛的 120 篇作文无论是思想内容还是写作技巧，总体上都达到了很高的水平。但也有少数作文让我和其他评委感到吃惊和不安。

这是一些什么样的入围作文呢？如果就文字表达而言，文中的语言技巧相当老练；但作文本身却呈现出一种灰暗和玩世不恭：想做职业杀手、想方设法欺骗父母甚至报复父母、捉弄男人、三角恋、偷情怀孕……这是不少参赛作者用娴熟的文字技巧所表现的主题。当时我在阅卷过程中，随手从几篇作文中摘抄了一些句子："我崇拜鲜血。""我将一个啤酒瓶砸碎，然后插进他的口腔插进他的喉咙。""生活就像是被强奸，如果不能反抗就试着去享受吧！""用的是那种男人特有的低伏的男音，一种让任何女人都心碎的声音。""寒潮如尿水泄入尿缸般涌进了四川盆地，同时将爱情挤了出去。"……

我不知道这些作文是否真实反映了少年作者们的真情实感。如果仅仅是赛场上面对题目所写的虚构故事而并非孩子们心灵的真实写照，似乎可以让人欣慰：毕竟这是文字游戏。但尽管如此，我还是不得不为孩子们如此"成熟"的构思，如此"放肆"的想象感到不安，毕竟在该做梦的年龄，心灵世界是不应该如此灰暗的。

当然，也许这并非文字游戏而真是少年作者们真实的思想感情，只是平时在学校的作文中，他们不太愿意将这些真情实感写进交给老师的作文中，而现在他们通过密封式的作文大赛将自己心中积蓄已久的对社会、对生活的种种感受无拘无束地倾泻了出来。面对着"超真实"的文字，我们似乎不应该责怪孩子们——这是孩子们对周围世界真实的感受，难道说真话、写真事、抒真情有错吗？

这里引出一个不容回避的问题：作文的最高境界难道仅仅是一个"真"字？

固然，相对于在作文中言不由衷地说些庄严的大话套话，孩子们能够写出自己的真实感受，这是一个进步；但是，对于不太成熟而正在走向成熟的孩子，我们的引导难道仅仅停留于"真与假"的事实判断？还需不需要有更高层次的"善与恶""美与丑"的价值导向？"真"如何与"善"与"美"和谐统一？难道"真"与"善"与"美"是对立的吗？十七岁的马克思，能够写出视野开阔的《青年在选择职业时的考虑》，学子毛泽东能够写出气势恢宏的《商鞅徙木立信论》这样豪迈的论文，青年巴金哪怕在切齿诅咒封建大家庭灭亡的同时也没有丧失对光明的热切向往……试问，现在我们有多少这样的"书生意气"，有多少这样的"激扬文字"？我们当然不能要求所有学生都是马克思、毛泽东和巴金，但如果我们的学生作文中充斥着王朔式的"我是流氓我怕谁"，以为这便是"率真"——"真"倒是"真"了，但这对渴望崛起的中华民族来说将意味着什么？

　　理想的教育既要避免"伪圣化"的思想专制，又要将人类文明的精神成果注入孩子们需要滋养的心灵：善良、正义、忠诚、气节、民主、自由、平等、博爱、宽容、人权、公正……真善美的和谐统一，是人类永恒的追求。这个世界当然有凶杀、有欺骗，也有三角恋和偷情怀孕，但我们有责任告诉孩子们，这个世界不仅仅有凶杀、欺骗、三角恋和偷情怀孕，我们更有责任引导我们的学生在正视（而不是回避）眼前假恶丑的同时，心中燃烧着向往真善美的理想之火，进而产生一种真诚的责任感：让这个世界因我的存在而更加美好！拥有这种美好情怀的学生，一定能写出同样真实而又善良美丽的文字。

　　我期待着。

2010 年 4 月 16 日

十三、内容第一，技巧第二
——从"华丽"与"朴实"说开去

　　我注意到最近某语文教学杂志对作文语言"华丽"与"朴实"的讨论。

　　其实，从来就没有脱离内容的纯粹的语言，这应该是常识。因此，说"华丽"或"朴实"仅仅是对语言的评价，我认为是片面的。即使是纯粹的语言训练，也不仅仅是遣词造句，而是包括了思想感情。这里当然就有了真实与虚假之分。我非常赞同有位老师所说："不要用成年人的标准评价中小学生的写作。"是的，我们不能要求孩子写的文章内容多么深刻，语言多么成熟。但即使如此，我们在指导学生写作时，作文与做人的统一依然是重要的标准，这个标准我认为不能因是成人或孩子而有所区别。从这个意义上说，我不同意孩子的写作"形式要比内容重要得多，或者说，'怎么写'比'写什么'重要得多"的观点。

孤立地看"华丽"这个词，应该说并不含贬义。《现代汉语词典》对这个词的解释是美丽而有光彩。"语言华丽"这个短语本身也不带有贬义——语言美丽而有光彩有什么不好呢？但放在对中小学生作文中语言评价的情景中，"华丽"似乎带上了贬义的色彩。但是，这里的"贬"，绝不仅仅是对"语言"的贬，同时也是对"内容"的贬。通常只有那些虚情假意而做作的语言，才被批评为"华丽"，而抒发真情实感的文字，无论多么"华丽"都不叫"华丽"，而叫"优美""生动""形象""凝练"。换句话说，这里所说的"华丽"已经不是词典上那个意思了，是特指华而不实的文风，而不仅仅是文字表达能力。同样，"朴实"也不仅仅是指语言表达，也包括了内容，指的也是一种文风。至少在我和我周围的中学语文教师，从来不会把内容实在但语言干瘪、苍白、乏味的文章称作"朴实"。总之，所有文质兼美的文章都是好文章，无论其风格"华丽"或"朴实"。

当然，中学生在习作的过程中，语言生搬硬套、堆砌辞藻是难免的。有的老师说得好极了："中小学生在学习使用语言的过程中，误用、错用的现象肯定会经常发生，不要紧，用多了，用熟了，自然慢慢就会找到语感，不用是永远也找不到语感的。"我把学生作文中的字词错误视为写作成长中的"青春痘"。同样，哪怕是有了真情实感，也有个如何表达得更准确、更得体、更生动、更有感染力的问题。是的，许多作家初学写作时都要对对子，或者背诵足够数量的古典诗文，也有仿写的阶段，但这与我们通常批评的华丽文风是两码事。还有老师说："一个学生，在其学习阶段，只有在无数的写作练习中反复使用所学过的各种词语，反复引用所学过的诗词文赋，反复运用所学过的各种修辞手法，反复使用各种句式，他才有可能真正掌握这些语言知识，并把这些语言知识转化成为语言技能。"这话完全正确，但这个练习或者说训练绝不是所谓"华丽"！

再重申一遍，中小学作文教学中所反对的华丽和提倡的朴实都特指的是一种文风，而不是文字。而我们现在之所以要提倡朴实的文风、反对华丽的文风，当然是有的放矢的。不是说语言技巧不重要，但比语言技巧更重要的，是思想感情。纵观现在一些学生的作文，究竟是语言的问题更多，还是内容的问题更多呢？十年前，我曾在批阅新一届初一学生作文时，看到有一位学生这样写开学第一次升旗仪式："随着一轮冉冉升起的红日，鲜艳的国旗也徐徐升起……望着那迎风招展的红旗，我眼前浮现出董存瑞、黄继光、江雪琴等无数先烈的形象……我又想起了红领巾是国旗的一角，是革命先烈的鲜血染红的……我一定要……"这篇作文的立意，当然是好的，而且这篇作文的文采也不错的——算得上"华丽"吧？但我却在作文后面批道："请问：那天早上阴云密布，何来'冉冉升起的红日'？又请问：你不停地想董存瑞、江雪琴，又哪有时间认真聆听校长讲的新学期要求呢？"这位同学开始还颇感委屈："我这是写作文嘛！"我说："作文只有'真'，才会'善'和'美'！"

在这种背景下，我们能够做的仅仅是对孩子进行所谓纯粹的语言技巧训练吗？

判定一个班学生写作水平的高低，我认为至少应从四个方面来考虑：一是大多数学生的写作内容——是不是源于自己的生活，是不是表达了真正发自内心的真情实感？二是大多数学生的写作兴趣——一听说写作文，学生是高兴甚至兴奋呢，还是愁眉苦脸？三是大多数学生的写作创新——是人云亦云而只会"克隆"课文呢，还是展示个性以写出富有新意的作文？四是大多数学生修改文章的能力——是否不需要老师的"通篇见红"就能自己发现自己作文中的毛病，并予以修改？

注意，我这里不厌其烦强调是"大多数学生"，这就排除了教师以少数几个写作尖子来"证明"其作文教学"卓有成效"的可能。如果以上观点能够基本成立，那么，对照现在的作文教学现状，恐怕我们是很难乐观的。

我不打算详尽展开上述四条标准，这里我只想谈谈我是如何对中学生作文的思想和语言进行引导和指导的。

教师应该给学生作文以思想个性和感情自由。不要误会我主张教师放弃对学生的思想教育；不，我认为教育的前提是尊重和信任，而且在这个基础上的教育应是教师对学生的人格感染、情感熏陶和思想引导，而非空洞的说教。就作文教学而言，尊重学生的思想感情，就是尊重学生作为"人"的心灵世界。如果我们对自己一手培养起来的少先队员、共青团员们都不信任，生怕他们的作文中思想"越轨"、感情"失控"，那么，我们的教育就太虚弱、太苍白了。

教师要解除学生作文的种种心理束缚，告诉他们："真实"，是作文的生命；作文就是"我手写我口"！同时，教师更要具备一种宽容的民主胸襟：对学生作文中积极向上、体现时代主旋律的思想感情，当然要热情鼓励并大力提倡；而对学生作文中流露出来的一些幼稚的想法，甚至消极的情绪，也应当予以理解和尊重。要知道，学生愿意向教师敞开心扉，这是对教师的一种难能可贵的信任啊！所有"真实的消极"都比任何"虚假的积极"珍贵一百倍。当你不能容忍学生作文中的任何"灰色"时，你便把学生的真诚永远地拒之门外了。对于成长中的学生，出现一些糊涂的认识是正常的、真实的，相反，如果学生作文中全是清一色的"正确思想""健康感情"，那才是反常的、虚假的。作为教育者，当然有教育的责任，但如果我们不许学生写真情实感，那么，我们就失去了教育的针对性——学生的思想感情个个都是那么"令人欣慰和骄傲"，你"教育"谁去？

每教一个班，我都向学生宣布："作文无禁区！只要写的是真情实感，只要说的是真话，李老师都非常欢迎！"因此，我可以说，我的学生拥有一种"写作安全感"。在作文、日记或其他课外练笔中，他们什么都可以写，什么都可以对我说。就以本学期我收看的学生随笔本为例：有对班级生活的描写，有对高尚同学的赞美，有对成都市市容变化的好评，有对某些献爱心捐款的不同看法，也有对我工作的尖锐意见，甚至还有对伊朗核问题的评论……总之，不拘一格，畅所欲言。

思想感情不过是生活的反映，因此，尊重学生的思想感情就应允许学生写他们自己的真实生活。但是现在我们常常听见学生抱怨："我们的生活多么枯燥啊！哪有什么值得观察的内容？"以为只有"感人肺腑的""终生难忘的""惊天动地的""曲折惊险的""大事"才能够进入我们的作文，这无疑是同学们长期以来作文过程中的一个误区。奇怪的是，一些教师和家长也这样为中学生"鸣不平"："唉！现在的学生从家到学校，除了上课就是作业，怎么写得出好作文嘛！"

作为长期从事中学语文教学的教师，我对这种似是而非的说法，从来都是坚决反对的。学生作文，不过就是写自己的所想、所见、所闻，写自己每天耳闻目睹所熟悉的一切。难道非得深入工厂参观大中型国有企业改革，或走向田野考察农村家庭承包责任制现状，学生才写得出好作文吗？

所以，我们要反对作文教学中的"题材决定论"，学生能够在作文中真实自然地反映更广阔的社会内容当然很好，但学生作文首先是他们生活的镜子，而不是时代的橱窗。我经常对我的学生说："只要同学们忠实于自己的心灵和生活，写作素材就会源源不断地流向笔端。"在作文教学中，我往往引导学生从这样几个方面打开自己心灵的闸门、开掘生活的素材——

自己的情感：油然而生的欢乐，抑制不住的兴奋，热泪盈眶的感动，挥之不去的惆怅……自己的思想：别具慧眼的见解，刨根问底的质疑，社会现实的忧虑，人生道路的迷惑……自己的校园：风采迥异的老师，性格不同的同学，休戚与共的小组，色彩缤纷的班级……一缕飞扬的思绪，一声由衷的慨叹，一句温暖的问候，一次有趣的对话，一场激烈的争鸣，一簇思想的火花，一份纯真的友情……都可以成为学生笔下一道道独具魅力的心灵风景和一幅幅别有情趣的生活画面！

而且，我告诉学生，只要忠于自己的生活和心灵，任何陈旧的作文题都可以写出好文章，因为任何一个人的生活和心灵都是独一无二的。我曾多次以《我和我的班级》为题布置学生写自己身边的生活，面对这个"老掉牙"的作文题，我的每一个学生都从自己的视角写出了班级的某一个侧面和自己的独特感受：《黑板报前的故事》《当车胎破了以后》《童心比面包更芬芳》《语文课上的歌声》《班长哭了》《溜冰之趣》《一根二极管的故事》《借笔》《我们的课间十分钟》《雨中那火热的心》……虽然学生们每天都生活在一个看似平凡的班集体，但因为他们随时都用心去感受身边的一切，他们也就因此拥有了取之不尽的写作素材。

有了真实的思想感情，才谈得上得体的语言。注意，对中学生作文的语言，我这里首先没有说"生动""形象"，而是"得体"。至少在我的语文教学经历中，常常感到一些学生老是用想象取代观察，用模仿取代创新——注意，我不反对习作过程中的想象和模仿，我反对的是"老是"。有些学生的语言或者说句式，表面上看，似乎很有"想象力"，其实一点想象力都没有，因为几乎全是对现成套话的"盗版""复制"。关于想象力，我还有话说，并想介绍我的一个作文训练案例。写作中的想象力当然是可贵的，但想象力的滥用却是目前中学生作文中的通病之一：想当然的比喻句取代了对自然、对生活的细心观察和准确描写。为了纠正这种偏向，我曾带领学生进行了一次忠于生活、再现自然的室外作文训练活动。

我先给学生朗读了屠格涅夫的散文诗《村》，这篇描写19世纪俄罗斯乡村景色的美文，深深打动了学生们的心。我紧接着向学生们分析，这篇散文诗的特点实际上就是八个字——"描摹自然，朴素即美"。作品从天空、气息，写到田野、农舍，再写到人的活动，语言洗练质朴，几乎没有什么比喻和其他修饰语，而是白描式地写生，却让读者身临其境，如见其景。我又让学生背诵孟浩然的《过故人庄》，并比较分析后得出结论：凡出色的写景文字，无不是寓情于景，自然朴素。

然后，我对学生们说："其实，这样的文字你们也能写，因为大家都有着热爱美的心灵和捕捉美的眼睛。现在，正是阳春三月，我们一起到府南河边去吧！去感受春光，沐浴春风，描绘春色——不用空洞的想象和华丽的辞藻，只需细心地观察和真切地描摹。你们笔下，也会出现屠格涅夫和孟浩然那样朴素优美的文字！"学生们跃跃欲试，于是，我和学生们来到我们曾一起种下小树的府南河边。

在河两岸，我们在徜徉、嬉戏中观察、感受春天府南河的特点：天空是怎样的？河水是怎样的？银杏和女贞的树叶分别是什么颜色？河水和小草分别是什么气息？还有河岸护栏的造型和石柱上的图案、未完工的河畔石凳以及民工敲凿石头的声音……离开府南河时，我和学生们约定："李老师和你们一起写这篇文章，看我们谁写得更好！"

回到学校，学生们立即投入了写作。一节课后，学生全部交上作文。我也认真地写了一篇《春天素描》。两天后，我看完了学生作文后在班上讲评时，把屠格涅夫的《村》和我写的《春天素描》草稿和定稿同时印发给学生。我在评点学生作文的同时，着重向学生讲了我写作、修改《春天素描》的全过程，提醒学生们在作文时，应追求真实、朴素、自然。然后，我布置学生根据评讲，重新修改自己的作文。

学生修改后交上的作文，大部分达到了我的要求，整体水平有了很大提高。不光是内容真切，而且学生观察细腻，描摹自然景物的语言也非常细致贴切。我从中选了几篇佳作在班上念，学生们都认为达到甚至超过了李老师的文章。看到学生作文水平的提高，回顾这次作文训练活动的经历，我由衷地欣慰，并情不自禁地想到巴金老人关于写作的一句话："文学的最高技巧，就是不讲技巧。"当然不能用巴金的标准去要求学生，但是我们的作文训练应该让孩子们明白：内容第一，技巧第二。语文教师的责任，正在于引导学生具备发现生活忠于心灵的"最高技巧"，然后"不讲技巧"地再现生活、表达心灵。

这样的作文训练，哪里仅仅是一个"华丽"或"朴实"所能够概括的？

2007 年 4 月 17 日

十四、变"应试语文"为"生活语文"

应该承认，确有一些语文教师在教学中，有意无意地忽视了语文与生活的联系，把"应考"（特别是应付高考和中考）的需要作为教学内容取舍的唯一依据。这种"应试语文"不但使语文在学生眼里失去了应有的魅力，而且造成了学生语文知识懂与会的分离、学与用的脱节，最终我们所追求的语文教育成效也自然无从谈起。这与我们所追求的语文素质教育的最佳目标相比，无异于南辕北辙！

如何改变这种局面？我通过学习叶圣陶、吕叔湘、张志公、于漪等语文教育大家有关"语文与生活"关系的一系列精辟论述，并联系自己的语文教学实践进行了一些思考，深感要使学生真正扎扎实实地掌握并得心应手地运用语文这一人生的工具，就必须打破语文与生活之间的"厚障壁"，让语文教学与学生心灵相沟通，让语文课堂与社会天地相接壤，使语文教学突破"应试语文"的束缚而成为"生活语文"。

这里的"生活语文"之"生活"二字，不单指语文教学注重与生活的联系，以及指导学生在生活中学习并运用语文，还包括教师在教学中引导学生将语文学习与陶冶灵魂、磨炼思想、完善人格水乳交融，使二者互相促进，使语文教育达到如叶圣陶先生所说的"第一须认定国文是儿童所需要的学科……第二须认定国文是发展儿童的心灵的学科"以及于漪老师所说的"变语文自我封闭性为开放性，开发语文教育空间，面向生活，面向社会，面向活泼的中学生，不用机械训练消磨学生的青春"的理想境界。因此，从这个意义上讲，"生活语文"也可以称作"素质语文"。

（一）语文教学"生活化"

所谓语文教学"生活化"，强调的是教师在传授语文知识和训练语文能力的过程中，自然而然地注入生活内容，进行生活教育，让学生明白"生活与教育是一个东西，不是两个东西"（陶行知语）。在学习语文的同时学习生活并磨砺人生。

1. 语文讲读"生活化"

"两耳不闻窗外事,一心只读圣贤书"是旧时书斋学子的典型写照,然而今天的一些语文课堂上也存在着这种发霉的学究气——学生所学似乎是与自己生活无关的"名家名篇",因为教师所讲更多的是围绕"考试抓分"而来的"阅读分析""写作借鉴"。我们主张语文讲读"生活化",是指课堂语文讲读要面对中学生生活实际,在课堂教学中营造一种宽松、平等而又充满智力活动的智力氛围,使学生通过具体课文的学习,自然而然地受到灵魂的陶冶和思维的训练。讲《一件珍贵的衬衫》前,我先请学生们起来谈谈当前出租车行业的不良风气,学生们谈到报上所载几天前成都街头某司机撞了人还要将受伤者打个半死,然后扬长而去的社会新闻,他们义愤填膺;在随后学习课文的过程中,学生们自然会比较两种天壤之别的人格境界,进而整个心灵都被周总理的崇高品格所震撼。学《长江三峡》,我引导学生回顾长江从"两岸猿声啼不住"到刘白羽笔下的"迂回曲折的画廊"再到如今人们惊呼的"第二条黄河"的变迁,使学生在课文上欣赏长江昨天瑰丽景象的同时,忧虑地关注长江明天的生态状况。语文讲读"生活化",实际上就是要求教师善于寻找课文内容与学生生活的最佳结合点,尽可能地使课文贴近学生的生活,同时又让学生的心灵不但与作者的心灵产生共鸣,而且与周围的世界息息相通。

2. 语文训练"生活化"

这里的训练,既指"语修逻文"的知识巩固,也指"听说读写"的能力提高,语文训练"生活化",要求教师的训练应着眼于学生的学以致用,而非学以致考。所用的训练材料,应尽可能来自生活;即使是教材上的练习,也应尽量挖掘其与学生生活的联系。这样,学生在接受训练时,便会感到掌握知识,培养能力不只是为了应付考试,而是为了更好地生活。讲短语、句子知识,可以从学生交来的请假条入手;改病句练习,最好从学生日记、作文中找例子;修辞方法的训练,不妨联系学生熟悉的各类广告……另外,语文训练是最容易在"统一标准"中扼杀学生的思维个性的,因此,我们尤其应该注意保护甚至鼓励学生的创造欲望。我布置初一学生每天写日记,刚开始有不少学生总喜欢编造脱离自己生活真实与认识能力的"成人化"语言、"英雄化"思想,我批评学生时,他们还不服气:"以前老师就是这样教的嘛!"于是,我反复给他们讲,说真话、写真事、抒真情,是日记的生命。同学们在没有成为雷锋之前,却人人编造"雷锋日记",这首先不是日记是否真实的问题,而是做人是否真诚的问题；每一位同学的生活都是一道独特的风景，每一位同学的心灵都是一个独特的世界，为什么到了日记本上却如此"规范单一"呢？经过多次引导和训练，学生们逐渐明白了，日记不是交给老师打分的"好人好事讲演稿"，而是自己心灵的轨迹和生活的镜子。他们现在越来越习惯于写充满童真、童趣、朴实无华而又各具个性的日记了。

3. 语文教育"生活化"

思想性是语言学科的性质之一，所以，语文教学中的教育功能是理所当然的。但这种教育应紧扣课文本身的教育因素，又须符合学生的思想实际，还要注意这种教育的潜移默化、润物无声。学富兰克林的《哨子》，我要求学生们以"我的'哨子'"为题进行讨论，引导他们反省自己曾经犯过的类似错误；学莫泊桑的《福楼拜家的星期天》，我和学生一起审视我们今天的星期天是怎么度过的，并思考怎样让我们每一个普通的日子都闪烁着思想的火花；学鲁迅的《孔乙己》，我既让学生联系当时的社会背景理解孔乙己的不幸命运，又让学生以今天素质教育的眼光来评判孔乙己的悲剧性格，同时还结合当今一些社会现象剖析一下身边的"咸亨酒店"式的冷漠，进而感受鲁迅那穿越时空的深邃目光；学《"友邦惊诧"论》时，恰逢以美国为首的北约野蛮轰炸我驻南使馆，不久又抛出了一个所谓"考克斯报告"，诬蔑中国长时间广泛窃取美国的各种军事技术，于是，当年鲁迅先生的满腔义愤就化作了学生们对美国霸权主义的万丈怒火——《质问克林顿》《"友邦惊诧"新论》《如此"误炸"!》《驳"考克斯报告"》等，一篇篇感情炽热、语言犀利的文章就这样从学生心灵深处喷发了出来……也许有人会觉得这些教育是"非语文"的——如果把"语文"仅仅理解成"语言文字"的话可能确实如此，但我认为它确实是非常"语文"的，因为这些教育无一不是根植于教材本身的思想内涵和文化内涵，因而这样的教育不但是自然而然的，而且它既紧扣着学生的生活，又与我们的时代息息相关，所以对学生无疑是具有心灵震撼力的。

（二）学生生活"语文化"

所谓学生生活"语文化"，强调的是学生在教师的引导下，形成"语文是生活的组成部分，生活须臾离不开语文"的观念，并养成事事、时时、处处吸收与运用语文知识，在社会生活中培养语文能力的好习惯。

1. 日常生活"语文化"

这实际上就是让学生逐步具备一种在日常生活中情不自禁学习或运用语文的"本能"。要让学生不但认真阅读课文，而且更应习惯于课外博览，并把这种"阅读"化为人生的一道风景；要让学生不但认真地写好每一篇作文，而且更应习惯于写信、写日记、写随笔，不是为了应付教师检查打分，而是为了表达自己的心声。有一次，我班学生强烈要求成立足球队，我要求学生给我写一封信，谈谈"为什么要成立足球队"；学生交上信后，我安排一节语文课就"成立足球队是否有必要"与学生展开辩论。在写信、辩论过程中，连最不喜欢作文、最不好意思发言的学生也表现出极大的热情。最后，我终于被球迷们"说服"了，学生们十分兴奋——不仅因为能成立足球队，而且也因为他们在这件事上感到了语文是一种生活的需要。1996 年暑假，我给学生布置的语文作业是：读有关长征的书，以回顾中国革命史上最壮丽的一页；读有关"文化大革命"的书，以了解过去的错误；每天必看中央电视台的《东方时空》，以感受当今中国的时代气息。这种融思想性、知识性、教育性、趣味性于一体的"语文作业"深受学生及其家长的欢迎。此外，日常生活中，从打电话到会客人，从听广播到看电视，从留言条到申请书，从同学争辩到家庭讨论，从糖酒广告到家用电器说明书……无一不是语文听说读写能力的训练与运用。

2. 班级生活"语文化"

十多年既教语文又当班主任的教育实践告诉我，不但班级文化能够积极影响学生的语文学习，而且班级建设也可以与语文素质教育互相促进并相得益彰。既有集体共同追求又有个人心灵自由的丰富多彩的班级生活，是语文素质教育的良田沃土。班委选举，让学生先写自荐书或上台讲演；每堂课安排一位学生进行"一分钟讲演"，评论班级生活；班干部在黑板上写个通知，让全班同学看看有无错字、病句；要开新年联欢会了，让学生写《我设计的联欢会》的说明书……参加工作以来，我每带一届学生，都在该班毕业之际和学生们一起编写一本反映班级风采的"班史"，而这个打算在学生们进校第一天我便告诉他们了。这样，在三年中的每一天，我不但教育学生用奋发向上的言行为班争光，而且还引导学生平时便留心把班级生活中的有意义或有意思的事儿笔录下来。并不一定每一位学生的写作水平都很高，可是在表达自己对班集体的热爱时，全班学生都倾注了真诚而浓烈的感情——他们并没有写命题作文的感觉，不过是用笔挽住一段人生的纯真而已，但一篇篇感情真挚、文笔朴素、内容鲜活的文章却由此诞生。于是，十多年来，我和我的历届学生便先后编印了《未来》（一）、《未来》（二）、《花季》和前面提到的《恰同学少年》。对学生而言，这是他们中学时代的青春纪念碑；而在我眼里，这些书是班级教育与语文教育和谐统一的结晶。班级生活"语文化"可谓一箭双雕：学生既是在语文实践，又是在班级建设；教师既是在语文训练，又是在班级教育——而这一切又是结合得如此巧妙而不露痕迹。

3. 社会生活"语文化"

培养 21 世纪社会主义现代化中国的主人，是当代中国每一位教育者义不容辞的使命，而作为语文教师，理所当然地应结合语文教学培养学生的社会责任感和参与能力。社会生活"语文化"，就是要求学生在社会生活的广阔天地中，自觉运用语文这个生活的工具、人生的武器"指点江山，激扬文字"。目前学生所面临的语言文字环境可以说是"无错不成书""不错不成报""无错不成招牌""无错不成广告"，连电台、电视台里的不少主持人也常常读错字！但这恰好为训练学生辨字正音的明目聪耳提供了生活化、社会化的"语文试题"。而且，当学生将反映语言混乱、文字错误的调查报告寄往有关单位和部门时，他们不就为呼吁净化祖国的文化环境尽了一份公民的责任了吗？不仅如此，学生每天回家的路上所见所闻的街头交通、农贸市场、城市环保、治安状况、新建大厦甚至个体摊点……都可以成为他们关心、思考、评论的对象。社会生活"语文化"，并不只是指学生的街头活动，也包括学生虽然身处校园却始终保持着热爱生活、关心改革、思考社会的好习惯。当年北京申办 2000 年奥运会未成，王铜写下《北京不是失败者》；面对徐悲鸿画展在成都受冷落而与此同时"逃税歌星"刘德华备受蓉城追星族青睐的现象，陈蓓写下《悲鸿不悲，德华缺德》；看到电视上小山智丽赢了邓亚萍以后的狂妄表现，谢宇写下《小山，你高兴得太早了吧？》；针对创建卫生城市活动中的某些形式主义现象，王劲写下《"创卫"杂感》……1996 年 4 月，我班年仅 12 岁的马宁同学，撰文对某些国人热衷于"愚人节"等洋节的现象提出批评："中国人百年来被洋人愚弄得还不够吗？为什么到了今天，有的中国人却要借洋人的节日来愚弄自己的同胞呢？……我盼望有那么一天，所有美国人能在他们的国土上放鞭炮、舞龙灯，心甘情愿地过春节。那才是我们的祖国以世界强国的身份屹立于地球东方的日子——那将是中华民族最辉煌的节日！"

这篇题为《盼望美国人过春节》的文章在《成都商报》发表后，产生了良好的社会反响。在这类以语文为工具的社会活动过程中，学生所收获的已远远不止是不断提高的语文实践能力，更有日益增强的民主、独立、批判、创造等现代公民意识。

需要特别说明的是，语文教学"生活化"也好，学生生活"语文化"也好，都未必是严格意义上的科学命题，笔者姑且这么表述，不过是想揭示并强调语文教学与学生生活的必然联系罢了。同样，"应试语文"与"生活语文"，也未必是经得起逻辑推敲的严谨概念，但如此用语似乎还是大体可以概括两种不同的语文教育观念及其实践的。当然，"应试"与"生活"绝非截然对立，因为学校语文教学不可能脱离各种考试。而"生活语文"也非随心所欲地"开门办学"。因此，我们主张变"应试语文"为"生活语文"的真正目的是通过"大语文教育"的实施，使学生既能在近期从容不迫地面对各种考试而取得理想的语文成绩，更能着眼于未来具备得心应手的语文能力。多年的语文教学实践告诉笔者：当我们的语文教学唯"应试"是从，使学生陷于各种机械的模拟训练之中时，不但学生知识面狭窄、能力低下，而且教师所期待的应试成绩也未必如意，可谓"多情却被无情恼"；而如果我们在语文教学中淡化"应试"观念，强化"生活"意识，严格遵循语文教育科学规律培养学生终身受用的语文素养，学生的应试成绩也自如水到渠成令人欣喜。这正是"道是无情却有情"！

1996 年 6 月

十五、这些年被我们败坏的词语

近几十年，改革改变了许多东西。一些美好词语的败坏是其中最触目惊心的"改变"。

请允许我信手说几例——

"小姐"：这原本是过去有钱人家仆人对主人女儿的称呼，或者对年轻女子的称呼。这个称呼意味着一种举止优雅的教养，一种知书达理的修养，一种由内而外的美丽（注意，是"美丽"，而不只是"漂亮"）。当然，1949 年后因为"阶级论"的原因，"小姐"一词曾经长期在生活中消失，而只存在于旧小说或电影戏剧中。"文化大革命"中，"小姐"一词往往和"养尊处优""娇滴滴""寄生虫"相联系。但随着新时期的拨乱反正，小姐这个词又回到了我们的生活，只是它再也不是有钱人家仆人对主人女儿的称呼了，而只是人们对年轻女子的称呼，其本来的含义——"教养"和"修养"得以恢复。然而好景不长，仅仅过了几年，从 20 世纪 90 年代初开始（在沿海一带可能还更早），这个优雅的词竟成了"风尘女子"的代称。在比较开放的东部和南方，你如果不小心随便叫哪位年轻女子为"小姐"，保不准该小姐会以为你在侮辱她，因而招来一顿臭骂。

"理想"：这个词的高贵与神圣不言而喻。尽管"文化大革命"中，这个词被赋予云端空想的内涵，它的前缀词往往必定是"共产主义"，但我认为"理想"本身是人之为"人"的精神特质之一，正是理想把我们与猪猡区别开来了。也许是"理想"这个词曾经被"伪圣化"，作为对它的反动，便是"理想"一词一落千丈的贬值，乃至被奚落。现在，如果我们周围有人说他"有理想"，人们多半会一愣："这人有病，而且病得不轻！"因此，如今这个词几乎只存在于中小学生的作文中。而在生活中，"理想"一词差不多和"矫情""假大空"同义，人们唯恐避之不及。如果非要表达"理想"的意思，那宁肯说"梦想"。比如"中国梦"。

"家教"：这个词的原意是家长对孩子进行关于道德、礼仪的教育，是"家庭教育"的简称。而这里的"家庭教育"当然特指做人的教育，让孩子有教养、讲文明、懂礼仪，并不必然包括智力开发和知识传授——以前，一个乡村农人家的孩子可能会很有家教，因为其父母虽然并不识字，却很会教孩子做人，比如善良，比如勤劳。写到这里，我想到的是曾先后担任北京大学副校长和中国农业大学校长的著名科学家陈章良，他自述父母都是文盲，却教会了他善良与勤劳。我小时候，"没家教"或"少家教"是很厉害的骂人话。如果谁被骂"缺家教"，被骂者多半会跳起来反骂："你才缺家教！"因为这样骂人，已经不仅仅是骂对方，而且还包含着骂对方的父母。可是如果现在问问年轻人："什么叫家教？"对方多半会说："就是家庭教师啊！"的确，现在满大街所贴的小广告中的"家教"，都指的是请去给家里孩子补习数学英语之类功课的"家庭教师"，这样的"教师"显然多半不是去给人家的孩子讲道德和礼仪的。我刚刚比较翻阅了 1979 年版本的《现代汉语词典》和 2005 年版本的《现代汉语词典》。前者对"家教"的词义解释只有一种，就是"家长对子女的教育"，而后者除了保持第一个含义之外，还增加第二个含义："家庭教师的简称"。但这两种含义的并存也只是在词典中，生活中的"家教"显然只有"家庭教师"的含义了。当然，严格意义上说，"家教"一词还不能说是"被败坏"，但从"家教"含义的演变——实际上是窄化——我们看到了人们对教育理解的日益偏狭和功利。从这个意义上说，被败坏的显然不是词语，而是教育。

"大师"：又是一个曾经多么神圣的称呼！在我小时候，这个词是和"鲁迅""贝多芬""毕加索""梅兰芳"等人联系在一起的。但现在，"大师"因满天飞舞而大大贬值，因自吹自擂而成了讽刺，甚至也成了骂人的话。曾经有人开玩笑叫我"大师"，我却一本正经厉声说："请别给我开这种玩笑！你才是大师！"当然，也有人乐于接受这个称呼，据说余秋雨在接受"大师"这个称呼时说："我想，比'大'字等级更高的是'老'字，一个人先成'大人'才能成为'老人'，那么，既然我已经做了大半辈子的'老师'，那就后退一步叫'大师'也可以吧。"他还说："这个年头连街头算命的都呼为大师，因此没必要对'大师'这个有泛滥倾向的头衔如此敏感。"但是，现在"大师"一词已经被败坏，而不再有原来沉甸甸的文化分量和人品厚重，这已经是不争的事实。

"诗人"：曾经是激情、幻想、浪漫、唯美、才情……的代称。实话实说，少年时的我最崇拜的就是诗人——古代的李白、杜甫，还有当代的贺敬之、李瑛、徐刚（对不起，那时是"文革"后期的七十年代，当时的文坛正活跃着这几位诗人）。读大学时，我所崇拜的北岛、舒婷、顾城等诗人，可以说也是一代年轻人的偶像。他们是那个时代精神的象征。但现在，我们这个时代早已没有了诗意，我们个人也早已没有了诗情，一切都物质化，诗人自然成了"无病呻吟"的代名词，成了"精神病"的另一个说法。"你才是诗人！你全家都是诗人！你祖祖辈辈都是诗人！"也就成了最恶毒的骂人的话。

"专家"：学识渊博，具有权威性和公信力，这本来是"专家"的意义。可是，现在它已经被写作"砖家"。"砖头"显然没有什么含金量的。这个词的被败坏更多是由于专家本身貌似客观权威实则胡说八道的表演。我现在只要一听收音机里的"专家评论"，就忍不住发笑——什么都是"要理性对待"，什么都是"不要盲目跟风"，这还要你说啊！更可怕的还不是这些废话和套话，还有些所谓"专家"信口开河的评论与预测，最后都成笑话。比如央视几位"著名的军事评论员"。所以，前不久网上流传一个段子，说地震的前兆有三，一是水位上涨，二是动物异常，三是专家辟谣。

"教授"：该称呼被败坏的原因和专家类似。以前一提起"教授"，我就会无条件地想到"学问""教养""彬彬有礼""德高望重"等词。30多年前，我读大学时所接触的教授们正是如此。但现在，如果有陌生人给我递上印有"教授"的名片，我心里真不敢轻易尊敬他，因为我不知道他这教授是怎么得来的。我知道现在高校的论文抄袭、职称造价、学术腐败已经令人目瞪口呆。当然，"不能以偏概全"的道理我也懂，也有很多博学而正直的教授，可我现在对不认识的"教授"的确很难轻易尊重。何况，现在一些"教授"少有书卷气，而多有烟酒气和铜臭气。顺便说一下，在外讲学，常常有人介绍我为"教授"，甚至也有人称我"教授"，我总是说："我不是教授，我是中学教师。"我明白对方的好意，他们认为叫我"教授"比称我"老师"更显得尊敬我。但在我看来，一个洁净的"中学教师"更高贵。

"公知"：即"公共知识分子"，这也曾经是一个在我看来可以用"伟大"做定语的称呼。因为"公共知识分子"，用康德的话来说，是在一切公共领域运用理性的人。（不是原话，但大意不会差）被称作俄国第一个知识分子的拉吉舍夫有一句名言："我的心中充满人类的苦难。"因此，公共知识分子超越个人利益而心怀天下，他们是为世界意义而战斗的真正的理想主义者，而不是特定现实政治经济利益的代表。公共知识分子最杰出的的代表就是爱因斯坦——这就是我说"公共知识分子"可以用"伟大"作定语的原因。爱因斯坦赢得了人类广泛的尊敬并不是因为他的物理学更不是因为他的"相对论"——其实懂"相对论"的人很少很少，而是因为他热爱和平的反战立场——第一次世界大战时，他和其他知名度较高的科学家起草了反战宣言；第二次世界大战时，他致信罗斯福，要求禁用原子武器。所以，公共知识分子应该是一个社会的良心。但现在，"公知"一词也成了一个充满讽刺的称谓。

"老军医"：过去一说"老军医"，我们都会想到医术高明，有一些绝招和真正的祖传秘方之类的人。但可能因为号称"老军医"的冒牌者太多了，现在，一提起"老军医"，人们就会想到"江湖骗子"，久而久之，这两个词已经合而为一。

"干爹"：这是一个本来散发着一层浓浓人情味的词，体现着一种慈爱的温度，可现在，由于很多腐败绯闻都和"干爹"相联系，"干爹"的含义已经很暧昧很暧昧，甚至——很龌龊！

还不得不说一个词："校长"。就在我写这篇随笔的时候，"校长"一词也因"开房"而开始沉沦了。我为校长队伍中的某些败类而羞愧。

如果仔细罗列，这些年来被败坏的词语还可以写出很多很多。好了，暂且打住吧。

不过有一个词"同志"，我犹豫再三，还是列出来说说。这曾经是一个非常庄严的称谓，其含义就是"志同道合"。在很长一段时间里，"同志"是我们社会最广泛的称呼。直到现在，因为从小养成的语言习惯，每逢我在大街上问路，都还忍不住问："同志，请问……"而且"文化大革命"中，普通老百姓常常通过报上某人是否还被称为"同志"来判断这人是不是"死定了"。比如当"刘少奇"后面不再有"同志"后缀而是直呼其名时，我们都认为刘少奇这家伙算是完蛋了。当然，"同志"称谓的泛化的确也有问题——那么多的人，我凭什么知道对方是不是我的"志同道合"者？因此，改革开放后，这一称呼的指向逐步缩小范围，我觉得是应该的。但是现在，这一称呼至少在民间几乎已经只剩下"同性恋"的含义了。唯有在中共中央的文件——比如十八大报告——里还保留其本来的庄严含义。当然，在同性恋群体中，"同志"是一个最尊敬的称呼，同性恋者理应受到社会的理解与尊重，也有权利继续用这个词。这也许是"同志"一词含义的增加，或者属于"一词多义"，谈不上是"败坏"。只是我有时候在表达"志同道合"意思的时候用"同志"，已不像过去那么理直气壮，生怕引起别人误解，所以总有些心虚。

词义的演变，其实是社会的演变，更是人心的演变。与一些词语被败坏相反，近年来也有一些词语在"升值"，有的"由贬为褒"，比如"老板"一词，在1949年后的相当一段时期里是贬义，意味着"剥削""精明""奸诈""心狠手辣""不劳而获"等。这当然是在极"左"时代的一种不全面而且过于丑化的一种理解。但改革开放以来，这个词突然吃香了，成了一种尊称。甚至突破商界而蔓延到其他领域，比如，有的单位的领导就被称为"老板"，被称者大多乐于接受。还有的博导，也被其学生称作"老板"。这也是商业气息肆意弥漫的结果吧！

还有的词"由暗而明"，就是过去不能明说，最多私下朋友间在口语里面说说的词，现在也堂而皇之地登上公共平台，比如"屌丝"和"牛逼"（包括"傻逼"）。包括电视台的主持人，我不止一次看到电视里主持人毫无羞赧地谈"屌丝"说"牛逼"。冯小刚曾对"屌丝"一词提出异议，却招来众多"屌丝"群起而攻之，骂冯小刚"把自己划分为精英文化的行列，所以才会对'屌丝'一词持有偏见"，更有人认为"屌丝"一词"代表了草根性，迟早会登记入册"云云。听了这些高见，我真是开了"耳界"了。

现在人们最热衷于谈的是"文化"，喜欢说中华文化是如何灿烂而优雅。可是我从一些词语的败坏中，我看不到中华文化有半点"灿烂优雅"之处。

我真不知道说什么好了。

2013年6月2日夜

十六、教师的成长就是我的成功

2006年8月，我出任成都市武侯实验中学校长。担任校长后，出于"惯性"——我不太愿意说是我"热爱"，我没那么高尚——我曾坚持上课并担任班主任，但后来我不得不罢手，因为毕竟我的主要身份与职责是校长。作为杂务缠身的校长，我不可能像单纯的教师一样全力以赴地研究教学并完成各种复杂的教学任务，并达到相应的升学要求。如果我执意要坚持在一线上课，说得直白点，那是对学生不负责。

曾经有一位读者给我写信说："李镇西，在我们心目中，首先是一位语文特级教师和班主任，而不是校长。"是的，我一直没有远离语文教学，没有远离课堂。作为"语文特级教师"的我，做了校长自然会格外关注我校语文教师的成长，关注语文教研组的建设。这种关注，主要体现为思想引领、专业指导、身体力行和提供舞台。

（一）思想引领

我常常对老师们说："教师，首先是知识分子，他要有知识分子的自觉意识和尊严。一个语文教师，应该有文人情怀、学者视野、诗人气质。"我曾经用教研组活动的时间，给老师们开设专题讲座《语文教师的人文追求》，让老师们以古今中外的语文教育大家为坐标，看到自己的差距和努力的方向。读书，是我对老师们进行思想引领的常规做法。《南渡北归》《民主的细节》《唐宋词十七讲》《前方是什么》《教学机智——教育智慧的意蕴》《语文科课程论基础》等著作，我和老师们一起阅读，一起交流。我办公室的书橱一直向老师们开放。每次和老师们谈心完毕，我都让老师们在书橱中选一本书借去看，而且可以在书中勾画批注，下次还书时和我交流。我还请来钱梦龙、流沙河、魏书生、王栋生（笔名吴非）名家大家来到我校，给老师们开设讲座，面对面地交流。每学期开学，我都要给老师们播放有关著名知识分子的纪录片和视频，比如傅雷、陈寅恪……面对屏幕上的大家巨匠，老师们在心灵震撼的同时，很自然会想到在今天，"我"作为知识分子，作为语文教师的知识分子，应该有着怎样的追求和作为？

（二）专业指导

因为我年长，教育经历比年轻老师丰富，因此经验和教训都要多一些，这是我能够对他们进行专业指导的资本。我长期听老师们的课，除了统一安排的研究课之外，我喜欢跟踪听某一个老师的课，一听就是一个单元甚至更长。因为如果随便听一堂课，有可能这堂课"恰好"上得很好或上得不好，而且任何一堂课多多少少都可以说出其亮点或挑出其不足，这不能说明什么问题。而我跟踪听课一段时间，这样我就对这个老师教学有一个完整的了解，然后和他交流探讨。另外，我听老师的课，尽量不以我的课堂为尺子去比量他，也不以统一的标准去束缚他，而尽量根据老师本人的风格特点去完善其课堂教学。除了听课和交流，我特别注重老师们的写作，写教育随笔，写课堂实录，写精彩片段……写的过程就是反思的过程，而且作为语文教师，写作应该是专业基本功。几年来，在我的倡导下，语文组的老师写了数十篇课堂叙事的随笔。这些随笔是老师们成长的见证。此外，我对老师们的专业引领还体现在教育科研上。我这里说的教研科研不是什么国家级省级重大课题，而是让每一个老师研究自己遇到的困难。我常说："把难题当课题就是最好的教育科研。"比如，我校在课堂改革中，也吸取了高效课堂的一些元素，但有老师提出，语文课毕竟不同于数理化课堂，过于模式化、程式化不符合语文教学的特点。"好，"我对老师们说，"那我们就一起来研究符合语文学科特点的语文课该怎么上？这就是我们研究的课题。"目前，我们组正在结合每一天的课堂研究这个课题。

（三）身体力行

我经常说："最好的教育莫过于感染，最好的管理莫过于示范。"要求老师们读书，我就得手不释卷；要求老师们写作，我就得笔耕不辍。至少在阅读和写作方面，老师们是很佩服我的。经常在教研组活动中甚至全校教工大会上，我爱给老师们讲我最近读的书，我眉飞色舞的讲话，自然会感染不少老师，下来之后他们会去买我提到的书。我也经常把我写的教育随笔或教育故事印发给全校老师。我的博客几乎每天更新，不少老师都是我的粉丝，天天阅读。还有老师也学我开始建博客，写微博。几年间，我校老师在网上写文章竟然达到了两万多篇。作为特级语文教师的校长，我更多的示范是上课。当校长八年来，我一直没有中断上课。我上课主要分为这样几种情况，一是每届新生入学，我都要给每个班上一堂语文课《一碗清汤荞麦面》，以此作为每一个孩子进入我校的爱的启蒙教育。二是我专门给学生开设的阅读课和选修课。阅读课每个班每周一节，我上五个班，每周五节；选修课是我自己开发的《文学作品中的公民教育》，每周两节。三是在课程改革中，遇到一些难点，有老师叫苦，有畏难情绪，我就主动上示范课。我的课堂从来都是向老师们开放，只要有我的课，老师们随时都可以推门进来听。

重读苏霍姆林斯基

（四）提供舞台

这里的"舞台"特指老师们成长展示的平台。我经常给老师们提供讲学的机会，让老师们在全省乃至全国展示自己的课堂。有一年，福建请我去讲学，我就主动提出带年轻老师唐燕去。唐燕上课，我点评并做报告。结果唐燕上完课后，学生们围着她又是签名又是合影，不让她走。几年来，我校先后和我一起外出讲学的老师有十多位。我给老师们提供出版著作、发表文章的机会。每当有出版社给我约书稿，我就问："我主编的行不？"对方说："行！"好，我就拉着语文组的老师写书，我给他们拟提纲，帮他们修改润色，然后出版，还有稿费。《给新教师的建议》《民主教育在课堂》《每个孩子都是故事》《把心灵先给孩子》……这些著作都是这样诞生的。我还给全国许多杂志的编辑联系，让我们的老师在其杂志上开设专栏。尽管不是每一位老师的文字水平都能达到专栏的要求，但不要紧，有我呀！老师写了文章，我帮助修改，最后达到发表的水平。另外，我还利用我在一些报刊开设的专栏，推出我们的老师。在《中国教师报》的"镇西随笔"专栏上，我已经连续三年写我校老师的故事。一个个普通的名字，因为我的专栏而被全国的同行所熟知，并敬佩。

　　昨天和语文组组长胡成老师谈心，她说："李校长，您来了之后，我们语文组包括我们学校的老师的确发生了很大变化。我们的视野比过去开阔多了，我们读的书写的文章也比过去多得多。"胡老师很朴素的话，让我很有成就感。八年前，我出任成都市武侯实验中学校长时，有记者问我："你认为你自己怎样做才算是成功的校长？"我回答："教师的成长，是我当校长成功的唯一标准！"今天，我依然这样想、这样说、这样做——教师的成长就是我的成功。

2014 年 3 月 2 日

十七、公开课，不要再演戏了！
——语文教育书简之一

红兵：你好！

　　读了来信，我仿佛又回到了上个月初与你在成都倾心交谈的日子。

　　那次你专程前来为我助阵，我很感动；但我更感动的是，你在公开场合向我说"不"，不但让我深受启迪，而且为我们成都语文界带来了一股清新的学术争鸣之风。

你走后，《教育导报》以《质疑李镇西》为题报道了我俩的"交锋"，引起了不少读者的兴趣，当然也让一些人感到不理解。我对这种不理解倒很能理解。多少年来，我们总是习惯于"舆论一律"。其实，这种"一律"只是表面的"一律"，在背后还是七嘴八舌什么观点都有。如果有了公开的思想碰撞，有人可能会想："看来这两个人的矛盾还深着呢。"其实，同志之间能够公开互相说"不"，这表明了他们之间的精神交往达到了一种境界！愿我们的语文教育界，多一些这样的思想碰撞。

来信谈到对公开课的看法，我深有同感。多年来的各种公开课已经在人们心目中形成了一个思维定式，那就是一堂优质的公开课必须是"完美"的。

为了这个"完美"，公开课就成了"集体智慧的结晶"；为了这个"完美"，公开课就越来越变成了"无懈可击"的表演；为了这个"完美"，公开课就越来越讲究"精雕细刻"的形式；为了这个"完美"，公开课便越来越成了各种"模式"或生搬硬套或唯妙唯肖的翻版……这样的公开课的确很"完美"，但也很虚假。这一方面有违教师道德，另一方面等于是公开地给学生进行作假示范！这样虚假得"完美无瑕"的公开课至今还在不停地演示着，这究竟给我们的语文教育带来了什么后果，难道不应该好好反思反思吗？

当然，公开课中的弄虚作假未必是我们的主观追求；导致这种客观效果的原因，我认为，是长期以来语文教育中对教学个性的排斥。

是的，教学个性！

本来，语文课应该是最具教学个性的学科。且不说每一篇文质兼美的课文，都是一朵独一无二的精神花朵；即使是面对同一篇课文，不同的老师，都可依据各自的个性上出风格迥异的课来。任何一个杰出的教育专家或优秀教师，其教育模式、风格乃至具体的方法技巧都深深地打着他的个性烙印。不同的生活阅历、智力类型、知识结构、性格气质、兴趣爱好以及所处的环境文化、所面对的学生实际等因素，决定了任何一个教育专家都是唯一的、不可重复的，他们所上的课也是唯一的、不可重复的——试看于漪、钱梦龙、宁鸿彬、魏书生……哪一个的课不是其鲜明个性的体现？由于有了个性，他们便成了公认的语文教育改革家。

但是，多年来，为什么我们的语文教育专家仍然只是于漪、钱梦龙等人呢？原因在于，广大普通教师所允许的教学个性空间实在是太狭窄了。从刚踏上讲台开始，一堂堂汇报课、观摩课、示范课，就规范着他们只能"这样"上而不能"那样"上。

都说上公开课"锻炼"人，但我要说，正是在这一次次不断"锤炼"中，教师失去了自己的个性，因而失去了创造性。（因此，在这个意义上，我不同意你来信所说，"参加工作不久的青年教师，完全可以沿用现在流行的方式"上公开课，这"是青年教师明确如何上好课的过程，是激发青年教师精益求精的过程，使青年教师学会上课"。）

语文公开课的规范化、模式化，实际上是传统文化中"大一统"思想对语文教学个性潜移默化的扼杀；而扼杀了个性，便窒息了语文教育科学的生命！

我对这种语文教学中的文化专制主义深恶痛绝，因而总想努力通过自己的探索，追求语文教学的个性。而教师的这种语文教学个性，首先体现在对学生个性的真正尊重上。上周我刚刚教了《我的小桃树》，自己还比较满意。"比较满意"的唯一原因就是我在课堂上真正做到了以学生为主体。具体说，就是让学生思想的火花随心所欲地迸射，让学生心灵的翅膀无忧无虑地飞翔——

课一开始，我让学生齐声朗读这篇课文。读完之后，我让学生自由发表意见：可以是就不懂的问题提问，可以是谈自己的感受，也可以是就自己最喜欢的某一点做简要分析。

学生问的第一个问题是："为什么中间作者要写自己'脾性也一天天坏了'，'心境似蒙上了一层暮气'？"如果按教师的教学程序，显然不应该从这儿讲起，因为这个问题并不是教参上确立的重点和难点；但至少对于这个学生来讲，这个问题就是她的"难点和重点"。我当然就得顺应学生。我把这个问题教给学生讨论，学生便纷纷发表自己的看法。

于是，新的问题又涌出来：关于"奶奶"，关于"小桃树"，关于"我的梦是绿色的"……在学生无拘无束的讨论中，或者是一个学生的话引起了大家的共鸣，或者一种观点引起了不同的看法，或者是学生之间的碰撞，或者是学生和老师的辩论……总之，整个教室弥散着浓浓的学术氛围，大家都感到了一种交流的快乐。

还不仅仅是交流的快乐，更有发现的喜悦——"我觉得'我'眼中的小桃树，就像奶奶眼中的'我'。""'它长得很委屈，是弯弯头，紧抱着身子的'，这是写小桃树，也是写作者自己。""作者把题目由原来的'一棵小桃树'改成'我的小桃树'，更能表达对小桃树的感情。""倒数第二个自然段最让我感动，作者把风中摇曳的花苞比作'像风浪里航道上远远的灯塔，闪着时隐时现的光'，我读着读着感到一种向上的力量。""我最喜欢文章最后几句，作者对着小桃树倾诉自己的感情，其实也含蓄地表达了作者对理想的追求"……

学生的每一个发现都令我惊喜。虽然这一切都不是我预设的，但我感到了学生是用自己的心灵感受作品，他们不是通过我的解说而是自己直接与作者对话。学生的提问和分析也许很肤浅、很幼稚，但这一切都是属于他们自己的收获而不是我的灌输。

上这样的课我也十分轻松愉快，因为我的眼前没有"评委"只有学生，我也不必有一种紧迫感，老惦记着把我准备的货色匆匆灌给学生。在这样的课堂上，我的所谓"主导作用"只是给学生提供一个自由论坛，或者说我只是一个学生思想大海的推波助澜者——我适时巧妙地在学生心灵的海洋上掀起一个又一个思维的浪花；同时，我的心灵也被这些新鲜的浪花所沐浴着……

可是，如果是公开课，我敢这样上吗？

以前我不敢，现在，我倒很想试试。想以这样质朴、真实、自然的公开课，呼唤语文教学的个性。

这封信已经写得够长，暂且打住。

祝好！

李镇西

1999 年 6 月 1 日

十八、语文教学可否多元化
——语文教育书简之二

红兵：

你好！

来信提出一个问题：语文教学可否提倡"多元化"？我的看法是："多元化"当然非常好，但现在恐怕还难以实现。

说心里话，我非常赞同"语文教学多元化"的主张。在谈到教育的种种弊端时，有人说教育是"计划经济的最后一个堡垒"。对此，我们以前往往只从教育体制的角度去理解其"计划性",而忽略了在这种计划性体制下人们所形成的思维的"计划性"。长期以来,语文教学的一切(即你信中所说的教材、教法、测评等)都是"计划"的,甚至连"思想"都被"计划"了——我们总习惯于用"树样板"(比如宣传、推广"××教学法"之类的"先进经验")的形式来达到某种精神和行为的统一,教师失去了思想个性,语文教学必然"一元化"。随着教育体制改革的深化,教育上的各种看得见的僵化壁垒(比如办学形式、招生制度等)正在被逐步打破,但精神方面的"计划性"却不是容易破除的。在上封信里,我曾说:"语文公开课的规范化、模式化,实际上是传统文化中'大一统'思想对语文教学个性潜移默化的扼杀;而扼杀了个性,便窒息了语文教育科学的生命!"现在,用这句话来说明语文教学"一元化"的文化根源,我以为仍然适用。

但是,如果我们把什么都推给"文化",也是欠妥的——这实际上是把自己的责任推得干干净净;更何况最近20年来,我们的国家已经逐步走向开放和民主,对人的精神个性的尊重已经越来越成为我们社会的发展趋势。而且,在教育改革日益深化的今天,我们也不能把语文教学"一元化"仅仅归咎于考试制度,因为近年来,国家已经在考试制度方面不断加大改革力度。所以,探讨语文教学"一元化"的原因,还得从我们语文教师自身找起。

我们不妨这样设想:如果不按现在的教材、教法、考试进行语文教学,那么,我们国家的语文教育将会是怎样一种景象?可以毫不夸张地说,没有了统一的教材(而且还可能经常变动),没有了统一的教参甚至统一的教案,没有了统一的练习册和各种模拟训练题,没有了统一的考试,没有了高度精确而且答案唯一的"标准化试题",我们一些语文教师很可能将无法继续教语文!以教材改革为例。还记得上次我们在杜甫草堂坐茶馆时讨论教材改革的情景吗?当时,你认为如果一定要编全国统一的教材,这套教材最好只选经典文言文,而现代文教材让每一位教师自己编,以体现个性。当时我非常同意你的设想,但又补充了一句:"这有一个前提,就是语文教师必须具备比较高的鉴赏力,有一种高品位的审美眼光,不然会乱套——比如,有的老师可能就只会选《还珠格格》!"几乎没有一个教师不抱怨现在的教材有这样或那样的问题,但是,如果教材真的有了较大的改革,或者只是教材篇目做些调整,都会有老师反对。"语文教材经常变"不就是许多语文教师经常抱怨的话吗?其实,在我看来,教材变是正常的,不变才是不正常的;不但应该变(当然,应该是科学地"变"），而且真的应该提倡多种教材百花齐放，甚至允许任何教师个人自编教材。但这样一来，一些老师又不好好教书了。"好不容易把教材教熟了，怎么又变了？"如果大一统的教材格局被打破，有的教师更会迷惑不解："那，高考依哪个教材呢？"

不错，时代呼唤着语文教学的"多元化"，而语文教学的"多元化"则呼唤着高素质的语文教师。"高素质的语文教师"当然有许多要求，但我认为这样的教师至少应该是真正有"学"有"识"的。所谓"学"，就是要有深厚的文化功底和扎实的语文教学基本功。比如，语文教师不妨问问自己：我每天花了多少时间在读书上？我能不能写得一手与语文教师身份相称的文章？让缺乏读写能力的教师去追求教学"多元化"，岂非缘木求鱼？所谓"识"，就是要有自己的思想，要有敢想、敢创、敢为天下先的探索勇气。语文教师应该拥有一个辽阔而富有个性的精神空间，即应该具备一种海纳百川的文化胸襟，一种高屋建瓴的人文视野，一种不畏权势的民主意识，一种独立思考的批判精神……不能想象，一个目光短浅、心灵封闭、观念保守、思维萎缩的人，能够培养出下一世纪中国的脊梁。连属于自己"一元"的思想都没有的人，又怎能在教学上"多元"呢？

唯有这样，语文教学"多元化"的局面才会真正形成；反之，如果语文教师本人的素质不够高，"多元化"的结果只能是"乱套"。你说呢？

此致

敬礼！

镇西

1999 年 7 月 5 日

十九、语文教育和人文精神
——语文教育书简之三

红兵：

你好！

来信谈到语文教学的人文性，这是一个热点话题，也是一个有争议的话题。在语文学科性质的争论中，就有"工具性"与"人文性"之争。我不打算在我俩的对话中直接涉及这场争论，但有一点我想强调：不管怎样，语文教育中的人文性是一种客观存在，是每一位语文教师在教学中回避不了的现实问题。我十分同意你来信中的基本观点，即"正确认识学生，是实现语文教学人文性的先决条件"。按我的理解，所谓语文教学的人文性，实际上就是语文教育中所渗透的（或者说本来就应该具有的）人文精神。对此，我还想做点补充，想从另外一个角度谈谈自己的想法。

这里有两个问题需要解决：第一，什么是语文教育中的人文精神？第二，语文教育中的人文精神如何体现？

关于"什么是语文教育中的人文精神"这个问题，十多年来，有关论述可谓众说纷纭，莫衷一是。可以说至今还没有一个让大家都能接受的"说法"。我当然无意更无力在这里对此下一个"权威性"的结论，因为我也正在思考之中。但是，鉴于我感到不少教师在这个问题上存在着一些模糊的、片面的认识，因此，对语文教育中的人文精神，我虽然不能说出它"是"什么，我却可以说出它"不是"或准确点说是"不仅仅是什么"——它不仅仅是"政治教育"，不仅仅是"思想教育"，不仅仅是"情感教育"，不仅仅是"道德教育"，不仅仅是"文化教育"，不仅仅是"文学教育"，不仅仅是"美感教育"，等等。而从目前一些语文教师的论述中，我感到他们的确是把"人文精神教育"等同于前面所说的其中一项"教育"的。我不否认人文精神可能包含有前面所述诸种因素，但即使如此，也不能把人文精神等于前面诸种因素的简单相加。

那么，我理解的语文教育中的人文精神（或曰"人文性"——在我们讨论的这个具体语言环境中，我认为二者是一回事）究竟有哪些含义呢？你来信所说当然不错："所谓人文性，从感性层次来讲，是对人的理解，对人的宽容，对人的接纳，对人的尊重，对人的爱护；从理性的层次上讲，是对人终极价值的追寻，对人类命运的忧患。"的确，人文性是指对人自身完善的关注与追求，包括人的尊严、价值、个性、理想、信念、品德、情操等方面。但我认为，这样说似乎还有些模糊——这里的"人"是"个体的人"还是"整体的人"，抑或二者兼有？另外，我们今天谈人文精神总是有所针对的，因此，在谈及人文精神时如果面面俱到，那实际上等于什么都没有说。我认为，这里还应强调一下，我们现在所提倡的人文精神首先是针对"个体的人"而言，在对个体人的种种"尊重"中，首先是对其精神自由的尊重！

　　这里又涉及一个可能会引起争议的问题：中国的传统文化中有没有"人文精神"？似乎是有的。占传统文化主流地位的儒家学说不就是"人"的学说吗？但是，这里的"人"更多的时候是作为民族、国家的"类"人，而不是"个"人。而且，在长达两千多年的中国封建社会中，作为个体的人，特别是普通的人，是毫无思想自由的，所思所想都是"服从"！从根本上说，中国传统文化是没有个体精神自由的，因此从这个意义上看，中国传统文化是没有人文精神的，至少没有我们现在所说的以尊重个人心灵自由为特征的现代意义上的人文精神——尽管我看到有许多专家学者特别是国学大师们，已经无比雄辩而自豪地论证了中国传统文化中的人文精神，但彼"人文精神"非此"人文精神"，不过是同名而已。

　　本来，语文教育中的人文精神好像不应该做这么"狭隘"的理解，它本来也的确包括了"情感教育""美感教育""文化教育""情操教育""信念教育"等，但我们提出任何教育理念都是有特定背景的，我们今天之所以强调语文教育中的人文精神，是针对今天语文教育中压抑学生个性的弊端而言的，而这个弊端对于素质教育所要求的培养创造性人才的目标岂止是大相径庭？简直就是南辕北辙！

　　因此，我理解的语文教育中人文精神的核心要素（不是唯一要素），就是对学生个体精神世界自由发展的尊重。

　　现在我再来谈谈第二个问题：语文教育中的人文精神如何体现？在这个问题上，我同样感到一些同志存在着认识上的误区，即认为人文精神教育应该有某种"可操作性"。在和许多教育同行交流时，我常常听到这样的说法："人文精神教育当然十分重要，但具体该怎么搞呢？它的具体内容是什么？它应该通过什么途径，采用什么方法来进行训练呢？它又应该怎么检测、评估呢？"习惯于把所有教育都"技术化""科学化"，或者按通常的说法，就是"量化"，这实际上是把教育简单化、庸俗化，最后的结果是取消了"教育"本身。如果人文精神的教育也如此技术化，那么，在它开始的同时就已经消亡了。必须明确：虽然我们说的是人文精神"教育"，但这里的"教育"是不能"灌输"也不能"训练"的。即使我们自认为"应该"让学生具备的"高尚的情操""坚强的信念""深厚的文化底蕴""高雅的审美情趣"，也不能够通过"灌输"来教育（这里拒绝"灌输"是就总体上的教育理念而言，在某些具体的教育环节上当然也不排除有"灌输"的手段——比如给学生推荐一首古诗或一篇美文），因为这是同尊重学生精神自由相违背的。另外，人文精神教育更不能变成人文精神"训练",因为只有技能才能通过训练而获得,而且凡是"训练"都必须要有"标准""程序",而思想、感情等属于精神世界的东西是绝对不能被"训练"的!

但不能灌输、不能训练,并非意味着就不能实施。对于人文精神教育而言,其教育的过程首先是一种"感染"。这种感染,首先要求教育者本人具备人文精神的素养。可以这样说,对于真正具有人文精神的语文教师而言,他的每一堂课,无论是阅读教学还是作文教学,或其他内容的教学,都是充满人文精神的教育。因为在这样的课堂上,教师以思想点燃思想,以自由呼唤自由,以平等造就平等,以宽容培养宽容。其次,人文精神教育还意味着发掘诱导学生精神世界中本身潜藏的自由精神。就其本性来说,所有人特别是儿童,都具有自由的天性,包括探索、思考、想象、创造的天性。但在传统教育下,随着他们知识的增多,他们的这种天性一步步被压抑、被剥夺。因此,对学生进行人文精神教育,更多的时候并不是给他们"加进"多少外在的这样思想或那样精神,而是注意在语文教育中充分尊重他们的个性,尊重每一个人的"与众不同",诱导他们心灵深处自由因子的复活,鼓励他们张开思想的翅膀,让他们看到自己作为一个独一无二的人在思想、感情、想象力、创造力等方面所具有的独一无二的不可替代性!可以这样说,当学生"看见、理解和感觉到自己身上的人类自豪感的火花,从而成为一个精神上坚强的人,成为维护自己尊严的不可战胜的战士"(苏霍姆林斯基语)后,他就已经开始具备我们所说的人文精神了。第三,人文精神的培养不需要"训练",但绝对需要阳光、气候、土壤。这个"阳光、气候、土壤",就是一种语文教育中的民主教学氛围。精神的鸟儿只有在辽阔的蓝天才能自由自在地展翅飞翔。语文教育要给学生以心灵的自由:容忍学生的"异端",让他们的思想冲破牢笼;尊重学生独立思考的权利,让他们勇于质疑、追问和探索;提倡学生"心口如一",让他们能够在讲演中、在作文中无拘无束地倾泻思想感情的潮水;鼓励学生创造,让他们能够在沐浴世界上所有精神文明之光的同时,又能拥有超越前人的激情!……而这一切都有赖于教师为学生营造宽松的教学氛围。美国加州斯坦福大学教务长米凯莱·马林科维奇博士认为,亚洲的大学恐怕仍需花上 20 年的时间才能跃上世界级学府的地位,成为国际知名的大学,因为"亚洲一些国家,如中国至今仍缺乏自由与开放式的追问风气。我们相信,必须等到亚洲地区普遍存在着学术自由风气,以及能够进行自由与开放式的追问后,才能有一流学府出现。因为我们绝对相信，学术界应该是自由而且不受拘束的。"（转引自黄全愈著《素质教育在美国》）马林科维奇博士的话可能有些偏激甚至带有偏见，但她所强调的"自由和开放式的追问风气"，恰恰是我们今天培养学生人文精神所不可缺少的教育民主的阳光。

刚刚开头我就说过，人文精神培养是一个有争议的话题。我写了这么多，也不一定绝对正确。但我还是毫无保留地亮出了我现在的想法，以求红兵兄指正——这也算是实践我们所提倡的"人文精神"吧！

祝好！

镇西

2000 年 5 月 21 日

二十、教育写作：形式与内容的双重觉醒
——语文教育书简之四

韩军：

你好！

前几天整理文稿，偶然发现了你几年前写给我的一封信。当时，我印象很深，也很受触动，但一来因为忙，二来因为我和你非常熟，便没有及时回信。然后一拖再拖，竟然就忘记了回信！今天重读此来信，感慨万千：几年过去了，但信中所说的问题，至今仍然存在。因此，我决定接着你三年前的信，也谈谈教育论著写作的问题。算是我迟到的回复吧！

首先感谢你对拙著的高度评价。其实，比起你、红兵、海林、程翔等同龄人，无论教学能力，还是学识功底，我都差得很远，包括所写的教育论著。不过，对教育写作的平易化追求，我倒是自觉的。

曾在《南方周末》上读到过一篇题为《论文题目的大与小》的文章，引起我强烈的共鸣。作者上官子木先生这样写道："当我看完了一位国内学者在国外大学就读时完成的博士论文时，非常感慨。这是一本研究角度新颖且有一定学

术价值的书，但要在国内，作为博士毕业论文将很难通过。如果是评职称，至少在我所在的单位是肯定评不上的。因为这本书是用描述性的语言，采用的是非量化、非实证的研究方法，这注定要被国内学术界的一些权威人物认为是没有学术性而遭否定。"

作者说的是写博士论文，我觉得写博士论文稍微"规范"点，似乎也情有可原。问题是我们现在许多谈教育的文章也以"规范"求"严谨"，以"术语"求"学术"，以"框架"求"档次"……结果，本来最富魅力的教育一旦被表达便失去了鲜活的生命。

恕我直言，这是很久以来教育学术界存在的不良文风。有些"专家""学者"总是认为，所谓"学术性"就是罗列学术术语构建理论框架，别人越看不懂就越深奥，"学术性"就越强。于是，我们看到了不少这样的教育文章或著作：没有新观点却有新术语，没有新见解却有新概念，晦涩难懂，故弄玄虚。这是学术的堕落，是教育的悲哀！

其实，越是学问精深者，表述其学问的语言越平实：因为学问大家已将知识融会贯通且思维清晰，所以善于把高深的道理转化成大众化的语言。恰恰是那些才学疏浅者，其语言才令人莫名其妙；因为才学有限者往往自己都没有把要说的道理弄明白，思维混乱，所以只好装腔作势，在吓唬别人的同时也糊弄自己。

能不能用朴实生动的语言表达对教育的理解呢？

当然是可以的。大教育家孔子的教育思想是用《论语》表达的，夹叙夹议，而又穿插着生动的对话，却成了经典之作。卢梭的教育思想则是通过小说《爱弥儿》表达出来的，作者把自己描写成一个教师，把爱弥儿描写为理想的学生，叙述了爱弥儿从出生到20岁成长和受教育的全过程，从中阐述了作者"自然教育"的思想。还有苏霍姆林斯基，他的所有教育论著，都是用散文的语言表述的，读他的著作，便是听他一边讲述故事，一边抒发感情，一边阐述理念——真是一种享受。还有中国现代著名教育家陶行知，他的教育著作也平易近人，用老百姓的语言谈深刻的教育道理，他还用诗歌甚至儿歌来表达他对教育的理解。

类似的例子还可以举出很多很多。这些举世公认的大教育家，写出的教育经典如果放在今天，恐怕很难被"学术界"承认，但这些平易、生动、洋溢着生命活力的著作，对人类教育发展所产生的巨大作用，则已经被历史证明，而且还将继续被未来证明。

我一点都没有否认"学院派"的意思。我知道，任何一门学问，都需要科学的表达，因而都需要相应的"范式"——即科学史学家库恩所说的那种从事同一特殊领域研究所持有的共同信念、传统、理论和方法，包括属于这范式的特定概念、术语等。杜威的《民主主义与教育》、布鲁纳的《教育过程》、皮亚杰的《教育科学与儿童心理学》、巴班斯基的《教育过程最优化》等体系宏大、结构精密、论证严谨、言语平实的教育经典著作，同样给我们以醍醐灌顶、豁然开朗的启迪。正是这些真正的教育大师的不朽之作，构筑起人类教育理论的辉煌宫殿。

但是，除此之外，我们应该允许教育可以有苏霍姆林斯基式的表达。对于普通教师来说，甚至应该提倡这种表达——教育理念可以朴实地阐释。理念与深奥的术语没有必然联系，与"宏大叙事"也没有必然联系。所谓"教育理念"，无非就是隐藏在教育行为背后的指导思想，这种指导思想人人都有，而并非教育专家所垄断。而且，哪怕是一个教育细节——比如，课堂学生发言时，发言的学生是背对同学面对老师说话，还是转过身去面对全班同学说话，这都反映了教师课堂教学的不同理念。所以，理念并不神秘，因而对教育理念的阐述完全可以也应该平易通俗，就像平时老师们在教研组讨论聊天一样。"教，是为了达到不需要教。"——叶圣陶先生这句大白话所揭示的教育理念以及它所产生的影响，胜过多少博士论文？

教育情感可以诗意地抒发。教育研究和教育实践都不纯粹是自然科学式的操作，它更带有强烈的人文色彩。因此，如果说在自然科学的研究过程中，研究者要保持自己与研究对象的距离，避免主观感情以保证结论的客观性的话；那么，教育恰恰相反，教育者与教育对象应该是融为一体的，其间感情的流淌、诗意的飞扬，正是我们追求的一种教育境界。因此，教育论著完全可以让真情实感像泉水一样自然而然地奔涌流淌。"教育，这首先是人学。"（苏霍姆林斯基语）而作为"人学"的教育，离开了人的情感就失去了生命。因此，在教育论著中诗意地抒发我们对教育的热爱、牵挂、忠贞不渝、一往情深，这是再自然不过的事了。

教育过程可以形象地叙述。教育者的智慧更多的是体现在教育过程之中，具体说，就是体现在故事中。因此，"讲故事"也是一种教育感悟的表达方式。在教育家马卡连柯所有的教育论著中，最著名也最有影响的是他那本《教育诗》。在一个个有血有肉、栩栩如生的人物形象中，在一个个跌宕起伏、曲折动人的故事里，教育家的教育思想、教育机智、教育技巧、教育情感……全都在其中了。对于一线老师来讲，坚持写教育日记、教育手记，哪怕仅仅是记载自己每一天的教育故事，都是很有意义的。如此坚持三年、五年，任何一个普通教师都可以成为真正的教育能手乃至教育专家。

教育现象可以激情地评说。很难设想，一个没有激情、麻木不仁的人，能够同时又是一位真正的教育者。教育者应该是一个性情中人，各种教育现象都会在他的心中掀起喜怒哀乐的波澜，孕思考于胸中，遣激情于笔端，指点教育，激扬文字，敏锐而犀利，从容不迫而又掷地有声。评论教育当然首先需要严肃冷静的态度，但这与火热的情怀并不矛盾。"理性共激情一色，严谨与热诚齐飞。"那种追求四平八稳、貌似客观中庸而实则不知所云的所谓"教育评论"与文字垃圾无异。"铁肩担道义，妙手著文章。"义正词严而不谩骂，真诚赞美而不虚夸；酣畅淋漓一泻千里，嬉笑怒骂皆成文章！

朴实，诗意，形象，激情——我追求这样的教育实践，也追求这样的教育表达。愿我们共勉！

李镇西
2003 年 10 月 15 日

二十一、让语文课堂充满活力与灵气
——语文教育书简之五

张伟先生：

来信所言甚是。受你启发，我又产生了一些新的想法，这里谈出来算是对你的观点的一些补充吧。

先姑且让我"望文生义"地对"灵气"与"活力"谈谈自己的理解。我认为，我们所说的语文教学中的所谓"灵气"，指的就是"心灵之气"，即师生内心深处的丰富多彩的思想感情在课堂上自然而然的流淌与飞扬；所谓"活力"，指的是"活泼之力"，即语文课堂上呈现出的富于变化的蓬勃生机。

本来，语文课的灵气与活力是不言而喻的。语文学科与数理化学科最大的区别之一，就在于它的"灵"与"活"，即它的每一篇课文都是有灵魂的，是有思想感情的，因而它的教学过程应该是活动的、流动的，而不应该是僵化的、一成不变的。语文教学当然包含有知识因素，但主要不是知识教学，而更多的是通过语言文字（首先是文学但又不仅仅是文学）进行思想的磨砺和情感的熏陶。我们怎能设想，这样的课堂不是翻卷着浪花的海面，而是一潭没有丝毫涟漪的死水呢？

因此，要让语文课充满灵气与活力，我们首先要反思一下：语文课本来应有的灵气与活力是怎么失去的？

如果我们承认语文教学的主导应该是教师，那么，目前语文课缺乏灵气与活力的原因，也就只能从教师身上找。我认为，语文教师对名家的迷信，对教材的迷信，对程式化教学模式的迷信，是造成语文课死气沉沉的重要原因。

不少语文教师的确非常迷信名家。这里的"名家"既指课文中所涉及的一些著名的作者（作家或专家），也指语文教育界的教改名家。这种"迷信"导致教师自动关闭了自己独立思考的大脑，一切依照名家的"说法""做法"。迷信名家的结果是没有自己的东西，而没有了自己的东西也就失去了语文课的个性；离开了个性，语文课自然谈不上什么"灵气"与"活力"。

许多教师习惯于把课文当作圣经而不是"例子"，不敢越教材的雷池一步，甚至如果有一道练习题没有讲到，心里都不踏实。对于教材的分析讲解已经到了牵强附会甚至强词夺理的地步了。比如，对于《回延安》这篇课文，其实相当多的老师和学生都是不喜欢的，我也认为这首诗绝不是作者的代表作，更非新诗的典范之作。但因为它是教材啊，所以，许多教师还得装出很有感情的样子给学生分析来分析去的。既然"课文不过是例子"，为什么不可以不用这个例子而另外换一个例子呢？与迷信课文相联系的是对迷信教材。教参说某篇课文分为三部分，有的教师绝不会给学生说可以分四段。既没有教师自己的见解也不容许学生有自己独特理解的语文课，我们怎么能希望它有什么"灵气"与"活力"呢？

从操作层面上讲，语文教学的模式是必不可少的，但对程式化教学模式的迷信，也是造成语文课死气沉沉的原因之一。前面我谈了对教育名家的迷信，而迷信的突出表现之一，就是盲目地、机械地套用名家的各种教学模式：什么"六步自学法"呀，什么"尝试教学法"呀，什么"质疑式教学法"，等等。不能简单地说这些课堂教学模式不好，但它们的实施都是同特定教师的个性和特定学生的具体情况相联系的，即使是该模式的创立者也不可能采用同一模式去教所有课文。但我们一些老师却将其程式化、固定化，结果把生动活泼的语文教学变成了刻板、僵化的程式。如此教学，"灵气"与"活力"从何而来？

因此，要让语文课充满灵气与活力，除了你所说的处理好"三个关系"（即"学生、作品和作家的关系""教师、教案和教材的关系""生活、读书和上课的关系"）外，还有一个关键，这就是教师应该破除迷信，让自己成为自己教学的主人——不要成为拜倒在名家脚下的奴隶，不要成为演绎教材教参的道具，不要成为某种僵化教学模式的工匠。从某种意义上讲，语文课的灵气与活力不过是语文教师本身的灵气与活力使然；如果教师真正具有思想的灵气与感情的活力，其语文课必然充满灵气与活力。

当然，关于语文课灵气与活力这个话题，还涉及其他方面，比如语文教师的人文情怀，语文教师的教学机智等。但这封已经够长，今天就谈到这里吧。

此致
敬礼！

李镇西
2000 年 4 月 20 日

二十二、我看"例子教材观"
——语文教育书简之六

永宁先生：

最近一段时间，我已经注意到你在"韩军在线"网上论坛发表的一系列颇有见地的文章。读了来信，我更感到你是一位富于思考的教育者。我从心里对你表示敬佩。但作为朋友，我得直言，来信的观点虽然新颖，但缺乏说服力。我认为，"例

子"教材观是没有错的。

要把"教材"与"课文"区分开来。有时我们说"教材不过是例子",这里的"教材"主要是指具体的课文。如果把真正意义上的教材(不只是课文,还包括整个语文知识能力系统)作为"例子"当然是不妥的(这样做的后果,实际上是取消教材),但说具体课文是例子,却是没有错的。因为同样一个语文训练点,完全可以用不同的课文来说明和展开,当然具体用哪一篇课文,的确有优劣高下之分,但这只是"例子"的好坏而已。现在教材上有一些公认的传统篇目,如《荷塘月色》《荷花淀》等,在它们诞生之前,人们学的是《滕王阁序》《赤壁赋》一类的经典作品。可见,作为具体课文的"例子"是可变的。我把这个话推向极端:人们不学《荷塘月色》不一定就提不高语文能力。因为"例子"多着呢!更何况,随着时代的发展、社会的变化,作为具体的课文必然也处在不断变化中。这是很正常的。

我完全同意你在文中所批评的一些教师在"例子"教材观的旗号下所做的一些蠢事,但这不是"例子"教材观的错,而是这些教师的素质使然。"例子"教材观本身没有错,问题出在如何使用"例子"。承认它是"例子",只是不迷信它罢了,并不是说就可以随心所欲地对待它。

那么,应该怎样正确对待"例子"呢?我认为,应该重视"例子"而又超越"例子"。

重视"例子",就是尊重"例子"的经典性。任何一本教材,任何一篇课文,尽管多年后人们也许对它提出许多中肯的批评,但在具体的历史背景和社会条件下,它无疑是"最好"的。即以具体的入选篇目来说,在同一时代,之所以选"这一篇"而不选"那一篇",自有其相对的历史合理性。以"教材不过是例子而已"为由轻率地对待教材,这不应是一位严肃的语文教师所为。重视"例子"不是一句空话,而应通过在教学中充分挖掘其潜在的语文养料来体现。无论知识传授还是能力训练,无论情感熏陶还是人格塑造,无论是审美教育还是人文关怀,都应通过对一个一个"例子"的精心教学得以实现。

超越"例子",就是不把学"例子"当作语文教学的终极目的,而将其看成"桥梁",通过这个"桥梁"让学生到达更广阔的人文空间,所谓"举一反三",所谓"触类旁通",即是如此。任何人都不可能仅仅通过学一本教材而提高语文能力,这是毋庸置疑的。教师在指导学生学好教材的基础上，当然还应该引导学生将语文学得更"厚实"些：这既包括指导学生由一篇课文然后浏览同类文章，由一位作家继而旁及同类作家等比较性、扩展性阅读，也包括引导学生在生活实践中汲取语文养料或创造性地运用语文能力，等等。超越"例子"更重要的含义是，教师绝不能拘于"例子"而裹足不前。对于培养学生自学能力，叶圣陶先生有句众所周知的名言："教是为了达到不需要教。"其实，按我的理解，这句话同样可以用来说明对"例子"的态度：教"例子"是为了达到不需要教"例子"，教有限的"例子"是为了让学生自己去学习更多的"例子"。

需要指出的是，任何理论或观点的提出，都有其特定的针对性。我们现在提出"教材无非是例子"，恰恰是针对多年来语文教学中普遍存在的"教材（课文）崇拜"现象，具体说就是把课文看成《圣经》，迷信课文。其登峰造极的做法就是语文教学与不敢，不，应该说是不愿越雷池一步，肢解课文，唯恐讲得不细，不但讲课文而且还考课文。这样的例子不用我多举，大家都是有体会的。在这种情况下，强调"教材无非是例子"无疑是有着积极意义的。因此，就目前而言，我们更应该强调超越"例子"。

当然，这对教师的素质的确提出了很高的要求。但教师素质的提高正是语文教改的关键。我不感奢望通过教材改革便提高教师素质，但是，如果真能这样，善莫大焉！现在已经有许多有识之士提出（实际上也开始在这样做了），教材应该多元化。其"多元"的体现，既是教材知识能力体系的多元，也是具体课文篇目的多元，因为教材（课文）确实只是"例子"。你说："也许语文教改的成功只有等到语文教材真正地成为教材而不是例子的时候。"而我恰恰认为，从某种意义上说，也许语文教改的成功只有等到语文教材真正地成为例子而不是"教材"的时候。

关于"例子"教材观，远非一次通信就可谈透；如果深入探索，还有许多话可说。今天就写到这里吧！

李镇西

2001 年 1 月 20 日

二十三、课堂教学中语文教师的角色定位
——语文教育书简之七

建平兄：

你好！

你来信提到的课堂教学中教师角色的问题，的确是一个值得探讨的话题。这实际上是对教学过程中师生关系的反思。我曾经说过，就教育实践而言，师生关系是一个关键问题，甚至可以说是一个核心的问题。你认为，课堂教学中，教师应该是"导游"和"主持人"。我基本同意你的观点。在去年12期《中学语文教学参考》上，我还读到了一篇《语文教师的角色》的文章，作者认为，语文教师应该是"导演""舵手"等角色。我认为，这些形象的说法，在一定意义上都是成立的。不过，我更觉得，给教师一个什么形象的称呼并不是最重要的（当然，不同的称呼体现了不同的教育思想），重要的是，教师以什么样的理念处理好课堂教学中的师生关系？如果教师本人是一位真诚的民主教育实践者，那么，无论他以什么角色出现，其教育都必然洋溢着民主气息；相反，如果教师骨子里还是"教师中心主义"，那么，哪怕他在课堂上花样翻新地与学生套近乎，其教学仍然走不进学生的心灵。

表面上看，师生关系仅仅是一个情感问题，其实不然。透过不同的师生关系模式，我们可以看到不同的教育观——我这里所说的"教育观"特指对教育属性的认识：教育是属于"科学"还是"人文"？如果我们将教育实践视为纯粹的科学研究（自然科学或者社会科学），那么，科学研究所要求研究者具备的客观、冷静以及与研究对象保持一种严格的主客观界限，都会使我们自觉不自觉地把教育对象（即学生）当作物而非人。在这种情况下，师生关系自然不会是人与人的关系，而是人与物的关系。当然，教育（无论是实践还是理论）都不可能没有"科学"的因素——不仅自然科学和社会科学的知识是教育的重要内容，科学研究的方法也是教育所不能不借鉴的。但是，教育首先是属于"人文"的，而非"科学"的。在一般的科学研究中，科学家所面对的是客观现象（包括社会科学研究所面临的社会现象也是客

观的），因此，科学家在研究中与研究对象是分离的——这是严谨的科学研究所必需的。但教育则不然。"教育——这首先是人学。"（苏霍姆林斯基）"真教育是心心相印的活动。"（陶行知）这就决定了在理想的教育中，教育者必须融进教育对象之中，避免师生在精神上的分离。换句话说，师生交往的本质就是教师人格精神与学生的人格精神在教育情景中的相遇。

基于以上认识，我认为，在语文课堂教学中，我们当然可以把教师角色定为"导游""主持人"以及"导演""舵手"等；但更重要的是，不管什么角色，教师都应该在课堂中营造一种"对话情境"。这里所说的"对话"，不仅仅是指教师和学生通过语言进行的讨论或争鸣，而主要是指师生之间平等的心灵沟通。这种"对话"，要求师生的心灵彼此敞开，并随时接纳对方的心灵。因此，这种双方的"对话"同时也是一种双方的"倾听"，是双方共同在场、互相吸引、互相包容、共同参与以至共同分享的关系。"师生之间的这种相互作用或对话的交互性，说明二者的关系是一种互主体性关系，这不仅是指二者只是两个主体在对话中的互相作用，而且指二者形成了互主体性关系，即主体间性，这样相对于对方，谁也不是主体，谁也不是对象，谁也不能控制谁操纵谁，或者强行把意志意见强加于另一方。"（金生鈜：《理解与教育——走向哲学解释学的教育哲学导论》）

针对过去教学中的"教师中心"倾向，我们更强调对话情境中教师的"倾听"。毫无疑问，教师不但承担着教育的责任（我们并不因为"对话"而在思想上削弱这种责任感），而且无论专业知识还是社会阅历都在学生之上，但作为一个真实的活生生的人，作为一个和学生同样有着求知欲的成年学习者，教师同时也是学生年长的伙伴和真诚的朋友；在倾听学生言说的过程中，学生的见解和来自学生的生活经验直接或间接地作为个人独特的精神展示在教师面前，这对教师来说，同样是一份独特而宝贵的精神收获。如果说，在过去"教师为中心"的师生关系中，教师和学生相对于对方都是一种"他"者，双方的关系是一种"我——他"关系的话，那么，在对话情境中，师生之间是一种"我——你"关系。在这种关系中，使课堂教学的过程，对师生双方来说，都是一种"共享"。师生之间人格的相遇、精神的交往、心灵的理解，便创造了也分享了真正的教育。这种教育，同时也是师生双方的生活，是他们成长的历程乃至生命的流程。

上面所说，对当今的语文教学乃至整个教育现状而言，当然只是一种理想，或者说只是我一厢情愿的"形而上"的思考。但这不妨碍我们在"戴着镣铐跳舞"的同时，对教育的明天做一些"应然"的憧憬。更何况，我们有不少教师已经在这方面做了许多有益的探索。我最近在苏州听了几位语文老师的课，他们上的都是同一篇课文《胡同文化》，每一位老师的个性、气质都不一样，他们在课堂中所展现出的角色形象也不尽相同，如果套用你的话说，他们有的像导游，有的像主持人；但在他们的教学过程中，无不充满着平等、民主、互相尊重、共同探索的现代教育精神。其中，有一位老师上得似乎很"传统"，也就是说，除了抽学生答问，他基本上是一个人唱"独角戏"，但他的几乎每一句话都充满着对学生心灵需求的尊重而富于探讨性、启发性和开放性。听他的课，没有被"灌"的感觉，相反，学生的思想闸门被教师思想的激流所撞开因而一泻千里……我之所以要特别提到这位老师，是想再次强调这样一点：如果教师本人具备真诚而自觉的民主精神，那么，不管以什么角色出现在学生面前，他都不会是学生思想的主宰者，而会非常自然地成为学生探索真理道路上的志同道合者，所谓"嬉笑怒骂皆成文章"。

由你的来信，我想到这些。我写这封回信，也是对我平时细思碎想的一次整理。思考总是在与人交流中不断提升，这也是对话的意义。愿这样的对话能够继续下去。

祝好！

李镇西

2002 年 2 月 23 日

挥洒生命

——课堂教学实录

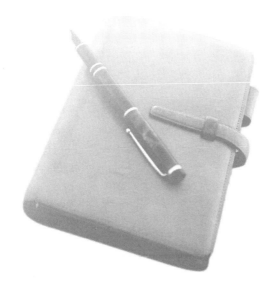

一、叩问爱情
——我教《给女儿的信》

时间：2004 年 11 月 1 日
地点：成都市电化教育馆
学生：成都市盐道街中学外语学校高一（3）班

随着值日生朱雅兰一声响亮的"起立"，同学们齐刷刷地站了起来，一双双明亮的眼睛看着我。

我深深地鞠了一躬："同学们好！"

同学们齐声喊："老师好！"

"谢谢！请坐！"我说，"今天我们一起来学一篇新课文，这是一篇自读课文，叫《给女儿的信》（我一边说一边转身板书：给女儿的信 苏霍姆林斯基），作者是苏霍姆林斯基。这篇文章咱们怎么学呢？作为一篇自读课文，主要是自己读，看看有什么感悟，什么问题或者什么不同的想法，都可以提出来大家交流、分享，李老师呢，和你们来做一些探讨，也和大家分享。"

从学生的阅读程序来说，他们接触一篇新文章首先要克服字词障碍。本来，我可以给学生列一些可能不认识的字，但我想，我以为他们不认识的字，他们就不认识吗？恐怕不一定。而且，我以为他们认识的字，恐怕他们也不一定能够认识。再说，这个同学不认识的字，可能那个同学不一定不认识。反之亦然。所以，最好的办法，还是让学生自己互相交流他们在阅读中遇到过哪些不认识的字。

于是我又说："我们接触一篇课文首先是从接触字词开始的，那么我要问，哪些同学在阅读时遇到不认识的字？然后查过哪些字词？大家交流一下。如果你们没有，李老师就要问你们了。"

黄泳第一个举手："我查过'抔'。"

我问："在课文什么地方？要说清楚。"

"在课后练习里，'读读写写'的第三个字。"她说。

"哦，在这儿，读什么？"我问她。

黄泳说："póu。"

"读几声？"

"二声。"

"很好！"我又问全班同学，"同样是这个字，查过的举手。"

许多同学都举起了手。我笑了："呵呵，不少呀！哪些同学在没有读这篇文章之前就认识这个字？"

无人举手。

"哦，没有。"我说，"那么，你们还查过哪些字呢？"

依然无人举手。

"没有啊？"我说，"这就是说本文的字你们都认识了？好，那李老师要考考你们了。李老师有点疑惑要问大家——看第 15 自然段第 4 行。我请一个同学读一下'原来有窝棚的地方已经盖起一……'，后面这个字读什么。"

有同学举手了，我说："别举手！我抽一个同学起来读——请余鑫同学来读。"

余鑫站了起来，很自信地读："dòng。"

我说："很遗憾你读错了，这个字应该读——"

"zhuàng！"部分同学忍不住读出了声。

"对！一'幢'！"我肯定道，然后继续对余鑫说，"我知道你以为自己能够读正确而没有去查。那么有没有一个 dòng 字呢？有的，但是写法不一样。"

有同学插嘴："那是一个木字旁，再加一个东。"

我点点头："对！我们四川人很容易把一'幢'读成一'栋'！以后可别读错了。李老师还有一个字要考大家，第 8 段第 2 行'在他们目光接触的……'"

有同学忍不住小声读了出来。

我赶紧制止："不要说！我请马雯婕读。"

马雯婕读："刹（chà）那间。"

我问："她读对了没有？"

郑毓秀急切地站起来说："应该读 shà！"

更多的同学说："应该读 chà！"

"对！应该读 chà!"我肯定地说。

看着有点不好意思的郑毓秀，我说："不过，郑毓秀虽然读错了，但通过这么一纠正，你印象就比较深对不对？我问大家，这个字有没有读 shā 的时候？"

同学们说："有！"

我说："对，这是一个多音多义字。'刹车'的'刹'便读 shā。但在这儿读'刹（chà）那间'。还有没有其他的字？没有了啊？一会儿我说不定还要考你们的，呵呵。我要强调的是，查字词时我们往往容易去查那些没见过的字，而我们经常见的字读错了却不知道。"

字词解决了，应该正式进入课文了，我一直坚持认为，对一篇课文的阅读应该从学生开始，而不是从教师开始。如果从教师开始，就应该是教师提出什么重点什么问题或者展示什么多媒体课件，无论这些问题或课件设计得多么好，这一切都是着眼于教师怎么"教"！而在我看来，自读课文更多的应该着眼于学生怎么"学"！因此，我决定从学生的感受开始进入这篇课文的教学。

我对同学们说："这篇文章是苏霍姆林斯基写给女儿的信，同学们读了一遍以后你们第一个感觉是什么？有什么想法？大家不妨谈谈。"

钟雪飞把手举了起来："我觉得一般的父亲在这种情况下是不会对他女儿这样说的，但是苏霍姆林斯基却对他女儿谈什么是爱情，很不一般，他和一般的父亲不一样！这点我印象特别深。"

我问："和钟雪飞有相同感觉的举手。"

大部分同学举起了手。我说："看来多数同学有和钟雪飞一样的第一感觉。那么我有一个问题，你们可要实话实说——你们在 14 岁有没有想过爱情？放心，李老师不会问你具体是怎么想爱情的。呵呵！"

大家忍住不笑了，同时纷纷举手。我一看，绝大多数同学都举起了手。

我说："把手放下！嗯，多数人想过。但想过以后又问过父母的同学，请把手再举一下？"这次却只有四个同学举手。

"好，我们请举手的四个同学谈一谈，当你们在父母面前问这个问题的时候，你们的父母是怎么说的？苏畅，你先说好吗？"

苏畅说："我问过父母，他们说，现在问这些做什么，长大了就知道了。"

大家笑了，我也和同学们一起笑了。

我问汪洋同学："你的父母怎么回答你的呢？"

汪洋同学说："我妈给我讲爱情是世间很美好的一种情感，然后说她和我爸那样就叫爱情。"

大家又笑了。

"那么，王楠楠的父母又是怎么告诉你的呢？"

王楠楠说："我是和爸爸闲聊时问到的，他告诉我，每个人所经历的都不一样，爱情没有一个统一的答案，要靠自己去体会。"

然后我请黄泳说，黄泳回答："其实是我妈妈给我讲的，她说每个人所面对的爱情都不一样，不同的人有不同的爱情，要看你怎么处理。"

我说："我觉得这四位同学的家长都不错，都能真诚面对孩子的提问。只有苏畅的父亲回答得好像比较敷衍一些。呵呵！不过还好，没说你小小年纪怎么就喜欢胡思乱想。"

大家都笑了起来。

"可是，"我话锋一转，"为什么只有四个同学问了爸爸妈妈呢？其他同学也想过爱情为什么没有问过你们爸爸妈妈呢？"

同学们异口同声地说："不敢。"

我说："不敢？如果问又会怎么样？好，我们现在就想象一下，如果你们问爸爸妈妈，估计他们会怎么说？"

李运举手站了起来："我父母会花四个小时来教训我！"

大家笑了。

"嗯，你的家长可能会说你现在别想这些！是吧？"我问。

李运说："是。"

杨晓梅站了起来："我的妈妈会说，你这么小的年纪，想这些干啥，还不好好学习！我知道我如果问了，我一定不会得到自己满意的答案。"

我说："是啊，爸爸妈妈不说，可是你们会想呀！并不因为没有人回答你们就不想爱情了。就像是到了春天花一定会开放，到了秋天果实一定会挂满枝头，你们在一天天长大呀！我觉得你们多数同学，知道爸爸妈妈不会回答，所以轻易不会去问这个问题。在中国，很少有父母像刚才四位同学的家长这样开明。李老师也有一个和你们一般大的女儿，你们猜猜，李老师的女儿问过我没有？"

学生齐声说："问过！"

"没有！"我的回答出乎大家的意外，大家笑了起来。

我继续说："我就知道你们会猜错。呵呵！但是在我女儿十四岁的时候，我主动给她看了苏霍姆林斯基给女儿写的这封信，为什么？大家知道，苏霍姆林斯基对我的影响非常大。我觉得女儿在慢慢长大，我应该像苏霍姆林斯基对待自己女儿一样，也主动告诉我的女儿什么叫爱情。"

略微停顿了一会儿，我说："刚才几位同学的父母回答得非常好，但是和苏霍姆林斯基的回答相比还是有区别的，比如，第一，在表述形式上，你们家长都给你们讲道理，而苏霍姆林斯基是用讲童话的形式。第二，你们父母都讲每个人的爱情都不一样，但是既然都是爱情就有共同的特点，所以苏霍姆林斯基讲的是古今中外人类共同的情感。现在我们看看苏霍姆林斯基是怎样讲爱情的。下面同学们把课文快速看一下，把你喜欢并欣赏的语句勾出来，或者不懂的画出来。一会儿我们交流感想，或者提出问题，李老师一会儿也给同学们谈谈我的体会。"

教室里一下安静了，同学们都开始快速阅读课文。我一边巡视，一边继续提醒："你特别欣赏的句子，甚至你有不同的看法都可以勾出来。不懂的问题也可以记在那儿，一会儿可以提出来。"

学生继续默读。

几分钟后，我说："好了，很多同学都看了一遍了，咱们交流一下。你感受最深的一点，或者某些段落甚至一个句子一个词，最能打动你的……都可以说说。哪位同学先来说一说？"

汪洋同学举手了，她站起来说："这句话特别打动我——'我们每个人都不免变成一抔黄土，但爱情却成为人类种族的生命力永不衰败的纽带。'这句话我觉得写得很真实，每个人都会死，但在生的时候有过爱情，爱情就会通过你的生命延续。"

汪洋的回答真实地反映了她的理解，这个理解我认为是正确的，不过我感到还不完整。本来我可以帮她补充，但我想还是让学生来补充，于是我说："汪洋对这段文字印象比较深，同学们对这句话还有没有不同的理解或补充？"

钟雪飞举手站了起来："我觉得这句话还有一个意思，有了爱情两个人才能走到一起，这样才能够延续后代，这也是生命的一种继承。"

我说："对，我同意钟雪飞的补充，他的补充很重要。我也谈谈我的理解，爱情无疑是一种精神的东西，但不仅是精神的东西，它有着生物性的基础，也包含了人的自然结合，包括人类的生生不息。有了爱情，才有相爱的人之间的结合，才有了后代。但是我们今天谈论爱情更多的是赞美精神的东西，因为我们是人！每一个人的生命是有限的，绝大多数人不过就是几十年，但爱情是永恒的。比如梁山伯与祝英台，他们已经死了多少年了，但是他们因爱而化作的蝴蝶一直飞翔到今天！还有罗密欧与朱丽叶的爱情。因此，人不免一死，但爱情的力量是永恒的。"

李文思举手了，她说："第 15 自然段有这样一句——'上帝在这对男女的眼睛中看到了一种无与伦比的美……'我是第一次听到用'无与伦比'这个词形容爱情，我读到这里对这个词有了感觉，就是爱情居然能够产生这样强大的魅力！"

让学生自由发言，并非取消教师的引导。理想的境界，是学生和老师在自然而然的交流中互相促进，同时，教师又不知不觉地引领着学生。这里的关键，是教师要善于捕捉契机——敏锐地发现学生发言中和文本重点以及教师教学意图的结合点或邻近点！说实话，在课前我所能想到的最大的教学难点，就是这篇文章很容易上成以"正确认识爱情"为内容的主题班会！我提醒自己：必须上成语文课，尽可能引导学生在认识爱情的同时，又注意课文的文学性或者说写作艺术。因此，在这之前，虽然表面上我和学生在轻松地聊着，但实际上，我一直在关注着每一个学生的发言，我在等待，等待着学生自由交流和教师主动引领的最佳切入口。现在，李文思的发言让我心里一亮：机会来了！

我说："李文思的发言很好。她指的这个语言点是上帝的第二次发现。那么，我们不妨暂时停留在这里研讨一下，我们围绕上帝看到的东西来研讨一下，课文说'上帝在他们身上看见了一种不可思议的美和一种从未见过的力量'，我想问，上帝这样'看见'过几次？"

同学们七嘴八舌，有说两次的，有说三次的。

我要同学们注意看课文本身，然后多数同学说"三次"，于是我说："三次，是吧？同学们马上把这三次找出来，看看上帝三次看见了什么，看见的是不是同样的

东西。"

同学们立即仔细看课文，认真地找了起来，同时同桌之间不时小声议论。

有同学说："第一次看到的是爱情。"

我和他们碰撞起来："看到的是爱情？不对吧？那是大天使对上帝所见的解释和概括。"

同学们继续寻找并思考上帝三次究竟见到了什么。

我和学生一起找一起分析："第一次是什么？'上帝从那目光中发现了一种不可思议的美与一种从未见过的力量。'看到的是什么？"

同学们齐答："美和力量！"

"第二次看到的呢？"

同学们说："还是美和力量，第三次是同样的东西。"

"对！"我继续引导，"但是三次同样的美在他的眼里有没有区别呢？或者说三次有什么不同？书上有的，你只需要扣住这句话的语言。第一次看见的美是什么？"

有同学插嘴："爱情。"

"这是大天使给他概述的呀！"我笑了，继续追问，"上帝自己看到的是什么？"

多数同学回答："不可理解的美。"

我和同学们一起探讨："对，在这儿作者想说的是，上帝的眼光渐渐地表现了爱是一种美，一种力量。这种美在人类看来是很常见的，但在上帝看来是'不可理解'的，因为他从未见过。上帝一想，他是无所不能的呀，为什么他没看到过这东西呢？作者这里说，上帝发怒了。为什么要发怒呢？"

同学们纷纷说："因为人类未经许可就发明了他从来没有见过的东西。"

我引导学生看书："用书上的话说，就是'因为没有经过请示就创造了一种他自己闻所未闻见所未见的东西'！那么，上帝第二次看见的对象变了没有？"

同学们齐答："没有。仍然是美和力量。"

我说："但是换了一个定语……"

同学们说："无与伦比！"

"对！"我说，"就是李文思刚才说的'无与伦比'。那就是说，五十年过去了，爱情褪色了没有？"

同学们说："没有。"

我说："这就是说经历了时间的考验，爱情变得更美了，无与伦比。这就叫什么？"

同学们说："忠诚。"

我感慨地说："是呀！忠诚就是不因岁月的流逝而改变这份感情！时间过得越久，经受的考验越多，爱情越美！无与伦比的美！这是上帝第二次所见。那么，第三次呢？上帝第三次来了以后只有一个人了，老奶奶已经去世了，只剩下老爷爷一个人了。在上帝看来，所谓爱情好像似乎应该黯淡一些。但他看见了什么？"

"没变。还是……"同学们七嘴八舌。

"还是什么？"我追问。

同学们大声说："美！"

"但'美'前面加了一个定语。这定语是什么？"

同学们说："'不可理解'。"

我故作不解："怎么还是'不可理解'？第一次是'不可理解的美'，第二次是'无与伦比的美'，这第三次还是'不可理解的美'。请大家思考一下，然后举手回答，这两个'不可理解'有什么不同？"

何思静举手回答："上帝第一次看到人类相爱，因为他从来没见过，所以不可理解。第二次看到男女相爱，他感到很美，无与伦比。但第三次只有一个人，女的死了，似乎不应该感到爱情之美的，但他还是感到很美，他觉得爱情的力量不可思议。"

我说："我同意何思静的理解。也许上帝最初认为，爱情只有人活着的时候才有，为什么死了，还有一种忧伤的美，忧郁的美，上帝不可理解，而且是和过去同样的力量，因为他有'心灵的追念'。虽然老伴去世了，但是心是相通的。那么再看前两次上帝看到爱情后是怎样的表情？第一次书上怎么写呀？"

同学们说："'上帝勃然大怒'。"

"第二次呢？"

同学们说："第二次是'上帝怒不可遏'。"

我说："第三次呢？照前两次的推论，应该是暴跳如雷了。但你看第三次怎么样？我请一个同学把这一句读一读。"

唐强举手起来朗读："上帝久久地伫立凝视着。随后深沉地思索着离去了。看着他们，然后深深地沉思着走了。从那时起，人就成了大地上的上帝。"

我说："本来我以为唐强要读错一个字，呵呵！大家猜猜，我估计唐强要错哪个字？"

同学们笑了："'伫立'的'伫'！"

"对！"我说，"但唐强果真很强！没有读错'伫'这个字。"

同学们笑了。

"这个字很容易读错的，有同学可能会读成'chu'。"我继续说，"这句话很重要的，我们一起来读一读——"

我和学生一起朗读："上帝久久地伫立凝视着。随后深沉地思索着离去了。看着他们，然后深深地沉思着走了。从那时起，人就成了大地上的上帝。"

读完之后，我对大家说："那么怎么理解上帝的这种思考？你们想一想，他当时在想什么？为什么苏霍姆林斯基要说'从那时起，人就成了大地上的上帝'？为什么上帝没有继续发怒而是思索？他又思索了什么？为什么他后来离去了？为什么人就成了大地上的上帝？大家议论一下这些问题。"

同学们分小组研讨，气氛很是热烈。

几分钟后，我说："好了，一起交流一下，我们怎么理解这句话？"

路遥说："世间最美好的东西就是爱情，但是上帝觉得他却不具有，所以就比较恼火，他不是全能的。作者认为，只有拥有爱情才会成为真正的上帝。"

我说："好，这是你的理解。还有没有其他理解呢？"

赵瑞雪说："我们这个小组的看法是，因为上帝是在想，既然人类能够创造比他自己创造的更美的东西，那就让人称为上帝吧。所以说人就成了上帝。"

我趁势幽了她一默："就是说你们不用我来领导了！"

大家笑了起来。

杨晓梅说："我认为，上帝这是对于爱情的嫉妒，因为他和人相比，人创造的更美，然后他同样也羡慕爱情，这句话就表明爱情战胜了权威。人才是上帝！"

我说："很好，其他同学呢？还有没有新的理解？"

戚西川说："我们这个小组认为，上帝给了人类思索，当他发现了爱情比自己的力量更强大、更有力量的时候，那就只有无奈地走开了，再发怒也没用了。"

钟雪飞说："我觉得这毕竟是一个童话故事，但深刻地反映了爱的力量是无与伦比的，爱情是不可战胜的，因此他离开了。"

我说："你们说的我都同意，但我最近读了以后还有一点新的体会——想不想李老师说？"我故意卖了一个关子。

同学们的声音震耳欲聋："想！"

"想？呵呵，其实你们不想我也要说！"

同学们爆笑。我特别喜欢这种轻松的氛围，这种氛围特别能够激发我的灵感。

于是我说："我觉得上帝在这儿思索，是在想，我无论采取什么办法都不能征服人类的爱情，而且连人都死了，爱情居然还存在。因此他很无奈地离去了。不过，上帝除了无奈之外，我想可能还有感动。这样的爱情，我不能主宰，还是让人类自己主宰自己吧！于是，人成了大地上的上帝，在大地上，人为了精神可以献出生命，包括信仰，包括理想，当然更包括爱情！因为人的感情，人的思想，人的尊严，是不可战胜的。从这点上讲，凡是人性的东西、精神的东西，都是不可战胜。上帝都不能战胜的，你想战胜，这不是很狂妄吗？"

那一刻，教室里一片肃静，同学们似乎都和上帝一样陷入了对爱情的沉思。

我顿了一下，又问："同学们还有没有什么问题？包括写作上的问题。比如写法上有什么特点？好，李运举手了。请李运起来说说。"

李运说："这篇课文引用对话比较成功，对话推动了情节的发展。"

"李老师，我认为，对话不但推动情节，还……"

汪洋站了起来："同时我理解也是层层递进。"

我说："好，请汪洋同学展开讲讲，好吗？"

汪洋说："先说爱情的美和力量，然后引申到更高层，'忠诚'，然后再进一层，'心灵的追念'。这些都是通过上帝和大天使的对话完成的。"

我说："对，层层深入，把对爱情的认识引向深入。刚才李运说对话把情节引向深入，其实，我还有一个想法，作者并没有全像我们说的，全都是层层深入。"这里，我有意想和学生碰撞一下，在碰撞中引导，"你们看，作者的语言有没有重复的？是哪些句子？找出来。"

同学们开始重新看课文。不一会儿，何思静举手了。

何思静说："是这几句，'他们一会儿看天，一会儿你看看我，我看看你，互相

传情'。后面还有，也是这样重复的。"

我问："你说为什么苏霍姆林斯基会这样表达？"

何思静说："因为爱情是一种精神上和心理上的东西，不能用语言告诉对方，他们之间的爱，就是这样'你看看我，我看看你'。"

我说："很好，爱情，不用语言的，而且爱情就是这么简单，就是'在金黄色的麦田前，时而望望红艳艳的朝霞，时而你看看我，我看看你'。你们看，这是多么朴素，又是多么美好！现在，像这样一种古典的爱情方式已经很少了。并不是说在大街上接吻拥抱，生怕别人不知道，这才是爱情。其实，爱情是很简单的，不过就是看着自己心爱的人。"

教室里一片宁静，孩子们还小，但他们显然也被文中的爱情打动了。讲到这里，我突然有一种感动，不知是苏霍姆林斯基美好的童话感动了我，还是学生纯真的理解感动了我，或者是我产生了什么美好的联想，甚至也许是我心灵深处某一根柔软的情弦被拨动了。我突然想到一首歌，并忍不住对同学们说了出来："突然我想到一首歌，这首歌我不会唱，大概就是叫《浪漫的时刻》。"

同学们纷纷点头："知道，叫《浪漫的事》。"

我说："何思静会唱吗？你可不可以给大家唱一下？"

何思静轻轻地唱了起来——

　　我能想到最浪漫的事
　　就是和你一起慢慢变老
　　一路上收藏点点滴滴的欢笑
　　留到以后坐着摇椅慢慢聊

歌声把所有同学都感染了，渐渐地，全班同学和着何思静的声音一起唱道——

　　直到我们老的哪儿也去不了
　　你还依然把我当成手心里的宝
　　我能想到最浪漫的事
　　就是和你一起慢慢变老

一路上收藏点点滴滴的欢笑
留到以后坐着摇椅慢慢聊
我能想到最浪漫的事
就是和你一起慢慢变老
直到我们老的哪儿也去不了
……

歌唱完了，大家鼓掌。

我的眼睛潮湿了，鼻子开始发酸，但毕竟正面对着摄像机，因此我尽量抑制自己的情绪，尽可能镇定地说："虽然李老师不会唱，但每一次听到这首歌都很感动，爱情就是看着对方变老，仍然爱他。像这样的爱情，虽然少，还是有的。前次裴丹同学的作文大家还记得吗？她说她爸爸妈妈每次上街进商场，爸爸都把妈妈的手牵着。爱情有时候就是牵手。不需要太多的语言，更不需要海誓山盟！"

同学们没有说话，都看着我，每一双眼睛都在感动，都在思考。

停了一会儿，我问："对这篇文章还有没有不懂的地方？或者对苏霍姆林斯基有没有不同的看法？"

赵瑞雪问："苏霍姆林斯基女儿只有 14 岁，作者为什么就说她跨进了'成年女性'的界限？"

这个问题我当然可以回答，但我先问同学们："有没有同学能够解决这个问题？"

金薇说："因为是在苏联嘛，苏联的女孩早熟一些。14 岁正是青春期，所以他说女儿成年了。"

我笑了："我基本同意你的说法，他说 14 岁是'成年'的年龄。其实不光是苏联，在我国，14 岁也是进入青春期的年龄嘛！我看到的另一个版本上这一句是这样说的：'你跨进了女人的行列。'还有没有其他问题？"

苏畅："最后一句我不太理解，'就是说它还仅仅是能够成为人，但尚未成为真正的人的一种生物罢了'。"

我说："好，哪位同学给苏畅讲一讲？"

李文思说："我觉得，作为一个真正的人，他的情感是很丰富的，所以他作为一个完整的人，他一定拥有爱情，懂得爱，如果一个人不能够思索，没有拥有爱情，是很可悲的，就不是真正的人，而只是一个生物。"

我说："我觉得你说得有点道理。有没有补充的？大家注意，这里说'但尚未成为真正的人'，也就是说前面所说的'人'不是真正意义上的人，只是一种生物罢了。你虽然成了人了，但还不是真正的人，没有智慧，没有情感。其实从生物的角度，动物也知道繁衍，但是人与动物不同，人类的繁衍是建立在爱情的基础上的。只有人才有爱情！苏霍姆林斯基在另一部著作中这样写道：爱情的种子，要在我们的青少年性心理成熟以后不久就播到他的心田。中国家长对这个观点可能觉得不可思议。苏霍姆林斯基解释说，所谓爱情的种子不是谈情说爱的技巧，而是培养人的尊严感的过程，培养忠诚、义务、使命感，培养人性美，培养人的责任感的过程。这句话说得非常好！为什么苏霍姆林斯基要在女儿14岁的时候跟她谈爱情？因为不仅仅教女儿懂爱情，而且是教她懂真正的爱情，懂得做人应该具有的责任感，培养女儿的人性美。现在我问一个问题：你们读了这封信以后对苏霍姆林斯基的观点有没有不同的看法？"

杨晓梅说："苏霍姆林斯基是一个很好的爸爸，但我觉得爱情不仅仅是说出来，更要做出来，不应该刻意地去追求，不应该把'忠诚'说出来。有许多人把忠诚挂在嘴边，最后还是不忠诚。因此，我觉得苏霍姆林斯基不应该把忠诚说出来，而应该让女儿以后去实践。"

金薇反驳："我觉得杨晓梅理解不对，因为这是大天使说的，并不是夫妇表现出来的。"

本来从这里可以开始许多观点交锋，但遗憾的是，课堂时间快结束了。所以我不得不说："这个问题，杨晓梅的意思是忠诚应该用行动来体现。这个观点本身还是对的。金薇不同意你的说法，可能其他同学还有其他想法，或者还有更多不同的观点。李老师这里不做结论，下课以后我们还可以继续争鸣。好吗？"

我非常明显地感到，通过这堂课，同学们对苏霍姆林斯基充满了敬意。于是我说："还记得我第一次见你们的时候谈到对我影响非常深的两个人吗？一个是苏霍姆林斯基，一个是——"

不等我说完，同学们大声齐说："陶行知！"

我向孩子们展示了几幅照片："看，这是苏霍姆林斯基的照片，非常英俊！"

当苏霍姆林斯基的照片通过多媒体展示出来时，同学们一片惊叹，他们的确被苏霍姆林斯基的英俊征服了。

我充满感情地说道:"苏霍姆林斯基从心灵深处特别爱孩子。他还写过一本书,题目就叫《我把整个心灵献给孩子》。他常常在假日里与孩子一起郊游,他担任校长,同时一直担任语文教学,坚持上课。他后来是在工作岗位上心脏病突发,被抬上担架,就再也没有醒过来。我特别感动他的一些细节。他每天早晨都来到学校大门口,用非常慈祥的目光看着孩子们一个一个走进校门。曾有一位学者参观了苏霍姆林斯基所在的巴甫雷什中学后这样写道:'我在这个学校发现了一个秘密——在这所学校里,孩子们不是怕校长的,无论苏霍姆林斯基出现在什么地方,总有孩子围上前去,每当这时候,苏霍姆林斯基的脸上就露出了孩子般纯真的笑!'"

教室里再次进入一种神圣的沉静……

我继续说道:"再过一个星期,下星期一,我将去见苏霍姆林斯基的女儿。我们1998年第一次见面,已经六年不见了。李老师要去见她,你们有没有什么话要我带给这位当年幸福的女儿?李老师一定带到!"

同学们一下子没有思想准备,但都在认真地想着。

我说:"这样吧,下课以后你们想好了,每个人写一张纸条交给我好吗?"

同学们大声说:"好!"

摄像师给我做了一个时间已到的手势,于是我对同学们说:"今天咱们在这里上课,学习苏霍姆林斯基给女儿的信,说实话,我在上课时忘了我是在给你们上课。这堂课勾起了我的回忆,我过去教过的一个学生,她的孩子要读小学,来找我想读一所非常好的小学,我说没问题。当我接到她的电话时,我感慨万千!当年我给他们那批学生讲苏霍姆林斯基的时候,他们和你们一般大,一晃十几年过去了,他们成了爸爸妈妈,有了孩子,孩子都读小学了!我想,你们正在一天天长大,再过若干年,你们也会迎来自己的爱情,迎来自己的家庭,并有自己的孩子,说不定李老师还会教你们的孩子;到了那一天,李老师会从你们孩子身上看到你们的影子!大家想一想,这是不是最浪漫的事?这样的人生多么富有诗意!但是,只有真正懂爱情的人,才会拥有这样的诗意人生!"

同学们自发地鼓起了掌,这是这堂课最热烈的掌声!

掌声中,我对同学们说:"下课!"

学生仍然热烈鼓掌……

同学们陆陆续续走出摄像室，他们从我身边走过时问我："李老师，你觉得上得怎样？"我问他们："你们认为呢？"

同学们不停点头："很好，很好！"

我说："我也觉得很好！谢谢同学们！"这是我真实的感受。当下课的一刹那间，我心里涌出的第一个感觉是：我的学生太可爱了！

附记：

行云流水，走进心灵，这是这一堂课我最满意的一点。

但这篇课堂实录也在网上引起了一些争论。魏智渊老师说："李老师讲散文有自己独特的风格与技巧，一般分为三个流程：整体感知——揣摩语句——质疑问难。在这三个流程中，核心的一点是'读出自己，读出问题'，而这些，在《给女儿的信》的教学中均有突出表现。从某种意义上讲，这一节课既是设计的，又是生成的，既尊重学生的认知规律，又没有放任自流，忽略老师的引领作用，师生和谐互动，奏响了一曲优美的交响乐。"

李海林教授不讳言自己欣赏"李镇西老师的课就是有这么一种魔力，把学生深深吸引住，把'读'他的课的人也深深吸引住"，并充分肯定了"这堂课上得非常生活化"，同时他也指出了他认为的不足："我们感觉到，他在由'文本的解读'向'生活'方面延伸的时候，他举重若轻，水到渠成；他把学生往'语文'方面拉的时候，似乎是断然地中断了学生心灵的'感动'和'思考''沉思''神往'，硬性而突兀地把'语文'摆在学生的面前，甚至直接点出：'写作上的问题''写法上有什么特点''对这篇文章还有没有不懂的地方'。这无论从哪方面说，都是颇煞风景的。"

李海林教授的评价让我心悦诚服。我非常同意他的观点："其实'读文本'就是学生的生活之所在。我们需要做的，就是把'读文本'当作生活的一种方式来'读'，换一句话说，就是把生活当作生活来生活。"这将是我努力的方向。

二、和学生一起平等地研读

——《山中访友》教学实录与反思

时间：2005 年 10 月 15 日

地点：湖北省宜都剧院

学生：宜都市外国语学校初一学生

2005 年秋天，我应湖北省宜都市教研室之邀去讲学，并上一堂语文课。临出发时，对方教研员问我给学生上什么课文，我报了课文题目——"提醒幸福"。

一周以后，我站在宜都剧院舞台上，台上坐着一个班的孩子。师生互相问好之后，我笑盈盈地对孩子们说："我们今天一起来学习毕淑敏的《提醒幸福》，请同学们打开课本，翻到这篇课文。"

所有学生都一脸茫然，然后纷纷说："老师，没有这篇课文哪！"我一惊：怎么会这样呢？站在幕布旁边的教研员忍不住说："糟了！我记成《紫藤萝瀑布》了，我叫学生预习的是《紫藤萝瀑布》！"啊？原来是这样！我问学生课本上有没有《提醒幸福》，学生都说没有！原来他们的教材上根本就没有这篇课文。怎么办？教研员老师说马上去复印，我说来不及了。的确，上课铃声已经响过，下面黑压压地坐满了听课老师，怎么来得及呢？

我想，干脆就根据学生的学习进度，临时从他们的课本上选一篇课文来上。我问学生："你们学到第几课了？"他们回答刚上完一个单元。下一个单元有这样几篇课文：《春》《济南的冬天》《山中访友》等。我心里有底了：这个单元，除了《山中访友》我没有读过，其他两篇我都教过。于是，我对学生说："你们想学哪一篇啊？"我想学生多半会选《春》或《济南的冬天》，谁知道大多数学生都说："《山中访友》！"

实话实说，最初几秒钟内，我有那么一点点不知所措：这可怎么办？根本没有读过的课文我怎么讲？但我马上告诉自己：不要紧，索性就和学生一起平等地研读。

我和学生都没有读过这篇文章，正好处在同一阅读起点，一起研讨，不也很好吗？于是，我说："好吧！我们今天就来学这篇课文！"

我对学生说："这篇文章，你们没有学过，李老师也没有读过，不过不要紧，现在我们就一起来读。花十分钟的时间，很快读一遍，然后找出不懂的问题，或者最欣赏的语句，一会儿我们来交流，好吗？"

课堂上一下安静了，同学们都进入了默读状态，并开始思考。

这显然是一次猝不及防的挑战。我上过许多次公开课，都是有备而去，可是这一次，一切都是空白：课文是陌生的，来不及备课，更来不及写教案，也没有任何教参……却要在众目睽睽之下，把这一课上完，这的确是一个挑战。我曾经说过，对于课堂教学，我追求自然、潇洒与随意。如果把语文课比作画国画，那么有人喜欢画工笔画——追求课堂的精巧，甚至课前对每一个细小的环节都精心设计，因而胸有成竹。对这样的老师我充满敬意。但我不愿意画工笔画，而喜欢"大写意"，喜欢课堂上有一些"突发情况"——这最能激发我即兴发挥的教学灵感；我不喜欢把课堂填得太满，而喜欢留一些空间给学生，留一些空白给自己。让教学的流程随课堂现场的情况而自然推进，教师"教"的思路和学生"学"的思路融为一体，教师和学生不知不觉地走进对方的心灵，同时也走进课文的深处。

现在，这样的"突发情况"发生了。我很快恢复了一颗平常心，和学生同时打开课文，也快速默读起来——真正把自己当作学生走进课文。我圈点勾画，捕捉疑问，尽可能从学生的角度揣摩他们可能不懂并会提出的问题……我是在阅读，同时也是在备课。那几分钟，我真正体验到了什么叫作"把自己当作学生来备课"。

时间很短，我不可能通过这堂课教给学生太多的知识，所以，我打算通过这堂课让学生初步具备一种科学的阅读态度，这就是我经常说的"读出自己，读出问题"。另外，在快速阅读的时候，我发现这篇课文表现了人类对大自然的热爱，这份感情我一定要让学生去体验。还有，作者在写作上最主要的特点是用了拟人修辞手法，但作者用拟人不是刻意为之，而是感情使然。我将这两点作为我的教学重点，打算在教学中自然而然地引导学生掌握。至于方法嘛，还是我的"看家本领"——和学生一起平等地研读。

就这么几分钟时间，我对如何教这篇课文有底了。十分钟过去了，我对大家说："我看绝大多数同学都读完了。刚才李老师也把课文读了一遍，很有感触。文章题目是'山中访友'，我今天是'宜都访友'，因为我是第一次来宜都。"

同学们笑了起来。

我接着说："文中有一句话，在倒数第二段倒数第二行：'茫茫天地间，我们有缘分，也做了一回患难兄弟。'今天我和在座的同学面对这篇课文，也算是做了一回'患难兄弟'，因为我们一会儿要一起去攻克课文上的难题。"

我略微停顿了一下，感慨道："今天是一个幸运的日子。我到宜都来这辈子可能不止一次，但和在座的同学们相遇，这的确是第一次。大家想想，茫茫天地间，我和大家在这个舞台上，恐怕再也没有机会相遇了。以后我可能还有机会遇到你们中间的某一位同学，但是绝对不会在这个舞台上和所有的同学上一节课，正所谓'空前绝后'，这就叫缘分，所以我们要珍惜这个缘分。这篇文章李老师也才接触，这节课，我和大家一起来分享。"

全场一片安静，好像大家都对我的感慨产生了共鸣。

我开始引导学生进入课文的学习："同学们都读完了这篇课文，喜欢这篇文章的请用手势告诉我。喜欢就是喜欢，不喜欢就是不喜欢，明确地告诉我。"

同学们高高地举起了自己的手。

我环顾整个教室："嗯，都喜欢这篇文章。这说明大家都读懂了这篇文章。那有谁告诉老师，你觉得怎样才算读懂了？"

很快有一个学生举手了："我觉得就是弄明白了作者要表达的意思。"

我点头表示同意："嗯，若想读懂就要知道作者写的是什么。这的确是一个标准。那么，还有其他标准吗？"

一位女生回答："要了解作者的思想感情，同时要让自己和作者有感情上的共鸣。"

我高声赞许道："'共鸣'！说得多好，要有情感共鸣。"

一位同学说："若想读懂，就要一边读课文，一边想象课文所描绘的情境。"

旁边一位同学赶紧补充："还要在课文的基础上拓展联想。"

我快速地接过话题追问："那你读这篇文章时，有什么联想呢？"

她说："我联想到了山里的景色。"

我高兴地肯定她的回答："嗯，不错。刚才李老师就由文中作者和蚂蚁的缘分，联想到我和大家相遇也是一种缘分，这也是拓展联想。"

又一位学生站起来回答："我觉得若想读懂，就要揣摩作者的写作意图，弄明白他的用意。"

同学们对这个问题的发言差不多了，于是，我说："怎样才叫读懂一篇文章，同学们说得很多、很具体，大家说得都不错。但是，我认为还是有遗漏之处，甚至连最关键的都没有谈到。比如说，若想读懂一篇课文，最起码字要认识，是吧？那么，大家在文中遇到过不认识的字吗？"

我之所以要这样说，是因为我认为对初中生来说，语文教学中的基础知识不容忽视，我希望通过这种方式来提醒大家，读一篇课文时还要留心生字难词。

果然，学生没有这个思想准备，听了我的话后，面面相觑，默默无语。没有一个同学就生难字词提问。

既然学生不问，那么我就发问："李老师这里有一个不认识的字——'你在这涧水上站了几百年了？''涧'字是什么意思？谁能告诉李老师啊？"

一个学生说："就是从山间流下来的水。"

"非常好。这个字的本义是山间流水的沟，不过，后来人们也将它的意思引申为山沟里的流水。你是怎么知道这个字的意思的？"我走到他的面前，摸摸他的脑袋以示赞许。

他不好意思地笑道："我以前学过一篇课文，叫作……叫作……"他思考着，但一时想不起来。

我摆摆手给他解围："别想了，你以前在哪篇课文中学过这个字并不重要，重要的是，你知道曾经学过，并掌握了这个字。"

另一个同学说："我以前学过一个词叫'山涧'。"

我笑道："嗯，遇到不认识的字时，我们通常可以通过两个途径来解决：第一，查字典；第二，回顾以前学过的知识。你们刚才用的是第二种方法。"

一个学生提问："老师，有一个地方我不明白。第 61 页'岁月是一去不返的逝川'中的'逝川'是什么意思？"

这个问题对我来说，是很简单的，但我却把它抛给其他学生："有谁能帮助他？"

有同学说："'逝川'就是一去不复返的河流。"

这个学生回答得很好，我强调道："是的！'逝'就是流逝。'川'就是河流。"说到这里，我随手在黑板上画出了三条蜿蜒曲折的竖线，宛如一条河，我说："你们看，古人写'川'就是这样写的，像流水一样，具有曲线美。"

学生大笑。

我说："今天，李老师要告诉大家一种阅读的态度，也就是我们应该以什么样的姿态来读一篇课文。刚才同学们说过，若想读懂一篇文章，就要明白文章写了什么，为什么要写。我还要做一点补充，就是要明白作者是怎么写的，要产生共鸣，要想到自己的生活，还要发现问题。简单地说，就是要读出自己，读出问题。"

学生们疑惑地望着我。

我接着说："要读出自己，就是要被课文打动、感染。要读出问题，也就是说，你在读的时候发现了问题并不说明你没读懂课文，而恰恰说明你读进去了。越是动脑筋，发现的问题越多。请同学们把'读出自己，读出问题'八个字写在书上。"

我在多媒体屏幕上打出：

读出自己，读出问题。

或读出自己：相似的思想、情感，熟悉的生活、时代……

或读出问题：不明白的地方，不同意的观点……

读出自己：是共鸣、欣赏、审美（把自己读进去）

读出问题：是质疑、研究、批判（与作者对话）

同学们在抄写，我强调道："由于生活经验不一样，面对同一篇文章，每个读者的收获不可能完全一样。"

我说："刚才那位女同学说，读文章时要让自己和作者产生情感共鸣。这就是读出了自己。读出自己就是想到与自己相似的思想、相似的情感。有人在看《红楼梦》的时候，看得流泪，是因为《红楼梦》里面有他的表姐，有他的表妹吗？"

学生们一边笑，一边摇头说："没有！"

我也笑了，说道："就是嘛！读《红楼梦》时流泪，那是因为读者和作者产生了情感共鸣。前几天，李老师给学生们读了一篇文章《一碗清汤荞麦面》，讲的是一位母亲带着两个孩子，相依为命，艰难度日的故事。读着读着，我就流泪了。后来，我跟学生说：'李老师失态了，但请同学们理解李老师。因为老师在9岁的时候，父亲就去世了，是我的妈妈带着我和妹妹一起生活的。'这叫什么？这就是读出了自己。"

学生们沉默了，我能够感到他们的感动。

　　我继续说："什么叫'读出问题'？将不明白的地方勾画出来，对不同意的观点做上记号。读出问题就是质疑、研究。我告诉同学们，无论什么样的大作家写的文章，都可以质疑。你们一定不要迷信课文，不要迷信作者，更不要迷信老师。今天李老师和大家一起学这篇文章，就是想告诉大家，读书、读文章时一定要读出自己，读出问题。这就是老师教给大家的一种阅读态度，只有这样，才叫读懂了文章。"

　　我重新翻开书，说："下面我把课文给大家读一遍，你们呢，一边听一边动手，有不懂的地方，赶紧勾画、做记号，一会儿提出来。李老师不一定读得很好，但请同学们认真听，一会儿给老师提出意见。"

　　我清了清嗓子，开始朗读："山中访友，李汉荣……"

　　我突然顿了顿，看看同学们，说道："作者姓李呀！我发现姓李的人都会写文章啊！"我得意地笑了。

　　学生们顿时哄堂大笑。舞台上洋溢着轻松、快乐的气息。

　　在这欢快的气氛中，我继续朗读，学生们一边听一边快速地在书上勾画着。

　　朗读完毕时，我问同学们："大家有什么发现吗？你最喜欢哪一句？最喜欢哪个词？同桌互相交流一下。"

　　我的话音一落，学生们就开始热烈地交流，有的学生还高声朗读。课堂上呈现出紧张而和谐的气氛。

　　过了一会儿，学生的议论声渐渐小了。我问："谁来谈谈自己的发现，把自己的心得告诉大家？"

　　一个学生说："我喜欢瀑布大哥。比如这些语言：'你好，瀑布大哥！……从古唱到今。'还有，'不拉赞助，不收门票'，这好像是在讽刺人们为了利益而做一些可笑的事。"

　　我说："嗯，他也产生了联想。由瀑布想到人们的一些唯利是图的做法。是啊，只有大自然是最慷慨的。"

　　一个学生站起来说："我特别喜欢这几句——"他捧着书饱含感情地朗读，"波光明灭，泡沫聚散，岁月是一去不返的逝川。"

　　我被他的朗读感动了，说道："他读得多有感情啊！请再读一遍，好吗？"

　　听了我的鼓励，他更加深情地朗读道："波光明灭，泡沫聚散，岁月是一去不返的逝川。"

我评价道："嗯，这么陶醉！他显然读出了自己。他好像就是一座饱经沧桑的老桥！"

全班同学大笑。

他继续说："我们从出生到老去，仿佛就是瞬间。"

我说："是啊！此刻很快就会成为过去，时间的紧迫感就是这样的。"

另一个同学说："'忽然下起雷阵雨……又感动人又有些吓人。'我喜欢这一句，因为它写出了雷阵雨的气势，仿佛是一千个侠客在吼叫一般。"

我问："天上有侠客吗？"

他回答："没有，它采用了比喻的手法。'一千个诗人'也是比喻的手法。"

我赞叹道："同学们的发现真多，共鸣真多。"

一位女生说："我喜欢第五段，里面的称呼有'山泉姐姐''溪流妹妹''白云大嫂'、'瀑布大哥'，等等，把山泉比作姐姐，把溪流比作妹妹，把白云比作大嫂，把瀑布比作大哥，给人以非常自然、非常亲切的感觉。"

这个女生的发言，让我心里一震，我暗喜：她说出了我的教学重点之一。其实，在学生纷纷发言的时候，我一直在寻找机会，想自然而然地提出我的"疑问"。这个所谓"疑问"，其实就是我在阅读过程中感到的应该让学生把握的写作特点，就是对"拟人"修辞手法的理解。这里，这个女生说到"把山泉比作姐姐，把溪流比作妹妹，把白云比作大嫂，把瀑布比作大哥，给人以非常自然、非常亲切的感觉"，于是，我顺势把她的话题抓住："哦，这位同学提醒了我，提醒了我什么呢？这样吧，我问大家，你们说，全文用得最多的修辞手法是什么呀？"

全班齐声说："拟人。"

"那么，文章在哪个地方开始采用拟人的呀？"我继续问。

学生七嘴八舌地回答："第一段。""第四段。""第二段。"……

学生众说纷纭。我笑着不断地摇头，并说道："有的说第一段，有的说第二段，我觉得不是，比这还早。"

学生们恍然大悟，大声喊道："题目！"

"对了哦，是题目。"我说，"'山中访友'中的'友'，指的就是大自然。那么大家想想，作者为什么要采用拟人的手法？注意，这个问题是有难度的，这可是一个科研难题哦！"我"故弄玄虚"，以刺激学生的思考欲望。

一个学生马上站起来说道："因为那些事物都是抽象的，为了把它们写得形象些，所以要用拟人。"

我斩钉截铁地摇头道："No!"

我冷不丁爆出一句英语单词，学生听了哄堂大笑。

我呈得意状，环顾四周说："我是有意和这个同学碰撞的，我更喜欢同学们之间有一些思想碰撞，如果同学们也能勇敢地对我说'No'，就更好了。"

一个学生说："用拟人的手法，是为了把抽象的精神表现出来。"

"嗯，变抽象为形象，所以用拟人。有点道理。"我说。

一个学生说："用拟人的手法赋予大自然以生命，好像作者和大自然很亲密。"

"可是大自然本身就有生命啊！"我说，"即使作者不用拟人，大自然也是有生命的呀！"

学生又笑了起来。

我怕学生的积极性受到挫伤，赶紧补充说："其实，他说的也不是完全不对，拟人显示了人与自然的亲密。大家说的都有道理，大家各抒己见，道理就会越说越明。"

一个女生说："用拟人可以让读者和作者产生共鸣，有亲切感；用拟人可以把自然的活力表现出来，好像有生命的张力。"

我表扬她道："哦，'生命的张力'。她用了'张力'这样一个词，表现出生命的韧性，不错。"

在我的鼓励下，学生更加积极地发表自己的理解。一个学生说："作者采用拟人，把自然写得更活泼、更亲切了。"

另一个学生说："我也认为采用拟人是为了展示各种抽象的精神。如写'老桥'就是为了赞美它无私奉献的精神。"

坐在后排的一个学生一直举着手，可我刚才竟然没有注意到，于是，赶紧请他发言。

他站起来，大声说："我认为大自然本来就是我们的朋友，作者采用拟人的手法就把他们写得更生动、更亲切了。"

我情不自禁地大声喝彩："真好！说得真好！他把我要说的话都说出来了！唉，我真不该点他发言哪！本来我还准备在总结的时候说这句话的！"

全班同学开心地大笑。

我说："是啊！大自然本身就是我们的朋友，作者并不是有意用拟人，或者说，他并不是为了生动才有意用什么修辞手法。不，写作就是为了表达自己的感情，我不相信作者是为了什么语言生动才这样写的，他就是将大自然当作朋友，于是写的时候便情不自禁地称呼'白云大嫂''山泉姐姐'，所以，对于写作来说，真情实感永远是第一位的，写作技巧只是第二位的。"

我突然想到我的笔记本电脑中有不少我和学生在大自然中的照片，于是，赶紧调出来，打在多媒体屏幕上：我和同学们在油菜花地里上课、我和学生们在田野上"斗鸡"、我和学生们躺在峨眉山的雪地上摆出"一班"的造型、我和学生们在草地上学狗叫、我和学生们在春日的阳光下奔跑……

学生们都被这些图片感染了。

我继续给学生介绍这些照片："李老师也喜欢和大自然为友，这是我和孩子们在油菜花地里上课的情景。大自然的一花一草，以及听我课的学生，都是我的朋友。我们和大自然融为一体，就像大自然的婴儿，躺在宇宙的怀抱里。你们看这张，我和我的学生真的躺在地上呢！那时，学生们正把我按在地上，往我身上堆雪，他们想用雪把我活埋了，让我在雪地长眠……"

1989年寒假，在峨眉山上，我和学生用身体在雪地上摆出"一班"二字

学生哈哈大笑。

我指着我和学生在田野中游玩的一幅照片，动情地说："那时我们站在田埂上，召唤着大自然，同时也接受着大自然的召唤。和大自然相亲相爱，这是一种最高境界。"

2004 年 3 月，在油菜地里上语文课

学生们目不转睛地看着一幅幅照片，眼睛里满是羡慕和向往。

我话锋一转："可是，有很多人却不以大自然为友。前几天我看了一个新闻，我想大家知道了肯定也很伤心。'国庆'长假期间，乌鲁木齐的一个景区，被中国游客弄得很脏，结果韩国八十名游客，包括三十名儿童自发、自觉地捡起垃圾，让当时所有的中国人都感到脸红。捡完后，这些外国游客并没有觉得自己干了一件多么了不起的事，而是继续游玩。这是一种多么真挚、多么可贵的对大自然的感情！"

课堂上开始有了小声的议论，学生们显然被我说的这件事触动了，若有所思。

我略加停顿，然后说："刚才大家讲得真好，都不需要我这个老师讲了。不过，我还想听听大家的高见。大家还有没有什么发现啊？"

学生又开始默看课文。过了一会儿，他们又开始发言。

一个学生说："我喜欢这一句：'我闭上眼睛，我真的变成了……被鸟儿衔向远山远水。'前面作者是把自然当作人来写，而这一句是把自己当作自然在写。"

我赞许地点点头，说："说得非常好！这位同学发现在这里作者赋予了自己植物的特点。"

一个学生说："我喜欢'满世界都是雨，唯我……给我的恩泽'。这句话让我体会到作者非常热爱自然，热爱生活；让我联想到我们应该打开心灵的窗户，去接受大自然赋予我们的一切。"

另一个学生说："我喜欢这一句：'你好呀，悬崖爷爷……可是出自你的手笔?'悬崖是很可怕的，但是作者把他比作'隐士''禅者'，这是因为作者在以一个良好的心态对待自然的一切。"

"嗯，说得好！只要心态好，周围所有的一切就都是美好的。"我说。

一个男孩说："我喜欢这一句：'采一朵小花……悄悄地做了一会儿女性。'我觉得大自然非常纯洁，不说是非，然而，如果我们中的谁要是'悄悄地做了一会儿女性'，其他人就会嘲笑他。"

我点头道："非常好。大自然比人类要纯洁得多。"

又有一个学生说："我喜欢第七自然段中的，'俯身凝神……也做了一回患难兄弟'。这句话里的'好不动情'充分说明作者把蚂蚁当作了朋友。"

"太好了!"我表扬她，"连'蚂蚁'都成了兄弟，可见，作者把自然界的一切都当作了朋友。"

一个学生站起来朗读课文："'捧起一块石头……别有深意的仪式。'我觉得作者看到一块石头，就产生了无限的遐想，说明他特别爱大自然。"

一个学生说："我喜欢文章第八段中的'于是，我轻轻地挥手，告别了山里的众朋友，带回了满怀的好心情、好记忆，顺便还带回一路月色'。由这一句我想到了旅游景点的一句公益广告词——'除了记忆，什么也别带走'。"

我说："你的联想很好。不过，我想问，这里的'带回一路月色'，暗示着什么?"

学生们纷纷说："时间是晚上了。"

"而作者是什么时候去的呀？这说明了什么?"我继续问。

"早上去的。这说明作者在山里玩了一天。"学生们说。

　　我说："作者就这么一句话，就巧妙地交代了时间，而且交代得富有诗意。"

　　下课时间快到了，可还有学生举手站起来说："我喜欢'喂，云雀弟弟……'这一句写出了它们从不搬弄是非，而是注意欣赏大自然的好风景。"

　　我说："同学们的鉴赏能力真高！和你们一起赏析课文真开心！有你们这样的学生真幸福！哎呀，现在，李老师心里有一种感觉非常强烈。我想，要是我是你们的老师，那该多好哇，我就可以每天都给你们上课了。我觉得在座的同学都可以当老师，真想再和你们上一节课。可惜下课时间到了，不能继续听大家的见解了。请大家允许我拖两分钟，好不好？就两分钟。"

　　学生们整齐地大声说："好！"

　　我满怀感情地说："谢谢同学们！我把我的想法跟大家说一下，本来老师想教给你们一种读书态度——读出自己，读出问题。可是这节课，我们只做到了'读出自己'。过去学课文都是老师讲课文，可是只要每个同学都把自己放进文章中，哪里还需要老师讲呢！大家讲得都很好哇！如果说我今天讲了什么的话，那就是刚才在讨论'拟人'的时候告诉大家的——任何写作手法都不是为用而用，而是表达真情实感时必须用的。还有一点，就是'读出问题'，我们还没有完成。其实，同学们肯定也读出了很多问题，只是没有时间说而已。今天我是第一次读这篇文章，就在文章中发现了很多问题，比如 61 页，为什么要说'古老而坚韧的灵魂'？这怎么理解呀？又比如——"

　　我刚说到这里，一个学生迫不及待地高高地举起了手。

　　我停下来，把话筒递到他的身边："哦，你要说？"

　　他大声说："因为古桥在这里站了几百年，默默地奉献着，它的这种精神是一种坚韧的精神。"

　　我说："嗯，时间长说明古老，一直站在这里，说明坚韧。是吧？"

　　他点点头。

　　"很好。"我接着说，"又比如 60 页最后一个字，为什么说'吻着水中的人影鱼影月影'？'吻'字用得好不好？你把它想深了，想透了，就明白它的妙处了。又比如 61 页最后一段，'白云大嫂！月亮的好女儿'，既然是'白云大嫂'，为什么又说是'月亮的好女儿'？我觉得这句比喻不是很恰当。另外还有一句——第四自然段的'以树的眼睛看周围的树'，什么叫'以树的眼睛看周围的树'？我们要敏锐地发现隐晦的问题，有的问题可能就是作者写作上的疏漏。另外，'我加入了这短暂而别有深意的仪式'。由此，我可以提出三个问题：第一，这个'仪式'是什么仪式？第二，为什么说是'短暂的'？第三，为什么说这仪式是'别有深意的'？我们带着问题去读，就会更深入地领会文章的内容。"

学生们睁大眼睛看着我，似乎被我的这些问题震撼了：他们可能没有想到，在看似平常的字里行间，居然可以挖掘出这么多的问题！

我看了看手表，说："我申请的两分钟到了。嗯，今天老师和大家度过了愉快的47分钟。虽然今天的时间很短暂，但是同学们给我留下了很深的印象。李老师马上就要离开宜都了，但是你们会永远定格在李老师的心里。你们现在多少岁？"

同学们说："12岁！""13岁！"

我再次笑着说："即使你们活到80岁了，在李老师的心目中，你们永远是十二三岁！好，下课！"

学生们齐刷刷地站起来："老师再见！"

我给学生们鞠了一躬："同学们再见！"

附记：

这毕竟是一堂即兴而作的课，无论从哪个方面来说，都谈不上完美。但几年过去了，我对这堂即兴的公开课依然有着深深的印象。我认为这堂课虽然不完美，但它是成功的。成功的标志不是带着事先设计好的圈套，让学生去钻，让学生去表演，而是真正把自己当作学生，和他们一起平等地研讨——当然，这样上在当时是迫不得已的，是被逼的，但恰恰是这样一"逼"，把我逼成了"学生"，想不平等也不可能。说实话，这堂事先没有备课的公开课，比我好多准备充分的公开课上得都自然，而且更成功。成功的秘密，就在于"平等"二字。

其实，也不是绝对的"平等"。且不说我在课堂上无论如何也摆脱不了（也不应该摆脱）教师的职责，就是我的"前理解"（就是"理解前的理解"，即主体理解文本前已有的价值观念、经验、知识、思维方式等），就远比学生丰富；我的生活阅历、专业素养、阅读视野、对学生阅读心理的把握，等等，都是我现场"发挥"不可缺少的潜在资源（也可以叫隐形的"教参"）。正是因为有这些资源储备，我才可能面对突发情况，表现得从容，并在课堂上闪现出一些机智。当然，我谈不上什么"博学"，但从这堂课中，我的确体会到，真正的所谓"备课"，绝不仅仅是课前翻教参与写教案，而是日常生活中知识的日渐积累、经验的不断提升、视野的无限拓展、观念的及时更新、自我的勇敢超越……

这使我再次想到一个朴素的真理："功夫在诗外。"

三、让人们因我的存在而感到幸福
——我教《一碗清汤荞麦面》

时间：2008年5月7日

地点：山东省杜郎口中学

学生：杜郎口中学初二学生

第一课时

这是我第一次去杜郎口中学时，为该校初二学生上的一堂课。上课地点在学校礼堂，学生坐在台上，台下坐着听课的老师。这也是一堂"突然袭击"的课，我连临时印的课文都来不及发给学生，便匆匆走上了讲台。

尽管时间很紧，但我还是在上课前用两分钟的时间给学生讲了一个关于阿凡提的小笑话，不，不是"讲"，准确地说，是我模拟阿凡提和他们开了一个善意的玩笑。在轻松愉快的气氛中，我宣布："上课！"

同学们整整齐齐地站起来，对着我齐声吼道："老师好！"

不愧是杜郎口的学生。我说他们"吼"一点儿都不夸张，他们的声音洪亮而有力度，似乎把天花板都要震塌了。我也真诚地说："同学们好！请坐！"

我说："你们刚才把我吓了一跳，这么大的声音！"同学们忍不住大笑起来，天真无邪。

就通过这么一句话，我就拉近了和他们的距离，从他们的开怀大笑中，我感到双方都有了一种"大家都不是外人"的亲切。

　　我顿了顿,说:"我先给大家讲一个故事。这个故事曾经打动过无数人,我不知道同学们知不知道。1997年亚洲爆发了金融危机。那场金融危机席卷全球,很多大企业纷纷倒闭,三星集团也一下跌入低谷,举步维艰,月亏损达1 700亿韩元。在此紧要关头,三星集团会长……呵呵,他的名字和我的名字差不多。我叫什么名字大家知道不知道?"

　　同学们齐声说:"李镇西!"

　　我说:"对,李镇西。看来你们对我很熟悉了。这个三星集团的会长叫李健熙,听上去像我哥,呵呵! 这个李健熙使了一个绝招,他委托副会长尹钟龙召集45 000名员工,把他们叫到一块,向他们朗读《一碗清汤荞麦面》。不到10分钟,台下已经有不少人开始啜泣。这篇小说,实际上是一个真实的故事。这个故事在日本家喻户晓,是一个真人真事,只不过一个作家以这个故事为原型创作了一篇小说。就是这篇小说激发了三星集团员工们的斗志。几年后,三星集团第一个冲出金融危机的阴影,很快扭亏为盈。2003年三星集团营业额约965亿美元,品牌价值高达108.5亿美元,在世界百大品牌中排名第25位,连续两年成为成长最快的品牌。2004年,三星赢利104亿美元,创下公司35年来的纪录。这就是这篇小说的力量! 后来,他们已经欣欣向荣了,似乎再也没有任何危机,可以歇一口气了。但这时李健熙再次把45 000名员工叫到一起,重读这篇小说。说到这里,我就有两个疑问了——我想我们杜郎口中学是主张以学生为主体的,那我问问大家,你们说,听了我这个故事后,你们有什么想问的?"

　　我的话音刚落,一个学生没举手就站了起来,大声说:"这是一个什么故事? 会长为什么要第二次给员工读这篇小说呢?"

　　我肯定了他的提问:"对,说得非常好! 第一,这究竟是个什么故事? 第二,为什么第二次给员工读? 这两个问题我马上就可以回答,但我先不说,相信学完这篇课文,大家就知道了。今天我把这个故事带来了。下面,我就给大家朗读这篇小说,这里我给大家解释一下,因为时间紧,我来不及给大家发这篇课文,所以我只好朗读了。我一边读,同学们一边思考,一边学习。"

　　其实,时间再紧张,发课文的时间还是有的。但我有意暂时不发,我想,第一节课学生不看课文,只听我朗读,这样这个故事便有了一种悬念——而现在的语文课太没悬念啦!

我在黑板上写下课题——"一碗清汤荞麦面"。

写完后，我笑着说："今天李老师请大家吃面，就是清汤荞麦面。"

学生也笑了。

我开始朗读——

对于面馆来说，最忙的时候，要算是大年夜了……

读到这里，我突然停下来，说："插一句，你们听的时候要捕捉小说的细节——什么细节最能打动你，有没有什么疑问，等等。一会儿大家再交流。所谓语文学习就是培养自己对语言的敏锐、敏感，不论阅读、聆听还是写作，你都要在别人没有发现的地方发现问题，发现妙处，这里我不细说，你们下面继续听，一边听一边发现。"

我读到老板抓面的细节——

案板上早就准备好的，堆成一座座小山似的面条，一堆是一人份。老板抓起一堆面，继而又加了半堆，一起放到锅里。老板娘立刻领悟到，这是丈夫特意多给这母子三人的。

我说："听到这儿，不知道同学们听懂了没有。平时我们去吃面，面馆老板是怎么下面的？一般是凭感觉直接用手去抓的，抓一两，抓二两，是不是？但在日本不是这样的，他们是事先把这个分量分好，一堆一堆的，一堆就是一人份。"

我继续读——

热腾腾香喷喷的清汤荞麦面放到桌上，母子三人立即围着这碗面，头碰头地吃了起来。

"真好吃啊！"哥哥说。

"妈妈也吃呀。"弟弟夹了一筷面，送到妈妈的口中。

不一会儿，面吃完了，付了一百五十块钱。

"承蒙款待。"母子三人一齐点头谢过，出了店门。

"谢谢，祝你们过个好年！"老板和老板娘应声回答着。

读完母子三人第一次到面馆吃面的情景，我暂时停了下来，提示道："这是母子三人第一次吃面。对这第一次吃面，同学们有什么疑问没有啊？听到这儿有没有想知道的？"

一个同学跃跃欲试，想站起来。

我走到他面前，问："你有什么疑问啊？"

他问："孩子为什么要'怯生生'的呢？"

我对其他同学说："这个问题问得真好！就是啊，他为什么要'怯生生'的呢？为什么不是很豪放地喊一声'来碗面'？"

有同学站起来说："他害怕。"

我问："为什么害怕呢？"

"这一家人很穷，他担心别人看不起他。"

我追问："你是从什么地方知道这一家人穷的呢？"

另一个学生说："这位母亲穿着不合时宜的短大衣，说明这户人家非常穷。"

我说："你真细心！好，咱们这样，更多的问题咱们一会儿再研究。"

我评论道："第一次吃面就这么几句话，但人物形象以及他们的内心世界都展示出来了。你们看，这几段的写作，笔墨非常简洁。一晃就是第二年大年夜。"

我继续朗读……

第二次吃面读完了，我问："大家猜猜，他们还会不会来？"

同学们齐声说："会！"

"理由何在？"

一个学生回答："前面几次都来这里吃，所以我估计这一年过年他们也应该会来。"

"哦，惯性，是不是？对，惯性，回头客一个！"我说，"可他们究竟来没来呢？"

学生中有的说会来，有的说不会来了。

我问："有的同学为什么会认为他们不来了呢？"

一个同学说："面涨价了。"

我问："是吗？因为吃不起涨了价的面，是吗？"这个学生的答案很幼稚，但他能够站起来大声说，这种参与勇气应该肯定。

我笑道："你这个想法有一定的道理。那么，他们究竟是来还是不来呢？这是一个悬念。呵呵！"

学生们急切地看着我，期待着我赶快接着朗读。

我继续朗读——

　　他们来了。哥哥穿着中学生的制服，弟弟穿着去年哥哥穿的那件略有些大的旧衣服，兄弟俩都长大了，有点认不出来了。母亲还是穿着那件不合时令的有些褪色的短大衣。

同学们露出欣慰的笑容，有的甚至小声说："终于来了。"

我却停下了朗读，问道："为什么这母子三人三次吃面都是在年夜该打烊的时候才来？"

一个学生接着我的问题问道："为什么他们都是在人都走了以后才来呢？"

"是啊！"我说，"你们想过这个问题没有？"

一个女生站起来说："因为年夜饭是一年的最后一顿饭，母亲希望两个孩子能够吃到最好的年夜饭。"

我问："是这样的吗？这样吧，我们先把问题提出来，先不忙着解答。还有什么问题呀？"

一个学生问："为什么母子三人要等到最后没人的时候才来吃饭？为什么不在别的时候来吃呢？"

我肯定了他的提问："对啊！既然是吃面，什么时候不能来呢？是吧！"

一个学生问："他们在这个面馆吃清汤荞麦面，已经是常客了，为什么还要'怯生生'的呢？"

"就是，已经是熟人了！"我说，"还'怯生生'的干什么呢？这些问题都提得很好。还有没有问题？我还有疑问呢……哎，你说！"我请一位学生说。

他说："为什么老板娘老说那句话，就不会说别的吗？"

我表示"共鸣"："是啊，每次都说'欢迎''请坐'，不说其他的……"

一个学生站起来说："这说明她有礼貌，对客人热情，当然要说这几句话了！"

我说："这个同学的意思是对客人热情礼貌，自然要说'欢迎''请坐'之类的话。嗯，我认为是这样的。"

另一个学生问："两个孩子的爸爸怎么没来呢？"

我非常高兴学生能提出这个问题："对呀！我第一次读这篇小说时也有这个疑问。孩子他爹到哪儿去了呢？作者为什么不交代？这里面肯定也有奥秘。咱们还是接着往下听吧！"

我继续读——

老板娘把他们领到二号桌，若无其事地将桌上那块"预约席"的牌子藏了起来，对柜台喊着：

"清汤荞麦面两碗！"

"好——咧！清汤荞麦面两碗——"

老板应声答着，把三碗面的分量放进了锅里。

母子三人吃着两碗清汤荞麦面，说着，笑着。

读到这里，我又停下来，议论道："小说写到这里，有的东西似乎应该交代了。也就是说，前面留下的伏笔，这里似乎应该挑明了。比如，前两次母子三人来吃面，我们感到他们背后还有故事，但作者有意没说，这里要说了。"

学生们几乎是屏住呼吸，凝神看着我，非常认真地听着。

我继续朗读——

"孩子，今天，我做母亲的想要向你们道谢。"

"道谢？向我们……为什么？"

"实在是，因为你们的父亲死于交通事故，生前欠下了八个人的钱。我把抚恤金全部还了债。还不够的部分，就每月五万元分期偿还。"

"这些我们都知道呀。"

老板和老板娘在柜台里，一动不动，凝神听着。

"剩下的债，到明年三月就可以还清了。可实际上，今天就可全部还清。"

　　我说："妈妈要给孩子说秘密，说秘密之前先说了家庭的经历，这些本来孩子都知道，但读者不知道，因此，必须通过妈妈的嘴交代出来；而对孩子说这些是为后面的秘密做铺垫。她说今天可以还清债务，为什么可以还清呢？同学们能够猜出来吗？"

　　我有意卖个关子，同学们果真思考起来，有同学马上说："是不是捡到了一笔钱啊？"他的话引出了大家的笑声。

　　我也笑了，说道："呵呵，你怎么不说中了彩票呢？好，咱们接着听。"

　　我继续朗读——

　　　　"啊，真的？妈妈。"

　　　　"是真的。大儿每天送报赚钱支持我，淳儿每天买菜烧饭帮助我，所以我能够安心工作，因为我努力工作，得到了公司的特别津贴，所以现在能够全部还清债款。"

　　　　"好啊！妈妈，哥哥，从现在起，每天烧饭的事还是包给我了。"

　　　　"我也继续送报。弟弟，我们一起努力吧！"

　　　　"谢谢，真是谢……谢……"

　　同学们一下子恍然大悟："噢！原来是领到了一笔津贴！"

　　"是的，妈妈领到了一笔津贴，可这里面有孩子的功劳！"我说，"刚才是妈妈告诉孩子们一个秘密，现在孩子们也要告诉妈妈一个秘密了，哥哥要说了……"

　　我继续朗读——

　　　　"我和弟弟也有一件事瞒着妈妈，今天可以说了。这是在十一月的星期天，我到弟弟学校去参加家长会。这时，弟弟已经藏了一封老师给妈妈的信……弟弟写的作文如果被选为北海道的代表，就能参加全国的作文比赛。正因为这样，家长会的那天，老师要弟弟自己朗读这篇作文。老师的信如果给妈妈看了，妈妈一定会向公司请假，去听弟弟朗读作文。于是……"

　　我停下朗读，问道："同学们想，弟弟把这封信给妈妈了没有？"

同学们齐声说:"没有。"

"那么他想不想妈妈参加呢?"

"当然想!"

"那他为什么不告诉妈妈呢?"

"他不愿意妈妈耽误工作!"

我说:"是啊,多懂事的孩子啊!这是第三次吃面。还会不会有第四次呢?请听我继续读。"

我继续读道——

"弟弟就没有把这封信交给妈妈。这事我还是从弟弟的朋友那里听来的,所以,家长会那天,是我去了。"

"哦,原来是这样……那后来呢?"

"老师出的作文题目是'你将来想成为怎样的人',全体学生都写了。弟弟的作文题目是'一碗清汤荞麦面'。一听题目,我就知道是写的北海亭面馆的事。弟弟这家伙,怎么把这种难为情的事写出来,我这么想着。"

"作文写的是,父亲死于交通事故,留下一大笔债。母亲每天从早到晚拼命工作,我去送早报和晚报……弟弟全都写了出来。接着又写,十二月三十一日的晚上,母子三人吃一碗清汤荞麦面,非常好吃……三个人只买了一碗清汤荞麦面,可面馆的叔叔阿姨还是很热情地接待了我们,谢谢我们,还祝我们过个好年。听到这声音,弟弟的心中不由得喊着:'不能失败,要努力,要好好活着!'因此,弟弟长大成人后,想开一家日本第一的面馆,也要对顾客说:'努力吧,祝你幸福,谢谢。'弟弟大声地朗读着作文……"

学生们屏住呼吸,听着我的朗读——

作为年夜饭的清汤荞麦面吃完了,付了三百元。

"承蒙款待。"母子三人深深地低头道谢后走出了店门。

"谢谢,祝你们过个好年!"

老板和老板娘大声地向他们祝福着,目送着他们远去……

又是一年的大年夜降临了。北海亭面馆里，晚上九点一过，二号桌上又摆上了"预约席"的牌子，等待着母子三人的到来。

"你们说他们来了没有？"我笑眯眯地问。

同学们各说不一，有的说来了，有的说没来。

我问："作为读者，你们有没有惦记着他们，希望他们出现？"

同学们整齐地说："希望！"

我读道——

可是，没看到那三人的身影。

"可是，母子三人并没有来！"我说，"我想，此刻在座的每一个同学，包括台下的老师和同学，一定在惦记着、关心着这母子三人的命运。"

我略加停顿，继续往下读——

时光流逝，年复一年，这一年的大年夜又来到了。

……九点半一过，以鱼店老板夫妇双手捧着装满生鱼片的大盆子进来为信号，平时亲如家人的朋友们大约三十多人，也都带着酒菜，陆陆续续地会集到北海亭。店里的气氛，一下子热闹起来。

知道二号桌由来的朋友们，嘴里虽然没说什么，可心里都在想着，今年二号桌也许又要空等了吧。那块"预约席"的牌子，早已悄悄地站在二号桌上。

狭窄的坐席之间，客人们一点一点地移动着身子坐下，有人还招呼着迟到的朋友。吃着面，喝着酒，互相夹着菜。

……十点半时，北海亭里的气氛达到了顶点。

就在这时，店门被咯吱咯吱地拉开了。人们都向门口望去，屋子里突然静了下来。

我说："哦，终于等到了。那是不是他们呢？小说就这样一波三折，吊足了读者的胃口。神圣的时刻、盼望已久的时刻到了。"

我继续读——

面对不知所措的老板娘，青年中的一位开口了。

"我们就是十四年前的大年夜，母子三人共吃一碗清汤荞麦面的顾客，那时，就是这一碗清汤荞麦面的鼓励，使我们三人同心协力，度过了艰难的岁月。这以后，我们搬到母亲的亲戚家滋贺县去了。"

"我今年通过了医生的国家考试，现在京都的大学医院里当实习医生。明年四月，我将到札幌的综合医院工作。还没有开面馆的弟弟，现在京都的银行里工作。我和弟弟商谈，计划了这平生第一次的奢侈的行动。就这样，今天我们母子三人，特意来拜访，想要麻烦你们烧三碗清汤荞麦面。"

边听边点头的老板夫妇，泪珠一串串地掉下来。

……

"欢……欢迎，请，请坐……孩子他爹，二号桌清汤荞麦面三碗——"

"好咧——清汤荞麦面三碗——"可泪流满面的丈夫却应不出来。

店里，突然爆发出一阵欢呼声和鼓掌声。

店外，刚才还在纷纷扬扬飘着的雪花，此刻也停了。皑皑白雪映着明净的窗子，那写着"北海亭"的布帘子，在正月的清风中，摇曳着，飘着……

课文读完了，没有掌声，同学们沉默了良久。好些同学在用手擦拭眼泪。

我缓缓地说："我想，同学们在用沉默告诉我，此刻你们一定心潮起伏。现在请同学们用一句最简练的话说说，你听了之后的第一感觉是什么？"

依然是沉默，好些同学依然在沉默中流泪，手不停地在脸上擦拭着。在学生沉默的时候，我没有催促他们。我认为，有时候教师应该给学生沉默的时间。因为此刻他们的心灵深处正翻腾着波澜。允许学生沉默，这是对他们心灵的尊重。

一个学生红着眼睛站起来说道："我读到了两点：一点就是店主的善良，还有一点就是孩子懂事。"

我说："嗯，第一，读出了店主的善良，第二，读出了孩子懂事。哦，你也有话要说。你说吧！"

另一个学生站起来说道："我只感到'佩服'。"

我问："你佩服什么?"

"我佩服母子三人坚定不屈的精神!"

又一个同学说:"感动我的并不一定是轰轰烈烈的大事,相反,今天李老师给我们讲的《一碗清汤荞麦面》,同样使我感动。"

我说:"嗯,小事也能感动人。"

还有学生说:"我读到的是一种毅力。我想,当我们面对困难的时候,我们要做的不是退缩,而是相互鼓励,一起去面对困难,走出困境。"

我说:"你读到的是人与人之间的相互鼓励、相互呵护、相互温暖。非常好! 其他同学还有没有啊?"

又一个同学说:"我认为一个人不一定要做出轰轰烈烈的大事才令人敬仰,他本身或者从一些小事上所体现出来的品质和精神,也能让我们对他产生一种敬意。"

另一个同学说:"我的感受是,在别人最艰难的时候,我们哪怕给他一点点温暖,都能够让他走出困境。"

同学们纷纷踊跃发言,说出了自己的感受。这些感受有的也许是肤浅的,但都很真诚。

我说:"刚才同学们说的都很好。大家的感受不完全一样,但大家都从不同的侧面感受到了小说的主题。这篇小说的主题本身不是单一的。比如说,我们不能简单地说这篇小说只是表现善良,也不能简单地说它表现了自强不息。当然,它表现了善良和坚强,但又不仅仅是善良和坚强,它还表现了很多其他东西,比如母亲对儿子的慈爱,又比如孩子的懂事、对母亲的孝敬,还有刚才这位同学讲的,人与人之间的关怀和温暖。另外,这篇小说还表现了感恩,等等。不同的人,处于不同的心境或者不同的年龄,读同一篇小说时,所得到的也不一样。我用一个短语来概括这篇小说的主题,这样概括可以包括刚才同学们说到的那些精神品质——这篇小说是一曲人性的赞歌。善良啊,坚韧啊,互助啊,慈爱啊,孝敬啊,感恩啊,等等,这美好的一切,都是美好的人性,而小说便是一曲人性的赞歌! 同学们同不同意我的概括啊?"

同学们纷纷点头。

"但是,人性的赞歌只是作者的意图;那么,作者是如何谱写这曲赞歌的呢? 是怎么把这曲人性的赞歌表现出来的呢? 这就涉及小说的艺术手法了。我们这堂课初步明确了小说的内容和主题，接下来我们就要讨论、琢磨这么一曲美好的颂歌，是怎么谱成的。我们下一节课再来研究。好，下课时间到了，同学们先休息一会儿，课间我会把这篇小说发给大家，一会儿我们再来研究。谢谢大家，下课。"

学生们齐刷刷地站了起来，大吼道："老师再见！"

台下响起了掌声。

第二课时

师生互致问候之后，我说："第一堂课，我给同学们朗诵了一篇小说。快下课的时候，同学们归纳了这篇文章的主题，就是人性美，这很感人。但从语文学习的角度来看，如果我们不研究这篇文章的妙处，那么，我们的收获依然有限。我们要弄明白，小说是如何让我们怦然心动的。这堂课我们就研究这个问题。"

我又说："课间我已经把课文发给大家了。大家现在看看手里的课文，在最后，你们可以看到，本来我有两个预习题应该事先告诉大家，但因为刚才那堂课没有发给你们，所以只好现在给大家说说。第一，通过阅读扫清字词障碍。你们读了一遍，有没有发现不认识的字词呢？嗯，没有人提出。这篇文章没有生词。咱们这个环节就省略了。有没有？有没有同学不认识的字？还是没有。这样吧，如果有的话，一会儿再提出来。第二个呢，是要求同学们找出最吸引你或最让你感动的地方，小组互相交流。我想请每个小组先分组交流一下。刚才大家听我读了这篇小说，现在手里又有这篇小说，你们还可以重新看看，哪一个细节最让你们感动。想好了再小组交流，每一个同学都说一个地方，互相交流，然后，我们以小组为单位请一个同学起来发言。给大家五分钟的时间小组内讨论交流。"

我刚说完，下面就"吵闹"起来，杜郎口的学生真是敢说，而且声音洪亮。我巡视各小组，看见学生们极为投入，讨论非常活跃。有的用普通话说，有的用方言说，整个场面如同炸了锅一样。

五分钟到了，还有两个小组在讨论，我等了等，并请已经交流完的小组推选发言者。

六分钟之后，同学们开始安静下来，看来所有小组的组内交流都结束了。

我说："同学们，我们现在分小组派代表站起来发言交流。刚才同学们讨论得非常热烈。如果让每个同学都发言，大家肯定会说得很精彩，但如果那样，咱们这堂课就只有到下午才能结束了，而下午我就要坐飞机回成都了……"

"啊？""唉！"同学们马上发出叹息声。

那一刻，我心中升起一份感动："同学们感到很惋惜，让我很感动。刚才我的意思是说，如果让每个同学都发言，那么时间是不够的。所以我们只能这样，让每个组派个代表吧！每个组由一个人说说最让你感动的细节，注意，是分析细节。但是别人说过的你不要再重复；当然，如果别人分析某个细节时你认为他分析得还不够，你也可以补充。好，哪个小组先说？"

一个学生站起来说："第一次吃面的时候，两个孩子穿着崭新的运动服，然而母亲却穿着不合时宜的斜格子大衣。两个孩子和母亲的穿着就有天壤之别：一个是崭新的运动服，另一个是不合时宜的斜格子短大衣。这个对比就突出了母爱——这位母亲宁可自己牺牲一点，穿得陈旧而且不合时令，也要让孩子穿得好一点。我很感动。"

我立刻表扬道："很好！从母子不同的穿着中，他读到了母爱。还有吗？下一个组……"

一个女生说："从第三自然段到第九自然段，从'怯生生地'可以看出孩子有些害怕老板，但他们后来被老板娘的热情感动了，不再害怕了。有人说母爱是世界上最伟大的爱，而这让我体会到，世界上最伟大的爱是普通人之间的关爱。这是一种超越亲情的仁爱，是一种比天还高的境界，也是一种最可贵的爱，更是一种品质的升华，所以，我们一定要珍惜每一个普通的人对我们的爱，也要积极地去爱周围的每一个普通的人。"

她的发言激起了全场热烈的掌声。

我说："这位同学说得比较好……"这时一位同学站起来想发言，我示意他先等一下，"你先稍微等等再说，好吗？同学们，今天咱们是互相讨论，我也可以发言，等我说完了，你再说，好不好？"于是，那个站起来的同学便坐下去了。

我继续说："刚才我对这位女同学的评价是'比较好'，而没有说'非常好'，为什么呢？"

我停顿了一下，让同学们有一个思考的时间。然后，我接着说："刚才她发言完毕时，全场响起了掌声，这个掌声说明她的发言不错，有可取的地方，我也赞同，所以我说她说得'比较好'。但我为什么说'比较好'呢？因为她说这个'怯生生'表示害怕。我在想：母子三人害怕什么呀？当然，你可以和我争论，但我不同意你说母子三人害怕。你为什么说他们害怕？难道老板手里拿着菜刀？"

刚才发言的女生重新站起来说："他们害怕是怕老板和老板娘看不起他们，对他们有一种鄙视的心理。"

我请她坐下，然后说："这个补充很好。与其说是害怕，不如说是……"

有同学站起来说："怕别人看不起自己。"

我说："怕别人看不起自己？很好，这种心理叫作——"我有意停顿了一下。

好几个学生说："自卑。"

"对！是自卑！"我说，"与其说是害怕，不如说是自卑。'害怕'是面对强势、凶神恶煞而胆战心惊。而'自卑'就不一定嘛，他们觉得自己不如别人，所以自卑。我特别赞成刚才那位同学说的一句话——母爱伟大，比它更伟大的是陌生人之间的爱。我经常说这样一句话：都说中国人有人情味，这是不对的，其实中国人只是在熟人之间有人情味。你到街上去看看，不认识你的人对你是很冷漠的。所以，以前国营商场里贴着'把顾客当上帝'的口号，看起来把顾客捧得很高，但是你进去买东西时，人家对你可能依然很冷漠，因为'上帝'太遥远啦！所以当时我就建议把这一句话改改，改成什么呢？改成'把顾客当亲戚'，这样一来，我们进商场，就是亲戚来了，服务员也会想，哦，我的亲戚来了，那得热情点儿，亲戚嘛！"

同学们笑了。

我说："所以说，陌生人之间的爱更伟大。好，这位同学一直想说，请你说吧！"

谁知同时站起来两个同学。我笑了，说："这样吧，女士优先，让这位女同学先说，好吗？"那个男生只好坐下去了。

那位女同学说："十四年前的大年夜母子三人同吃一碗清汤荞麦面，那时候他们很穷困；十四年后，他们又一次来到这个店里吃面，我感觉到他们是来感恩的。因为母子三人在最困难的时候，是老板娘给了他们鼓励，于是，他们三人齐心合力，度过了艰难的岁月。老板娘在这十四年里，时常期盼着母子三人。最后这重逢的场面让我非常感动。所以我们要学会感恩，时刻牢记对我们有过关爱的人，记住所有帮助过我们的人！"

掌声再次响起来。但我对这个回答还不满足，我觉得还应引导学生更加深入地挖掘一下。在她发言的时候，我在黑板上写了一行字——"怦然心动""若有所思"。

掌声平息后，我说："我追问一句——你先坐下——母子三人在最困难的时候，连续三年到这个面馆吃面，所以，多年后他们来感恩，那么我想问的是，他们究竟从这碗面中得到了什么？同学们不但要感动，还要往深处追问。你们看，我这里写了一行字——'怦然心动''若有所思'。我想表达什么意思呢？我们一开始听这篇小说的时候很感动，是'怦然心动'；感动之后还要思考，这就叫'若有所思'。好，想一想，从这碗面中他们得到了什么？"

再次安静下来，同学们在思考。我不急，从容地给他们以思考的时间。

时间一分一秒地过去了，没有学生站起来，看来他们被难住了。于是，我决定给他们一点提示："得到了什么啊？注意，书上是有答案的。"

学生们纷纷低头看课文。

不一会儿，一个男生站起来了，可是一个女生抢了他的话："我认为……"那个男生不甘示弱，大声说："从第九自然段……"

我这次对那个女同学说："是他先站起来的，请他先说，好吗？"那个女生坐下去了，男生重新开始说："从第九自然段的描写来看，老板抓起一堆面，继而又加了半堆，一起放进锅里。老板娘立刻领悟到，这是丈夫特意多给这母子三人的。后面，第二十二自然段、第二十六自然段、第四十三自然段，从这三个地方可以看出，这位老板娘对母子三人的关心和爱护不是随意的，而是有意的。老板娘不因她穿的服饰而把她看扁了，而是同样的热情真诚，老板娘对所有顾客都是一视同仁的。但是，对这母子三人却特别照顾，而又不让他们知道。这就是清汤荞麦面所包含的关爱。"

我说："很好，老板娘不是居高临下地爱。既要给人以爱，也要给人以尊严，这是爱的一种境界。给一个人以善良，同时给他以尊严。真让人感动！——你接着说。"

因为那位男生说完后没有坐下，显然还没有说完，因此，我让他继续说。

他继续找课文上的内容，同时加以分析："从第四十五到第六十三自然段可以看出，妈妈对孩子表示歉意，这表现出妈妈对孩子的爱；而这两个孩子也对妈妈表示歉意，这说明了他们对妈妈的关心，不想让妈妈因为去开家长会而影响工作。从这些地方都可以看出，无论是妈妈，还是孩子，都是随时想着他人的。这种品质让他们能够理解面馆里的清汤荞麦面所包含的一切。"

我不禁赞叹道："说得真好！"

又站起来一个同学，说道："除了吴悠同学所说的那个给了母子三人以尊严的例子外，还有很多地方也体现了老板和老板娘给了母子三人尊严。比如说，物价上涨了，面的价格也上涨了，他们母子三人还没有到的时候，老板和老板娘就把价格牌翻了过来，这个行为也给了母子三人尊严。还有就是在第三次吃面的时候，老板娘摆好预约牌，当母子三人到了的时候，老板娘又把预约牌若无其事地藏了起来，这说明老板和老板娘给了他们尊严。"

这个同学刚说到这里，另一个学生站起来反驳他："我觉得，刚才你用词用得不太恰当，不能说'给了他们尊严'，应该说'尊重他们'！"

我说："嗯，我同意你的看法，非常好。尊严人本身就有，我们要尊重他。由刚才这位同学的发言，我想到我们现在的媒体宣传，就有这个问题：有时过度渲染对某个人的关心、关爱，其实，这会让被关心者很难堪。我们经常可以在电视里看到这样的场面：一个小女孩父母双亡后，社会都去关心她，记者最喜欢问'你有什么感想'，无非就是要别人说一些感谢的话。我看了很难受。其实，真正的爱是不露痕迹的，而且是润物无声的。像这位老板娘，她关心这母子三人，但做得那么自然、毫不张扬。好，那个同学又站起来了，你要说什么呢？"

这位女生说："从第十自然段到第十三自然段，妈妈和孩子看似朴实的几句对话，却饱含着温馨的感情。这些话很朴实，但让我很感动。有时候，爱不需要华丽的语言，甚至不需要甜美的声音，哪怕就一个动作、一个眼神，也可以将爱表现得淋漓尽致。高山会变成海洋，海洋也会变成高山，但是，无论海枯石烂、天荒地老，总有一种情是不会改变的——那，便是亲情，亲情会温暖我们一生。"

全场爆发出热烈的掌声。

"好，好！我被课文中的亲情感动了，也被你的分析感动了。我还让同学们捕捉一些细节，比如刚才你说的眼神啊，动作啊，等等，通过这些细节，我们能够感受到其中蕴涵的情感。你刚才分析的就是'弟弟夹了一筷面，送到妈妈的口中'，是不是这个细节？"

那位女生点点头说："是的！"

"那我再为你做点补充，好吗？"我说，"作者的写作非常简练。'"妈妈也吃呀。"弟弟夹了一筷面，送到妈妈的口中。'这里，其实，不仅仅表现了弟弟对妈妈的爱，它还隐含着另外的意思。大家想想，弟弟这句话还有一层意思，是什么呀？"

学生一时陷入了沉思。

我启发道："妈妈吃了没有？"

大家一起说："没有吃！"

"你们怎么知道妈妈没有吃呢？文中并没有明说呀！"

刚才发言的那位女生说："因为弟弟叫妈妈吃。"

我说："嗯，妈妈没有吃，那妈妈在干什么呢？"

几个同学一起说："在看着孩子吃。"

"看着孩子吃。对啊！"我说，"你们看，这里作者没有直接写妈妈，而是写弟弟劝妈妈吃面，这样一举两得，表面上写弟弟，其实也写妈妈了。我们一起来想象一下，这个画面多美啊！妈妈在看着孩子吃，虽然她很饿，但看着孩子们吃得很香，自己便觉得很幸福，这就是母爱；而弟弟很懂事，'妈妈也吃呀。'然后夹了一筷子面送到妈妈的口里。这个细节，既写了儿子的孝敬，又写了母亲的慈爱。这就是作者的高明之处。好，哪位同学再接着分析？"

一个学生站起来说："这篇小说令我最感动的地方，是老板夫妇为素不相识的母子三人预留二号桌，不管他们是来还是不来，二号桌都给他们留着。而且，每次在他们离开时都为他们送上温馨的祝福：'谢谢，祝你们过个好年！'这句话非常普通，但它让我想到，在他人遭遇困难的时候，有时候我们的一句话，哪怕一句非常平常的话，对他都是最大的精神鼓励！比如这篇小说中老板娘对母子三人的新年祝福，就足以使他们有信心，坚持下去！"

这个学生的分析无疑是正确的，但我觉得还不够，或者说他对老板娘的祝福理解得还不够透彻。我决定引导大家往深处思考："对，这个同学在这儿看到的是老板娘对他们的祝福。不过，我想接着他的分析追问一个问题：老板夫妇每次在母子三人离去的时候都要对他们说'祝你们过个好年'，这是为什么？"

一位男生小声说："习惯。"

我问："习惯？他说的对不对？"

没人回答。

我启发道："习惯，不一定是发自内心的，习惯嘛！"

有学生急了，说道："不对，是真心的祝福。"

"嗯，我也认为那不仅仅是习惯，更多的是真心的祝福。可是，这只是单纯的新年祝福吗？"

面对我的提问，学生们继续保持沉默，他们都在思考。

我决定给学生的思维搭个桥："大家换个角度想想，从母子三人第一次到这家店里吃面开始，至第二次、第三次，老板娘对他们三人的感情有没有变化？都是一样的吗？"

一个学生说："还是有变化的。"

我问："有什么变化呢？一开始是什么？"

学生说："一开始，是一种同情，后来便增加了关心。"

我引导学生注意课文中的一个细节："大家看文中这一处，这个细节不容易捕捉到，这就是母子三人第三次吃面后离去的时候，作者写老板夫妇送他们的时候用了一个词，仔细看看，是什么词？"

全班学生一起说："目送！"

我问："什么叫'目送'呢？"

学生们说："就是久久地注视着他们的背影。"

我说："这种眼神里就不仅仅是一般的关心了，还有什么在里面啊？"

学生们说："敬佩！""敬仰！"

"不错，我也认为是敬仰。"我继续往深处引导，"可老板夫妇为什么敬仰母子三人呢？或者说，究竟是谁帮助了谁呀？"

几个学生几乎是齐声说："是母子三人帮助了老板夫妇！"

"是怎么帮助的？"我问。

一个学生说："因为他们三人并没有因为生活困难而放弃生活，还是勇敢地生活下去，这种精神感动了老板夫妇，母子三人在精神上帮助了老板夫妇！"

我忍不住赞叹道："对，说得真好！你说到精神，让我想到文中的一个细节，那就是老板夫妇一直保留着那张旧桌子。为什么要把这张桌子保留着呢？这张桌子是一种精神，它代表着自强不息的精神。对不对？最初，母子三人从这碗面当中获得了一种精神，那是素不相识的人所奉献的爱，这让他们感到这个社会上还有很多人在关心着他们。这是老板娘给母子三人的关心。而他们的精神对老板夫妇是一种激励，这也是让人很感动的。因此，是谁帮助了谁？"

学生们说："是互相帮助。"

"对。老板娘夫妇和母子三人，他们在精神上互相取暖，各自用人性的光芒照耀着对方，这是两颗心，不，应该说是好多颗心所散发出的真善美的光芒，彼此交相辉映，让人很感动。"

学生们再次沉默，但这次的沉默与其说是在思考，不如说是被感动了。

应该说，课文学到这里，学生们的心灵已经被打动了，对课文的思想感情也基本理解了，但是如果到此为止，我觉得这只是一堂生动感人的班会课；作为语文课，还应该有更语文的东西。

于是，我说："我能够感到大家都被这个故事感动了。但这个故事之所以感人，还和作者的写法有关，或者说，与作者叙述故事的技巧有关。那么我要问了，作者是怎么讲这个故事的呢？"

一个学生说："作者写了很多细节。"

我说："是的，从某种意义上说，这个故事是由许多细节构成的。我们不能空洞地说这个老板娘善良啊，怎么善良呢？一定要有细节来证明，细到每一个动作、每一句话、每一个表情、每一个眼神……为什么有的同学平时写文章总是干巴巴的？因为他只是说做了什么，却没有说是怎么做的。比如，这篇小说完全可以这么来写：这母子三人到一家面馆去吃面，很感动，然而他们家境贫寒，又感动了老板娘，后来老板呢，生意就越来越好了。又过了好几年没有见面，后来再次见面了，还是很感动。没了！"

学生大笑。

我说："笑什么呢？难道我没把这个故事讲清楚吗？不是！我把这个故事讲得很清楚啊。但是没有细节，如同一个人只有骨头没有皮肉一样。写人叙事一定要注重细节，这算是我们今天学这篇课文受到的启示吧！除此之外，还有什么呢？还有结构。"我一边说一边在黑板上快速板书："这篇文章在结构上有什么特别的地方呢？"

环顾四周，没有学生发言。我感到这个问题对他们来说，不仅有些难，而且太陡，也就是说，我提得太突然，缺乏铺垫。于是，我问："这篇文章是以谁的角度来叙述的？"

有学生说："第三人称。"

我说："是第三人称。还能不能再说得具体些，是以谁的眼光来看这个故事的？"

学生们说："老板娘。"

我说："嗯，老板娘，对不对？对，整个过程是以老板娘的眼光去看的。总共四次吃面，每次吃面和前一次有什么不同？想一想。第一、二次吃面可不可以不要？这个问题大家讨论一下。第四次是全文的高潮，肯定是不能省略的。第二次是不是可以省略？甚至第一、二次可不可以不要？分组讨论一下，作者这样写的作用何在？你们讨论完了就可以站起来说了。"

教室里顿时又炸开了锅，学生们在各自的组内热烈讨论。

不一会儿，一个男生站起来说道："我认为第一次不可以省略，因为这是小说的铺垫；第二次和第三次是故事的发展和感情的升华，体现了人性美。"

我说："我和你看法不同。我们碰撞一下。第一次我认为的确应该保留。至少，从中我们可以简单地知道，小说的主人公是谁，他们做了什么。这是主人公第一次出场，是不应该略去。但是注意一下，第二次吃面和第一次吃面，作者的描写几乎是重复的，没有什么新的交代。所以，我认为第二次是可以省略的。"

被我这么一激，一个女生大声说："第二次肯定不可以省略！因为我们看到，他们第二次去吃面的时候，作者写了老板和老板娘的对话。老板娘要老板给他们下三碗，而老板说，不行，这会让他们尴尬的。这是对母子三人人格的尊重。若没有这几句对话，就不能更充分地展示老板夫妇的善良。"

我故意不以为然地摇摇头道："但是这一对话，放到第三次也可以呀，甚至放到第一次也可以嘛！"

学生们又陷入了思考。

我继续引导启发："这样，同学先思考这几个问题：母子三人第一次进入这家面馆，是偶然的，还是必然的？你们想想，或者说猜猜。"

一位男生小声说："偶然的。"

"是吗？"我问。

很多学生点点头说："是偶然的。"

我说："嗯，是偶然的，我也同意这个判断，的确是偶然的因素多一些。可能母子三人在街上漫无目的地走，走到这家面馆外面，哦，这儿有个面馆，咱们进去吃。当时，很晚了，人们都像失踪似的没影了。为什么要在这个时候才来吃面呢？"

学生说："怕别人看见他们三个人才吃一碗面。"

"对，还是因为自卑。日本有个习俗——到了除夕之夜人人都要吃面。所以母子三人要等吃面的人都走光了才来吃。好，这算是偶然的。而站在老板的角度看，母子三人的到来，是偶然的，还是必然的？"

学生们说："还是偶然的，而且是突然的，他们不知道这母子三人会来。"

"好，这个问题算解决了吧！那我再问：第二次他们又来吃面，这是必然的还是……"

学生们打断了我的话："必然的！"

我问："为什么呢？是因为这里的面分量多一些，味道好一些？"

"不是！是因为老板夫妇的热情和真诚！"学生们说。

我说："对，可能分量和味道也是原因，但不是主要原因，主要的原因正如你们所说，是老板的热情和真诚。那么站在老板的角度想，母子三人第二次出现在这个面馆，是偶然的，还是必然的？"

学生们说："偶然的，而且也是突然的。"

我说："我同意大家的观点，还是偶然的，同时也是突然的：嗯？又来了！对不对？这两次对老板娘来说是突然的。但在写法上作者充分考虑了读者的心理，两次吃面，几乎是简单的重复，但在读者的心中却形成了悬念——怎么又来了？怎么还是他们母子三人呢？她怎么还是穿着那件衣服呢？为什么还是吃一碗面呢？你们看，这看似简单的重复，却在读者心里画了一大串问号，增强了悬念，增加了读者想继续读下去的欲望。你们想一想，如果把这段话去掉，它的感染力是不是要大打折扣啊？"

学生们情不自禁地点点头。

"在读者的期盼中，母子三人第三次出场了。这第三次来吃面，对母子三人来说，更是必然的了。而对老板来说，他们母子三人的再次出现，是意料当中的，还是意料之外的呢？"

全班整整齐齐地回答："意料当中！"

我说："嗯，一定是意料当中的，岂止是'意料'，简直就是渴望他们的到来。这也满足了读者期盼的胃口，还满足了他们急于了解母子三人身世的迫切心情。在母子三人前两次出现的时候，作者有意没有交代他们的家境等情况，等把读者的胃口吊足，吊足，再吊足之后，到母子三人第三次出场时，才把谜底揭开。作者对第三次吃面的描写，是非常值得研究的。比如，弟弟的作文，侧重表现的是老板娘对他们的激励和感染；哥哥的发言，则把侧重点放在表现母亲对自己和弟弟的感染，他说永远不会忘记母亲带着他和弟弟在每年的除夕之夜共吃一碗面的勇气。通过第三次吃面，作者把谜底揭开了。那么按理说，这个故事已经达到高潮，应该结束了。"

　　我停顿了一下，继续说："但作者还安排了母子三人第四次来这家面馆吃面。按前面几次的惯性，我们都认为母子三人在新的除夕夜肯定要来的。但是他们却突然不来了！故事似乎中断了。其实，只是表面的中断，实际上，故事还在发展。这样说吧，这个故事像一条河一样，一直不停地往前流：第一次、第二次、第三次，一直往前流、流、流……我们以为还会继续往前流，没想到，第三次之后，故事突然不'流'了，但这只是表面的不'流'，实际上，暗流还在继续向前涌动，也就是说，表面上看故事情节中断了，其实是在蓄势。前面有一个大坝呢！这个水慢慢地往前暗涌，到了水坝前被堵住了，便往上涨，往上涨，往上涨，涨到坝顶的高度，漫过堤坝，便轰然落下，形成壮观的瀑布！虽然他们第三次来了之后，便一下子杳无音信了，到哪儿去了作者也不说，甚至干脆不写他们母子三人了，但作者写了大家对他们母子三人的惦记、崇敬，还写了他们三人的影响——远近闻名，这些都是在蓄势。虽然作者没有写这母子三人到哪里去了，但读者心里还惦记着他们呢，一直惦记着他们。到了最后，那是十四年之后，母子三人才重新出现在读者面前，于是，无论是故事中的人，还是读者，感情都达到了高潮，越过大堤，一泻千里地奔涌！而且，最后他们的出场也是一波三折。开始大家想，可能不来了吧，整个厅堂里谈笑风生，非常热闹。忽然，门响了，哦，来了，肯定是来了，厅堂里一下静下来，大家一看，是陌生人，哦，不是盼望中的人。于是，大家又开始热烈议论起来。这时，母亲出现了，哦，原来是他们，他们终于来了！你看，就连对他们出场的叙述，都是一波三折，这就是作者在文章结构上的高明之处。这个结构，注意啊，与其说是作者刻意地编造，想着怎么把故事讲得有趣些，不如说是作者忠实于生活本来的真相，忠实于故事本身发展的逻辑。因为作者是以老板娘的眼光来写这个故事的，对不对？老板娘看见的故事就是这样发展的，第一次来了，第二次来了，第三次又来了呀，第四次可能会来吧，盼着他们来，哎，怎么又不来了呀？整个过程没有编造的痕迹。因为是站在老板娘的角度看这个故事，是不是？"

　　学生们说："是啊！"

　　我继续说："但问题是——我还要继续追问，既然是用老板娘的眼睛看这个故

事，那作者为什么不用第一人称，而用第三人称呢？大家考虑一下。"

学生们又开始了热烈的讨论。争论中，有的学生甚至大声地说起了方言。

我看到一个学生正滔滔不绝地在小组内说着，便走到他的面前把话筒递给他："你这么激动，能不能给全班同学说说你的看法？"

他站起来，继续大声地说："我认为，因为老板娘看到了母子三人每次来店里吃面的经过，所以作者有意从老板娘的角度来说这件事，因而用第三人称。"

我说："但是我刚才的问题是，既然如此，为什么不用'我'这个第一人称？"

这个学生一下语塞，看着我，想说什么，但又说不出来。

我给他解围："可能你还没想成熟，是吧？嗯，这个问题比较难，甚至可以写研究论文……"

又一个学生站起来了："如果用第一人称写，就会让人感觉到故事情节是作者刻意编写的，而不是生活中真实存在的。如果以第三人称来写，就会让读者感受到真实性。"

"这个……"我一时还不明白这个学生的逻辑，"用第一人称写，怎么就不真实了？"

这时，又一位学生跃跃欲试，想发言。我把话筒递给她："好，你说。"

她说："这里不用'我'这个第一人称是有目的的：第一，如果以'我'的口吻来说这个故事，虽然可以写出'我'的心情和感受，却不能够最真实地写出母子之间的那种感情。更重要的是，我们最好不要把自己的感情表现出来，而应让读者去猜测老板的内心世界。"

我鼓励道："嗯，有道理。"

她继续说："我感觉，如果用'我'这个第一人称去写的话，那么可以直接说出感受和体会，这太直白了。如果以一个旁观者，也就是第三人称去写的话，那么就可以让读者更清晰地深入思考这个问题，而不是直接把答案抛出去。"

我和她讨论："如果用'我'这个身份来写，它所描述的只是'我'看到的一些现象和'我'的感受，但是这个故事中还有'我'看不到的东西，是不是啊？"

"是的。"同学们说。

我说："那么大家再往下想，故事中究竟有没有老板娘看不到的？你们看一看，有没有？"

学生们说："有。"

我问："在哪儿？找一找，然后把那段文字读出来。"

学生又开始看课文，并讨论。不一会儿，一个学生站起来说："就是老板夫妇蹲在柜台后面擦眼泪。"

我忍不住笑了，说道："哈哈，这位同学说到点子上了！你能不能把相关语句读一读？"

他大声朗读着："在柜台后面，只见他们两人面对面地蹲着，一条毛巾，各执一端，正在擦着夺眶而出的眼泪。"

我再次表扬他："你回答得太好了！"然后我对全班同学说："我再做点补充。本来作者是以老板娘的眼睛在讲故事，但没用第一人称。因为第一，用第一人称很难把观察者的一些表现、表情表达出来，比如老板娘夫妇擦泪，她不可能自己看自己啊。而这个细节非常重要，必须写出来。用第一人称是不好说的。当然，也不是不可以说'我被感动得流泪了，用毛巾不停地擦眼泪'。但大家可以比较一下，这样说和作者文中的描述，感染力是有差别的。第二，我认为作者在讲这个故事的时候，他希望达到这种效果，这就是一开始让我们以客观的眼睛去看这个故事，而不是一下进入作者的心灵世界。怎么说呢？"我在考虑如何将之说得通俗一些，让学生们能够明白，"这样说吧，如果用'我'这个第一人称，比如'我'怎么了，'我'又怎么了，那么我们读这个小说时就很容易和叙事者融为一体。然而，作者认为我们应该和主人公有点间隔，有距离感。然后随着故事的发展，读者和叙事者逐步逐步地，与故事融为一体。这是一个渐进的过程，单独用第一人称来表现是不合适的。"

我突然觉得自己好像讲得深了一些，也许不是每一个学生都能明白的，于是，我又说："当然，这一点有的同学可能不一定一下就明白，但是我在想，同学们应该学会怎么把故事讲得更富有吸引力、更精彩一些，或者更富有悬念。你们写文章需要讲故事，可故事怎么讲才吸引人呢？我举个例子。古代有一个人是高度近视，可那个时候又没有眼镜可戴，有一天早晨，他去商店买东西，可商店门关着，等了很久门还是没开。他觉得很奇怪，平时早就开门了呀！于是就仔细看商店，看到柜台后面的墙壁上好像贴了个什么东西。他想，写的是什么呢？可因为眼睛近视，完全看不清，于是就爬到柜台上，然后翻过柜台，眼睛凑到墙壁上去看，终于看清了，那上面就写了一行字：'注意：油漆未干！'"

学生们大笑。

　　我说："这个故事也可以这样讲：有一个店主，刚刚装修了店铺，柜台上刷了油漆，他怕顾客把衣服弄脏，就写了一个'油漆未干'的提示贴在墙上，但有一个近视眼傻乎乎的，他不知道写的是什么，便翻过柜台去看，结果弄了一身的油漆。你们看，对同样一件事，用不同的叙述视角，效果是完全不一样的。我们再回到这篇课文的故事中来。本来，作者也可以这样讲：有位妇女，丈夫死了，带着两个孩子，家里负债累累，他们在北海亭面馆吃面，老板娘怎么怎么帮助他们，母子三人怎么怎么样。后来孩子有出息了，特意回到面馆表示感谢。你们看，这样讲，故事的内容并没有变，但感染力的差异是很大的。这就是叙述视角带来的不同之处。课文的作者用老板娘的眼睛观察并让她来叙述这个故事，不是偶然的。"

　　快下课时，我总结道："今天李老师和大家一起学了这篇课文，希望在写作上能给大家一些启示：第一，注意细节；第二，注意结构，也就是怎么把故事讲得更好。很快便要下课了，我们回到上课最开始我给大家讲的三星集团的故事上去。为什么三星集团的会长李健熙要两次读这个故事？两次读的意义是否一样？第一次读是为什么？第二次读又是为什么？"

　　学生们七嘴八舌地说着，我让一个学生说说。他站起来，说道："第一次给员工读，是为了让他们感受母子三人面对困难如何自强不息，在最艰难的岁月中乐观生活。会长希望员工们也有这种精神，自强不息，渡过难关。度过金融危机之后，会长再次读这篇故事，是鼓励全体员工，虽然度过了金融危机，但仍然要团结一致，不能松懈斗志。"

　　一个女生补充说："第二次是为了让员工们再接再厉，不要泄气。"

　　我说："好，这是你们的观点。那我说说我的观点。第一次为什么读这篇小说呢？我同意你们的观点。而第二次读，我觉得更多的是要员工们学老板娘他们那种以诚待人的经商态度。经商嘛，诚信、真诚最重要。第一次读，学习母子三人；第二次读，学习老板和老板娘。当然，这里我要强调的是，我们千万不要认为，老板和老板娘这样做是为了招揽'回头客'。不是的！他们这么做绝不是一种经商策略，而是美好人性的自然流露，是他们心灵深处本来就有的芬芳所散发出来的气息。这是我们从这篇课文中读到的。以自己的善良给别人带去幸福，这是做人的根本。所以，我给我的历届学生都送了一句话，后来这句话成了我们学校的校训，今天我把这句话献给大家，送给杜郎口中学的同学们，作为我留给你们的礼物。这句话是——这样吧，我干脆写在黑板上。"

我边说边写——

"让人们因我的存在而感到幸福！"

学生们赶紧抄下这句话。

我说："再过一个小时，我将依依不舍地离开杜郎口，离开你们。虽然我们只相处了两节课，但是我觉得，我们已经有了共同的情怀和共同的感动。随着时间的推移，我们也许会遗忘很多东西，但是我希望同学们对这一句话永远都不要忘记。最后，我们一起朗诵这句话，作为这堂课的结束语——让人们，起！"

学生们和全场听课的老师一齐大声朗读："让人们因我的存在而感到幸福！"

我由衷地说："今天我就因同学们的存在而感到了幸福。谢谢！好，下课！"

全体学生起立："老——师——再——见！"

掌声再次响起。

附记：

杜郎口中学以"把课堂还给学生"为核心理念进行课堂革命（而不仅仅是"改革"），取得了令人称奇的成就，由一个地处偏僻的农村中学而成为全国著名的素质教育改革名校。我带着一批老师前往参观学习，禁不住该校崔其升校长的鼓动，为该校学生上了这堂课。

尽管课后杜郎口中学的老师对我的这堂课评价不错，但我自己却不满意，甚至可以说很沮丧。

我的课堂一贯都比较重视学生的活动，尽量让学生积极主动地探究，但和杜郎口中学的教学模式相比，我的课就太"传统"了，依然摆脱不了教师中心主义。这堂课如果放在其他地方，可能会是一堂不错的课，但放在杜郎口，就是真正意义上的献"丑"了！

主要问题出在什么地方？课后我主动征求学生的意见，一个学生直言不讳："李老师，您讲得太多了！"这个孩子一语中的。本来，我一直都主张课堂上老师要少讲，要尽量引导学生思考，教师尤其不要用自己的思维去取代学生的思维……这方面的文章我写了很多，但真正做到，特别是做得像杜郎口中学的老师那么彻底，还真不容易啊！

　　解剖自己，我得出这样的结论：观念是否真的转变了，不是看说得怎样、写得怎样，而是看在讲台上做得怎样——换句话说，我们常说的转变观念，不是纯粹的思辨，而应该是思考中的行动！

四、无法预约的精彩
——作文评讲《感动》片段实录

时间：2010 年 11 月 18 日

地点：成都市武侯实验中学

学生：初一学生

为武侯实验中学初一孩子上课

　　在四川省初中作文教学研讨会上，我应邀上了一堂公开课——给学生评讲作文。作文要求是以"感动"为话题写一篇自己所经历感动的文章。本来，我的作文评讲课已经形成套路，或者说模式，但今天课上依然有我无法预约的精彩。

有一个环节是"佳作亮相",就是推出一篇写得最优秀的作文,让作者朗诵。今天的佳作是《甜甜的笑,震动了心》。课前,我对这篇文章是否确定为佳作还有一个波折。

在批改作文时,我读到这样一篇作文——

甜甜的笑,震动了心
周 超

在人生中,每一个人都会碰上各种各样的事,每件事给自己有不同的感觉:有激动,有高兴,有伤心,有感动……无数种感觉仿佛都有魔力似的,而"感动"更是时时刻刻牵动着我每一根神经。一个动作,一个声音,一个笑脸都蕴藏了不可忽视的魔力,正如那一次:

我瘫在书城的椅子上,心中哀叹道:终于买完了。看看手中的布袋(提倡低碳生活)里装满了书。哈!满载而归。可是又看看外面,正是烈日当空,我不敢逾越"雷池"半步。心中叹道:世界上一定没有比太阳公公上班更"热情"的人了。别人是朝九晚五,它是朝七晚六。但最后我还是举了白旗,出去了。

正当我感到口干舌燥时,我听见一个甜美稚嫩的声音:"姐姐。"这声音就像是一缕春风,荡进心中,赶走了炎热,让我忍不住停下一切行动,看向她。她是一位极可爱的小妹妹,十岁左右,双手紧紧抱着一沓报纸。她见我转过身,又怯生生地问:"您要买一份报纸吗?"

起初我认为她是一个城里的孩子,出来卖报是为了锻炼。所以我笑着摇了摇头。女孩看见我摇头,那双充满渴望的大眼睛黯然失色,像是斗败的公鸡,把头垂了下来。我心想着:出来锻炼,就不一定会一帆风顺,俗话说得好"不经历风雨,怎么见彩虹"。要学会播种希望,收获失败;播种失败,收获磨炼;播种磨炼,收获最终的成功,成为最终的胜者。可当我再次打量她,发现她穿着有些发黄的白上衣,牛仔裤也洗得发白,娇瘦的身子看起来觉得营养不良。怎么看也不像城里的孩子。如此穿着打扮,和这个城市格格不入。

我恍然大悟,她应该是家里贫困吧!看着她垂着头,嘴里念念有词,我走近一听:"奶奶的病怎么办?"我只听见了这一句,可是够了,足以让我的心跳了半拍，足以让我鼻子泛酸，足以让我感动。可是我要怎么收回我刚才的"摇头"呢？我正想着，那甜美的声音又回响起来："咦！姐姐你还没走啊！"我又一次被感动了，刚刚还失望，现在却又燃起希望，她的坚强是多么的令人感动啊！我灵机一动，笑着说："我不要一份，我要两份。"说完，我怕小妹妹怀疑我怎么突然改变主意，于是在后面又说："好热的天啊！真是的，妈妈要看娱乐报，爸爸要看体育报，真是麻烦！"

看着小妹妹脸上那甜甜的笑，我真心地希望她奶奶能好起来。当她把报纸给我时，我看见她的手臂"黑白分明"，很显然这几天暑假她可没闲着……

几个月过去了，我一直记着她给我带来的感动，她对她奶奶的心，和她甜甜的笑容。

刚读到这篇文章，我感觉不太舒服，因为我觉得写得很假。特别是"看着她垂着头，嘴里念念有词，我走近一听：'奶奶的病怎么办？'"之类的语言，让我觉得编造痕迹很重：这么巧，就被你听到了？于是，我随便在文章末尾打了一个分，就放在一边了。

这次作文中有几篇是明显的编造甚至抄袭，我打算找个别作者谈谈。

作文批改完毕，我在所有作文中，找了几篇佳作，然后又仔细研读，终于在其中确定了一篇，打算在评讲课上让作者朗读。

接下来，我开始找那几篇"虚假作文"的作者谈心了。几个作者谈下来，都很顺利。小作者们都红着脸承认了错误，表示以后用诚实的心写作文。

我把《甜甜的笑，震动了心》的作者请进了办公室。小女孩一走来，我就感到了她的单纯明澈，一双明亮的眼睛真的如清澈见底的湖水。我心里实在难以想象，这么一个单纯的女孩子会在作文中撒谎。于是，我很委婉地说："你能把作文中的经历再给我讲一遍吗？"

小女孩根本不知道我在怀疑她，不假思索地就讲了起来，讲得很认真，包括一些细节。听着听着，自然地在心里做着辨别与判断。渐渐地，我被感动了。

讲完了，她依然天真无邪地看着我。那一双眼睛清澈得没有一点杂质！

这双眼睛告诉我：她的作文是真实的！她没有撒谎。

我当即决定：让她上台朗诵自己的作文。

但有很长一段时间，我觉得内疚，觉得对不起这个女孩子。我在想，我为什么会怀疑她呢？那是因为我"成熟"的心已经不再相信有什么纯真了！有人曾说过这样的话：在我们这个时代，说真话，就是幽默！他的意思是，人们说惯了假话，如果有人要说真话，大家反而觉得很搞笑，当然也不会相信！

可是，这个小女孩——她的名字叫周超，还有一颗没有被污染的童心。

今天，当她面对台下七百多位老师，用清脆稚嫩的嗓音读自己作文的时候，所有人都被感动了！

我特意牵着她的手，来到台前，我发现，许多孩子的眼睛里都噙着泪水。我回头对着周超说——我还没有开口，突然发现，周超的脸上已经挂满了晶莹的泪花！

面对这么一个善良的小姑娘，全场老师报以最热烈的掌声！

我对所有听课的老师说："坦率地说，最初我读到这篇文章，以为是假的。但后来，我一看到周超同学这双明亮的眼睛，就确信这是一颗善良的心所承受的感动！我之所以曾经不相信这篇文章的内容，是因为我以成人世故的心来看童心，是我的心蒙上了灰尘！周超被卖报的小姑娘感动了，我们却被周超感动了。我想起卞之琳的诗句：'你在桥上看风景，看风景的人在楼上看你。'周超在欣赏卖报小姑娘心灵的风景，我们在欣赏周超心灵的风景！让我们再次用掌声向周超同学表示敬意！"

掌声再次响起。

这是今天我上课开始，便掀起的一个高潮，或者说遇到的一个亮点。而这个"高潮"或"亮点"并非我事先设计。是孩子纯真自然的流露，感动了全场老师，也让我的课呈现出了所谓"精彩"。

在"片段欣赏"的环节中，方海伦同学读了他作文中对班主任老师的语言描写："一次下课，老师一句关心的话感动了我：'方海伦，你怎么还穿得那么少？快回寝室去拿衣服！'"

我说："你们看，班主任老师的一句话就能够给方海伦同学带去感动，可见让别人感动是很容易的。"说到这里，我偶然看到教计算机的老师陈淑英站在舞台边上，她随时准备着在电脑出现故障时及时进行相关修理。我灵机一动，说："你们知道吗？有时候同学们一句简单的话，也能让老师感动呢！去年十一月，我校一位年轻的陈老师上计算机课时，给同学们说：'因为学校工作调整，我下周不上你们的课了，你们的课由另外的老师上。'就是这句话，让同学们很震惊，大家惊呆了，过了一会儿，一个同学站起来说：'老师，我们会想你的！'接着许多同学都纷纷说：'老师，我们会想你的！'同学们这一句句朴实的话，让陈老师非常感动。她感到了教育的幸福。晚上，她把这份幸福的感动写到了博客上，于是又感动了读到这篇博客的李老师。可见，所谓写感动，不是为写而写，而首先是在生活中被感动，抑制不住才写成文字的。同学们，现在这位被同学感动的幸福的陈老师就在我们旁边，"我抬手一指舞台一侧，大家的目光一下聚焦于不知所措有些害羞的陈老师，"让我们用掌声向陈老师表达敬意！"不仅仅是孩子们，还有全场所有老师都热烈鼓掌。陈老师站在舞台一侧，向大家深深鞠躬。

我看到，陈老师的眼里已经含着泪水。（课后，校长助理满泽洪老师对我说："当时，我看到陈淑英老师感动得流下了眼泪！小陈平时不声不响，默默无闻地工作，从不和谁争什么。今天，你让她很感动！"）

说实话，课堂上的精彩还有不少——今天不少老师都说他们感到了"震撼"。

快下课的时候，我讲到了最近发生在河南的"红薯爷爷"的遭遇。一边是丧尽天良的无耻，一边是感天动地的善良！我给孩子们展示一张张图片，第一张是威风凛凛的城管队伍正昂然走在大街上，我对孩子们说："城管代表国家管理市容，是应该的，大多数城管人员也发挥了积极的作用，但的确有少数人伤害了老百姓。"

字幕上显示出这样的文字——

11月9日，河南中牟76岁的老汉赶着毛驴车拉了一车红薯和萝卜，走了8个小时赶到郑州贩卖，只为给瘫痪两年的儿子赚点钱买药，却遭遇一40岁左右的城管掌掴。一时间，网上反响强烈，纷纷谴责打人者，被打的老人被网友称为"红薯爷爷"。

有人在大河网提议：我们都去买红薯爷爷的红薯吧！结果得到很多人响应，大家相约一起骑车去红薯爷爷的家买红薯……

我展示了十几张图片，都是好心的年轻人去看望"红薯爷爷"的情景，特别感人。孩子们和台下的老师都被感动了。

我说："对政府应该感恩吗？当然不应该。人民政府是人民用血汗钱养着的，就是要政府为百姓做事。你做好了，是应该的，用不着百姓感恩戴德；相反，你没做好，人民应该批评你，甚至罢免你！这是起码的公民意识！因此，我们现在进行感恩教育，感恩的对象是父母，是老师，是同学，是一切给我们以帮助的人，但唯独不应该是政府！我们应该摆正公民和政府的关系。"

我说："我说的这些都不是我的观点，都是常识。温家宝总理也多次说过这样的话。"

我打出几段文字——

2005年11月26日，温家宝总理在哈尔滨市民杜继亮家，告诉他们政府采取了很多措施保证居民用水。杜继亮的大女儿说："我们的生活井井有条，社会秩序也很好。谢谢党和政府，把群众放在心里。"温家宝听后意味深长地说："你这话要倒过来说，应该是党和政府谢谢你们，谢谢群众的理解、支持和配合。"

温总理说："我们的政府是人民的政府，我们的权力是人民给的，我们应该对人民负责。我们做得对的、干得好的，那是我们履行职责，应该做的。我们做得不好的、不对的，应该接受人民的监督，修正错误，改进工作。"

最后我说："作为政府首脑，温家宝总理是摆正了自己和百姓的关系的。他有一颗热爱人民的心！让我们都像温家宝总理一样，永远拥有一颗热爱劳动人民的心！"

五、请学生吃"面"

我有一个愿望，就是到学校每一个班都去上课，让武侯实验中学的每一个学生都能听我上课；同时，让每一个孩子都能聆听《一碗清汤荞麦面》的小说——这是我特别喜欢的一篇小说。

作者栗良平1987年创作，次年就发表在中国的《外国小说选刊》上了。我当时读了之后非常感动，赶紧给我高二的学生朗读，并说："如果这篇小说能够选入中学语文教材，多好呀！"没几年，这篇小说果真选入高中语文教材第四册。遗憾的是，前几年又被删除了。

但文中所表达的人性之美，却无法从我心中删除。我教的每一届学生，都会听到我给他们读这篇小说。

要说这篇小说的主旨，就两个字：善良。

最近一段时间，每次我走进初一的班级，给孩子们朗读并讲解这篇小说，总能够在孩子们心中掀起波澜。孩子们用非常专注的眼神看着我，我能够感受到他们眼中明澈的光芒。只要是讨论，教室里叽叽喳喳，热闹非凡。每一个孩子都是那么投入。

结合小说故事，我给他们讲"喜欢"和"爱"的区别：喜欢是"占有"，爱是"付出"。我们喜欢什么，自然会让这个东西成为自己的；而所有真诚的爱，都是不图回报的。比如，你喜欢这支钢笔，就会把它买下来，让它成为自己的；但母亲对你的爱，老师对你的爱，不是要占有你，而是不求回报。

我给他们讲爱的最高境界是不动声色，不露痕迹，不事张扬。让人们因为我的存在而感到幸福，但别人又不知道是你给他的幸福。

当然，这些道理我都不是空谈，而是通过一些生活中的例子，同时用孩子们能够理解的语言给他们说。有时候我的语言可能比较幽默，教室里常常爆发出哈哈大笑。

那氛围，特别好。

2013 年 9 月，为武侯实验中学初一学生上课

同学们对我特别亲近，特别依恋。前来听课的作家童喜喜说："孩子们太喜欢你了，你太有亲和力了！"昨天，在初一（17）班讲了课之后，临走时，孩子们居然叫我"帅哥"，他们一起喊："帅哥再见！"

最近几天，常常有学生自发给我他们写的听课感受——

李校长很幽默，是我见到的最好的校长！希望李校长下次再来给我们讲课！（欧家豪）

我想对李校长说："我觉得这碗清汤荞麦面非常好吃！您讲课时的那份幽默深得我们全班同学的喜爱。我希望您能把这《一碗清汤荞麦面》带给所有人的心灵！"（李燕）

我想对您说，您真的太幽默了！您有一颗使人快乐的心。我也会像您一样，把快乐带给别人，让他们快乐。希望您以后还能到我们班来上课！（余艳秋）

《一碗清汤荞麦面》这篇小说告诉我们，做人要善良、仁慈，保持一颗上进心，不仅要在熟人面前表现出善良，还要在陌生人面前微笑致意。（文雯）

听完课后我觉得在人生的道路上虽然有无数坎坷，但是要经过行动克服困难，还要有一颗善良无私的爱心，给予他人帮助。爱，是高尚，是无私！（李英男）

李校长，您讲的故事真好听！您是一位好校长，一位了不起的校长！我要向您学习！（贺跃跃）

李老师，您好！听了您给我们上课后，我懂得了很多。李老师，发现您在给我们讲课的时候，您并不像一位校长，而是像我们一样活泼可爱的孩子！我发现李老师您真的很适合教语文，您的朗读非常好，您的字也写得很好，而且最主要的是，您上课很幽默，让我们感觉很有趣。您讲的话很想让我们知道您想要讲的下一句是什么。我真的好希望您能常常到我们班上语文哦！李老师，请问我们能再有一个荣幸请您再给我们班上一堂课吗？希望您能够答应，谢谢！（徐茂益）

唉，李老师，我真的好想大声说出，您的大手真的好温暖！当大手包裹着小手，心里一股暖流在涌动！哦，还有，我还想多吃几碗面呢！您永远是我们的老师，我们最和蔼的老师！（李雨）

李老师，你给我们的第一印象是有一颗童心。虽然我们年龄相差很大，但你却能让我们感到同龄，有着一样的感受，一样的体会，一样的幽默……真的很想让李老师给我们再上一节课！（寇鑫灵）

在这堂课中，我发现你的童真还未泯。您上我们的课并没有距离，我离您很近。这碗面我吃得很香，很饱！（李岚）

我想对李老师说："我看过你写的一本书，那是在我四年级的时候，那是我从我哥那儿借的，书名叫《做最好家长》。我还鼓励我爸爸看过，因为里面有些真的和我的感受一样。你女儿和你居然可以如此融洽，从你给你女儿写给一个贫困地区儿童的信上，我就知道你很称职！"（魏梦尧）

李老师，您真是一个学生不害怕的校长！您走到同学们身边带来的不是一副臭脸，而是欢声笑语。我从来没听过这么精彩的语文课，要是李老师经常来给我们上课该多好！（陈黎）

……

孩子们对我的喜爱，实在让我开心！

我对孩子们说："这篇小说你们一定要记一辈子！等你们80岁的时候，再把这个故事讲给你们的孙子听。你们就说，"我开始模拟着说，"这故事呀，是爷爷小时候听李校长讲的，当然，这位李校长已经死了很多年啦……"

话还没说完，孩子们已经笑得前仰后合，甚至开心得拍桌子捶板凳了……

2010 年 11 月 5 日

六、重上《致女儿的信》

如何将小组合作的学习方式，与语文学科的特点有机结合？如何既尊重学生的心灵自由，又不失教师的积极引导？如何既让学生参与课堂，又能够体现教师的个人素养与教学风格？这些都是我校语文老师探索的课题。

为此，我今天（2013 年 11 月 21 日）上午第一二节课在初三（1）班上了《致女儿的信》。本来这篇课文我非常熟悉，不看教材我都可以轻松讲授，而且语文组的老师也听过我讲这篇课文。因此，如何上出新意，是我课前思考的问题。

当然，并不仅仅是为了让老师们听出新意，更主要的是要让孩子们有收获。说到孩子们的收获，我还面临一个挑战，就是这篇课文他们是学过的。学过的课文如何读出新意，读出深度？

尽管我似乎不用刻意备课了，什么在我脑海中都是现成的，而且教学提纲的PPT都是现成的；但是昨晚上和今天凌晨，我还是一直在琢磨，如何让这堂课达到学生主体与教师主导的有机统一？早晨五点过我就起来了，重新思考教学思路。我和苏霍姆林斯基的女儿的私人交往，当然是我独有的资源，但我不能仅仅凭这所谓"独有的资源"吃老本。我洗脸刷牙都在琢磨，究竟怎样才能突破自己？

我看了看现成的PPT，我想如果有时间我可以补充一些关于爱情的内容。为了这个"如果"我特意把"爱情天梯"的图片加进了PPT。我预设的教学提纲（程序）是——

研讨课文的大体结构。

思考：这封信给你的第一感觉是什么？

这篇课文是以什么形式谈爱情的？为什么要以这种方式？（这封信在写法上和一般的信有什么不同？）

最能触动你的语句是什么？

有什么不懂的问题吗？

这封信在写法上，和一般的信有什么不同呢？

作者为什么要用童话给女儿解释"什么叫爱情"？

在写法上有什么值得欣赏和借鉴的？

思考探究：

1. 结尾两段，奶奶和父亲都在谈论"这就是爱情"，但两人所说的侧重点有什么不同？

2. "只有人才能够爱。同样，从人本身来说，只能以人的方式去爱的人，才成为真正的人。"这句话同前面哪一句话照应？

3. 如何理解："做一个幸福的人，只能是在你成为有智慧的人的时候。"

根据课堂情况补充有关爱情的素材，比如林徽因，比如爱情天梯。

介绍作者及其女儿，以及我与苏霍姆林斯卡娅的交往，还有卡娅写给我学生的信。

2013 年 11 月，在学校上《致女儿的信》

虽然这样设计，但一切还得视课堂情况而随机应变。两节课上完了，老师们（包括多次听我讲这篇课文的老师）都赞不绝口，而自我感觉还可以。当然不是无懈可击，但我觉得至少有以下值得我得意的地方。

第一，根据学生的情况而调整自己的预设。

因为学生已经熟悉课文了，所以我本不打算让学生朗读课文，这样可以节约点时间，但一开始我就感到孩子们对课文并不是我想象的那么熟悉，于是我临时决定让全班齐读课文。这个变化是因学生而起。有趣的是，我在和学生一起朗读的过程中，对课文有了新的发现和感悟。这对我是一个意外的收获。

本来学生朗读课文之后，我是想让他们从总体上把握以下课文的结构和内容，但我朗读课文之后，我突然意识到，现在问学生"对课文的第一印象"是最恰当的，最适时，否则"学脉"（也是"教脉"）就断了，而且我觉得没有必要让学生专门研究结构，因为一会儿他们研讨课文内容时必然涉及结构。于是，我让学生朗读结束便交流"第一印象"，课堂顺序特别自然流畅。

本来我是打算把课文讲完后，再集中介绍苏霍姆林斯基和女儿卡娅的，但当读完课文我问孩子们对苏霍姆林斯基的了解时，好多孩子还是比较茫然。于是我临时决定把本来放在最后讲的内容提到前面来讲，我给学生讲苏霍姆林斯基，讲我和卡娅的交往，让学生因为我而对卡娅感到亲切；他们听得津津有味。但是我"留了一手"，特意没有讲卡娅给我学生写的信，我想把这个内容放在下课前讲，这样，这篇课文就因卡娅和我的交往而前后呼应。

课前设计精细并不意味着教师的课堂必须按部就班，有的年轻老师正是因恪守教案的预设而显得拘谨、呆板、捉襟见肘。实际上，课堂上出现的所有"变数"对教师都是一种挑战，这种挑战激发着教师的智慧、灵感和创造冲动。课堂上的许多精彩之处其实正是因此而突显的。课堂上，教师的预设没有什么是不可变的。唯一不变的，是对学生思维及其外在表现的关注。

第二，随时生成一些"教学点"，同时又去掉一些预设。

讨论"作者为什么要用童话来解说爱情时"，孩子们特别热烈，多数孩子都说是"生动形象""通俗易懂"，但我参加一个小组讨论时，有学生说："爱情就像童话一样纯洁美好！"我特别有共鸣，马上让这孩子给大家说说她的这个观点，然后我引导同学们思考："如果要用文体来比喻爱情，什么文体最恰当？"孩子们饶有兴趣和我讨论：小说吗？不，小说充满传奇，充满跌宕起伏而大起大落的故事，而爱情并没有那么多的传奇，很多时候是很平淡的，就像文中所写，无非就是"你看看我我看看你，眉目传情"而已。剧本吗？更不是，因为剧本的矛盾冲突比小说还要集中。诗歌吗？也不，爱情需要浓烈的抒情，但不可能天天都有那么浓烈的抒情。（讲到这里，我夸张地说："比如，你回家要是看到爸爸正在深情地对妈妈说"老婆，我爱你！"你肯定会吓坏了，或者说，爸，该吃药了！"学生大笑）是说明文吗？不，爱情不是一二三四的解说。是议论文吗？不，爱情不是抽象的说理。而爱情的最高境界应该是童话！一样的纯洁，一样的浪漫，一样的美好，甚至有时候一样的朦胧。

我对这段课堂情境非常满意，很难说是学生启发了我，还是我引导了学生，是我们共同生成了这个"教学点"。

在谈到对这封信的第一印象时，一个孩子说，作者太了不起了，居然这么坦率地给女儿讲爱情。我迅速抓住这个话头，深入追问："你敢问你爸这个问题吗？"他说不敢。于是，我即兴在班上搞了一个调查："哪些同学想过爱情？""哪些同学向爸爸妈妈问过爱情的问题？"这一下让孩子们活跃起来，他们羞涩而又活泼，课堂上顿时妙趣横生。最后我很庄严地说："再过十年二十年，你们可能也会成为爸爸妈妈，希望你们的儿女向你们请教爱情的时候，你们能够像苏霍姆林斯基一样。"

本来我准备了我引导女儿了解和理解爱情的故事，这个故事也很生动，如果给孩子们讲讲，必将为课堂增添情趣。但因为课堂教学的"脉流"没流到那里，我便毅然舍去了。如果为了课堂妙趣横生，而非要把我准备好的材料抛出来，效果未必好，很可能很别扭。

第三，引导学生理解并学会"语言的敏感"。

在讲《致女儿的信》这个课文题目时，我问孩子们："这个标题中的五个字有没有感到别扭？"这是我事先想好的问题。学生也许开始并没觉得这个标题有什么不妥，可我这么一问，他们便认真推敲起来。"哎，还真有点别扭。"有同学嘀咕道。越来越多的同学都觉得是有些别扭。我问："哪个字别扭？"他们说："致。""为什么？"我追问。孩子们说："'致'这个字用在这里太正式，太庄严。而父亲对女儿写信不用这么严肃。"我说："是的。习近平写信给奥巴马，可以用这个字。但父亲对女儿的信，用什么字就可以了呢？"孩子们说："给。"我说："好，用'给'就行了。这个标题是编辑取的。从意思上说，也说得过去，它并不是病句，但不是特别贴切，不得体。大家一定要有对语言的敏感。"

后来讨论时，有同学们对"她那双乌黑的眼睛显露出沉思和不安的神情，不知为什么，她用一种特别的，从未有过的目光看了我一眼。"这句话进行品味剖析，我和孩子们一起研究。我说，"沉思"是想这个话题怎么说才能让小孙子明白；"不安"是为小孙子开始思考这样的问题而略有担心。"一种特别的，从未有过的目光"是"看长大了的孙子的目光"。我特别说："如果按常理，那应该先用'不安'这个词，再用'沉思'这个词。这才符合思维逻辑，因为不安而想如何解释。这里也许是翻译的原因，也许是苏霍姆林斯基的写作瑕疵。当然，也许是我的理解有误。不管怎样，我在这里不是追究词语顺序是否用对了，而是告诉同学们，读书、读文章就是要有这样对语言的敏感！"

后来读到"上帝从那目光中发现了一种他所不理解的美和某种从未见过的力量。

这种美胜过天空和太阳、大地和麦田——胜过上帝所创造的一切。这种美使上帝迷惑不解，惊慌不已"时，他们很容易敏锐地发现了前面"他所不理解的美"与后面"迷惑不解"的联系，还有"某种从未见过的力量"和"惊慌不已"的照应。这就是对语言的敏感。

第四，捕捉学生的思维之火，点燃教师的机智之光。

有些精彩的确是无法预约的。但是，"无法预约"并不意味着教师事先可以无所作为，也不意味教师课前的备课是无关紧要的。不，教师的预设是一种蓄势待发，究竟是否"发"？何时"发"？取决于教师高屋建瓴的教学预见和明察秋毫的教学敏锐。具体说，就是课堂上，教师要非常细心而敏感地关注孩子的思维。

在"有什么不懂的问题吗"这个环节，一个女孩说："现在社会上有许多爱情悲剧，离婚率也很高，许多家庭并不幸福。这让我们怎么理解爱情的美好？"这个问题提得很好，切合当今中国的现实，因为这个问题，让孩子们从爱情的童话中回到真实的生活，把课文和生活打通了。这是这个女孩的思维之火。这是学生提出的一个我没想到的突发问题。对这个问题的回答，并不难，因为我本身就准备了林徽因和梁思成的爱情故事，还有"爱情天梯"的故事，我趁此讲这两个故事顺理成章，从教学脉络上看也很自然流畅，但是，我设计的教学重点（思考探究：1. 结尾两段，奶奶和父亲都是在谈论"这就是爱情"，但两人所说的侧重点有什么不同？2. "只有人才能够爱。同样，从人本身来说，只有能以人的方式去爱的人，才成为真正的人。"这句话同前面哪一句话照应？3. 如何理解："做一个幸福的人，只能是在你成为有智慧的人的时候。"）还没有开始，如果现在就抛出那两个故事有点早，按我的想法，应该是思考探究完了后我再讲那两个故事的。但是，难道为了我的预设而无视学生此刻最需要解答的问题吗？当然，我可以这样说："这个问题很好，我们过一会儿再来讨论，好吗？"这样也不是不可以，但毕竟不够自然，会让课堂有一种生硬的断裂感。然而，如果完全抛弃我的预设，同样会损害我追求的课堂流程的完美；而且教师完全被学生"牵着鼻子走"毕竟也不好。

那么有没有一种两全其美的办法呢？

在那一瞬间，我大脑剧烈地运转着。几秒的思考，我有了主意。

我微笑而从容地说："是的，现在社会上不幸福的婚姻也不少，因为并不是每个人都能够享受爱情的。其实苏霍姆林斯基在这封信中已经说到这个观点。大家看看信的最后两段怎么说的。请大家读读这两段，并思考奶奶和父亲都是在谈论'这就是爱情'，但两人所说的侧重点有什么不同？"

教室里顿时书声琅琅。然后我和孩子们一起讨论并得出结论：奶奶重点是谈爱情是人类永恒的美、力量和纽带，父亲重点是谈什么人才配拥有爱情，那就是以人的方式去爱的人；而这种人才是真正的人。

我进一步追问："信的最后一句话'只有能以人的方式去爱的人，才成为真正的人。如果不善待爱情，便不能提高到人类美这一高度，就是说它不仅仅是能够成为人、但尚未成为真正的人的一种生物罢了'，与前面哪一句话相照应？"

学生迅速重新浏览课文，并很快找到，情不自禁地朗读："做一个幸福的人，只能是在你成为有智慧的人的时候。"

"太好了！"我继续追问："什么叫有智慧的人？"

有同学说"心态"，有同学说"正确的观念"。大家议论，我们一起讨论："这里的智慧，包括理智，包括情感，包括心态，包括思想，包括必要的物质条件，等等。"

我说："爱情的智慧，首先是对爱的理解。大家还记得你们在初一的时候我给你们讲《一碗清汤荞麦面》时说的喜欢和爱的区别吗？"

不少同学点头，说："记得。喜欢是占有，爱是付出。"

瓜熟蒂落，水到渠成。我很自然地打出了林徽因美丽的肖像，讲林徽因和梁思成的爱情，以此解释什么叫"爱是不计任何回报的付出"。孩子们都被感动了。然后我说："如果说林徽因和梁思成离我们太远，那么我再讲一个当代真实的爱情故事。"我打出了"爱情天梯"的照片和两位幸福老人的照片。这时有个女生跃跃欲试，举起手来。原来她知道这个故事。于是我让她给大家讲这个动人的爱情故事。

女孩讲得比较简略，不太完整，但依然感动了大家。然后我继续亮出一张张照片，补充叙述这个故事："两个恋人不惜一切代价私奔进入深山，与世隔绝，这就是'爱情'；六十多年的时间他们始终相爱，这就是'忠诚'；丈夫死去，而老婆婆依然不愿搬下山去而痴痴地守着她的'小伙子'，这就是'心灵的追念'！"

有学生开始擦眼泪，后面听课的老师眼圈开始红了。

第五，把自己的阅历融进课文，融进课堂。

我五十多岁，从教三十二年，时间赋予我丰富的人生阅历，这阅历自然就是我的教学资源，甚至是课程资源。其实，我根本没有想过要有意把自己的故事和课堂教学联系在一起，但是因为我很投入，对课文的理解很深入，甚至说，我走进了课文作者和她的女儿，便情不自禁地在教学中自然而然地展示着自己的经历，自己的情感，自己的思考，自己的心灵。我讲我下乡种果树的经历，讲生理的成熟不等于精神的成熟；我讲我和卡娅15年的交往，讲我理解的卡娅是如何对待爱情的；我展示卡娅给我学生写的信，震撼着孩子们的心；我结合自己的理解讲"喜欢是占有，爱是付出"，学生和我一起陷入沉思；我用"爱情天梯"的故事，讲我对爱情的理解，让孩子看到在这物质化的时代，依然有着古典的爱情……

一位老师听了我的课，在给我的手机短信中说："人即是课，课即是人。人创造课，课也创造人！而您，是那么拥有鲜活灵动童心的人，因此我们从您的课堂获得的，是修养、学识、经历以及更为重要的积极向上的人生态度。"

这话当然过奖，但"人即是课，课即是人"的确是我欣赏的一种课堂境界，也是我和所有语文教师应有的向往与追求。

不是说这堂课就完美无缺，实际上这堂课也有遗憾，但我毕竟在尝试着超越自己，而这种超越，其实也是一种回归，回归到教学乃至教育朴素的起点——对人的关注。我不敢说我已经做得很好，但我在努力。

2013 年 11 月 21 日

七、简朴是最高的艺术
——著名特级教师李镇西《理想》教学实录

刘显勇整理

【课前交流】

（老师事先到班上和学生做了短时间交流和预习布置，和学生相对熟悉。）

李镇西（以下简称李）：（微笑挥手，从观众转向台上学生）大家好！今天之所以早点上课，是想上课前跟大家聊几句。（走到讲台前看了下表，再笑嘻嘻地走向学生中间）咱们先不忙着计时，聊几句！（众笑，师边说边移动到学生中间的过道上）这个场合（阶梯教室座无虚席，过道都挤满了人），1号同学（学生笑，应为和学生见面时认识并开过玩笑的，师伸开右手掌指向孩子表示有请），嘿嘿，不知道你有什么感想？（学生大笑）实话实说！

　　生（凑到李伸过的话筒前）：紧张！

　　李：为什么紧张？

　　生：气……气氛……

　　李（抢话）：你说你有很强大的气场对吧？（众笑）

　　生：这么多人看着我……

　　李：看你干什么？前面同学才被大家看着（指靠主席台外侧的同学），你谁能看到？只有我能看到你！（众笑）那排同学可能感觉不一样些，啊（手指最外侧的一排同学）……（顺势走到最外侧第一排第一名同学面前）你说说，好不好，你跟其他同学感觉有什么不一样？

　　生：我也很紧张。

　　李：没办法，刚才我走进来的时候，有的老师给我打招呼说："李老师，等下看你的啦！"我说我今天状态不好，昨天晚上失眠，睡不着，我紧张！这样吧，李老师给大家提两个要求。第一个呢，大家要是很紧张的话呢，就把你们自读时发现的问题写成纸条，由我把这个纸条念出来供大家讨论，我们看谁提的问题最多最好；第二个呢，我们有奖品，奖给发言有水平的同学……哎，王棋来没有？（生：来了！）你看他，我说"有水平的同学"，他就向我示意他有水平（师模仿王启文用手指不断指向自己的样子，生哄笑）我将奖励大家！我给大家看下我带来的奖品：有我的签名作品，还有流沙河爷爷的签名著作。请大家看大屏幕的图（幻灯投影流沙河在家脱了鞋意定神闲盘足坐在沙发上的照片，老师手指台下嘉宾席），流沙河爷爷，他既在这儿坐着（指着投影仪）也在那儿坐着（指着台下嘉宾席）！（生张望台下，发出会意的笑）这张照片呢，是大概在四年前我在沙河老师家里给他拍的，当时我带着女儿去看望他，没想到今天正好上他写的课文。

2014 年 12 月，在成都执教《理想》

【教学过程】

（一）你读得通这首诗吗？

李： 好啦，这首诗你们一共读了几遍？

生： 三遍！五遍！

李： 好，哪些同学查了诗中的生词？不理解的词语、句子也可以提出来，请大家来说一说！

生： 我查了"理想如果给你带来荣誉，那只不过是它的副产品，而更多的是带来被误解的寂寞，寂寞里的欢笑，欢笑里的辛酸。"这句诗中的"寂寞"这个词，但还是不理解在文中的意思。

李： 寂寞本来是空旷、寂静的意思，但在这里，孩子们，诗人用它来表达心情的什么？你说。

生： 孤独。

李： 对。还有哪位同学？有请那位女同学。

生： 我查的是"理想使忠厚者常遭不幸；理想使不幸者绝处逢生。""绝处逢生"的意思是在走投无路的情况下，又得到了希望与出路。这里的意思是只要不放弃理想，即使身处绝境也还是有希望的。

李：好。还有哪位同学？

生：我查的是"理想被玷污了，不必怨恨，那是妖魔在考验你的坚贞"，"坚贞"的意思是节操坚定不变；然后"理想被扒窃了"，"扒窃"是从别人身上偷一些东西，然后这里是被悄悄拿走了的意思；"英雄失去理想，蜕作庸人"中的"蜕"是人或物发生质变的意思。

李：好（示意学生坐下）。他学会了三个词："坚贞""扒窃""蜕"，很好！

（二）你知道写的是什么吗？

李：这首诗写的什么呢，大家体会到没有？

生（插话）：这首诗写得很押韵。

李：我说这首诗写的是什么，她说很押韵。（生笑）嗯……还是邻桌之间讨论一下吧，这首诗写的是什么呢，好不好？（生开始讨论，师面带微笑和学生互动）这位小同学来说一说！

生：我觉得这首诗应该是作者将抽象的理想用生活的场景描绘了出来。

李：描绘出来的是什么呢？

生：描绘出来理想的美好，以及对于人们的期望。

（另一位同学举手，师走向他）

李：你补充是吧？好。

生：他写了理想的重要性以及对人们的作用，还有在不同的年代里理想是什么？

李：好。还有补充的吗？

（后排一女孩举手）

生：他写的是理想的意义，我认为他写了理想的历史意义、人格意义，还有就是对于人生的意义。

李：我问个问题你不要生气啊，刚才这个概括是你自己想出来的，还是参考了什么得来的？

生：我参考了的。

李（抚摸着小女孩的头）：非常诚实啊！你参考了什么呢？

生：网上查到的。

李：她在网上查到的，她查了资料的，说写了理想的历史意义、人格意义，还有对于人生的意义，非常好！嗯。这位同学有什么补充的？

生：他希望每个人都树立远大的理想，为理想而奋斗。

李：说得好，还有补充的吗？

生：嗯，我认为这篇文章也告诉我们要树立一个正确的理想，要树立一个能让我们一辈子为这个目标而去奋斗的理想。

李：好，这是同学们看到的理想，还有不同的理解吗？还有不同的看法吗？好，这位同学有话要说。

生：这首诗每一小节都有理想，而且有一种英雄主义，如果一个人没有理想，他就会越来越颓废，就没有了新的希望。一个人只有有了理想，他才会不断地奋勇向前跟进步。

李：这首诗写的是什么？这个问题，我想让同学们解决的。现在我们应该明白了，这首诗说了理想是什么，然后说理想的意义：没有了理想会怎么样，有了理想会怎么样，就是这个东西。好，这篇诗歌，同学们在阅读的时候还有什么不理解的问题没有？哟，这么多问题啊！请你说。

（三）你有读不懂的地方吗？

生：我发现第一节每一句的最后一个字是下一句的开头。

李：这是个问题吗？这是你的发现。这个发现很好。请这位女同学来说。

生：我看到第八段的时候，看到"平凡的人因有理想而伟大；有理想者就是一个'大写的人'"这句，我不理解什么是"大写的人？"（师听到问题后夸张地拍大腿叫好。）

李：太好了，这个问题太好了！"大写的人"是什么意思啊？有同学能回答吗？（许多学生想回答，但又比较茫然）就是崇高的、高尚的、了不起的人。其实"大写的人"是从国外引进的词语，是音译词，最早是苏联的高尔基写作的时候用到这个词，在俄语里要强调的词语字母就要大写，所以后来"大写的人"就成了一个典故，不过现在很少用了。非常感谢这位同学让大家增加了知识。懂了吗？好，我们请这

位同学。

生：我读到第六小节，为什么说"理想既是一种获得，又是一种牺牲"呢？

李："理想既是一种获得，也是一种牺牲"，有同学给她说一说吗？你说。

生：我说的不一定正确，但我认为这是说在追求理想的道路上，通过奋斗会获得一些道理，另一方面又可能需要放弃一些东西。

李：还有同学要说吗？

生：我认为是追求理想最后能得到自己想要的结果、收获，但在追求的过程中他需要付出时间和精力，就像流沙河爷爷他也放弃过一些东西，最后才实现了自己的理想。（师调皮地注视流沙河方向，有点坏笑地看着流沙河。众笑，全体鼓掌）

李：大家给你鼓掌了！说得真好，你一定可以得到奖品。（生笑）关于"理想是一种牺牲"，还有没有自己的理解？还有同学想补充吗？

生：这让我想到了一句老话，"有舍才有得！"

李（竖起大拇指）：哲学家！说得真好！今天早上我收到著名作曲家谷建芬老师的一封信和一个珍贵的包裹，包裹是她送给我校孩子的音乐CD，是她新创作的作品。谷建芬这个名字可能你们不一定熟悉，她就是《歌声与微笑》的作者。这让我很感慨！我刚当老师的时候就有一个理想：我一定要把每个学生教好，就这么一个朴素的想法，要让每一个在我班上的孩子都觉得很开心，所以我请谷建芬阿姨为他们写了一首歌。三十年过去了，今年我们搞了三十年聚会，又唱起了她当年为我们谱的歌。我对我的学生们说：我们用三十年的岁月的金络，编织了一个童话，这个童话至今温暖着也幸福着彼此的心。这就是一种收获！那有的老师、有的同学可能会问，什么又叫'牺牲'呢？我也'牺牲'了很多，当然这种牺牲是按一般人的看法，比如说我几乎没有星期天，还有许多和学生在一起的节假日，等等。但我不认为这是牺牲。还有的人认为我应该得到的一些'名利'没有得到，我也不认为这是一种牺牲。我认为这种生活多好啊！从旁人看来，我失去了许多世俗的功利，这是一种牺牲，但其实对我来说，这种牺牲是值得的，因为我所获得的远远大于所谓'牺牲'。有的人却觉得这是一种牺牲，但我就认为这未必是一种牺牲啊。个人的看法不一样啊！'理想就是一种获得，又是一种牺牲'，我说这些同学们未必都懂，希望你们用未来的岁月去验证这句话！还有什么问题吗？

生：我读了第八节"理想被玷污了"，我查了玷污就是弄脏的意思，那这句话有什么意义？

李：好，理想为什么会被玷污？这个问题非常好，也非常沉重。流沙河爷爷写这首诗的时候四十多岁了，已经饱受了人生的一些磨炼，是有感而发。你们才十二岁，是理解不了的。我给你们补充……哦，这位同学有话要说。

生：我认为当一个人有理想的时候，有的人可能会贬低这个理想，他可能就会遇到一些挫折。

李：这样，我给你们补充一些历史知识。我出生于1958年。（模仿播音员庄严的音调）"1958年，流沙河被打成右派，李镇西诞生了！"（众笑）那个时候人们也很有"理想"，搞大跃进等，死了那么多的人，李老师的奶奶活活饿死，姨父被饿死，这些人都是为了美好的"理想"在奋斗啊，一直到"文化大革命"。那个时候人们的理想是实现共产主义，后来却越搞越穷，越搞越穷，后来邓小平说，贫穷不是社会主义。而那段曲折的历史，就是"理想被玷污"啊！本来都是很美好的理想啊。想实现美好的理想，结果适得其反。希望中国富强，希望中国走向文明和进步，这是没有错的，由于种种原因，却走上了歪路，这就是理想被玷污，当然这就不是语文课能解释清楚的问题了。下来大家可以找些书来看。还有没有问题？

生：还是这个小节，"理想被扒窃了"，理想又不是东西，怎么会被扒窃呢？

李：偷换概念呀！你说的是你的理想，我说的是我的理想。这首诗是1982年写的，那时改革开放才不久，刚经历过十年浩劫呀！十年浩劫期间，人们都以为只要奋斗就可以实现理想，但实际上有的人利用我们的善良，利用我们的纯真，利用我们的热情，以售其奸！把美好的理想都掏空了！嗯，我这样说大家比较好理解，（拿起学生的一个笔袋）比如你要买个笔袋，你想买个好的，但别人却用一个假货把它换了。还有其他问题吗？

生：我读第六小节自己的理解不知道是不是对的，"理想既是一种获得，又是一种牺牲"，本来应该先有牺牲才有获得，那是别人只看到你实现时的结果，却没有看到你的付出。

李：别人看到的都是你的辉煌，却忽略你的牺牲。他的理解对不对？非常好，大家给她一个掌声。

生：我读到第九小节，为什么说"世界上总有人抛弃了理想，理想却从来不抛弃任何人"呢？

李：怎么理解啊？好，这位同学你试一试吧！

生：后面的话可以回答这个问题，"给罪人新生，理想是还魂的仙草；唤浪子回头，理想是慈爱的母亲。"只要拥有理想，就可以获得新生。

李：我本来想解释，但这位同学引用原文回答得比我好。还有同学有什么问题吗？

生：为什么说"理想如果给你带来荣誉，那只不过是它的副产品"？

李：嗯，这位同学举手了，你说。

生：理想是说在你人生结束时你想完成的东西，而不是为了荣誉去完成它的。

李：嗯，应该说，荣誉是你的，副产品也是你的，这样好不好？（众笑）对你来说，它连产品都不是，是吧？（众笑）我这样说大家就好理解了，举个例子吧，咱们班大家最佩服的是哪位？

一男生指后边：邱杰文（音）。

李：邱杰文是哪位？你们觉得他哪点好？品学兼优是吧。请你给大家介绍下他的事迹。（众笑）

男生：他很爱帮助同学，帮助我。（众笑）

李：我采访下邱杰文同学。你学习成绩怎么样？

邱杰文：还可以。

李：你谦虚一下嘛！（众笑）你为什么要把成绩搞得这么好呢？（众笑）

邱杰文：我想今后有一个好工作，以后的前途更好。（众大笑）

李：这是他的追求，那你获得过什么荣誉没有呢？（刚才的男生说年级第三名）哦，年级第三名是吧！你学习是不是为了奖励呢？

生：（摇头）没想过。

李：没想过，但你努力学习却获得了老师的表扬和奖励，这就是副产品！但你本身并不是为奖励而学习的！大家看，他的理想并不是说"第三名"好，这就是副产品。"第三名"这个荣誉只是一个副产品，但不是他的主要追求。大家懂了吧？再举个例子，你们去峨眉山，目的是登山，但在洗象池遇到了猴子，发现了特别美、特别有趣的景象，这就是意外的惊喜。像当老师也一样，你特别投入地教好学生，和学生一起玩、享受，很开心的，哎哟，结果没想到得了这个学科带头人、那个骨干，哎，副产品！有，不错；没有，没有关系，因为幸福比优秀更重要！优秀是副产品，幸福是目的！

（四）你愿意交流喜欢的诗句吗？

李：提问就到这里吧！刚才大家就一些问题进行了研讨，现在我们交流一下各自喜欢的段落或语句吧！同学读的时候觉得哪些小节特别好，特别喜欢啊？

生：我特别喜欢第九小节……

李：请你给大家朗读一遍！

生："世界上总有人抛弃了理想，

　　　理想却从来不抛弃任何人。

　　　给罪人新生，理想是还魂的仙草；

　　　唤浪子回头，理想是慈爱的母亲。"

我觉得他写出了不同的理想有不同的人生，还有，还有……还有我不知道怎么说了。

李：这就是写诗！不知道该怎么表达而却让我们感觉到了，这就是诗！想清楚了再写出来那是论文。（众大笑）

生：我喜欢第十一节（李：给大家读一读！）

　　　"英雄失去理想，蜕作庸人，

　　　可厌地夸耀着当年的功勋；

　　　庸人失去理想，碌碌终生，

　　　可笑地诅咒着眼前的环境。"

写出了理想对于不同人生阶段都有不同的作用，说出了理想对于人生的重大意义。

李：还有吗？

生：我喜欢第五小节（朗读）：

　　　"理想使你微笑地观察着生活；

　　　理想使你倔强地反抗着命运。

　　　理想使你忘记鬓发早白；

　　　理想使你头白仍然天真。"

使我觉得理想可以让人变得乐观向上，变得坚强起来。

生：我喜欢第二小节：

"饥寒的年代里，理想是温饱；

温饱的年代里，理想是文明。

离乱的年代里，理想是安定；

安定的年代里，理想是繁荣。"

我喜欢它因为它首尾相连，体现了社会的进步。（众笑）

李（正色）：分析得很好的！体现了社会的进步。我也很喜欢这两段，我们一起来朗读它们好吗？

"理想是石，敲出星星之火；

理想是火，点燃熄灭的灯；

理想是灯，照亮夜行的路；

理想是路，引你走到黎明。"

李：这两小节讲理想是我们前进的方向。（有学生举手）你说！

生：我看出讲理想是要不断更新的，我们只有不断更新梦想，人生才会更加完美。（生鼓掌）

李：好！是这样的，人生要不断有新的理想，但我读这两段跟大家的感受不一样，因为阅历不一样，我给大家补充一点背景知识。流沙河爷爷给我讲，这首诗并不是他要主动写的，是 1982 年《诗刊》主编柯岩老师——就是《周总理，你在哪里》的作者邀请他写的，沙河爷爷想，既然要我写，第一，我要写得跟别人不一样，哪里不一样呢，过去写理想，只能有一种，那就是共产主义。我要写不同时代、不同人的不同追求，所以他写了饥寒的年代、温饱的年代等；第二是什么呢？把语言形象化、优美一些，而这一段，第一小节，和诗人本身的经历是有关的。我和大家看两首他其他的诗。你们查过资料，知道流沙河爷爷曾经遇到过不公正的对待，知道吧？（生小声说对）他自己对我讲，右派当了整整二十年，1958 年 5 月 6 日下午三点被带走，宣布带上右派帽子，1978 年 5 月 6 日上午九点宣布改正。差一小时就整整二十年！我要说的是什么呢？'饥寒的年代里，理想是温饱'，这里面有着作者的切身体验。下面我给大家读几首流沙河爷爷写的诗，这些诗真实地展现了那一页不堪回首的历史。

（读诗）《中秋》：纸窗亮，负儿去工厂。（解说：负：背，背着的，当时才几岁，）赤脚裸身锯大木。音韵铿锵，节奏悠扬。爱它铁齿有情，养我一家四口；恨它铁齿无情，啃我壮年时光。（解说：25 岁到 45 岁，本来应该写诗的年龄，却用来锯大木）啃完春，啃完夏，晚归忽闻桂花香。屈指今夜中秋节，叫贤妻快来窗前看月亮。妻说月色果然好，明晨又该洗衣裳，不如早上床！（众会意地笑）

李：饥寒的年代里，理想是什么?！是温饱（生齐声）！还看什么月亮啊？（众笑）那时他白天要挨批斗啊，几岁小孩在外面受尽欺辱，我回想起自己童年时母亲被迫害，我也被关在家里不敢出门，这就是那个年代。他还有一首诗，《哄小儿》：爸爸变了棚中牛，今日又变家中马。笑跪床上四蹄爬，乖乖儿，快来骑马马！（解说：多慈爱的父亲啊！）爸爸驮你打游击，你说好耍不好耍，小小屋中有自由，门一关，就是家天下。（解说：这个家里谁也不来欺负你，是安全的！）莫要跑到门外去，去到门外有人骂。只怪爸爸连累你，乖乖儿，快用鞭子打！（解说：孩子还小，多心酸！"快用鞭子打"，一语双关，既写出了慈爱，又表达了自己对孩子的亏欠之情）

（全场无声）

李：（语气舒缓沉重）流沙河爷爷酷爱读书，他是离不开书的，可是在那个年代里，读书是不可想象的，只有两种书可以读，毛主席和鲁迅的书可以读！他写了一首《夜读》，大家读了之后就会感受到这两节诗所包含的内容：

一天风雪雪断路，晚来关门读禁书。脚踏烘笼干搓手，一句一笑吟，一句一欢呼。（解说：陶醉其中！什么批斗、什么牛棚都忘了！）刚刚读到最佳处，可惜瓶灯油又枯。（解说：穷啊！油都买不起，就那点油。）鸡声四起难入睡，墙缝月窥我，（解说：墙是破的）弯弯一把梳。（解说：这就是当时沙河爷爷的生活）

（全场无声）

李：这首《焚书》更心酸！契诃夫大家小学学过没有，"乡下爷爷收"，《万卡》的作者。（学生点头）那个时候，读书是要带来麻烦的，只好把书烧了。

留你留不得，

藏你藏不住。

今宵送你进火炉，

永别了，

契诃夫！

夹鼻眼镜山羊胡，

你在笑，我在哭，

灰飞烟灭光明尽，

永别了，

契诃夫！

在那样一个年代，换一个人已经堕落了，可是流沙河爷爷没有失去信心，他在失去的时光里研究文字。我在这里向大家包括老师们推荐这本《汉字侦探》，大家可以到网上去买，流沙河爷爷的书还有很多（——手举给学生看），他的这段经历本身就说明了什么叫"理想"！知道了这些，就知道了为什么'饥寒的年代里，理想是温饱'，'离乱的年代里，理想是安定'！正是在那饥寒而离乱的年代，沙河爷爷知道自己不能再写诗了，他没有放弃追求而转入做学问，研究祖国的汉字，研究祖国的文化，因而成了一代大家！让我们向流沙河爷爷表达我们的敬意！（众热烈鼓掌）

李：好，让我们带着不同的感受再次朗读这两节诗。（师生富有感情地朗读）

"理想是石，敲出星星之火；

理想是火，点燃熄灭的灯；

理想是灯，照亮夜行的路；

理想是路，引你走到黎明。

饥寒的年代里，理想是温饱；

温饱的年代里，理想是文明。

离乱的年代里，理想是安定；

安定的年代里，理想是繁荣。"

李：非常好！再看诗的最后一节，历史翻开了新的一页。先介绍一下背景，20世纪80年代，那是在座很多人包括我个人特别怀念的一个时代，是理想主义高扬的时代，那时叫"实现四化新长征"，广大知识分子也摘去了各种各样的帽子，纷纷要求加入中国共产党，所以我在一篇文章中写道：80年代，中国共产党的声誉达到了空前的高度，整个民族意气风发。这种时代背景下写的《理想》，我们就可以理解最后一节。我们一起来朗读！

"理想开花，桃李要结甜果；

理想抽芽，榆杨会有浓阴。

请乘理想之马，挥鞭从此起程，

路上春色正好，天上太阳正晴！"

非常好（给学生竖大拇指）！我们就只读这三段，同学们感觉怎么样？

生：朗朗上口！

（五）你有哪些收获呢？

李：嗯，充满节奏之美，"理想是石，敲出星星之火；理想是火，点燃熄灭的灯"！刚才有同学说了"开头上两个字，也是尾巴上两个字"，这在修辞上叫作"顶真"。还有使用了很多形象的比喻，来谈抽象的理想。这样，我们来学学写两句小诗吧！比喻形象化，这就是诗。泰戈尔有一首诗："鸟儿愿为一朵云，云儿愿为一只鸟。"还有："树是空中的根，根是地上的树。"大家看，新奇的想象就是诗。我给大家几分钟，可以仿照第一节，用自己的比喻写写理想是什么，也可以写幸福是什么、母爱是什么，总之要注意尽量形象化。写得不够好也没关系，尝试一下语言的形象化，给大家念一念。（学生埋头创作，3分钟后，老师巡视交流）

生：母爱是一顿晚餐，多么美味；母爱是一件衣服，多么温暖。

李：不错啊。

生：理想像嫩芽，穿破土层，寻找广阔的天地。

李：很好！

李：理想像路标，给人方向。

李：理想像路标。唉，还有很多同学写得不错，但时间不待了，如果还有没有展示到的下来再给我看。元旦快到了，我把我写的一首诗叫《元旦吟》送给大家，作为今天的结束。（边朗读边讲解写作思路、要点）

是滴血的婴儿在护士手掌中快乐地啼叫，

是破晓的雄鸡在农人矮墙上庄严地鸣唱，

是黝黑土地在残雪覆盖下对春天的初恋，
是碧绿江河在朝阳侵染中对风帆的期盼，
是天真童稚心中虔诚而秘密的小小期待，
是英武少年胸前簇新而鲜艳的烈烈领巾，
是闪耀着憧憬又辉映着希望的首页台历，
是沐浴着赤诚也洋溢着纯真的开篇日记，
是融融冬日下默默绽开的粒粒羞涩嫩芽，
是徐徐春风中静静摇曳的缕缕婀娜新柳，
是摩天大厦赖以拔地而起的沉重奠基石，
是短跑健儿开始风驰电掣的雪白起跑线，
是昨夜星辰与今朝旭日深情温柔的吻别，
是历史暮鼓与未来晨钟气势磅礴的交响，
是辉煌生命照亮斑斓人生的漫漫征程……

谢谢大家！

（全场鼓掌）

李：这堂课的奖品是流沙河爷爷签名的诗歌，大家想不想要啊？（学生欢呼起来，纷纷伸手）我们到后台再分吧！

八、得失寸心知
——执教《理想》的回顾与剖析

李镇西

（一）

2014 年 12 月初，接到成都市教科院谭文丽副院长的电话，说成都市教育局将在 9 日和 10 日举行名师论坛，其中有一个环节是让成都名师上一堂课，专门讲成都名家入选中学语文教材的作品。她希望我讲流沙河先生的诗《理想》。她还说："到时候我们还会将流沙河先生请到现场听你讲他的作品，课后还要请他评课呢！"

我当即答应："没问题！"

其实，十多年前，我就在《人民教育》上发表文章，声明我不再借班上公开课。五年前，我在写给程红兵的信中，也鼓动他和我一起抵制那种"一招鲜吃遍天"的"公开课"。因此，这么多年来，我一直拒绝借班上课。我到现在都坚持我的观点，应该取消借班上课的充满表演性的所谓"公开课"！无论它有怎样的"必要性"，这种非常态的公开课对教育来说，弊大于利。

但这次我这么爽快地答应上公开课，而且是我反对的接班上课，不只是因为成都市教科院是我原来工作过的单位，更因为我将讲的课文是我尊敬的流沙河先生的作品。我想，以这种方式和沙河先生在精神上相遇，是一件很有意思也很有意义的事。于是，我妥协了。

还有一个更深层次的原因。最近，中学语文界就某些名师的公开课产生了争议，我因此而正在思考"语文课应该怎么上"这一朴素的问题。这次我想借这次公开课，进行一些深入研究与探索。

多年来，一些老师一想到公开课，就考虑的是"亮点""高潮""突破""深刻""催人泪下"……至少要让人"耳目一新"。这种思路，是着眼于听课老师或评委，而唯独很少想到学生。这次我想，既然是诗歌，那可不可以就带着学生读一读，议一议，说一说，练一练呢？大家是否接受我这个所谓"名师"上一节朴素甚至"平淡"的公开课呢？

我想，我就试试上一堂没有"亮点"和"高潮"的公开课吧！

接到任务的当天晚上，我在微信上表达了我这个想法，受到朋友们的普遍点赞。

（二）

我从没教过《理想》这首诗。找来教材把《理想》看了看，读了读。坦率地说，这是流沙河先生写得并不太好的一首诗。要讲好还真不容易。我请教我校语文组老师，大家也说不好讲，以前上这篇课文都是让学生自己读读而已，反正按教材安排这也是一篇自读课文。今年秋季的新教材中，这首诗已经被删去了。

　　但不管怎样，既然答应了，我当然还是要认真上，"认真上"的前提就是认真备课。我开始细心研究这首诗。研读这首诗时，我有了许多自以为独到的发现，也找到了突破的"亮点"。

　　比如，这首诗其实是一首用形象的语言写成的议论文，而且是"总分总"结构：先说什么是理想，然后说在不同的年代有哪些理想以及理想的意义，最后号召人们树立远大理想并为之奋斗。整个一首诗是逻辑思维，而非形象思维，尽管用了许多形象的表述。我可以不可以带着学生以"诗的特点"为研究重点，对这首诗进行探讨呢？

　　又比如，这首诗明显带有作者个人的人生体验，沙河先生历经坎坷而依然执着于学问研究，这正是坚持理想的体现。不同的年代不同的境遇下不同的人都可以有不同的理想，而不是像过去一样，一说到"理想"就是指"共产主义"。如果我和学生一起分析，各自结合自己的实际——我也可以把我的经历带进课堂，彼此平等对话，互动探讨，也可以挺有"新课改"味道的。

　　再比如，这首诗虽然主要是在说理而非抒情，但语言的运用是值得学习的，顶针、比喻等修辞，还有富有节奏的音乐美，都是可以让学生学习的。可以想象，如果我带着学生造句或仿写，将会出现多少意想不到而精彩的句子啊！

　　越琢磨，越觉得这首看似浅显的诗是可以上出"新意"和"深度"的。

　　我提醒自己，谈理想的课文，尽管是一首诗，但很容易上成励志课甚至上成"共圆伟大的中国梦"的思想品德课。但那就不是语文了。我要避免把语文课上成班会课。

<h2 style="text-align:center">（三）</h2>

　　我拨通了沙河老师的电话，向他请教他写这首诗的有关背景。

　　沙河先生非常客气，电话里他说："我这首诗写得并不好。我这首《理想》不过是押韵的说教文字，叫《论理想》。"

　　我暗想，这正和我的感觉一样嘛！但我又觉得先生这样说是出于谦虚。

　　先生继续说："这首诗并不是我要写的，是奉命之作。当时是《诗刊》副主编柯岩约我写的，我就想要将这诗写得与众不同。过去说到'理想'，就一种共产主义，而我想表达理想不仅是多元的，也是多时多态的，不同的环境、状态、时间、境遇，都有不同的理想。"

我问道："沙河先生，您为什么说您这首诗写得并不好呢？"

他直率地说："因为这首诗是违背诗的本质的。"

我大吃一惊："为什么？"

他笑了："诗应该是非说教的，应该具有美感。而我这首诗恰恰是说教。只是我说教的语言比较美。但本质上是说教。你看，这首诗可以归纳为一二三，先说什么后说什么之类，教育人们要有理想。凡是能归纳的，都不是诗。诗不是要人们明白道理，而是要获得美感。"

他又给我举例："你看孟浩然的《春晓》。第一句'春眠不觉晓'，写诗人睡得多香，完全不知道天已经亮了，就突然醒来。也没完全醒，还闭着眼睛在享受，耳边传来鸟鸣，清脆悦耳，让人想到窗外的春光烂漫。这么听着，这么陶醉着，突然想起，哦，昨晚是迷迷糊糊醒过一次，是下了雨，刮了风，哎呀，那花瓣该被吹落好多啊！他告诉我们道理了吗？没有。他想说明什么呢？说不清楚。如果知道了，而且能够说清楚，就不是诗了。但我们感到了快乐，而这快乐又说不清楚。说不出的快乐，才是真正的快乐。最绝妙的是欧阳修的《梦中作》，四句诗全是梦境。你说得清楚作者要表达什么吗？说不清楚。说不清楚的诗，才是好诗。"

先生的一番话，印证了我对《理想》的肤浅的感受，但先生说得更透彻。我觉得我完全可以从"批判性思维"的角度，以"诗的本质"为切入口开始我的课堂教学。

但到时候沙河先生就在台下坐着听我的课，我这样"批判"合适吗？

我问先生："沙河老师，我可以对学生说您这首诗并不符合诗的本质吗？"

沙河老师不假思索地说："当然可以，而且必须这样讲，你才能够上出新意。"

我心里踏实了。好，就这样讲。

他又说："李老师，到时候你需要我怎么配合，你说就是了。我一定全力配合你！"

"谢谢！谢谢沙河老师！"我发自内心地说。

但我还是有顾虑："这样一来，您这首诗还有什么教学价值呢？"

沙河先生说："这首诗对于中学生来说，也有值得学习的地方，比如用词准确，

没有一句多余的话，可让学生仿写有韵的句子。"

嗯，既从"批判"的角度讲"诗的本质"应该是形象思维，又从学习的角度让学生借鉴语言运用。这样挺好的。

我基本上确定了我的讲课思路了。

（四）

我在电脑上敲下"教学提纲"——

让学生齐读全诗。

和学生一起分析概括诗的内容——

第一部分（1）：理想是什么？（是前进的方向）

第二部分（2）—（11）：理想的意义。

（2）（3）：理想的历史意义。（推动历史前进的精神支柱和动力。）

（4）（5）（6）（7）：理想的人格意义。（使人格更完美）

（8）（9）（10）（11）：理想的人生意义。（使人生更积极）

第三部分（12）：鼓励人们树立远大理想，并为之奋斗。

（所谓"总—分—总"）

看这个结构，问题出来了：这不是议论文吗？

是的，从某种意义上说，《理想》的确是议论文，但又不是一般的议论文，而是用诗的语言写的议论文。

诗的特点：形象思维。

诗所表达的思想或者情感是含蓄的，朦胧的，是说不清的，诗的最高境界就是能够意会不能言传。比如《春晓》。

还有哪些类似的诗？请同学们下来想一想，找一找。

诗当然可以说理，但说理的诗肯定不是最好的诗。

《理想》能够分析成一篇议论文，因此，这虽然是一首诗，但这不是一首最好的诗，因为它本质上还是一种说教。

但这种说教有很形象。这和其语言表达有关。形象，音乐美（押韵与节奏）。

请学生起来读自己最喜欢的段落，并略作分析。

学习模仿课文中的比喻句。

……

（五）

翻看十年前出版的《听李镇西老师讲课》。重读我当年写的序言，读到这样的话——

所谓"举重若轻"，是指教师的内在功底以及对教材的处理艺术。这里的"重"，指的是教师本人的文化储备和课文固有的文化内涵；"轻"则指的是深入浅出的教学。备课时，教师应该尽可能深入地钻研教材，挖掘文本的精神内核，感悟其深刻厚重的文化内涵；但是在课堂上，则要尽可能尊重学生的认知水平和能力基础，将课文深刻的思想内容和学生的生活打通，让他们轻松地感悟课文内容。任何因脱离学生实际而让学生不知所云的"精彩讲解""深刻分析"，都不过是教师"举重若重"的自言自语。

对一篇课文来说，首先是学生学，而不是教师学。因此，现在我主张，要把（教师）"教"的过程变成（学生）"学"的过程，无论备课还是上课，都应该从学生的角度来思考、设计和操作。

读自己的话，我居然感觉被人当头棒喝："你怎么忘记了你自己的主张了？"

这几天的思考琢磨，不都是在想"教师怎么教"而不是"学生怎么学"吗？我老想着这样"深刻"那样"新意"，唯独没有"从学生的角度来思考、设计和操作"！

我自以为得意的教学思路，恰恰违背了我当年"在课堂上，则要尽可能尊重学生的认知水平和能力基础，将课文深刻的思想内容和学生的生活打通，让他们轻松地感悟课文内容"的主张，而堕入了我当年所批评的"让学生不知所云的'精彩讲解''深刻分析'，都不过是教师'举重若重'的自言自语"！

昨天还在微信朋友圈批评一些老师上公开课"着眼于听课老师或评委，而唯独很少想到学生"，还说这次上课"要带着学生读一读，议一议，说一说，练一练呢"，要"上一节朴素甚至'平淡'的公开课"，可一不小心，心灵深处那个表现欲就冒了出来。我这不是自打耳光吗？

毫不夸张地说，我出了一身冷汗。自责和反思之后，我在微信朋友圈写道——

我的教学对象是初一的孩子，千万不要脱离他们的实际而过于"深刻"，既不要把这堂课上成关于"中国梦"的励志课，也不要把讲台变成我在宣读研究论文的地方，不要剥夺孩子的思考权和表达权。哪怕让学生在我的引导下理解五分，也比我灌输十分强。语文教师要学会在课堂上克制自己的"表达欲"。让语文课回归语文，让学生成为学习的主体。因为是他们在学，不是我在学。这是常识。

（六）

走出自我欣赏的陷阱，真正把学生放在首位。让孩子们多诵读，多欣赏，多研讨，多仿写。文本诵读与语言训练是重点。

关于"违背诗的本质"，也可以在最后涉及，但不作为重点，只是作为一个开放性的话题，拓展学生思考。

重新调整教学思路——

以朗读开始教学，让学生齐读全诗。

然后交流讨论：这首诗写的是什么？或者说，想表达什么？有什么问题吗？最喜欢的段落？

形象，音乐美（押韵与节奏）。

请学生起来读自己最喜欢的段落，并略做分析。

读一读第（1）（2）（3）节和第（12）节。

这些段落的语言有什么特点？

训练：

顶针，比喻，

把抽象的东西形象化。

友谊，幸福，善良，（妈妈的，爸爸的，老师的，朋友的）爱……

学生自己写，自己说。

拓展视野，给学生讲讲流沙河。

流沙河先生不承认自己是诗人。

诗的特点：形象思维。

大家讨论：这首诗符合"形象思维"的特点吗？

不作结论，开放式的争鸣。

上课前两天，和学生见了面，布置预习要求：1. 多读几遍课文。2. 想想说的是什么？3. 最喜欢的段落？4. 有什么疑问？

（七）

上课的前一天晚上，读到我去年写的一篇随笔《这些年被我们败坏的词语》，文中提到的"被我们败坏的词语"中，就有"理想"这个词。我这样写道——

"理想"：这个词的高贵与神圣不言而喻。尽管"文革"中，这个词被赋予云端空想的内涵，它的前缀词往往必定是"共产主义"，但我认为"理想"本身是人之为"人"的精神特质之一，正是理想把我们与猪猡区别开来了。也许是"理想"这个词曾经被"伪圣化"，作为对它的反动，便是"理想"一词一落千丈的贬值，乃至被冷落。现在，如果我们周围有人说他"有理想"，人们多半会一愣："这人有病，而且病得不轻！"因此，如今这个词几乎只存在于中小学生的作文中。而在生活中，"理想"一词差不多和"矫情""假大空"同义，人们唯恐避之不及。如果非要表达"理想"的意思，那宁肯说"梦想"。比如"中国梦"。

我自然想到了即将执教的《理想》。这首诗写于20世纪80年代，那是一个理想主义高扬的年代。而在今天，相当一部分人理想失落，而堕入物质主义的泥潭。在这种情况下，对初一的孩子还是应该正面引导他们坚守理想，至少要有一种精神追求。如果我一味引导学生谈这首诗如何"违背诗的本质"，尽管是一种"研究"，但对初一的孩子来讲，则是一种很容易喧宾夺主的误导。

我想到我尊敬的钱梦龙老师对我说过的话："我认为，教师解读教材，是一种'教学解读'，跟一般读者的欣赏性解读或学者的评论式解读应有所区别。'教学解读'是一种'目中有人（学生）'的解读，其解读的深度必须依学生的发展水平而定，它不像一般读者那样可以随心所欲地解读文本，也不必像学者那样刻意求深求新求异。"

我决定彻底放弃对所谓"诗歌本质"的探讨，正面引导学生学习本诗。看起来，这是一种"学术倒退"，或者说"浅显阅读"。但这是符合语文教学特点的"教学解读"。

是的，是面对初一孩子的"教学解读"！

（八）

我的课是安排在下午两点钟开始。上午十一点钟左右，我打算再读一遍这首诗。读到开头第一节和第二节，我感觉字里行间有一种沉甸甸的东西。这"东西"是沉重的历史，是丰厚的人生。而这份"沉重"与"厚重"是初一孩子不容易理解的。

需不需要给他们讲解？如果不讲，他们可能无法真正理解诗歌要表达的内涵；如果讲，会不会成为教师的"强势灌输"？

这实际上是一个尊重学生与引导学生的关系问题。处理好这个分寸，掌握好这个平衡，就是教学艺术。

我想，到时候如果学生读到这里提出问题，或者说，他们的理解有误，我以平等一员的身份给他们谈我的想法，是完全可以的。尊重学生不等于放任自流。

但怎么讲呢？这让我有些犯难。因为一讲必然涉及沙河先生的个人经历，而先生似乎不太愿意我在课堂上过多涉及他那段坎坷遭遇的。但我想，既然这首诗已经是课文，那它就有着相对独立的位置，我也应该独立地进行教学。

我想到一个很好的办法。就是用沙河先生自己写的反映那个年代的诗，来解读这首《理想》。比如《中秋》《哄小儿》《焚书》，等等。既帮助学生理解为什么说不同年代有不同的理想，明白逆境中坚守理想的可贵，又让学生更全面地了解沙河先生的人格，同时又扩大了他们的阅读面。

关于语言训练，我想到我 25 年前写的一首小诗《元旦吟》，就是把抽象的"元旦"用一系列比喻将其形象化。我可以将这首诗展示给学生，作为一种示范，让学生也学会类似的语言表达。

还有，我本想以学生朗读这首诗作为教学的开始。但这首诗比较长，读一遍就要五分钟，读两遍需要十分钟。而课堂时间只有四十分钟。按说讲诗歌的课不让学生朗读有点说不过去，但如果真的要读时间哪够？

想了想，我决定减少朗读，一开始就让学生交流讨论。因为学生预习时已经读过了，如果课堂上还要学生读，这不是做给听课老师看的吗？没必要。

当然，在教学过程中，如果需要，可让学生读片段。总之，视现场情况而定。

临上课前，我的教学思路才真正敲定了——

学生交流：预习时查了哪些字词？诗写了什么？有什么疑问？

围绕这些问题学生发言，讨论，教师和他们一起研讨。

最喜欢的段落和语句？为什么喜欢？有什么特点？

很自然地让学生朗读，并仿写。

语言训练

1. 造一个顶针句

2. 续写："理想是……"

3. 比喻句：幸福（贫困中相濡以沫的一块糕饼，患难中心心相印的一个眼神，父亲一次粗糙的抚摸，女友一个温馨的字条……）友谊，善良，爸爸妈妈的爱……

4. 我的《元旦吟》

（九）

站在台上看下面，黑压压的一片。上千听课老师坐满了整个演讲厅，密密麻麻，

水泄不通，墙角还站着许多没找到座位的老师。

我终于感到了压力。但我告诉自己，就按我的想法上，就算没上好，难道就把我的特级教师撤销了？这样一想就轻松了。

"大家读了吗？"我问孩子们。

"读过了！"大家说，并点头。

没有"起立""同学们好""老师好"，似乎不经意间，我开始上课了。

"既然读过了，那你们有没有发现不认识的字词呢？都查了吗？"我再问。

有同学举手了。

我突然想到，是不是该分组讨论一下？我问同学们："是分组讨论交流一下呢，还是就这样举手发言交流？"

同学们都说："就这样吧！"

"那好，这位同学说吧！"我请第一位举手的同学。

他站起来说了自己查过的几个字几个词。

另外几个同学也分别说了自己查过的字词。

我表扬了这几个同学，然后说："大家知道这首诗写了什么吗？"

同学们纷纷说："写了理想是什么。""还写了有了理想的意义，如果人没有理想会怎么样。""作者希望我们都有理想。"……

应该说，就写了什么而言，这首诗是不难理解的。我没有在此多花时间，更没有按议论文的思路分析"结构"。而是很快引导学生进行讨论和研究："有什么不懂的问题吗？"

孩子们纷纷举手，表现出极大的热情：

"为什么理想既是一种获得，又是一种牺牲？"

"为什么说总有人抛弃了理想，理想却从不来不抛弃任何人？"

"理想为什么会被玷污？"

"为什么说'理想如果给你带来荣誉，那只不过是它的副产品'？"

"'大写的人'是什么意思？"

……

每当一个学生提出问题，我总是习惯性地问其他同学："对这个问题有同学能够回答吗？"一个同学回答后，我又问："还有同学有不同看法吗？"

　　我这两个问题，实际上就是"挑起"研究和研讨，学生的思想就是这样点燃的，课堂的研究性氛围就是这样营造的。

　　有时候，我也是适时加入我的评论，发表我的看法。作为平等而首席的一员，我有权利发表我的看法。

　　一个又一个的问题，一次又一次的研讨，有学生的提问和发言，有我的补充和分析。尽管很"耗"时间，但我还是比较沉着地尽量让学生说，我提醒自己要"克制"。

　　本来，这个时段这应该是课堂最精彩的环节。

　　我说的是"应该"，就意味着实际上并没有达到应有的精彩。这里，我得坦率承认，恰恰是在这个环节，我没做好。失去了很多让学生思维熊熊燃烧的机会，留下了无法弥补的遗憾。这点，我后面还要细说。

（十）

　　基本上没人提问了，我偷偷看了看时间，还有十五分钟就下课了。我问："刚才大家就一些问题进行了研讨，现在我们交流一下各自喜欢的段落或语句吧！"我由此把课堂引向欣赏和品味的阶段。

　　孩子们纷纷举手，说各自喜欢的部分。每一个同学发言的时候，我都让他先把相关段落朗读一遍，然后再赏析。

　　有一个同学说，她喜欢开头两段，读起来很美。我接过话题，请大家把这两段齐读一遍：

> 理想是石，敲出星星之火；
> 理想是火，点燃熄灭的灯；
> 理想是灯，照亮夜行的路；
> 理想是路，引你走到黎明。
>
> 饥寒的年代里，理想是温饱；
> 温饱的年代里，理想是文明；

> 离乱的年代里，理想是安定；
> 安定的年代里，理想是繁荣。

然后我把这几段也朗读了一遍，并趁此分析了这几段的语言和节奏。

这几段表面上看，是用形象的语言在说"理想是什么"，字面上的意思学生不难理解。但这几句实际上饱含着作者沉甸甸的切身感受，我应该给学生做些补充，让学生更深刻地理解。

我的语气变得舒缓而沉重起来："'饥寒的年代里，理想是温饱'，这里面有着作者的切身体验。大家可能知道流沙河爷爷的遭遇，二十年的坎坷。下面我给大家读几首流沙河爷爷写的诗，这些诗真实地展现了那一页不堪回首的历史……"

我开始给大家朗读——

中秋

纸窗亮，负儿去工场。
赤脚裸身锯大木。
音韵铿锵，节奏悠扬。
爱他铁齿有情，
养我一家四口；
恨他铁齿无情，
啃我壮年时光。

啃完春，啃完夏，
晚归忽闻桂花香。
屈指今夜中秋节，
叫贤妻快来窗前看月亮。
妻说月色果然好，
明晨又该洗衣裳，
不如早上床！

哄小儿

爸爸变了棚中牛，
今日又变家中马。
笑跪床上四蹄爬，
乖乖儿，快来骑马马！

爸爸驮你打游击，
你说好耍不好耍？
小小屋中有自由，
门一关，就是家天下。

莫要跑到门外去，
去到门外有人骂。
只怪爸爸连累你，
乖乖儿，快用鞭子打！

夜读

一天风雪雪断路，
晚来关门读禁书。
脚踏烘笼手搓手，
一句一笑吟，
一句一欢呼。

刚刚读到最佳处，
可惜瓶灯油又枯。
鸡声四起难入睡，
墙缝月窥我，
弯弯一把梳。

焚书

留你留不得，

藏你藏不住。

今宵送你进火炉，

永别了，

契诃夫！

夹鼻眼镜山羊胡，

你在笑，我在哭。

灰飞烟灭光明尽，

永别了，

契诃夫！

我朗读的时候，自然联想到了我"文革"时的经历，想到了父亲去世后母亲遭受迫害的场面，想到了我和妹妹在外受尽歧视和欺凌只好躲在家里的情景，想到我偷偷读禁书的夜晚……我感到我不是在读沙河先生的诗，而是在读我自己的经历。苍凉的声音回荡在大厅。

我说："知道了这些，就知道了为什么'饥寒的年代里，理想是温饱'，'离乱的年代里，理想是安定'！正是在那饥寒而离乱的年代，沙河爷爷知道自己不能再写诗了，他没有放弃追求而转入做学问，研究祖国的汉字，研究祖国的文化，因而成了一代大家！让我们向流沙河爷爷表达我们的敬意！"

同学们热烈鼓掌，向台下坐着的流沙河爷爷表达敬意。

我看时间只有五分钟了，还没有进行语言训练，心里有些慌。对学生说："这首诗说的是理想，但不是抽象地说，而是用了许多修辞，比如顶针和比喻。"

我已经不管什么"启发"和"引导"了，而是直接灌输。因为快下课了，我迫不及待。

然后我进行了短时间的语言训练。本来想让学生写顶针句，但没时间了；我便让学生仿写一个或几个句子，尽量形象，用比喻。我说："这实际上就是在写诗了。有的诗也就是一句或者几句比喻和想象。比如泰戈尔的小诗：'鸟儿愿为一朵云，云儿愿为一只鸟。''树是空中的根，根是底下的树。'大家试试。可以续写理想，也可以用比喻来写幸福、友谊、母爱，等等，想写什么就写什么。"

学生开始写，但我看快下课了，便叫了两位已经写好的同学起来读自己的"作品"：——

"母爱是一顿晚餐，多么美味；母爱是一件衣服，多么温暖。"

"理想像嫩芽，穿破土层，寻找广阔的天地。"

虽然粗糙，但不乏灵气。如果继续让大家交流，课堂气氛会非常好，而且孩子们肯定会有更多收获。但时间已经不允许了。

最后，我读了我写的《元旦吟》，让学生看我是怎样将"元旦"这个日子具体化形象化的："是滴血的婴儿在护士手掌中快乐地啼叫，是破晓的雄鸡在农人矮墙上庄严地鸣唱，是黝黑土地在残雪覆盖下对春天的初恋，是碧绿江河在朝霞浸染中对风帆的企盼……"

然后，就下课了。

（十一）

课后，许多老师都说我这堂课"上得好"，什么"大气从容""收放自如""潇洒自然"，还说"只有你才能这样上，因为你是在讲你自己"……

晚上，我在微信上写道："今天的课，自我感觉还将就。但没有达到我能够达到的最佳水平。和每次上公开课一样，这次也有不少遗憾。而且今天我在回答老师提问时就说了，不少遗憾是公开课本身造成的。我打算就这次备课和上课的情况，写一篇总结。这比上课更有意义。"

说"还将就"，是因为这堂课至少体现了我的一些追求，比如自然，比如尽可能多让学生说，让他们研讨，不追求人为的"亮点"和"高潮"，总之，比较朴素。

但问题也不少。

表面上看，最大的问题是在后半部分我还是没能克制自己，讲得过多。好些时候，学生提问，我来不及让学生之间讨论，便直接回答了。但为什么我不能克制自己呢？是因为时间不待了。为什么没有时间呢？是因为前半部分我都把时间给学生了。

课后我曾经这样想，唉，如果前半部分不让学生讨论那么久，后面的时间会充裕一些。但仔细想，这还是我引导不得法。如果我善于捕捉，善于切入，我完全有机会既自然而然地和学生一起研讨，又不动声色地控制好课堂节奏。但因为我的失误，这堂课前半部分基本上是任学生讨论而缺乏教师的引领，后半部分基本上是教师的强势灌输。我一直追求语文课堂教学的尊重与引领的有机统一，而这堂课前后两部分却明显脱节。所谓"尊重"成了"大家说"，所谓"引领"成了"一言堂"。

（十二）

前半部分当然不是一无可取。最大的亮点，是我尽可能把时间留给学生，让他们多讲，而我尽可能克制自己，努力做倾听者。当然，也不只是倾听，也有引导，而且我有些引导还是不错的。比如——

有学生问："为什么说'理想既是一种获得，理想又是一种牺牲'？"

我让大家讨论。

有同学说："为了理想的实现，我们就会牺牲一些个人利益，但在实现理想之后，我们收获到人生阅历与成功的幸福。"

有同学说："因为凡事有舍才有得。"

有同学说："因为在实现理想的过程中，我们要付出代价。这种代价就是一种牺牲。"

有同学说："'获得'指的是理想带来的成功和幸福；而'牺牲'指的是辉煌背后的付出。"

……

学生的这些回答都是不错的，但都还是概念式的说法。我给他们讲了我的一段真实体验。我说："今天早上我收到著名作曲家谷建芬老师的一封信和一个珍贵的包裹，包裹是她送给我校孩子的音乐 CD，是她新创作的作品。谷建芬这个名字可能你们不一定熟悉，她就是《歌声与微笑》的作者。这让我很感慨！我刚当老师的时候就有一个理想：我一定要把每个学生教好，就这么一个朴素的想法，要让每一个在我班上的孩子都觉得很开心，所以我请谷建芬阿姨为他们写了一首歌。三十年过去了，今年我们搞了三十年聚会，又唱起了她当年为我们谱的歌。我对我的学生们说：我们用三十年的岁月的金络，编织了一个童话，这个童话至今温暖着也幸福着彼此的心。这就是一种收获！那有的老师有的同学可能会问，什么又叫'牺牲'呢？我也'牺牲'了很多，当然这种牺牲是按一般人的看法，比如说我几乎没有星期天，还有许多和学生在一起的节假日，等等。但我不认为这是牺牲。还有的人认为我应该得到的一些'名利'没有得到，我也不认为这是一种牺牲。我认为这种生活多好啊！从旁人看来，我失去了许多世俗的功利，这是一种牺牲，但其实对我来说，这种牺牲是值得的，因为我所获得的远远大于所谓'牺牲'。有的人却觉得这是一种牺牲，但我就认为这未必是一种牺牲啊。个人的看法不一样啊！'理想就是一种获得，又是一种牺牲'，我说这些同学们未必都懂，希望你们用未来的岁月去验证这句话！"

孩子们听得非常认真，显然被感动了。

在这里，教师的人生阅历成了现场生成的教学资源。

有一个女生的问题比较特殊："为什么作者说有理想的人就是'大写的人'？"

我明白她应该知道"大写的人"是什么意思，便问："你知道'大写的人'是什么意思吗？"

她说："是高尚的人。"

还有同学说："是伟大的人。""崇高的人。"

我说："对，所谓'大写的人'就是指高尚的人。但作者为什么要用'大写的人'这种表述呢？其实'大写的人'是从国外引进的词语，是音译词，最早是苏联的高尔基写作的时候用到这个词，在俄语里要强调的词语字母就要大写，所以后来'大写的人'就成了一个典故，不过现在很少用了。非常感谢这位同学让大家增加了知识。"

同学们表示明白了。这里，我基本上是直接回答。因为这个问题已经超越了学生的知识范围，我只能直接回答。我认为在这里，教师直接回答而没让学生讨论，是对的。

有同学问："为什么说'理想如果给你带来荣誉，那只不过是它的副产品'？"

我照例让学生发表自己的看法。

有同学说："对我来说，荣誉并不是产品，追求理想并不是为了荣誉。"

我笑了："副产品也是产品啊，作者并没有否认产品啊！"

他似乎有些不理解。而其他同学也答不上来，大家都看着我。

我说："副产品也是产品，虽然不是我们追求的，但也是一种不错的收获。然而，这是一种意外的收获。"

我看有的同学似乎还不太明白，便决定用班上同学中的现成例子来说明这个道理。我问："你们班谁的成绩最优秀呀？获得的奖励最多呀？"

大家都说出一个名字，并指着前排一个男生，对着他笑。

我走到那个男生面前，笑眯眯地问他："听说你的成绩很优秀，这次考试时年级第三名，是吗？"

他有些不好意思，小声说："还可以。"

我笑了："嗯，一点不谦虚啊！那我问你，你为什么会这么努力地学习呢？"

他想了想，说："为了长大有一个好工作。"

"嗯，这个想法是不错的。"我说，"你学习是不是为了奖励呢？"

他摇头："没想过。"

"没想过，但你努力学习却获得了老师的表扬和奖励，这就是副产品！但你本身并不是为奖励而学习的！"我说。

我继续举例："比如我们去登峨眉山，目的是上金顶，但走到洗象池，突然看到一群可爱的猴子在嬉戏，我们特别开心。这个场面本身不是我们预料中的，但它的突然出现让我们很快乐。这就是意外的收获，也可以叫作副产品。所以，我们要把各种荣誉都当作意外的收获。没有，我们并不失落；如果有，我们也乐于接受。"

同学们都点头，表示明白了。

这里的引导我觉得还算成功，因为我联系生活，特别是用学生熟悉的生活来帮助他们理解比较抽象的道理。

作为平等中的一员，教师适时发表看法，给学生的思维搭桥，让他们理解。这是应该的，甚至是必需的。

（十三）

但遗憾更多。

我好几处引导不得法。这里仅举一处——

有一个学生问："理想为什么会被玷污？"

这是一个很有研究价值的问题。但我因为感到时间紧迫，干脆便来了个答记者问，直接说出了我的理解："举个例子吧，在李老师出生那年，那个时候人们也很有'理想'，搞大跃进等，死了那么多的人，李老师的奶奶活活饿死，姨父被饿死，这些人都是为了美好的'理想'在奋斗啊，一直到'文化大革命'。那个时候人们的理想是实现共产主义，后来却越搞越穷，越搞越穷，后来邓小平说，贫穷不是社会主义。而那段曲折的历史，就是'理想被玷污'啊！本来都是很美好的理想啊。想实现美好的理想，结果适得其反。希望中国富强，希望中国走向文明和进步，这是没有错的，由于种种原因，却走上了歪路，这就是理想被玷污，当然这就不是语文课能解释清楚的问题了。下来大家可以找些书来看。"

在这里，我用学生不熟悉的生活去解释，他们会更加糊涂的，何况我还是如此激昂地灌输！

这是我这堂课最大的败笔。

表面上看，是因为学生的研讨花了许多时间，但其实是因为我的"滔滔不绝"占用了不少时间。于是，后面的欣赏、吟诵、仿写等，就只好草草收场了。

因此，这堂课从时间上看，大半都在分析内容，而涉及形式——即语言表达的研讨与训练只占少数时间，这等于说这堂课主要还是在进行关于理想的教育。本课的"语文"气息自然减弱了。这与我的初衷大为相悖。

（十四）

在评课与互动阶段，流沙河先生很幽默地评价这堂课："写诗容易讲诗难。我这首诗写得不好，但李老师讲得很好！"

我当然知道先生是谦逊与客气，当不得真的。不过，先生的一个观点倒是颇为前卫："作者一旦完成了作品，阅读包括教师，就完全不必顾及作者的想法，完全可以有自己的解读。"这有点"后现代"的味道了。另外，先生说这诗虽然写得不好，但从语言训练的角度看，还是可以让学生学习的。他强调，语文课还是要把学习语言作为重点。

我谈了我的教学设想，强调了语文教学中对课文的解读，其重点并非纯欣赏性的解读和研究性的解读，而主要还是教学解读，尽管教学解读也离不开欣赏与研究。

许多老师提了许多问题。其中不少老师提到了阅读理解的困惑：究竟怎样才算理解了作品的原意？作者要表达的意思究竟能不能理解？可否离开作者写作动机对作品意义进行"再创造"？

流沙河先生当然是主张完全抛开作者不管，想怎么理解就怎么理解。我不知道先生真是这样认为，还是由于对自己作品的一种超然与洒脱。但我决不同意"想怎么理解就怎么理解"。

我坚决反对理解问题上的绝对主义和相对主义。我认为理解是相对和绝对的统一：相对之中有绝对，确定之中有不确定性，差异之中有同一性。

因为"理解"本身就意味着对象是可以被理解的。正确的理解是可能的。所谓"正确的理解"就是把握文本的本意。当然，对某一个具体的理解者来说，其"正确理解"只是"相对正确"，只是绝对真理长河中的一瓢水，但无数理解者理解到的"相对正确"却构成了所有理解者对文本的"绝对正确"，当然，这是一个无穷无尽的过程。理解者之间的差异，也是正常的。差异之间符合文本意义的重叠，便是绝对正确的理解。正如世界上没有完全相同的两片树叶，但世界上也没有完全不相同的树叶一样，理解没有完全一样的，但理解也没有完全不一样的。

以"一千个读者心目中的一千个哈姆雷特"为例：每一个读者理解到的"哈姆雷特"都是原作的部分意义与读者"前理解"结合的产物，属于相对理解；但一千个"哈姆雷特"中把握到的原作意义（亦即对原作理解一致的部分）的总和，便是绝对理解。

只要理解，总有误解；只要理解，总理解到点什么（总这样那样地理解了作者的思想、情感），在相对的理解中有绝对理解的成分。

因此，所谓"随心所欲的理解"或者"只要言之成理的理解"都可以成一家之言的时髦观点，我是不赞同的。

有一位老师用"纠结"一词向我表达了她听完这节课的感受。她说："李老师，我感受您这堂课上的很'纠结'，主要体现在三个方面。一是角色意识上。您努力想要处理好学生主体和教师主导的关系，但总是会控制不住地介入，而违背了主导的初衷。二是阅读体验上。您努力想要尊重学生自主的、个性的阅读体验，但又会有意无意地用自己的阅读体验来替代学生阅读体验，在赏析开头两节时表现得尤其明显。三是教学内容上。读写结合，水乳相融。这堂课临到结束时加了个尾巴，增加了语言训练，感觉比较生硬和突兀。"她还提了一个问题："您刚才提到阅读分为欣赏型阅读、研究型阅读和教学型阅读三种。但这三种其实不是截然分开的，而是互为交叉的。关于教学型阅读，除了欣赏、研究的比重、难易、深浅有所不同外，较于其他两种阅读，它最主要的特点是什么？"

我听出了她对我这堂课的委婉批评。因为我这堂课学生主体明显过于突显，而且语言训练不足。我说："你对我这堂课的第一点和第三点纠结，多半都是因为公开课这种形式造成的。"我没展开说这个话题。如果时间充裕，我会对她说，如果是平常上课，我也许会从从容容地处理好学生主体和教师主导的关系，让学生在阅读理解的基础上，进行语言训练。比如第一节课可能就专门让学生学习、讨论、理解；第二节课我再进行引导，并进行比较充分的语言训练。但因为公开课只有四十分钟，不可能有"第二节"，我把更多的时间让学生"主体"，我的"主导"自然不足，同时训练得也不够。

对她的提问，我这样回答："我理解教学解读最主要的特点，还是扣住语言本身学习并进行训练，因为这是语文课。当然，教学解读也需要欣赏性解读和研究性解读的成分，但重点还是语言学习。另外，我还想补充的是，对这几种解读我们也不能绝对地进行区分，对不同年级、不同年龄段的学生，欣赏和研究在教学中所占的比重肯定会不一样，阅读理解的深浅也会不同。比如对高中生，可能研究，包括深度研究的成分就多一些。但对初一的孩子来说，欣赏和训练的成分则多一些。还有文体不同，这三类解读的侧重也会有所不同。"

十年前我写过一段文字："最理想的课堂教学，是尊重（学生）与（教师）引领的和谐统一。但可能是对过去过分强调教师深度解读因而造成课堂上教师话语霸权的反感，我在课堂操作上，生怕自己的思想侵犯了学生的思想，因而情不自禁是尊重有余而引领不足。如何真正让二者水乳交融？这是我下一步努力的方向。"

这个努力至今还没有结束。

（十五）

课上完了，思考却没有结束，听说许多老师在网上还就我这堂课展开了热烈的讨论。

回想 20 世纪八九十年代，我上公开课确实有些紧张，因为有得失之虑，有名利之心。现在我彻底放开了，反正我就按我的想法上，因此便很放松、很自由。这堂课便是如此，虽然并没达到我最初预想的让学生"读一读，议一议，说一说，练一练"的课堂效果，但朴素、自然、不做作，的确是一堂原生态的"公开课"。

尽管我反对公开课，特别反对名师借班上公开课——不得不声明，研究性、探索性而且是对自己学生上的公开课，我是从来不反对的——但由于种种原因，这样的课恐怕还会继续上下去。因此，我想表达对公开课这样的期待——

真正把学生放在心里，而不要把评委和听课老师放在首要位置。要着眼于学生怎么学，而不是评委及听课老师怎么看。

备课的全部心思要放在如何组织学生研读课文，如何展开交流，如何学习课文的可学之处；而不是绞尽脑汁地设计多么"别开生面"的开头，多么"震撼心灵"的高潮，多么"耐人寻味"的结尾。成功的标志是学生是否走进了课文并有收获，而不是让评委觉得"耳目一新"。

备课时，教师当然要深度研读课文，思维越开阔越好，甚至有些批判性思维也无妨，但课堂上一定要有所克制。学生当然也需要引领与提高，他们的思维也需要教师的拓展与深化，但这必须以尊重学生为前提，循循善诱，巧妙引导。千万不要把课堂当成宣读自己博士论文的讲台，也不能为显示自己的深刻与博学而"剑走偏锋"，故作惊人之论。须知你的"深刻"，与学生是没多大关系的。

老老实实地上语文课，不要老想着"颠覆"什么，"构建"什么，或者"率先提出"什么。语文课就是语文课，其根本任务是培养学生运用祖国语言文字的能力。语言当然是精神的载体，任何课文都和文化有关，也和生命有关，但语文课不是"文化讲座"，不是"生命教育"，一切自以为"独到""深刻"的"挖掘"与"一针见血""鞭辟入里"，都不过是教师的自言自语。不要以"人性"的旗号泯灭了语文——这和"文革"期间用假大空的意识形态阉割语文没什么本质的区别，是另一种形式的思想专制。

当然，我在这些方面有时也做得不好，因此上述所言，也是对我自己的提醒。

2014 年 12 月 13 日

鼓励鞭策

——专家学者评说

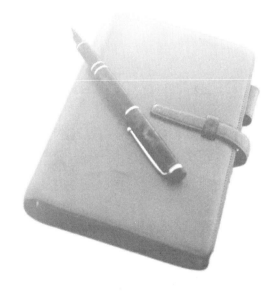

一、"追求永远不会遗憾!"
——李镇西教育思想与实践述评

王必成（四川省语文特级教师，成都教科所课程改革研究室主任）

1998 年 12 月 27 日，在北京举行的"纪念苏霍姆林斯基 80 诞辰国际学术研讨会"上，一位应邀与会的青年教师的精彩发言赢得了阵阵掌声，引起了强烈反响。乌克兰教育科学院院士、苏霍姆林斯基的女儿——苏霍姆林基卡娅在饱含激情的题词中赞誉发言者是"中国的苏霍姆林斯基式的教师"。这位年轻的中国教师就是当时成都石室中学的语文教师李镇西。

李镇西出生于郭沫若的家乡——四川乐山。1982 年四川师大中文系毕业后，在乐山一中担任语文教学工作兼班主任，1991 年应聘到成都市玉林中学执教语文兼做班主任，1997 年到成都市石室中学任教，2000 年到苏州大学攻读博士学位，现在是成都市教育科学研究所教育发展研究室主任。在长达 18 年的语文教学和班主任工作中，他经历了由"教育浪漫主义"到"教育现实主义"再到"教育理想主义"的发展过程。18 年中（至今已是 21 年），他陶醉于苏霍姆林斯基、陶行知、叶圣陶这些大师的"教育诗"，同时在不断探索、不断创新中，燃烧着激情，书写着自己的"教育诗"。到现在为止，已发表 200 余篇文章，相继出版了《青春期悄悄话》《爱心与教育》《走进心灵》《从批判走向建设》《教育是心灵的艺术》《花开的声音》《风中芦苇在思索》等著作。余心言（原名徐惟诚，原中共中央宣传部常务副部长），在为《爱心与教育——素质教育探索手记》写的序言《我们为什么要办教育》中称"李镇西同志的这本手记，就是他的'心灵写诗'。他是把自己一颗火热的爱心投入到这个美好的事业中的"。四川省社会科学院研究员、四川省智力开发与专门人才研究所所长、中央教育科学研究所兼职研究员查有梁教授在《爱心与教育》的跋《提高师资素质的有效途径》中说："我们需要理性的教育学，也需要感性的教育学；我们需要共性的教育学，也需要个性的教育学；我们需要一般的教育学；也需要特殊的教育学；我们需要理论的教育学，也需要实践的教育学；我们需要原理的教育学，也需要个例的教育学。""《爱心与教育》是高水平的生动的'实例教育学'"，"作者的教育思想源于苏霍姆林斯基，又超越了苏霍姆林斯基"，"本书为探索建立有中国特色的社会主义的素质教育的理论、模式、实践做出了创造性的贡献"。我认为，查教授的评价是很中肯的，是科学的，绝非信口开河的溢美之词。而且这些话也不仅仅是对《爱心与教育》的评价，可以说是对李镇西全部著作的评价，是对李镇西素质教育的理性思考与实践探索的评价，是对李镇西教育生活的评价，对李镇西生命价值、生命意义的评价。

（一）教育的真谛：培养大写的"人"

李镇西认为，一个教育者的心中"应该永远燃烧着教育理想主义之熊熊火炬"。他说，今天的中国，"需要一种把人当成人的教育！我们向往并为之奋斗的教育，应该是目中有'人'的教育，是充满人性、人情和人道的教育，是为了一切人全面发展的教育，是充满民主精神、散发着科学芬芳、闪烁着个性光芒的教育！"在"素质教育"的大旗上，"有一个大写的'人'字"。"为现代化中国培养21世纪的公民！"这就是他的"教育理想主义"。

1. 教育，首先是人学

李镇西是苏霍姆林斯基的"追星族"中的一员。他在一篇题为《追随苏霍姆林斯基》的文章中道出了他对苏霍姆林斯基的执着追随和无限仰慕。苏霍姆林斯基有一句名言："教育，这首先是人学。"是苏霍姆林斯基的话引领着他一直站在"人"的高度来关注教育。刚参加教育工作不久，他第一次读到苏霍姆林斯基的《要相信孩子》，那是他接触到的教育理论的启蒙读物，那是在他的教育生涯的早晨"投下的第一缕金色的阳光"。此后，他着迷地读了《我把整个心灵献给孩子》《关于人的思考》《给教师的一百条建议》《让少年一代健康成长》《怎样培养真正的人》……他深刻地领会到，苏霍姆林斯基的教育信条，就是"要培养真正的人"；苏霍姆林斯基的全部理论基石，就是"把每一个学生培养成幸福的人"；苏霍姆林斯基的教育理想，就是让每一个从他手里培养出来的人都能幸福地度过自己的一生。苏霍姆林斯基的教育思想深深地吸引着他，鼓舞着他，成了李镇西教育生涯的重要的精神支柱。不仅如此，就连苏霍姆林斯基的生活习惯、工作习惯，也对李镇西以极大的影响。苏霍姆林斯基几十年如一日每天早晨五点钟起床写"教育日记"，李镇西也是十几年如一日，坚持写"教育日记""教育手记""教育随笔"。有一种现象值得注意，那就是李镇西从一走上教育岗位，一直与班主任工作结下了不解之缘，而且每完整地带一个班都要和他的学生编写一本"班级风采录"。这些"风采录"的书名有：《未来》《花季》《恰同学少年》《童心》《少年》《花开的声音》……他说，"比起《爱心与教育》等获奖著作，我更为'班级风采录'这样的油印书（后来的书已是激光照排的了）而自豪，这是我和我学生共同的心灵诗篇"。的确，这些书对他的学生来说，是童心和青春的纪念碑，而对他来说，则是他教育和人生的里程碑；这些"班级风采录"也正是苏霍姆林斯基所说的"人学"，是查有梁教授称之为"实例教育学"的组成部分。

2. 爱的教育

教育是"人学"，而作为"人学"的教育当然离不开人，离不开人的感情。素质教育，更是充满感情的教育。离开了人的感情，一切教育都无从谈起。李镇西说，"很难想象，一个没有激情、麻木不仁的人，能够同时又是一位真正的教育者"。在18年的教育实践中，他努力实现着这样一个朴素而美好的愿望："让我教的每一位学生都有一种幸运感。让他们感到，在李老师班上的日子，是他们生命中最值得骄傲，也最值得纪念的一段时间。"

他热爱教育，对教育忠贞不渝，情有独钟。他对教育的热爱、执着可说是达到了"曾经沧海难为水，除却巫山不是云"的程度。他不是把教育当作一种职业，而是当作一项神圣的事业。教育对他来说，是他的生存方式，甚至可以说是他生命的体现。

他热爱学生，对学生一往情深。"拥有一颗爱孩子的心"，他认为这是当一个好老师的基本条件。作为高素质教育的首要的一条，就应该像苏霍姆林斯基那样"把整个心灵献给孩子"。

李镇西认为，对学生的爱，不应是居高临下的"平易近人"，更不是装模作样的故作矫情，而应是发自肺腑的对朋友的爱。这种爱也不是情感的赐予、情感的施舍，而是真诚的、平等的、无私的奉献。这种爱的表达既是无微不至的，又是不由自主的。他认为，爱学生，就必须走进学生的情感世界；而要走进学生的情感世界，就必须首先把自己当作学生的朋友。在教育活动中，他尽量使自己的整个身心都与学生融为一体。每带一个新班，他都把全班同学的生日工整地抄贴在书房的醒目处。每个学生生日那天，他都送上一本小书、笔记本或其他小礼物。无论多忙，他都提醒自己别忘了学生的生日。他说："我可以自豪地说，从初 84 级（1）班起，到初 98 级（5）、（6）班，我的每一位学生都收到过我的生日礼物。"每次放假，都安排一次与同学的旅游。每次旅游，都与同学一样油然而生风雨同舟、相依为命之情，感到无限的幸福。他认为，这样幸福不是他赐予学生的，也不是学生奉献给他的，而是他与同学共同创造、平等分享的。当老师把爱心自然而然地奉献给学生时，学生就会把老师不仅当作老师。要说老师的尊严的话，这时教师获得的尊严，也不仅仅是作为教师的尊严，更有朋友的尊严，同志的尊严，兄长的尊严，父亲的尊严。"当老师'无视'自己的尊严，而努力追求高尚的道德、出色的教育、真诚的感情，随时注意保护、尊重学生的人格，尊重学生的尊严时，学生会把他们全部的爱心和敬意奉献给我们。"这是多么真切的感受！难怪年近花甲的查有梁教授在阅读李镇西的"素质教育探索手记"《爱心与教育》的过程中，被感动得数次流下了热泪。

　　热爱学生，是真热爱，还是假热爱，对后进生、"学困生"的态度、情感是检验的试金石。李镇西对学生是真热爱。而且厚爱基础差、行为习惯差的学生。乐于"与玩童打交道"。1995 年 8 月，他曾向学校领导提出把全年级的"困难学生"集中编一个班，他做这个班的班主任，教这个班的语文课。学校领导同意了他的要求，先按考试成绩把全年级最后 27 名学生分在一个班，然后再以"抓阄"的方式确定另外 30 几位学生编入这个班。这样，一开始就形成了这个班 60 多位同学水平惊人的悬殊。为了不让中上学生在各方面受影响，同时又让学习特别困难的学生也学有所得，在反复论证的基础上，他向学校提出了"分层递进教学"的课题方案，即按学生层次为四个教学组（带头组、普通组、提高组、基础组），实施"立体教学"。每个学生所属的四个教学组不是固定不变的，随着学习的进步，每个学生都有可能按"基础组→提高组→普通组→带头组"递进流动。他认为，如果从"应试"教育的角度看，这群"差生"，简直没搞头；但是如果遵循素质教育的第一要义"面向全体学生"，那么，这些玩童不但有搞头，而且大有搞头。正是在同这群可爱的玩童摸爬滚打的过程中，他获得了别人难以体会、更难以理解的幸福感——不仅仅是玩童们的进步，也不仅仅是学生对他的真挚情感，更有他从教育实践中领悟到的教育真谛：

真正成功的教育，应该是充满人情、人道和人性的教育，是培养大写的"人"的教育。

李镇西认为，爱，是教育的前提，但远不是教育的全部。让学生在爱的氛围中，学会发现身上美好的东西，战胜自己的缺点，"使一个人想成为好人，想竭自己整个心灵的全部力量，在集体的眼光里把自己树立起来，显示自己已是一个优秀的、完全合格的公民，诚实的劳动者，勤奋好学的思想家，不断探索的研究者，为自己的人格的尊严而感动自豪的人"（苏霍姆林斯基语）。同时，让学生在接受他人的关爱中，学会感受爱，学会爱，再把这种爱自觉地传递给周围的人，进而爱我们的社会，爱我们的民族，爱我们的国家……这才是爱的教育的最终目的，才是爱的教育应该达到的最高境界。

3. 心灵的艺术

"教育是心灵的艺术"，"只有童心能够唤醒爱心，只有爱心能够滋润童心"。读过李镇西的《爱心与教育》这本书的人可能会奇怪地发现：在这本书上找不到他的标准照，而在书的扉页上却有一幅"斗鸡图"；图中那位咧着嘴、咬紧牙正在使劲儿地同他的一群伙伴"斗鸡"的那位"孩子王"便是李镇西了，相比之下，他旁边的那位同学"斗鸡"倒显得不那么带劲。你看，李镇西是多么富有童心啊！

1995 年 7 月 10 日，《光明日报》发表过他的一篇文章，题目是《童心：师爱之源》。他说，常常有人把教师称为"娃娃头""孩子王"，不管这称呼是褒还是贬，它至少说明教师总是与孩子联系在一起，教师的心总是年轻的。乐于保持一颗童心，善于在某种意义上把自己变成一个儿童，这不但是教师的基本素质之一，而且是教师对学生真诚情意的心理基础。爱心与童心，是李镇西对教育事业永不言败的一道防线。虽然随着岁月的流逝，教师不可避免地在年龄上同学生的距离越来越大，但是应努力使自己与学生的思想情感保持和谐一致，学会"用儿童的眼睛去观察，用儿童的耳朵去倾听，用儿童的兴趣去探寻，用儿童情感去热爱"，这就是心灵艺术的体现。苏霍姆林斯基在他的《教育的艺术》中说，"只要人们没有做到以童年的欢乐吸引住孩子，只要在孩子的眼睛里尚未流露出真正的欢乐的激情，只要他没有沉醉于孩子气的顽皮活动之中，我们就没有权利谈论什么对孩子的教育影响"。读懂了苏霍姆林斯基的话，也就理解了"斗鸡图"中的那位"孩子王""斗鸡"时为什么那样忘情！李镇西喜欢与"后进生"们"吃喝玩乐"：星期天，和他们一起去公园，在草坪上摔跤，斗鸡；假期，和他们一块儿徒步去郊外旅游，在田野追逐；学生有了学习上的进步，就带"去吃火锅"以表庆贺……他认为这样能真正走进学生心灵，在没有师生界限的交往中获得了共同的欢乐。当孩子们与教师产生了朋友般的依恋之情后，他便及时抓住这个关键时刻，实施教育，点燃学生心中"想做好人"愿望的火花。帮助他们树立起"我是一个有缺点的好人"的道德自信。教育者的机智，在于引导"后进学生"经常进行"灵魂上的搏斗"。教师这样做，是一种教育艺术，但绝不仅仅是一种教育技巧，它是一种由真诚热爱而产生的真诚信任。

和孩子在公园玩，比赛做鬼脸

　　教育是心灵的艺术。这个心灵既是指教师的心灵，也是指学生的心灵。从某种意义上讲，教育是师生心灵和谐共振、互相感染、互相影响、互相欣赏的精神创造过程。它是心灵对心灵的感受，心灵对心灵的理解，心灵对心灵的耕耘，心灵对心灵的创造。李镇西是把教育当诗来写，他用诗表达对学生的爱。他在学生生日时赠送给小礼物的时候，都附上一首小诗，送去生日的祝福。他在给一位叫李成的学生过18岁的生日时写的诗是："18岁，是奋斗的鼓点，18岁，是生命的呐喊；18岁，是男儿的热血，18岁是青春的誓言！"有一年的暑假，他外出旅游，在旅途中的每一天都以书信的形式写一篇游记，然后寄给一位同学。那个暑假，他在外旅游了50

多天，就写了 50 多篇游记；刚好班上 50 多人，每个学生一篇。这些书信体的游记，实际也是一篇篇散文诗。他回忆当时确实没有想过以这种形式去"教育"学生，而是当他面对大理的白云、南海的碧波、桂林的奇峰、黄果树的飞瀑，在他陶醉其中的时候，就实在忍不住想让他的学生同他一起分享大自然无与伦比的美。李镇西说，"教育本身就是一首纯净的诗"。

"以心灵赢得心灵，用人格塑造人格"，是李镇西的教育格言，也是李镇西的教育行为。

（二）语文素质教育观：民主、科学、个性

李镇西认为，真正的素质教育，应该是体现出"民主、科学、个性"的教育。让语文教育真正成为素质教育，既要面向 21 世纪以适应未来社会的需要，又着眼于学生个体的身心全面发展以及精神世界的健康完善，这才是体现了素质教育的语文教育，或者说是"语文素质教育"。素质教育是语文教育的题中应有之义，真正科学的语文教育与素质教育是天然相连并融为一体的。提倡实施语文素质教育，绝不是在语文教学以外加进素质教育的内容，而是还"科学、民主、个性"的语文教育的本色。使学生具备高尚的人格、开放的思想、全面的能力和鲜明的个性，应是语文素质教育的主要内容。凡是成功的语文素质教育，无不体现着民主、科学与个性的教育精神。"民主、科学、个性"，当然算不上一个新鲜时髦的提法，但是与语文素质教育思想相联系的"民主、科学、个性"，却有其特定的、明确的内涵。在他的思想中，"民主"是学生观，"科学"是教育观，"个性"是人才观。

所谓"民主"，就是把学生当成有灵性的人，而非"学习机器"；发自肺腑地爱每一位学生，而不仅仅是少数"尖子生"；把自己视为与学生在人格、尊严和情感上平等的朋友和探求真理上志同道合的同志。所谓"科学"，就是教育应遵循自身的规律，而不是硬套经济规律，以至把学校办成工厂，把学生当成商品；同时教育更要符合学生心理的实际和他们的认识发展规律。所谓"个性"，就是尊重学生在性格、情感、思想等方面的独特性，特别意味着尊重学生的精神世界；尊重个性要求，摒弃教育中的"一刀切"，真正做到"一把钥匙开一把锁"；尊重学生的个性，不用升学与未来衡量学生是否成才，而是尊重学生未来的发展，坚信每一个学生都会在今

后的社会生活中找到自己的位置。

1. 民主："让每个学生都抬起头来走路！"

"没有民主，便没有创造；没有民主的教育，便没有民族的未来。"这是李镇西语文教育实践中的深切体会。

"民主教育是教人做主人，做自己的主人，做国家的主人，做世界的主人"（陶行知语）素质教育的第一个要义是面向全体学生，是教每一位学生学会做主人。语文教育更应该首先面向每一位学生，因为语文是伴随每个人终身的不可少的"工具"。在所有的学生中，哪怕有一个人没有能很好地掌握这一"工具"，作为语文教师都应该感到是一种失职。李镇西认为，在教学中，如果我们无视学生语文水平的个体差异而"一刀切"地用高考标准去要求学生，眼里只有"优生"而放弃"差生"，这样的语文教学是连半点民主气息都没有的，更何谈素质教育。

语文素质教育中的"民主"精神，还体现为师生之间对人格的相互尊重，体现为民主平等的现代意识。虽然就学科知识、专业能力、认识水平来说，教师远在学生之上，但就人格而言，师生之间是天然平等的；教师和学生不但在人格感情上是平等的朋友，而且也是在求知道路上共同探索前进的平等的志同道合者。民主教育，应该是当今中国教育的时代主题。在语文教育中，教师应具有真诚的人文情怀和博大的民主胸襟，与学生朋友般的交流信息、交流情感，同志式地探索真理，让心灵贴近心灵，实现陶行知先生提出的对孩子的"六大解放"（应该看到现在的孩子还程度不同地遭受着六大束缚：头脑没有解放，被束缚；双手没有解放，被束缚；嘴没有解放，被束缚；空间没有解放，被束缚；时间没有解放，被束缚），方能有效地提高学生语文素养。只有学生尊重教师，教师尊重学生，形成民主、平等的师生关系，教学活动才能成为师生共同探求、共同享受成功喜悦、实现教学相长的活动。

李镇西认为，"教学相长"不仅仅是知识上的，还应是思想上和道德上的。他在回忆所带高95届一班教育工作的一篇题为《我从学生们身上学到了什么》的文章中写道："同学们常说我不仅教大家知识，还教大家做人；其实，三年来，同学们何尝不是在教我做人呢？""现在让我把学号顺序倒过来，从学生最后一位开始，谈谈每一位同学对我的教益。"这里随便摘录他从几位同学身上受到的"教益"：

孙任重：一手漂亮的行书字（胡乱涂抹时例外），让我这个教语文的老师无

地自容。

李成：曾主动找到我，请求我给他施加压力，让他能够遵守课堂纪律。如此"自讨苦吃"，不值得学习吗？

谢宇：是我的科代表。可在某些方面他的语文涉猎面比我还宽——他常拿一首古诗或一些生僻的字来请教我，我虽满腔真诚，却如芒刺在背！原来有一句话说："三天不学习，赶不上刘少奇"。对我来说是："三天不学习，赶不上小谢宇！"

陈峥：学习拔尖，品德优秀；乐任班长，甘当平民；重于学业，淡于名利——给这样的学生当老师，既占便宜（白捡了一个优生）又胆战心惊（怕一不留神，境界就比人家差一截）。我正是在这"胆战心惊"中有所进步的。

……

"我真心感谢同学们！"

李镇西写过一篇《共享：课堂师生关系新境界》的文章。他在文章中谈到，如果把课堂教学内容比作食物，那么课堂师生关系有这样几种模式：第一种是"填鸭式"，教师觉得食物对学生有营养，便不择手段地满堂灌；第二种是"诱导式"，教师把食物摆在学生面前，然后以各种美妙的言语激发其食欲，引诱他们去吃；第三种是"共享式"，师生共同进餐，一道品尝，共同分享大快朵颐的乐趣。他进而认为还应该有一种"共烹式"，师生一起共同去烹饪，一起动手去制作美味佳肴，然后共同品味，共同享受，一起讨论，一起交流。这当然涉及课程资源的开发和利用了。总之，李镇西的民主思想也是与时俱进，不断发展着的。

如果说，"商量，商量，再商量"是魏书生语文教育成功的法宝，那么，民主意识、民主思想就是李镇西语文教育的诀窍了。

2. 科学："'教'都是为了达到用不着'教'。"

科学，通俗地说就是客观规律。语文素质教育的科学性，就是指语文教学要符合语文自身的学科规律，符合学生学习语文的认识规律。李镇西认为，尽管多年来，我们都在高喊语文教学的科学性问题，但实际上都做了不少违反语文教学科学的事：语文原本是我们的母语，我们在教学中却去追求严密的语文知识的逻辑体系，而进行烦琐地讲解；语文是一门充满人文性的学科，我们却把它当成了单纯的工具，进行机械地训练；学生基本能读懂的文章，我们却唯恐他们不懂，进行客观的理解分析，肢解课文……其实，真理总是朴素的——叶圣陶先生一句话"'教'都是为了达到用不着'教'"道出了语文教育的科学精髓："教"，着眼于教师的教育过程符合学科规律；"用不着教"，着眼于学生的学习过程符合认知规律——二者统一于知识与能力、方法与过程的有效转化。"自能读书，不待老师讲；自能作用，不待老师改。老师之训练，必须做到此两点，乃为教育之成功。"（叶圣陶《语文教学书简》）这是叶老所期待的语文教育的境界，同时也是叶老所指出的语文教育的科学之路；李镇西的语文教育之路，正是沿着叶老所指的这条道路前进的。

语文教学应符合学科自身的性质特点。语文是重要的交际工具，是人类文化的重要组成部分。李镇西非常赞成"工具性"与"人文性"的有机统一。因为"这二者都关系到学生的综合素质——未来的社会适应能力和人生境界。"

李镇西认为，科学的教学观有赖于民主的学生观。他说，我们许多老师总是急于学习那些优秀语文教师的教学方法，可又往往画虎成猫，不得要领。须知科学的教学方法不过是民主的教育思想的体现——视学生为具有独立人格和主观能动性的人，就当然会在教学中尊重学生的心灵，遵循学生的认知规律，以开发学生的认识潜能并引导其形成语文能力、提高其综合素质为己任。教育确立了这样的思想，具体的教学方法以至流派、风格完全可以也应该不拘一格而百花齐放。

无数成功的语文教育的实践证明：凡是符合学生认知规律并且着眼于学生自学能力形成的语文教学，必然既是民主的，也是科学的。

3. 个性："每个人的自由发展是一切人自由发展的条件。"

没有个性，便没有创造；没有人的个性发展，也就没有了社会的发展。

教育"为社会发展服务主要是通过每个人的个性发展服务来实现的"（柳斌：《关于素质教育的再思考》）。"每个人的自由发展是一切人自由发展的条件"（马克思、恩格斯：《共产党宣言》）。社会主义建设要求我们培养千百万"不断追求新知，且有独立思考、勇于创造的科学精神"的人才（《中共中央关于教育体制改革的决定》）。李镇西认为，"没有个性的教育，必然培养出没有个性的学生——缺乏心灵自由，丧失主体人格，不会独立思考，毫无创造精神！长此下去，我们的民族是很难真正屹立于世界强盛民族之林的"。语文教育如果不注意个性的发展，就会束缚学生个性，压抑学生主体情感，限制学生独立思考，磨灭学生思想锋芒，其结果是主体人格的失落，表现在语文能力上便是思想贫乏，语言干瘪，思维僵化，唯师、唯书是从。

在语文教育中发展学生个性，不仅仅是指"因材施教"之类的教学方法，更主要是指着眼于发现并发展学生在禀赋、气质、兴趣、情感、思维等方面的潜在资质，尊重学生的心灵自由和精神世界的独特性，同时鼓励学生思考的批判性、思维的独特性和思维的创造性。他说，既然"一千个读者便有一千个哈姆雷特"，为什么我们要求学生对课文的主题思想、人物形象只能有一种理解呢？既然大自然是丰富多彩而千变万化的，为什么到了我们学生的作文里却只有千篇一律"欲扬先抑"的"托物咏志"呢？他曾引用马克思抨击普鲁士的书报检查令的话来揭示语文教育的弊端："每一滴露水在太阳照耀下都闪烁着无穷无尽的色彩。但是精神的太阳，无论它照耀着多少个体，无论它照耀着什么事物，却只准产生一种色彩，就是官方色彩！"（马克思：《普鲁士最近的书报检查令》）遗憾的是，当我们在追求学生高考时的"保险文""保险分"时，学生本来最具青春活力的精神花朵却统统涂抹上教师的色彩！"学校不是工厂，学生不是产品。工厂产出标准化的产品，是其生产的成功；而学校若培养出模式化'人才'，却是教育的失败！"

李镇西认为，语文素质教育发展学生个性，主要体现为培养学生的创新意识和创新能力。应该通过每一篇课文的教学、每一次作文的训练以及每一次语文活动的开展，引导、鼓励学生发展正确而又新颖独特的见解、构想或创意。他在教学中，经常激发学生不同观点的交锋，让课堂闪烁着学生思维碰撞的火花；鼓励学生向课文质疑，以破除学生唯书是从的迷信思想；提倡学生同老师商榷，以实现"教学相长"；指导学生写研究性论文，以培养学生独立钻研、独立思考的能力；引导学生矫正自己的思想认识偏差，以培养学生科学精神、科学态度。这些做法，其目的在于让语文课堂上充满一种民主平等、富于批判精神而又闪烁着智慧火花的情境，让学生的思想冲破牢笼，促进良好个性的健康发展。

李镇西认为，民主、科学与个性不是彼此孤立而是紧密联系甚至互相渗透的。他说，"培养学生民主、科学与个性素质的前提，是教育者本人就应具备强烈的民主意识、饱满的科学精神和鲜明的个性人格。离开这一点，语文素质教育无异于纸上谈兵"。

如果我们都树立了"民主、科学、个性"的语文教育观，那么，我们的语文教育将会是怎样一幅生机勃勃的景象啊！

（三）语文教学实践：语文"生活化"，生活"语文化"

由于应试教育的影响，由于功利思想作怪，把"应考"（应付中考和高考）的需要作为教学内容取舍的依据，在语文教学中有意无意忽视了语文同生活的联系，形成了语文教学与我们追求的素质教育的目标南辕北辙。如何改变这一局面呢？李镇西通过学习叶圣陶、吕叔湘、张志公等语文教育大师有关语文与生活关系的精辟论述，联系自己的语文教学实践进行思考，深感要全面提高学生语文素养，必须树立"大语文"的观点，打破语文与生活之间的"厚障壁"，使语文课堂与社会天地相接壤，让语文教学与学生心灵相沟通，使语文教学突破"应试语文"的束缚，而成为"生活语文"。

李镇西还认为，"生活语文"之"生活"二字，不单指语文教学应注意与生活的联系，以及指导学生在生活中学语文、用语文，还包括教师在教学中引导学生将语文学习与陶冶心灵、磨炼思想、完善人格结合起来，使语文教育达到如叶圣陶先生所说的国文是"儿童所需要的学科"，"是儿童心灵发展的学科"，也如于漪所说的"变语文自我封闭为开放性，开发语文教育空间，面向生活，面向社会，面向活泼的中学生，不用机械训练消磨学生的青春"。他说，从这个意义上讲，"生活语文"也可以称作"素质语文"。

1. 语文教学"生活化"

李镇西说，所谓"语文教学'生活化'"，强调的是教师在语文教学的过程中，自然而然地联系实际，注入生活内容，进行生活教育，让学生明白"生活与教育是一个东西，不是两个东西"（陶行知语），让学生在学习语文的同时学习生活并磨砺人生。在语文教学实践中，他是这样做的：

阅读教学"生活化"。寻找课文内容与生活的最佳结合点，尽可能地想法子缩短学生生活、学生心理同课文内容的距离，让课文贴近学生的生活，同时又让学生的心灵与作者的心灵产生共鸣，与生活着的世界息息相通，使学生通过具体课文的学习，既学习了语言，理解了课文内容，又获得对自然、社会、人生的有益启示，受到灵魂的陶冶和思想的洗涤。而这一切都是语文学科本身固有的，绝不外加的；既是紧扣课文本身，又是联系学生生活的，润物无声的，潜移默化的。学鲁迅的《孔乙己》，不仅引导学生联系当时的社会背景理解孔乙己的不幸命运，还让学生以今天素质教育的眼光去评判孔乙己的悲剧性格，同时引导学生结合当今一些社会现象剖析一下身边的"咸亨酒店"式的冷漠，进而感受鲁迅那穿越时空的深邃目光。学《长江三峡》，便引导学生回顾长江从"两岸猿声啼不住"到刘白羽笔下"迂回曲折的画廊"，再到如今人们惊呼的"第二条黄河"的变迁，使学生从课文中欣赏到长江昨日瑰丽景象的同时，又忧虑地关注明天长江的生态状况。

写作教学"生活化"。写作教学贴近学生实际，让学生易于动笔，乐于表达，引导学生关注现实，热爱生活，表达真情实感。要求学生说真话、实话、心里话，不说假话、空话、套话。为学生的自由写作提供有利条件和广阔空间，鼓励学生自由表达和有创意地表达。李镇西说："作文只有'真'，才会'善'和'美'！"他说他每接一个初中班，都要为纠正学生作文中的公式化、假话、套话费很大的气力。有时全班交来的作文几乎是一个人写的。他愤激地抨击作文教学脱离学生生活的瞎编乱造的弊端："童心，已被'崇高'的假话腐蚀。""我们在津津乐道于培养了许多擅长'编作文'的'写作尖子'时，学生的童心已经锈迹斑斑了。"为了改变作文教学的这种状况，他提出了作文教学的"四原则"：（1）尊重学生的思想感情。（2）激发学生的写作兴趣。（3）培养学生的创新意识。（4）教会学生的交际能力。

语文训练"生活化"。这里的语文训练，指的是语文知识的巩固，听说读写能力的提高。李镇西说，语文训练"生活化"，要求教师的训练应"着眼于学生的学以致用，而非学以致考"。训练材料，应尽可能来自生活；即使教材的练习，也应尽量挖掘其与生活的联系。讲短语、句子知识，可以从学生的请假条入手；改病句的练习，最好从学生的日记、作文中找到例子；修饰的训练，不妨联系学生熟悉的各类广告……日记应充满童真、童趣朴实无华而又各具个性，应是学生心灵的轨迹和生活的镜子。"每一位同学的生活都是一道独特的风景，每一位同学的心灵都是一个独特的世界。"同学的日记不应该是"规范单一"的交给老师打分的"好人好事讲演稿"。

2. 学生生活"语文化"

语文是母语教育课程，"学习资源和实践机会无处不在，无时不有"（《语文课程标准》)。所谓"学生生活'语文化'"，李镇西说是指学生在教师的引导下，形成"语文是生活的组成部分，生活更离不开语文"的观念，并养成事事、时时、处处吸收与运用语文知识；在生活中培养语文能力的习惯。在语文教学中，他的具体做法是：

日常生活"语文化"。培养学生逐步具有一种在日常生活中自觉地、情不自禁地、自然而然地学习和运用语文的习惯和"才能"。阅读，不只是课堂读课文，而且更要习惯于课外的博览，把"阅读"变成生活的需要，化为人生的一道风景。写作，不限于课堂作文，而且更要习惯于写信，写日记，写随笔。一缕飞扬的思情，一声由衷的慨叹，一句温暖的问候，一次有趣的对话，一场激烈的争辩，一簇思想的火花，一份纯真的友情……都可以成为学生笔下的一幅幅独具魅力、别有情趣的生活画面。在日常生活中，从打电话到会客人，从听广播到看电视，从留言条到申请书，从同学间的争辩到家庭讨论，从商业广告到家用电器说明……无一不能进行语文听说读写能力的训练，无一不是语文能力的运用。一次，班上同学强烈要求成立足球队，他便趁机要求同学给他写一封信，谈谈成立足球队的理由。同学的信交去后，他又安排一节辩论课，与同学辩论"成立足球队是否有必要"。在写信、辩论中，连最不喜欢写作文、最不爱发言的同学在活动中都表现出极大的热情。最后，他被球迷们"说服"了，同学们十分兴奋——不仅因为能成立足球队，而且因为通过这件事感到了语文是一种生活需要。像这样融教育性、趣味性于一体的"语文作业"深受学生及其家长的欢迎。

班级生活"语文化"。李镇西在十多年既教语文又当班主任的教育实践中，体会到：班级文化建设能对学生语文学习产生极大的积极影响，班级建设与语文素质教育互相促进，相得益彰。"班级生活'语文化'"，可谓一举两得：学生既在语文实践，又在班级建设；教师既在语文训练，又在班级教育——彼此巧妙结合得天衣无缝而不露任何痕迹。班委选举，让学生写自荐书，登台竞选；每堂课安排同学讲演，评论班级生活；班干部在黑板报上写通知，让全班同学看有无错别字或病句；开新年联欢会，让学生写联欢会设计说明……编写反映班级风采的"班史"，教育学生在三年的每一天用奋发向上的言行为班级争光，引导学生平时留心记录班级生活有意义或有意思的事。他与他的历届学生编写的《未来》《花季》《童心》《恰同学少年》等班级"风采录"，既是学生美好青春的纪念，又是李镇西班级教育与语文教育和谐统一的结晶。

社会生活"语文化"。李镇西要求学生在社会生活的广阔天地中，自觉运用语文这个生活的工具、人生的武器"指点江山，激扬文字"。学生每天所见所闻所感的道路交通、街谈巷议、农贸市场、治安状况、新建大厦、个体摊点、生态环境、体坛竞赛、文化娱乐、国际风云……都可以成为他们关心、思考、评论的话题。"社会生活'语文化'"，当然也包括学生对生活着的语言文字环境的关注和净化。目前，学生面临的语言文字环境"污染"相当严重，可以说是"无错不成书""无错不成报""无错不成招牌""无错不成广告"，连电视电影的字幕、人物对白也常常出现书写错、读音错的情况。李镇西认为，这恰好为训练学生辨正注音的明目聪耳提供了生活化、社会化的"语文试题"。当学生发现了社会生活中的语言混乱、文字错误的时候，当他们将这些错误情况进行调查分析而将"调查报告"寄往有关单位或部门的时候，他们就不仅是在进行实实在在的语文学习，而且还为净化祖国的文化环境尽了一份公民的责任。因此，在这类以语文为工具的社会参与活动中，学生所收获的已远远不止是提高语文实践能力，更有日益增强的社会责任感和使命感。

李镇西说，"语文教学'生活化'"也好，"学生生活'语文化'"也好，都未必是严格意义上的科学命题，这样表述，不过是想强调语文教学与学生生活的必然联系罢了。长期以来，语文教学由于受"应试"的影响和束缚，学生沉溺题海，不但视野狭窄、能力低下，而且教师所期待的应试成绩也未必如愿，可谓"多情却被无情恼"；而在语文教学中淡化"应试"观念，强化"生活"意识，严格遵循语文教育科学规律，培养学生终身受用的语文素养，学生应试自然得心应手，游刃有余，这正是"道是无情却有情"！

（四）语文教育追求的境界：激情流淌，诗意飞扬

"因为情寄教育，我的人生便永远诗意昂然。"

"语文教育是诗化的教育。"

诗意，激情，是李镇西追求的语文教育境界。

他说，很难想象，一个没有激情的人，能够是一位真正的教育者。真正具有人文精神的语文教师，他在每一堂课上，都能"以思想点燃思想，以自由呼唤自由，以平等造就平等，以宽容培育宽容"。

语文教师当然不一定是作家，但语文教师应该有文学家的情怀和诗人的气质。

语文教学，不是给学生讲语文，也不是带着学生学语文，而是用自己的语文修养、语文气质感染学生："你讲《背影》，你就是朱自清；你讲《记念刘和珍君》，你就是鲁迅；你讲《在马克思墓前的讲话》，你就是恩格斯……"

语文课的课堂上应是"心灵的舒展，情感的流淌和思想的奔涌"。教师和学生都应同时感受到"语文课的美——那来自激情、思想和青春的魅力"：教育与文学共进，思想与激情同飞。

…………

这些既是李镇西对语文教育的理性思索，也是李镇西语文教育的实践。

让我们再走近李镇西，看看作为语文教师的李镇西的情怀吧，看看他是怎样面对每一天的语文课堂吧！

清晨，我走进一个金色的世界。明净的玻璃上闪着一层金色。淡黄的窗格上抹着一层金色。讲桌上铺着一层金色。黑板上映着一层金色。逆光中，同学头上、肩上镀着一个个辉煌的轮廓。小脑袋不时晃动着，于是金色的光圈也跳动起来……

"起立！"随着值日生清脆的口令，同学们齐刷刷地站了起来。好一派生机勃勃的幼林！我的眼前顿时一亮——

一张张脸蛋洋溢着纯洁、天真、朝阳般鲜美的风采！

一双眼睛闪烁着聪慧、机灵、朝阳般炽热的光泽！

每一个瞳仁都跳动着一轮灿烂的太阳。

——五十多轮朝阳迎着我绽开了笑容！

"同学们好！"我向朝阳问好。

"老——师——好——！"春潮般的声浪撞击着我的耳膜，也回荡在教室里。三个音节，却由百灵鸟般清亮的女高音和正在开始浑厚起来的男低音组成一首和谐、热烈、动人心魄的乐章！

乐章的名称是什么呢？《童心》，《青春》？哦，应该是《朝阳》。

……

日复一日，月落日升；年复一年，春去秋来。唯有这充满新生命的朝阳时刻在我眼前闪烁，永远在我胸中升腾！（李镇西《风中芦苇在思索·面对朝阳》）

　　李镇西还曾经在写给《中学语文教学》杂志的一篇题为《心灵飞翔的时刻》的文章中，用诗一般优美的语言道出了他所追求的语文教育的境界：

　　　　语文课应该飞扬着激情。不能设想语文课仅仅是词语解释和语法分析，而没有对学生心灵的抚慰或激荡。朱自清沉醉于牧童短笛所吟唱的春天的赞歌，老舍迎着冬天的阳光所描绘的济南水墨画，毛泽东站在黄土高原对着北国风光所抒发的壮丽情怀，苏东坡屹立长江之滨所挥洒的万丈豪情，还有梁衡的诗情画意、沙叶新随笔的妙趣横生、邵燕祥杂文的激扬文字……都应汇入语文课，或在学生的精神原野流过一条清澈的小溪，或在学生心灵的大海上掀起滔天巨浪！

　　　　语文课应该燃烧着思想。聆听恩格斯面对马克思英灵所发表的不朽的演说，我们仿佛可以感受到马克思"怀疑一切"的深邃目光；而一篇《福楼拜的星期天》，又唤起了今天我们对思想沙龙、精神对话多么热切的憧憬与向往啊！在语文课上，我和学生追随着鲁迅解剖我们自己也解剖着中国的灵魂，与余秋雨一起在文化苦旅的跋涉中捡拾、擦磨着文明的碎片，与傅雷一起思考着艺术和人生。我们甚至让梁晓声、张承志、鄢烈山、王小波等富于思考的作家"走"进课堂，让他们之间展开思想交锋，同时也和我们进行思想碰撞。

　　　　语文课应该闪烁着青春。紧扣学生心灵和时代脉搏的作品，总是能让语文课散发出青春的气息：亚米契斯的《爱的教育》、王蒙的《青春万岁》、张洁的《沉重的翅膀》、毕淑敏的《送你一条红地毯》、杨东平的《城市季风》、郁秀的《花季·雨季》以及舒婷、汪国真的诗歌……都让我和我的学生沐浴着青春的阳光和时代的雨露。学生从中读到了自己，也听到了中国前进的足音。师生之间共同的感动，以及平等而充满活力的情感交流和精神对话，使我也从中找回了自己年轻的心。（李镇西《从批判走向建设·为学生打开一扇扇窗口》）

　　上面的话主要讲的是学生课外阅读指导问题，但这哪里仅仅是说课外阅读呢？这分明说的就是语文教学改革的大问题。"语文课应该飞扬着激情""语文课应该燃烧着思想""语文课应该闪烁着青春"，这就是李镇西所追求的语文教育境界。在语文教育的天地里，他要达到的目标是：

"当我的学生回忆起中学时代的语文课时，会觉得那是他们精神的聚会；而在我过去、现在和将来的人生旅途中，每一堂这样的语文课，都是我一次心灵的飞翔!"

"无论是对我还是对我的学生来说，语文课都是生命中最美好的一刻。"

（五）攀升的阶梯：阅读、思考与写作

李镇西在他的著作《花开的声音》的序言中写道："我不止一次庆幸我是一个教师，因为与青春同行使我的心永远年轻；而且我特别庆幸我是语文教师，因为这使我能有一双'文学的耳朵'随时倾听'花开的声音'，并把这世界上最美的声音用文字表达出来。"他对同行讲："对教育的爱大家都是一样的，对教育的执着大家也是一样的；如果说我有什么不一样的地方，仅仅是对这份爱与执着多了一点思考并用笔将其记录下来了。仅此而已!"

李镇西的写作绝不是单纯的写作，他的写作总是同他的语文教育实践、同他的阅读与思考相伴随的：实践是他写作的源泉，阅读是他写作的基础，思考是他写作的灵魂。写作的目的用他的话来说，是为了"镌刻我教育的足迹，把玩我事业的珍宝，体验我生命的韵律，并将其永远地珍藏于正在渐渐离我而去的青春之中……"且教、且读、且思、且写，"教育与文学共进，思想与激情齐飞，生命与使命同行"，形成了他生活的轨迹，生命的历程，也是他在事业上一往无前、不断攀升的阶梯。

李镇西认为，勤于阅读和写作，是提高自身素质的有效途径。还在大学时代，他便开始如饥似渴地阅读。他在《与书为友》一文中写道："严格地说，我并不具备当一名好老师的先天条件，但我似乎天生就有阅读的习惯。从教19年，正是这个良好的习惯逐渐增强了我做一名合格语文教师的素质。"他读的书很多，称得上博览群书：文学类的，教育类的；古典的，现代、当代的；文史类的，杂志类的……他都读。有人惊讶他为什么会有这么多时间去读书，他说，不过是养成了"手不释卷"的习惯而已。晚上睡前倚在床头读，外出开会、讲学甚至旅游都要带上几本书，火车上读，飞机上读，宾馆里读。阅读，不停地阅读，成了他的教育

生命的生活方式。

　　他读书总是伴随着思考，而思考便使他情不自禁地把自己思维的火花记录下来。读完一本又一本的书，于是一篇又一篇的读书随笔出来了：《给中学生推荐〈孟子〉》《也在钱钟书边上写几句——读〈写在钱钟书边上〉》《若为自由故——〈陈寅恪的最后 20 年〉》《沐浴余秋雨》《惋惜王蒙——读〈世纪之交的冲撞〉》等。

　　写作，是他的爱好；写作，是他的长处；写作，使他的生活更加绚丽；写作，让他的事业更加辉煌。随着教育实践的深入，汹涌的激情和飞扬的思绪使他不能自己地拿起笔来，写教育活动中的故事，写教育教学中闪烁的思想火花：一次联想、一回顿悟、一个念头、一缕思绪……总之，教育工作中的酸甜苦辣、喜怒哀乐，他都有一种抑制不住的冲动使他赶紧拿起笔以随感、格言的形式写下来，让激情的火焰在纸上燃烧，让更多的人同他一起分享教育的幸福和快乐。李镇西不是专业作家，可是，他已在《中国教育报》《中国青年报》《光明日报》《中学语文教学》《语文学习》等全国几十家报刊发表文章 200 多篇，出版了专著 6 本，而且写作的激情丝毫不减。他曾用散文般的语言抒发他坐在电脑前敲击键盘写作《爱心与教育》时的感受：

　　　　也许在旁人看来，如此不停地敲击键盘是何等乏味而枯燥；但我却感到这是一件多么幸福的事啊！你想想，在深夜或凌晨，周围没有一丁点儿声音，只有我的键盘在"嗒嗒"地敲着——这是世界上最美的乐章。我觉得不是在敲电脑，而是在弹钢琴，是在弹奏来自学生心灵的最美的乐章。眼前的电脑屏幕上是一页页很洁净、很动情的文字，而这些文字又很自然地幻化为一幅幅很美丽、很鲜活的画面——那是宁玮善良而坚毅的面容，杨嵩纯真而调皮的微笑，岷江之滨的熊熊篝火，滇池湖面的粼粼波光……于是，我的整个身心又沉浸在和学生一起度过的被青春染绿的日子里！《爱心与教育》就这样诞生了！

　　《爱心与教育》出版后引起强烈的反响。该书同时荣获中共中央宣传部"五个一工程"大奖、冰心图书大奖和中国教育学会"东方杯"科研成果一等奖。接着，是一系列著作面世，不断地获得了写作丰收的喜悦。

合肥讲学时，面对热心的读者

李镇西把"文学梦"托付给教育，把教育当诗来写。20 年了，教育和文学给了他双重的回报——文学为他从事的教育事业插上了翅膀，同时，教育又不断地圆着他的文学梦。

下面一首诗是李镇西题赠给他的学生的，这是他心灵的独白，是他人生的写照，就让它来作为对全文的结语吧——

名字也许太普通，
人格永远不会平凡；
生活也许较清贫，
事业永远不会黯淡；
歌声也许会暂停，
旋律永远不会中断；
理想也许还遥远，
追求永远不会遗憾！

二、民主教育的痴情守望者
——记全国著名特级教师李镇西

《乐山广播电视报》记者　邓碧清

　　唯有以培养独立人格、公民意识、创新能力为己任的民主教育，才能真正使亲爱的祖国走向伟大的复兴，让中华民族傲然屹立于世界优秀民族之林！

——李镇西

　　近些年来，有一个名字像春雷一样，响遍中国教育界。

　　他出版了十几部有关教育教学的专著和散文随笔，在《中国教育报》和《人民教育》发表论文500多篇，几乎每一本新作或每一篇论文面世，都会引起一场轰动。他应邀赴全国各地讲学数百场，所到之处，在教师为主要受众的会场内外享受到明星般的追捧。在素质教育的推进举步维艰、应试教育的大山压得广大学生和教师喘不过气来的今天，他特立独行的教育实践和清新敏锐的教育思想，正影响着成千上万的教育工作者，影响着中国当代基础教育的发展。

　　他还是一个老资格的网民，曾经是《中青在线》论坛的活跃分子，又是拥有82 000多名注册会员、点击率超过300万次的《教育在线》论坛的总版主。

　　他的头上有一串炫目的光环：全国著名语文特级教师、全国优秀语文教师、成都市有突出贡献的优秀专家、成都市教育专家、2000年"全国中小学十杰教师"提名奖获得者、中国的苏霍姆林斯基式教师等。

　　他永远保持一颗纯净的童心，不愿长大，拒绝成熟，为人处世天真纯朴，对真善美孜孜追求，对一切的邪恶绝不宽容，对事业和生活永远有一股孩子般的热情，充满憧憬和理想。他所主持的《教育在线》网站，网友们每到6月1日就要祝贺他"儿童节快乐"。

　　他的名字叫李镇西，今年47岁，一个从乐山大地走出去的赤子。从1982年开始，他先后在乐山一中、成都玉林中学、成都石室中学担任班主任兼语文教师，现在以教育哲学博士的身份，担任成都盐道街中学外语学校副校长，仍然主要从事班主任和语文教学工作。

在 20 多年的教育实践中，他每天工作时间长达十几个小时，快乐地学习着、思考着、探索着、写作着。在教育活动中，他对学生倾注了全部的爱心，以心灵赢得心灵，以人格塑造人格，坚持素质教育实践，高扬民主教育的大旗，谱写了一曲曲感天动地的教育之歌。

20 年前的乐山一中出现了一个"未来班"，这是李镇西浪漫主义教育思想的第一个实验班。他不遗余力地培养着"面向未来"的人才，多次把自己累倒在讲台上……

20 世纪 80 年代，是整个社会都洋溢着浪漫主义激情的年代，幼儿园孩子唱得最多的歌儿是《我们的祖国是花园》。1982 年春天，24 岁的李镇西才华横溢，意气风发，从四川师范大学中文系毕业，被分配回家乡的乐山一中任教。他怀揣着王蒙的小说《青春万岁》，走进了乐山一中穹形的大门，登上了初中教育的课堂。

受邓小平同志"三个面向"题词的启发，对愈演愈烈的"片面追求升学率"现象深恶痛绝的李镇西，拿出堂吉诃德大战风车的勇气和第一个"吃螃蟹"者的胆量，把自己担任班主任的那个初中班命名为"未来班"，和学生们一起集体创作了班歌歌词《唱着歌儿向未来》："蓝天高，雁飞来，青青小树排成排……"他以未来班 53 名学生和班主任的名义写信，请著名作曲家谷建芬为"未来班班歌"谱了曲。

他怀揣一颗顽童般的心走进他的未来班，每天十几个小时和孩子们泡在一起。课堂上，他和他们平等交流，共同探讨学习；他自己的教学和管理主动接受学生的监督；春节，他和孩子们在一起过；暑假，他带着他们出外旅游，共同领略祖国的名山大川；他从微薄的收入中拿出一部分，资助贫病的学生，为每一个过生日的孩子买书买礼物，而自己则因过度劳累和营养严重缺乏而多次病倒在讲台上；每天的读报课，他给孩子们念《青春万岁》《钢铁是怎样炼成的》《红岩》《烈火金刚》；课余时间或者星期天，他和孩子们疯玩在一起，追逐、"斗鸡"、摔跤、做游戏、争论、吵嘴、开生日晚会，没有半点师长的样子。孩子们调皮而亲切地称他为"我们的镇西大将军""老李"。

他成功地走进了每一个孩子的内心世界，未来班营造出了《青春万岁》中那样

1998年秋天，和学生在成都市望江楼公园玩"老鹰捉小鸡"

一种纯真温馨的集体舆论和班级氛围，让学生切身体验到了成长的乐趣、发展的乐趣和创造的乐趣，拥有了充实而美好的精神世界。

在未来班里，同学之间、师生之间是非常浪漫的兄弟姊妹关系。哪个生活有困难，会收到不知道来自哪里的现金、饭菜票、学习用具；哪个学习有困难，有人会默默来到身边，耐心细致地给他补课。农村学生伍建家庭特困，决定辍学。为了留住他，全班师生给他捐了将近40元——这在当时不是一个小数目，李镇西带着同学们走了几十里山路，突然出现在他身边，齐声大喊："伍、建、你、好！"正在田间劳动的伍建猛一抬头，惊呆的脸上满是泪水；胡国文的家里不幸发生火灾，黑板上突然出现一行大字："国文兄，我们永远在你身边！"团支部书记把师生们写的60张明信片送给他，班长把全班同学决定一学期不看电影省下来的几百元交到他手上……

师生之间的爱，同学之间的爱，扩展为对周围人们的爱，升华为对祖国的爱。未来班率先在校园里贴出为扑灭大兴安岭森林大火捐款的倡议书，并创全校捐款之最；重庆要建渣滓洞、白公馆烈士群雕的消息传来，全班同学走上街头，通过捡废品的方式，凑集了一笔钱，以"献给先烈的 53 颗爱心和童心"的名义，汇了过去……

记得当年的致江路，满目是大大小小的坑凼，乐山一中旁边的坑更大，一辆大汽车陷进去都别想爬出来。唯一的 1 路市内公共汽车，只能开到牛儿桥就转身，一中师生苦不堪言。李镇西和未来班的学生们想到了乐山人民共同的"仆人"——市长。他们集体给市长余国华写了一封信，诉说师生和市民的痛苦和期盼，理直气壮要求"人民公仆"为人民修好致江路。一个夜晚，两名学生代表敲开了市长的家门，当面呈交了信件。信件反映的问题，引起市政府的高度重视。3 个月后，致江路变成了坦荡如砥的水泥路，一直畅通到今天。

乐山一中未来班到 1987 年初中毕业时就结束了。当未来班以略显稚嫩的面孔出现的时候，人们对"素质教育"这个词还相当陌生。李镇西当年所做的，其实就是实实在在的素质教育。这个班的学生如今早已成年，普遍显现出比同龄人更强的生存发展和创造能力。程桦、杨嵩、潘芳奕、彭艳阳……一个个都以强者的面目活跃在各自的人生舞台。

说李镇西是当代中国素质教育的拓荒牛，一点也不过分。

1988 年春，《中国青年报》以头版转二版的大篇幅，刊登了一篇报告文学《她为教育者留下了什么"遗产"》。文章的作者就是李镇西。文章见报后，立刻在全国引发广泛讨论，人们反思：我们的教育究竟缺失了什么？文章讲述了一个发人深省的故事。

1987 年 11 月 3 日下午，五通桥区某中学女生宁小燕（李镇西给他取的化名）服毒自杀。令人震惊的是，她是公认的品学兼优的孩子，出身干部家庭，从小学到高中一直走红，小学时曾是小雷锋队的"女司令"，一个学期得过 19 朵小红花，中学时期连续两届获得市级三好学生殊荣。她读过大量中外文学名著，在绘画上也很有天赋，喜欢齐白石、徐悲鸿、张大千、鲁本斯、罗丹、达·芬奇。她写诗、画画，崇拜英雄，用一颗赤诚的心面对生活和未来。她曾经久久凝望着丁佑君烈士的塑像热血沸腾："如果我生活在那个枪林弹雨的时代，我一定会在人们永远纪念的英雄名单上占据一行！"

她思索着：为什么煤油灯还统治着中国农民的夜晚？为什么不少人至今不能摆脱物质贫困和精神愚昧？她痛苦着：为什么课堂上接受的和现实中接触到的不一样？

的确，现实让她感到了太多的绝望：同学们考试作弊成风，一些老师在课堂上讲的和课后做的完全背道而驰，校内外发生的不少邪恶让她感到绝望，社会上正在流行的庸俗关系学让她感到恶心，个别教师队伍的败类，开始把淫亵的目光扫向她那刚刚开始发育的少女的身躯，让她感到丑恶。"不是说'我们的祖国是花园，每个人脸上都笑开颜'吗？人世间为什么这样肮脏？"她感到了难以自拔的绝望和幻灭，最终选择了用死来逃避。

她想象着，另一个世界等待着她的，是美丽的樱桃山谷和玫瑰山庄。她从容冷静地给爸爸、妈妈、姐姐和友人写了遗书："我真的要去远行了，带着我的梦，我的希望，去寻找那自由王国。"她来到岷江边，把工笔抄写的泰戈尔的《纸船》放在身边，吞下了15包磷化锌……

一阵秋风，《纸船》飘落江中。宁小燕的纸船破碎了。

好学生宁小燕自杀的消息，震惊了所有的人。正陶醉于浪漫主义教育的李镇西更是震惊。他对少女的死因做了一次认真的调查和探究，写出了一连串的"如果"："如果宁小燕在幼年启蒙时，我们能告诉她未来不仅仅是美好的，更是艰苦的；如果她成立'小雷锋队'时，我们不仅教育她要学雷锋，也告诉她生活中并非人人皆雷锋；如果我们对她的理想追求与道德要求合乎实际地降低一些；如果我们给予她的学校教育同她所面临的社会现实是基本和谐而不是相抵触的；如果她在处理人际关系方面感到困惑时，我们给她一本《怎样使别人喜欢你》（送给中学生礼物丛书之一）；如果当她的青春爱芽萌发时，我们给她一本苏霍姆林斯基的《给女儿的信》；如果她的政治老师是一个高尚的人而不是一个卑劣的小人；如果她的班主任不仅仅是一名教育工作者，而且还是一名明察秋毫、洞悉心灵的心理学家；如果她的父母不仅仅是她的哺育者，而且还是她最信任的知心朋友……那么，宁小燕的生命之火是不可能熄灭的。"

李镇西经过沉重而痛苦的思考，理智地发现了"玫瑰色教育"的缺憾。经过"文革"劫难的中国，人们的价值取向、利益认同和思维方式已经不同于"文革"前的五六十年代，教育如果再培养王蒙笔下的郑波、杨蔷云式的人物，他们一旦走上社会，面对残酷的社会现实，难免无所适从，最终碰得头破血流。

宁小燕的死，结束了李镇西教育浪漫主义的行程。1990年高考，他所教的高中毕业班尽管出现了一批高考成绩出类拔萃的学生，但全班并没有创造更引人瞩目的奇迹。尤其是他最关心的好学生之一、来自彭山农村的姑娘宁玮，仅以几分之差名落孙山，从此与大学无缘，使他非常痛心。与此同时，他所在的传统厚重的百年老校容不得反叛和创新。乐山一中校园内外，一股看不见的力量开始了对他的"叛逆式"教育的绞杀。1990年高考过后，他的反对者们更是一片冷嘲热讽，嬉笑怒骂。

李镇西在痛苦中，再一次系统重温了陶行知、苏霍姆林斯基，总结了投身教育事业9年来所走过的路，教育思想由浪漫主义转向了现实主义。他把一切的不快像蛛丝一样轻轻抹去，思想又登上了一个新的高度。他决定高飞远扬，离开乐山，到更广袤的空间去实现他的教育理想。

成都这座西部名都，给李镇西提供了更大的舞台，他的壮志豪情有了纵情挥洒的机会。他开始了教育生涯的再一次腾飞。

1991年夏天的成都酷热难当。李镇西接过了新成立的玉林中学校长杨兴政抛来的"绣球"，乘坐公共汽车来到成都。

应该说，他离开乐山一中，多少有点"风萧萧兮易水寒，壮士一去兮不复还"的悲壮。一方面，妻子正年轻，女儿还幼小，家庭很温馨，他不得不暂时告别儿女情长和天伦之乐；另一方面，乐山一中9年的生活难以忘怀，这所蜀中名校是他事业起步的地方，他教过两届初中班、一届高中班，那是他教育浪漫主义的结晶，而乐山更是他的父母之邦，不能不使他产生许多难以割舍的留恋之情。然而，成都更加广阔的视野和更加广袤的实现教育理想的空间，吸引他义无反顾地登上了开往芙蓉之城的长途公共汽车。

新组建的玉林中学，以满腔的热情迎接李镇西的到来。校长杨兴政放手让他进行教育教学改革探索。他又是一头扎进学生堆里，轻车熟路地做起了娃娃头。只是，他的思维更加敏捷，才华更加横溢，教育思想更加理性、更加现实，教育方法更加细腻、更加丰富多彩，语文课上得更加生动活泼、更加文采飞扬。他坚持"面向每一个学生的教育"和"目中有人的教育"，呕心沥血帮助每一个学习后进或行为习惯差的学生进步，与情窦初开的少男少女们展开青春期悄悄话的讨论。他高扬着民主、科学、个性的教育旗帜，活跃在课堂内外，并以成都为根据地，跨过夔门，飞越秦岭，走向全国。他的探索研究越来越引人注目，他的影响越来越大，为艰难行进中的中国当代教育写下了闪光的一笔。

李镇西在"以心灵赢得心灵，以人格塑造人格"的素质教育过程中，比在乐山一中时更加注意对学生应对考试的素质的培养。1995年，他所带的玉林中学高95级（1）班，51名学生中有50名考上大学，1名考上中专。

有一年，他主动要求将全年级考试成绩最靠后的几十名学生编成一个班，由他自己担任班主任和语文老师，和科任老师一起进行转化"后进生"的教改实验。此举赢得了不少老师和家长的敬佩："李老师真高尚！""这是真正的奉献精神啊！"

李镇西幽默地说："这和奉献精神一点关系都没有，纯属我的个人爱好。而且我的这种爱好还很自私呢！你们想，一个后进生就是一个很好的科研对象，我把全年级的后进生全部占为己有，不给其他老师留一个，这不是很自私吗？对于一个人的爱好，你能说那是'奉献'吗？如果说我这种爱好叫'奉献'，那么那些通宵打麻将的人也是奉献。你们想，一个人牺牲自己的睡眠时间陪着别人娱乐，还要把自己的钱掏给人家，这是何等的'奉献精神'！可是如果我这样去夸他，他一定会骂我有病，因为这不过是个人爱好嘛！"

那几年，除了吃饭睡觉，李镇西把全部的时间都用于对这些学生的琢磨研究，感受他们的精神世界。当这些孩子毕业的时候，各方面都有了明显的进步。李镇西也迎来了收获的季节，这就是后来奉献给读者的《爱心与教育》《走进心灵》等一系列著作和论文。这是李镇西教育生涯的第二次腾飞。

从乐山到成都，他每带一个班，他便把每一个学生的心灵作为思考、研究、倾听、感受和欣赏的对象。虽然天天见面，近在咫尺，他跟他们保持着一种特殊的交流方式——通信。在通信过程中，他感受到一种遨游在心灵天空的喜悦。后来，这些通信被整理成书：《青春期悄悄话——致中学生的100封信》。

踏上教坛以来，李镇西像他的精神导师陶行知、苏霍姆林斯基一样，坚持每天写教育手记。1998年初，他把十多年来积攒的一大摞尘封的《手记》翻出来，感觉到一拨拨分别多年的学生，正跑着跳着向他拥来。他决定把他和学生们的故事写出来，让更多的人分享到教育的幸福与美。3个月后，一部20多万字的《爱心与教育——素质教育探索手记》脱稿了。李镇西在引言中理直气壮地宣言："'素质教育'的大旗上，有一个大写的'人'字：它是目中有'人'的教育，是充满人性、人情和人道的教育，是为了一切人全面发展的教育！"

《爱心与教育》于当年7月出版后，立刻引起异乎寻常的轰动，很快销售一空。到现在，这本书已经多次再版，印数达到好几十万册，仍然供不应求，多次脱销。许多人从头到尾含着热泪读完后，感动之余更多的是掩卷深思。这本书同时奠定了李镇西在中国当代教育中的地位，为他赢得了中宣部"五个一工程"奖、冰心图书奖和中国教育学会优秀教育成果一等奖。

今年春节期间，李镇西在接受本报记者专访时说："《爱心与教育》所表述的其实是一个常识问题，是对教师的一个起码要求。我提出的童心、爱心、事业心，是每一个老师都应该具有的。教育不能没有爱心，但爱并不是教育的全部。教育的核心应该是民主而不是爱心。当一个常识都能够引起黄钟大吕般的巨大反响的时候，可见我们的教育现状是多么的令人感到担忧！"

当基础教育日益走向庸俗市侩时，李镇西又一次陷入痛苦的思索。他提出，教育的目的是为未来的民主中国培养公民而不是培养臣民。他的教育思想从现实主义升华为理想主义，精粹是民主教育。

近年来，一股市侩教育的思潮悄然蔓延在中国教育界。一些教育工作者为了激励学生好好学习，居然以"考名牌当大官挣大钱娶美女"为诱饵，有的老师甚至把封建陈腐的"书中自有颜如玉，书中自有黄金屋，书中自有千钟粟"抄给学生作为座右铭。有的学校，甚至给学生干部发津贴，理由是"他们给学生服了务"。有的家庭，孩子给爸爸泡杯茶，也要索要"报酬"，还振振有词地说"我付出了劳动"！

李镇西拍案而起：多么庸俗的急功近利而又自私狭隘的市侩教育！现实主义教育绝不能培养自私狭隘的接班人！社会主义课堂培养的学生应该有积极的理想！

1998年底，某小学一年级十几名学生因为上课说话，居然被班主任用不干胶封住嘴巴。2000年12月28日，安徽发生一起9名小学生被班主任强迫用剪刀、小刀当众刮脸，直到流血为止的恶性事件。还有，湖南株洲一小学生因写错字被老师用尺子把脸打肿；山西中学生赵超被班主任用拳头打死；陕西韩城一老师抢铁锹打断学生胳膊；云南一名教师对一学生连打12耳光致其死亡；新疆乌鲁木齐一女中学生因没有完成作业，被老师唆使3名学生将其当众扒光裤子……

李镇西在这些事件中敏锐地看到，一系列恶性事件的始作俑者受到舆论的一致谴责，而受害孩子和他们的同学居然大都真诚地认为"老师做得对"！他惊叹："天哪，这些孩子可就是我们'完成中华民族的伟大复兴'所寄予厚望的'跨世纪接班人'啊！可爱的孩子如果继续被如此奴化下去，对于我们的民族来说，真正不堪设想！"

他对记者说，现在风行"为民办实事"的说法，如"某政府某年为老百姓办了多少件实事"，便大肆张扬；法院为农民工讨回了工资，农民工便感激涕零，甚至叩首下跪。其实，政府、法院办的所谓"实事"就是他们分内的事，相当于清洁工为公众扫大街、家庭主妇为家人做一顿饭、教师为学生批改作业一样。从辛亥革命到现在，老百姓在精神层面上的变化并不大，民主意识缺失，纳税人意识缺失，根本的原因在教育。克林顿总统当年访问北京，在长城上问一位可爱的中国小姑娘："你知道美国总统是干什么的吗？"孩子很乖地回答："美国总统是管美国人民的！"克林顿说："不对，是美国人民要管我这个美国总统！"这个故事表明，我们的教育中缺失民主意识的培养，非常发人深省。

李镇西对记者说："教育应该有理想，为明天培养接班人。理想主义的教育应该有现实主义的清新，还有浪漫主义的情怀。我们的教育者，要注意为未来的民主中国培养公民，培养大写的人，而不能培养唯唯诺诺的臣民，培养弯腰屈膝的可怜虫！"

2000年，42岁的李镇西考上了苏州大学博士导师、苏州市副市长朱永新先生的博士生。在3年的脱产学习过程中，他的主攻方向就是民主教育。他用轻松活泼的散文笔调撰写了博士论文《民主教育论》，得到"学院派"教授们的一致好评。经简单修改，这部论文以《民主与教育》为名于2004年3月由四川少儿出版社出版。他在书中提出："教育是心灵的艺术。如果我们承认教育的对象是活生生的人，那么教育过程便绝不仅仅是一种技巧的施展，而应该充满着对人的理解和尊重，应该体现出民主与平等的现代意识。民主教育是充满爱心、尊重个性、追求自由、体现平等、重视法治、倡导宽容、讲究妥协、激发创造的教育。新课程改革所倡导的师生平等、自主合作探究、尊重个性等理念，都是民主精神的鲜明体现。"

2004年8月，李镇西博士被调到成都市盐道街中学外语学校担任副校长，主要工作是当高一年级班主任兼语文教师。他在教育在线论坛网站上兴高采烈地发了一个帖子：《祝贺我吧，我又回到了学校》。

从2004年8月31日起，李镇西每天晚上把白天的教育教学过程记录下来，贴到网上，吸引了数万教育工作者网民。他电脑打字的速度很快，每小时可以写 3 000 多字，每天的手记都在 5 000 字以上。一个学期下来，他写了 60 多万字的手记。科学出版社将于今年 5 月 10 日前出版发行这部手记，首印就是 50 000 册。这部书稿再现了李镇西教育教学的现场，被作者命名为《心灵写诗》。他计划用 3 年 6 个学期的时间，写作出版 360 万字的教育日记，完整再现一个高中班的教育全过程。

"挽留青春，珍藏童心；挥洒情感，燃烧思想；从职业到事业，从幻想到理想；手舞足蹈于校园，心灵飞翔于社会——这就是我的生活！"李镇西在一篇文章的结尾总结了他的生活。

2005 年 3 月 23 日

三、李镇西的意义

《校长》杂志记者　刘娜

● 在中国大陆教育界，几乎没有人不知道李镇西，没有人不曾看过他的书、谈论过这个人。这位教育名人既活在别人的传说中，也活在他自己的文字里。

● 他的形象总是让人既景仰，又怜悯。经验告诉我们，一个理想主义的校长在这个理想飘零的时代，日子一定过得很苦。

● 比如打开李镇西的博客，有一篇他写自己昔日学生的文章——"王铜：男子汉的追求"，配发的图片很有意思：李镇西的 95 届学生王铜，十多年后搂着他敬爱的班主任照了张相，照片中的男子汉王铜一副"老师罩着学生"的表情，昔日的男子汉老师今日却虚弱得像个小孩——仿佛他的青春活力，已尽数转移到了学生那里。

●"李镇西过得有点苦"，似乎有方方面面的证据：比如传说他其实并不太会当校长，也快当不下去了，即将调走；比如传说成都武侯实验中学的师生们对李镇西评价不高，可见会唱高调的人不一定会做实事……

● 难道真是如此？

● 走近李镇西，我们实在大感意外。我们发现这个人不仅内心活得很有精气神，而且师生爱戴，上级支持，同僚尊重，校长当得极具智慧，环境宽松得能让每一个校长嫉妒……

在一个理想飘零的年代，他如何能"三十年不跑调地把一支歌唱到今天"，却依然过得很自在？这个问题本身就具有非同一般的意义，不是吗？

让我们一同去看看，李镇西是如何"幸存至今"的。

（一）浪漫的开始

"大学二年级的时候，我读到一篇关于张志新烈士的文章，于是下了一个决心，除了真理，我不再迷信任何东西。"

1982年2月，李镇西大学毕业，分配至乐山一中，出任班主任。从教之初的他很是痛苦：发誓只愿向真理妥协的他，却不得不天天向一群中学生的毛病妥协。一度他认为，自己应该不是当老师的料，作家、记者或许是自己最合适的职业。

是那群学生的"魅力"留住了李镇西。初登讲台哑了嗓子，有学生悄悄将药塞进他的宿舍门；外出开会回来，有孩子告诉他实在太想念李老师了。有一次李镇西住院，孩子们搞了一个"动人壮举"——大家对着录音机录唱了几首歌，然后送到病房让他"听听学生的声音"……渐渐地，李镇西想，其实教书还是蛮有意思的。

不过"相爱容易，过日子很难"。年轻的李老师脾气颇为急躁，开学不多久，他就动手打了学生三次——虽然他打的都不是自己班上的学生而是欺负自己学生的高年级学生，但依然很让校长头疼。

面壁思过是必需的。也正是在那段时间里，李镇西接触到了苏霍姆林斯基的书。在那朴素亲切而富有感染力的语言中，一种说不清的力量慢慢浸润着他，让他觉得应该做点什么，来表达一个中国教师"丝毫不亚于苏霍姆林斯基的爱心"。

不久，作为教工团支部书记的他，向学校的每一位团员同事都送了一本书：《给教师的100条建议》；还和几位老师一道办了一份手抄报——《主人》。同时，他也开始试着用文字记录自己的从教点滴。

得益于良好的素养和创意的激情，李镇西很快找到了自己的"兴奋点"：是不是可以营造一个生机勃勃的班级环境，让学生能够既好好学习，又保持天天快乐？他想，必须在教育的目标与学生的愿望之间，寻找一种可能的结合。

通过一系列"幕后启发"，李镇西班级的学生们开始自己吵着闹着，要"建设一个与众不同的班集体"。李镇西轻松愉快地站在讲台上，问大家：我需要给你们多长时间让自己变得与众不同？两年够吗？

他提议大家为这个班取一个名字，并设计一系列的标志。最后，班名定为"未来班"；班训、班徽、班旗也相继出炉；班歌《唱着歌儿向未来》的词由全班同学集体创作，李镇西修改定稿……

正当李老师准备把歌词交给学校音乐老师谱曲时，他的学生却突发奇想，可否"请谷建芬阿姨给我们谱班歌"？于是李老师写了一封信寄给了著名作曲家谷建芬，恳请远方的谷老师为一首班歌谱曲。

谷建芬竟然回信了，而且真的为班歌谱了曲。此事不仅在乐山一中激起了强烈反响，而且在李镇西的心里也长时间翻滚不息。从此，"普通教师可以走上并不普通的教育之路，他只要争取，就不会孤立无援"，成为李镇西的"行动纲领"之一。

两年后，这个叫未来班的集体已经有了丰硕的成果：轮流"执政"的干部制度、竞赛综合性小组、兴趣社团、友谊班、手抄报、班级日志，等等。在近 30 年前，年轻的李镇西开始体会到什么是"幸福的教育和教育的幸福"。他如此地爱这个班级和这些孩子，以至于很多个中午，他让学生们趴在课桌上休息，自己半个屁股坐在讲台上，为孩子们念小说。

他还发现，良好的集体氛围、集体舆论竟然促进了一部分后进学生的自觉转化，效果比对一个个"顽固不化的刺头"促膝谈心好得多。他想，这不正是苏霍姆林斯基式的教育吗？通过淡化教育的痕迹来获得明显的教育效果，并在可能的情况下"让学生自己教育自己"。

（二）一个学生的自杀

"未来班"给李镇西带来了巨大的喜悦。他为班级里那种温馨透明、积极向上的氛围而骄傲。但是，1987 年底，一个学生的自杀，把他从纯粹的浪漫主义教育中唤醒。

宁小燕是距乐山市中区几十公里以外一所中学的学生。家庭条件很好，一直品学兼优，怎么也看不出她会受到什么致命的打击和挫折。然而她突然自杀身亡。

自杀事件 20 多天后，区教育局的"情况简报"这样写道："宁小燕在人生观上存在着缺陷，她对人生的意义、价值早就产生了消极的认识，因此，她的自杀不是偶然。"

看到这份结论，李镇西的第一反应就是，太简单了，完全可以再挖掘一下。一位"平时显得懂事、自重""在学校，遵守纪律、好学，被选为班干部"的好学生，她的"人生观缺陷""消极认识"是怎么产生的？

为了解开宁小燕留下的这个不等式，李镇西利用星期天骑着自行车走访她以前的学校，拜访她以前的同学和老师，收集她生前的日记。最后，得到的真相不仅让自己震惊，而且心寒。

宁小燕的自杀，正是因为教育教给她的真诚、善良与正直，让她感到跟虚伪同在一个社会共处，活得没意思。

李镇西认识到，教育依旧在教人真善美，但社会已不再纯净，所以持守变得越来越困难。那时，商品经济给教育带来了剧烈震荡，圣洁的校园里开始出现了不圣洁的现象：教师罢教创收、学生弃学经商……过去一些所提倡、所歌颂的行为被嘲笑，过去一些所引以为豪的思想、观念、意识被打碎。

他开始深深地反思"未来班"。在这里，他一直把学生当成一张白纸，总是考虑如何把自己认为美好的东西教给他们。但是，教育不能只是教师的自我欣赏和自我陶醉。带着梦幻走向社会的孩子，不可避免会面临"思想与现实两张皮的痛苦"。可是，如果赤裸裸地把虚伪世故教给学生，让他们"现实"一些，教育又成了什么？

1988 年到 1990 年，这是李镇西写文章对教育弊端批评最多的一个时期。然而，自己主张什么呢？这个时代的教育究竟应该怎么做？

慢慢地，李镇西开始考虑如何在教育中引入一些市场意识和商业精神；但这又并不意味着去培养一群拜金主义者，而是以提高学生适应社会的能力为目标。他感到，这样的妥协极为不易，而且一不留心就会失去平衡。他开始尝试一种"既深入学生心灵又真正面向社会与未来的教育"。

班上有几位性格内向、少言寡语的学生，李镇西试着用书信与他们交流，站在孩子的角度，解释他们在社会、人生和情感上遭遇的困惑。后来，他把通信的对象逐步扩大，再后来干脆在教室里挂了一个"悄悄话信箱"，随时解决学生的心理问题。除此以外，李老师还将学生青春期心理辅导纳入教育内容，开专题讲座、进行个别谈话⋯⋯

另外，"语文名师"李镇西还尝试通过语文教学，带给学生更多对生活有用的知识和技能。他鼓励孩子们走进市长办公室，以主人翁身份与市长共商家乡发展大计；带领学生走向街头搞错别字调查，写成调查报告投寄有关部门；组织学生分小组到工厂、农村搞社会调研，然后写成各种专题小论文⋯⋯

1991 年，李镇西调至成都玉林中学，继续他的教育探索。一段时间之后，李镇西提出了一个主张：变应试语文为生活语文，寻找课文内容与生活的最佳结合点，选择能学以致用的训练材料，让学生在学习语文的同时，体验并反思人生。

（三）教改与争议

20 世纪八九十年代以来，教育界出现了一波语文教学改革高潮。李镇西认为教改要深入下去，应该把道德培养、思维训练等包含进语文教学，真正做到"文道统一"。

基于这个想法，在乐山一中的最后阶段他转变了授课的方式，常常在基本讲解之后，从课文的思想性出发，引入一些社会问题，让学生讨论，拓展学生的社会视野、责任意识和独立思考能力。

李镇西开始自觉地意识到：教语文不能就语文而论语文，要从教育的高度看语文；搞教育不能就教育而谈教育，要从社会的高度看教育。教师不能只是文章学、修辞学、语言学、考试学的分析家，甚至是教材与参考的熟练使用者，而首先应该是文明的传播者、思想的启迪者和人生的导航者。

同时，他还对课堂上"主导"与"主体"关系做了研究，认为学生才是主体，教师不应以"主导"为名，一步步俘虏学生的思想，主宰学生的心理世界⋯⋯

始料未及的是，刚刚觉得自己找到方向，教学生涯的"滑铁卢"就到来了。1990 年，李镇西的毕业班没有取得人们期待的"辉煌"，舆论大哗，闲言碎语几乎把他淹没。

分数至上，考高分才是硬道理——这就是现实。

但是，该不该继续呢？

20 年之后，李镇西告诉记者：从上班的第一天起，我就把自己定位为一个知识分子。知识分子就意味着要具备一种没有理由、不求回报甚至不求理解的神圣使命感。虽然教育不是远离现实的空中楼阁，但是，教育也不能完全受控于现实。

1995 年，李镇西的毕业班高考成绩大获全胜，各种赞誉扑面而来。但是，只有他自己明白，其实这一个班级在教学理念和方法上，与上一届并没有不同。

1997 年，李镇西调入千年名校成都石室中学。这里民主宽松的学术氛围，使他顿感如鱼得水的自由。十几年教学实践酝酿的思考萌芽，在这里找到了破土而出的机会。

1997 年 10 月和 1998 年 5 月，李镇西先后参加了四川省的语文课堂教学大赛和在天津举行的全国语文赛课活动。他大胆地抛弃一般公开课的框框套套，让学生自由提问，组织学生自由讨论，自己则作为平等的一员参与课堂思想交流与碰撞。表面上看，课堂似乎有些乱，甚至有些"离题"，但学生的思想火炬始终在燃烧，整个课堂始终行云流水般地回荡着学生自主思考的旋律。

这两次公开课当然再次引起了争议，但他很清晰地知道，自己的课在学生那里，成功了。

（四）爱心与民主

1995 年 8 月，成都玉林中学挑选了一批优等生，开了一个"六年一贯实验班"，指定李镇西担任班主任。借这个机会，他给校领导提了一个要求：把倒数几十名的学生也编一个班，他也来做班主任。

从此以后，对李镇西而言，转化后进生成了和培养优等生一样重要的事情。

他主动和这些自小被贴上"坏孩子"标签的学生交朋友，引导他们发现自己身上善良、高尚的地方。然后，通过让他们当班干部、填报喜单等一系列方式，鼓励大家勇于用"高尚的我"战胜"卑下的我"。

李镇西还发现，有些后进生，无论你怎么做，他都表现出一种冷漠和孤傲。原因在于，当分数和名次作为学生尊严的集中体现时，后进生的尊严感始终大大缺失了。那么，帮助这些孩子发现他自己独特的才能和禀赋，至关重要。

同样，优等生的教育也需要积极以对而不是"维持保持"。李镇西认为，思想偏差、人格缺陷等毛病，很可能导致他们后劲乏力并误入歧途。所以对优等生的培养，李镇西总结出了六大方法：引导树立志向；帮助认识自己；熏陶保持童心；激励超越自我；强化受挫能力；培养创造思维。

这期间，李镇西还对班级中压抑个性、依赖老师、追求虚荣等"假集体主义"现象展开反思。在班级管理上，他尝试民主化管理，和学生共同起草了一个班级《条例》。该《条例》最大的亮点是，班主任竟然也受到它的规制："每月对学生发脾气超过一次，或下课压堂2分钟，罚扫教室一次"。

这个过程是考验李镇西教育耐心与毅力的过程，后来，这些成为教育名著《爱心与教育》最美丽的篇章之一。

此时，已经是李镇西教育生涯的第15个年头。他开始重读苏霍姆林斯基、陶行知等一系列教育经典，终于读懂了那些与他十几年教育实践相通的东西：爱和民主。他开始感到，自己迫切需要从理论上进行一次梳理、沉淀和提升。

1999年冬天，李镇西告别成都石室中学，考入苏州大学并师从朱永新教授，攻读教育哲学博士，研究方向是"民主与教育"。

三年后博士毕业，李镇西回到成都，被安排在成都市教科所搞研究。

当了17年一线教师的李镇西，在一套刻板的思维规范和话语体系里深感煎熬，主动申请放他回学校，于是进入国有民办的盐道街中学外语学校，担任教学副校长。李镇西在这所学校里轰轰烈烈推进新教育实验：打造教师队伍、建设书香校园、提倡教育写作。同时他还分身担任新教育网站"教育在线"的总版主，"脚踏一所学校，放眼数十万教师"。

他在身边和远方千万个教育故事、教学问题中成长，思考与实践渐渐趋于成熟。

（五）平民教育

2006年8月，成都市武侯区教育局局长雷福民邀请李镇西来到办公室，开门见山地说："如果你有兴趣，欢迎到我们武侯区来，我给你一所学校。"

李镇西还没来得及说什么，局长又展开动员："成都市的城乡统筹教育正在开展，武侯区的教育均衡化也在推进，我们需要你这样的教育者，愿意为你提供一个实现自己理想的平台。"

2012 年 9 月，李镇西接受本刊记者采访，他把自己的教育人生总结为两个字：实验。"我就是那个实验品，实验课题是'一个有理想的教育人究竟能走多远'。"

所以当一个教育局长突然向他提到"理想"，而且要给他一个全新的实验平台，李镇西觉得自己毫无拒绝的理由。这一年，他出任成都武侯实验中学校长。

武侯实验中学位于城市郊区，是一所地地道道的城乡接合部中学。学生的组成也很特别，90％来自当地失地农民家庭、单亲家庭、特困家庭、下岗职工家庭、外来务工家庭……他们中学业上处中下游，厌学、怕学、不会学的学生比例极高……

如何让这些初中的孩子得到适合他们成长的空间与土壤呢？

在认真分析了学校的特定区域以及主要生源后，李镇西提出搞平民教育。

平民教育最早是由陶行知提出来的。它担负着两大主要任务：第一，让每一个老百姓都能读书写字；第二，让每一个老百姓都具有民主素养。它的育人目标有四个：第一要有改造中国的抱负；第二要学做"人中人"，而不是"人上人"；第三要有科学之精神；第四要有创造之能力。

实施平民教育，必须找到几个支点。李镇西从三个方面着手工作：一是开展"教师专业化提升"，以达到教育教学质量提升和学生精神境界提高；二是基于学校特点，借鉴新教育实验中的六大行动以影响学生：营造书香校园、师生共写随笔、聆听窗外声音、培养卓越口才、建设数码社区、构建理想课堂。三是建构"今天的教育万万不可缺席的内容"：培养理想家长。

针对当今中国某些势利现象，为了唤起更多的人关注平民教育，2007 年 6 月，李镇西给国务院总理温家宝写了一封信，把学校进行平民教育实验的思考、行动和成效做了详细介绍，落款"北京国务院办公厅温家宝总理收"几个字，就邮寄了出去。

奇迹再一次出现了：不到 10 天，李镇西就得到消息：总理不仅看了，还专门批示，肯定了李镇西走乡村平民教育之路的正确性，指出武侯实验中学做的三件事"提升教师、关爱孩子和影响家长"，抓住了素质教育的关键，并转给当时的四川省委书记杜青林和省长蒋巨峰。

一时间全国各大媒体争相报道，李镇西名气暴增，武侯实验中学也变得举国皆知。而且这封信的客观效果超出了写信者的预料：不仅平民教育实践赢得各方关注与肯定，办学环境大大改善；而且四川省这一年还追加几个亿投入，用于改善农村中小学教师的待遇。

"总理批示"的热潮很快过去，而李镇西的校长生涯才刚刚拉开帷幕。

（六）以班主任的心态做校长

李镇西来到武侯实验中学以前，班主任角色是他最重要的履历。

"有能力当好班主任，就有能力当好校长！"老一辈校长魏书生、冯恩洪都鼓励他。

是啊，治大国如烹小鲜，治学校为什么不能如带班级一样呢！"好，那我就以当班主任的心态来做校长。"

班主任不能巨细无漏地盯着琐事，要善于让班干部去管理。李镇西向教育局请求：能不能配一个好点的"班长"来。于是，局长给他配了得力的书记——先是张永锐书记，后是何光友书记。三年前，何光友接替张永锐书记到岗的第一天，正碰上教职工大会，何书记拿出多年前学生送给自己的一本书来，讲了一个故事，然后翻开扉页念到：何老师教师节快乐！我本来想买李镇西的《爱心与教育》送给您，却没有买到，但我想对你说，你就是我心中的李镇西。

校长、书记理念相投、理想一致，一个智慧激情管大方向，一个理性浪漫配合抓实务，李镇西渐渐如鱼得水。

在武侯实验学校的组织构架中，校长是"班主任"，书记是"班长"，副校长是"班委"，中层干部就是"大组长"，教研组长就是"小组长"……"我这是在扬副手之长，避我之短，他们当校级干部经验丰富，而我对学校管理不熟悉。我借力，他们给力，多好！"

如此一来，校长做什么呢？当班主任李镇西把班级管理交给学生之后，自己就还原为"人类灵魂的工程师"：找学生谈心，研究学生思想。同样，当校长李镇西把学校日常管理交给团队之后，自己的任务就是跟教师交朋友，走进他们的内心。

他可能是中国校长中唯一坚持每天写贺卡送鲜花，为每一个学校老师庆祝生日的校长；并且他的贺卡全部原创，力求真诚真实。他坚持每天写文章、拍照片，几年来一半以上的学校老师成为他笔下和镜头下的人物，并公开出版发表……

在采访中老师们告诉记者：李校长有一种"神奇的转化功能"，比如在他手下，不会写文章的老师很快会写了，不敢上讲台的学生很快敢上了，"教书喊累"的老师最后爱上了自己的职业……当今社会大环境浮躁、价值观迷失，教师群体安静不易，幸福感缺失，而李镇西用朴素的方法加真诚的姿态，在武侯实验学校造了一个"李镇西场"，营建了一个小环境，让工作在这里的老师们"彼此勉励，自我拔高"，渐渐迷醉其中。

小环境大意义，李镇西深得个中滋味。采访期间，记者也跟在李镇西背后，拿着花满校园去找过生日的老师，为了给他一个惊喜。看着他匆匆走在前面的背影，我们甚至有一种感觉，每天在校园里构思并实施这一个又一个"小情景剧"的乐趣，是不是也成为李镇西坚持至今，甚至渐渐迷醉于教育的根源之一？

但是良好的氛围并不能完全覆盖教育和人的复杂性，有时候李镇西也颇受挫折。在校园里，他指着刚刚笑着跟他打招呼的一位老师说："他叫赵敏敏，现在很优秀的教师。不过刚到学校干什么都喊累，有一段时间天天迟到，于是我想了一个办法，亲自去帮她守早自习，结果守了一个星期，她还是天天迟到……"

李镇西说，学校教师可以分为三类：一类本来就很优秀，就要带着他们出去讲学，让他们的才华拥有更高的施展平台；另一类老师稍微缺乏教育智慧，就要通过各种方法帮助他们学习，反思，提升；还有一部分明显的后进老师，那么对于他们就要有足够的宽容和耐心，在等待中期待。

当然，"校长还有一个重要职责，就是在学校内部建立民主的机制"。于是，武侯实验学校有了真正被赋予实权的教代会、学术委员会、校务会。所有重大学校事务必须通过教代会表决，所有重大经济开支必须通过校务会表决，所有评优、评先、评职称必须通过学术委员会表决。组成代表都是自下而上选拔，或由各个教研组推荐产生，校长和书记不得参与其中。不止一次，教代会否决了李校长的提议，但他说："李镇西失败了，但民主胜利了！"

当民主不仅仅是墙上的口号，而是看得见摸得着的实际，所谓主人翁精神，在这里就变得如此具体而真实。

（七）办适合每一个孩子的教育

几年前，因为生源影响"出口"，武侯实验中学的毕业生能够就读高中的不到一

在武侯实验中学的课堂上

半，还有一多半的学生要么随便选一所职业高中，要么干脆弃学务工。

李镇西看着那些跨出校门进入社会的学生，心中常有深深的歉疚，他感到自己没有给他们最合适的教育，即最能够帮助他们在社会生活中安身立命的教育。2011年2月的一天，此公深思熟虑地"闯"进了成都市分管教育的副市长傅勇林办公室，请求市长给他解决一个"简单的问题"：让武侯实验学校真正"实验"起来。

他的想法朴素而古老：因材施教，要"办适合每一个孩子的教育"。

谁知傅市长听完李镇西一大堆批判式陈述之后，居然很高兴，说名校长做真实验，我支持你，你拿个方案吧。

不久，由李镇西亲自一个字一个字撰写的一份上万字的《成都市武侯实验中学教育改革方案纲要》出笼，很快得到成都市教育局的批准，并将武侯实验中学定为全市唯一"统筹城乡教育综合改革试验学校"。改革分评价、课程、课堂、人事等方面，比如允许学校自行组织毕业考试；允许学校推荐一部分学生直升高中；同意学校在足额保障现有人员编制的前提下，再增加10％的自聘教师数量等。

毕业考试权放给了学校，李镇西动课程的胆量大了起来，他先压缩了一些课时，例如政治历史，就压缩成了政史课。并用这个时间大量开设选修课，增加学生学习的选择性。学校实行学分制，他告诉学生们，把你最精彩的一面发挥出来，就可以毕业。数学不好语文好，没关系，你是合格的学生。

学校规定，初一、初二每个学生必须至少选一门选修课。文化课比较好的，就选修文化课。但是，更多的学生则进了美术社、篮球队、健美操队、音乐班等。选修课采用走班上课制。

针对初三很多上不了普高的孩子，学校就联系成都一些艺体学校、职业高中、技术院校，给他们开设各类职业特色课，并进行未来职业生涯规划，最后有准备地进入相应职业教育体系。

但改革总是难在开头，最大的阻挠来自家长。比如第一次学校开家长动员会，十几个家长一起"围攻"校领导：凭什么通过分班歧视自己的孩子？又比如成都有所不错的 5 年高职，答应单独招收武侯实验中学的孩子。但是家长们不答应，认为学校把学生"卖了"。

观念差距巨大，实验在各种嘈杂声中小步推进。

一年之后，武侯实验中学考出了建校九年最好的中考成绩，上重点高中线的学生增长了 25%；未进普高的学生中，200 多人学了美术，50 人学了语言，50 人学了体育，80 人学了职业技能类，如企业营销、礼仪、鸡尾酒调制等——相比以前，学生选取职高的准确度和层次明显有了提高。

同时因为有了相对灵活的人事制度，不到两年，武侯实验中学自聘了 40 名老师，师资窘迫缓解，想象空间开启，学校活力大增。

李镇西校长渐入佳境。

（八）一个理想的教育者能走多远？

很多人都不理解，李镇西为什么那么招人喜欢？

2012 年春天，武侯区新任教育局长到学校考察，问李镇西：你觉得这所学校有什么特色啊？李镇西直来直去地说：没什么特色呀！特色需要时间和历史的积淀，我校才创办几年，哪敢谈什么"特色"？我们最多只是让老师认真上好每一堂课，认真善待每一个学生，认真带好每一个班，最后我来认真地提升每一个老师。做到了这四个"认真"，有没有"特色"重要吗？对于教育，我现在的追求就八个字：朴素最美、幸福至上。

局长听完，笑眯眯地表态：很好！然后对何书记说："你们要认真举好李校长这面旗帜，不折不扣贯彻他的教育思想！"大家开心一笑，看来校长又赢得了上级领导的信任。

9月10日教师节，李镇西登台讲话，开口就说："今天是教师节，我准备请两位老师上来，一个是谢国强。一个是孙明槐。"大家面面相觑，不知道为什么。李镇西问谢老师："知道我为什么请你上来吗？""不知道。""你今天的生日都不知道啊。你要感谢我，80年代的时候，中国为什么把9月10日设为教师节，那是因为我提议，用一名普通老师谢国强的生日作为节日。"大家哄堂大笑。

李镇西又问孙老师，知道我为什么把你请上来吗？她说不知道。"这事你肯定不知道，昨晚我开电脑，在微博上发现一个留言。我今天特意把这条微博打印了带来。"李校长打开微博念起来："我是贵校孙明槐老师1996年在宜昌送走的毕业生。今天晚上看'寻找最美乡村教师'的电视节目，很感人，就想起我的孙老师了，于是打电话去找她，才发现她现在已经调到四川。我现在急于找到孙老师，希望你能告诉我她的电话号码，向她问个好！"李镇西念着，孙老师热泪盈眶，台下的掌声潮水一般响起来。

9月11日清晨，记者从宾馆步行前往武侯实验学校展开采访，看见络绎不绝的学生走在路上，就顺便找几个孩子聊了起来：请问你们认识李镇西校长吗？"认识啊。你找他啊？""我要拜访他，但不认识他，你能给我介绍一下吗？""没问题，李校长是我们的好朋友，我们都认识他。"瞧瞧这位校长的人气！

李镇西告诉记者："从教30年，我没有能力改变中国的教育，但是起码我改变了老师。就算没有这一切，也无所谓，因为我是快乐的。我常给我们的老师讲，把门关上，你就是国王。改变不了教材，可以改变教法；选择不了高考制度，可以选择躲避题海；我不能左右社会，但我可以左右我的精神。在一个多元的、功利的、物质的时代，一个人要坚持自己的教育理想是很艰难，但也不是做不到。"

他为什么那么招人喜欢？随着采访的结束，我们越来越理解到，因为他在努力做一个朴素的人、真实的人、智慧的人、有爱的人，同时，他也是一个懂得在妥协中坚守的人。

祝福李校长，永葆教育青春！

链接

李镇西：我成长中的八个关键词

一是**机遇**。我赶上了思想解放的年代，还有幸得到了谷建芬、苏霍姆林斯卡娅、朱永新等一大批贵人的帮助。

二是**实践**。我带的每一个班都有不同的研究主题，从未来班，到后来的青春期教育，再到集体主义教育等。

三是**阅读**。我比较注重四类阅读：教育报刊、人文书籍、中学生的书、教育经典。

四是**写作**。30年来，我一直保持着写教育日记和教育随笔的习惯，出版了40余部书籍。

五是**思考**。这里的思考，也包括对自己的反思……

在北京"中国教育三十人论坛"上

六是**个性**。我率真的个性固然让我失去了很多机会，但是另一方面也成就了我。

七是**心态**。我始终认为，幸福比优秀更重要。因为"优秀"与否是别人的评价，而"幸福"与否是自己的感觉。我现在常问自己做教育是不是和1982年参加工作之初一样纯净、幸福。

八是**童心**。永远以阳光的心态对待工作，对待孩子。用儿童的眼睛去观察，用儿童的耳朵去倾听，用儿童的大脑去思考，用儿童的情感去热爱，用儿童的兴趣去探寻。

2012 年 10 月 30 日

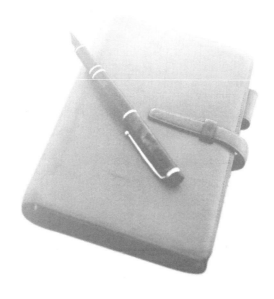

教海拾贝

——教育成果一览

一、教育文章

从 1984 年起，先后在《中国青年报》《光明日报》《中国教育报》《人民教育》《中学语文教学》《语文学习》《语文教学通讯》《中学语文教学参考》《课程·教材·教法》《教师之友》《教师博览》等数十家报刊发表各类教育文章数千篇。其中最具代表性的有：《中国呼唤教育家》《民主·科学·个性》《语文课应该成为学生思考的王国》《教育：科学，还是人文？》《共享：课堂师生关系新境界》《变"应试语文"为"生活语文"》《教育科研：警惕伪科学》《语文：请给学生以心灵的自由》《阅读：呼唤"人"的回归》《追求教育的真境界》……

二、教育著作

独 著

1.《青春期悄悄话》
2.《爱心与教育》
3.《走进心灵》
4.《从批判走向建设》
5.《教育是心灵的艺术》
6.《风中芦苇在思索》
7.《E 网情深》
8.《与梦飞翔》
9.《民主与教育》
10.《怦然心动》

11.《教有所思》

12.《李镇西与语文民主教育》

13.《心灵写诗》（一）

14.《心灵写诗》（二）

15.《与青春同行》

16.《听李镇西老师上课》

17.《做最好老师》

18.《做最好的家长》

19.《做最好的班主任》

20.《教育寻真》

21.《以心灵赢得心灵》

22.《李镇西和他的学生们》（1）

23.《李镇西和他的学生们》（2）

24.《李镇西和他的学生们》（3）

25.《李镇西和他的学生们》（4）

26.《李镇西班级管理日志》（高一上）

27.《李镇西班级管理日志》（高一下）

28.《李镇西班级管理日志》（高二下）

29.《追随苏霍姆林斯基》

30.《李镇西教育讲演录》

31.《我的教育心》

32.《善待杜郎口》

33.《我的教育思考》

34.《我的教学笔记》

35.《我这样做班主任》

36.《我的教育心路》

37.《我的书影漫谈》

38.《我的教育行走》

39.《我的社会教育观》

40.《亲·友·我》

41.《我的三位导师》

42.《给学生以心灵的自由》

43.《从教之路》

44.《语文教育札记》

45.《我的语文课堂》（上）

46.《我的语文课堂》（下）

47.《写给我的学生》

48.《教育可以这样表达》

49.《我的教育报告》

50.《恰同学少年》

51.《花开的声音》

52.《归真返璞说常识》

53.《老师教我当校长》

54.《缤纷人生教与学》

55.《彼此珍藏最温馨》

56.《每个老师都是故事》（1）

57.《每个老师都是故事》（2）

58.《每个老师都是故事》（3）

59.《给教师的 36 条建议》

60.《教育的智慧》

主　编

1.《李镇西茶馆——语文新课改：从思考到操作》

2.《把心灵献给孩子》

3.《每个孩子都是故事》

4.《给新教师的建议》

5.《民主教育在课堂》

6.《名片教师》

合　著

1.《班主任工作指导》
2.《中学生作文学》

三、教育经历

1982年2月—1991年1月：在四川乐山一中任语文教师兼班主任。

1991年2月—1997年6月：在成都玉林中学任语文教师兼班主任。

1997年7月—2000年9月：在成都石室中学任语文教师兼班主任。

2000年10月—2003年6月：在苏州大学攻读教育哲学博士。

2002年9月—2004年3月：在成都市教科所任教研员并担任成都石室中学兼职语文教师。

2004年3月—2006年7月：在成都市盐道街中学外语学校任副校长，同时担任语文教学及班主任工作。

2006年8月—现在：在成都市武侯实验中学任校长，期间担任班主任和语文教学工作。

从1985年起，先后应邀在大陆31个省、市、自治区以及澳门特别行政区的两百多个城市做各种教育学术报告数千场，上语文教学示范公开课百余堂。先后受聘为教育部国家级骨干教师培训班和四川省级骨干教师培训班学员做培训报告。

四、教育荣誉

曾获"全国优秀语文教师""全国中学语文学术领军人物""成都市十大优秀青

年""成都市有突出贡献的优秀专家""成都市教育专家""四川省中学语文特级教师""成都市首届十大教坛明星""全国优秀教育工作者""四川省教育系统优秀教育工作者""成都市优秀教育工作者""成都市劳动模范""成都市武侯区特级校长"等称号；享受成都市人民政府专家特殊津贴；2000 年被提名为"全国十杰教师"；2007 年被评为"2007 十大感动四川年度人物"；2008 年 9 月，赴乌克兰出席纪念苏霍姆林斯基九十诞辰国际学术研讨会，荣获乌克兰教育科学院所颁发的"学习和运用苏霍姆林斯基教育思想特别奖"；2014 年获"成都市十大改革创新人物奖"……

初版后记
感 谢 与 期 待

　　曾经有读者告诉我说，他发现我的文章和著作中使用频率最高的一个词是"心灵"。我回答道："10 年前的确如此。但最近 10 年以来，我用得最多的一个词可能是'民主'。"

　　从"心灵"到"民主"，其实并没有什么本质的不同。因为"民主"本身就是对"心灵"——实质上是对"人性"的关怀。因此，当《人民教育》编辑张新洲先生希望我用一个主题词来概括整合我近来的语文教育思考与实践的时候，我首先想到的就是"语文民主教育"。

　　我得坦率地承认，本书不是一个体系严密的学术专著，而是我近年来语文教育文字的一个总汇。不过，我认为"语文民主教育"，的确是贯穿我这几年语文教育实践和思考的灵魂。另外，我之所以不想采用理论框架式的写法，不仅仅是因为我捉襟见肘的学术功底使我对此心有余而力不足；更重要的是，自从读了陶行知、读了苏霍姆林斯基，散文化、随笔式的教育写作便成了我自觉的追求。拙著《爱心与教育》《走进心灵》《从批判走向建设》等出版后引起的反响、受到的欢迎，更使我坚定了这一追求。因此，与真正的教育著作相比，我把我的这些文字只看作教育素材——让理论家们去提炼升华吧！

　　我的每本著作的后记，都要写许多"感谢"，可能有读者会感到很"公式化"。但我要请读者理解并原谅——在我所有的"后记"中，"感谢"的确是"永恒的主题"。每当写完一本书，我总会想到一个个帮助过我、提携过我、激励过我的老师和朋友。比如此刻，我回头看着这些整理修改的文字时，那些值得我永远记住的名字便涌上心头，感激之情油然而生——

　　我要感谢于漪老师、欧阳代娜老师、洪镇涛老师、蔡澄清老师、陈钟梁老师、顾黄初老师、洪宗礼老师等我敬仰的前辈！本书收录了于漪老师和欧阳代娜老师分别为《我教〈荷塘月色〉》《我教〈在马克思墓前的讲话〉》写的课堂评点，这些文字本来是供刊物发表的，但因故最后没能发表，我感到很过意不去，但两位老师毫不介意，仍然一如既往地关注和关心着我。我至今珍藏着蔡澄清老师、洪镇涛老师、顾黄初老师给我的来信，我忘不了和陈钟梁老师在夜色的西湖边一边散步一边谈心的情景，忘不了我在洪宗礼老师办公室里聆听他教诲时那如坐春风的感觉……前辈们殷切的叮咛一直鼓舞着我。

我要感谢程红兵、韩军、程翔、李海林、高万祥、黄玉峰等杰出的同辈们！我以自己拥有他们这些真诚的同志和朋友而感到自豪。虽然我知道自己无论在哪方面都和他们有差距——论学识我不如红兵，论思辨我不如韩军，论教学我不如程翔，论学术我不如海林，论大气我不如万祥，论才华我不如玉峰……这绝对不是我的所谓"谦虚"！但我愿以他们作为我事业冲刺的标杆。与他们交往，我不但感到一种激励的力量，也感到一种来自朋友的温馨！每当在报刊上读到他们的文字，我总是如同自己发表了文章一样欣慰，同时在心里告诫自己：要努力啊！朋友们都在前进，你可别掉得太远了呀！

我要感谢《中学语文教学》《中学语文教学参考》《语文教学通讯》《语文学习》《人民教育》《语文建设》《语文世界》等编辑部的老师们！张蕾、史有为、张吉武、葛宇红、桑建中、刘远、温泽远、何勇、马蓓骊、任小艾、郑浩、聂进……正是他们特殊的"督促"，我对自己语文教育实践进行反思，并写成然后发表了一篇篇文章。都说编辑就是为他人做嫁衣裳，对于每一位为我的进步付出过辛劳的老师，我会永远铭记在心的。

我要感谢我的学生们！教师因学生而存在，没有学生就没有教师，更没有教师的成功。学生不但赋予我青春的激情，还参与我的语文教育实践，帮助我取得一次次进步！可以说，没有我的学生，就没有我今天的成绩。我这里要感谢的学生，当然包括了几年来我在全国各地上公开课时所面对的学生，是他们造就了我众目睽睽下的"辉煌"。尽管我可能再也不会给他们上课，甚至永远也不会在见到他们了，但孩子们纯真的面容，会永远印在我的脑海里。

我要感谢无数给我写信的读者朋友！虽然我和他们素不相识，但因为共同拥有教育的情怀，天各一方的同行便成了心心相印的同志。和这些读者的探讨、争鸣，也是我反思语文教育的方式之一，或者说不仅仅是他们的"请教"，也包括他们的质疑，帮助我更加深入地审视语文教育。

最后，我照例要感谢读到这本书的每一个读者，并真诚地期待着来自读者的批评！

2003 年 3 月于成都

修订附言

语文教育其实很朴素

去年，我接到中国教育报刊社副社长张新洲先生的电话，他希望我将十多年前出版的《李镇西与语文民主教育》修订再版，我谢绝了。因为我估计这本小书再版的意义不大。后来另外两家出版社也给我打电话，希望重做我的《李镇西与语文民主教育》，我意识到可能这本书还是有一定价值的。而且，我也不时接到一些老师的电话，问我："什么地方能够买到《李镇西与语文民主教育》？"

这就是这本书再版的原因。

既然要重做，那我还是决定交给张新洲先生做，因为十多年前，这本书就是他策划的；既然要重做，就不能简单地炒陈饭，而要进行认真的修订。

本书的大体框架没变，但相比起旧版本，本书主要有三个比较大的调整：第一，我赞同"一个人的精神发育史就是他的阅读史"的说法，因此在第一篇"我的成长之路"里，我删除了《从教育浪漫主义到教育理想主义》，而代之以《从"禁书"到"禁书"——我的阅读史》；第二，在第二篇"我的教育理念"里，我删除了明显过时的文字，而增加了一些新的篇章，尤其是《语文：让心灵自由飞翔》是对我语文教育理念形成与实践过程的梳理；第三，在课堂实录部分，我全部换成了近几年的课堂纪实以及反思。

让我得意的是，虽然我当了校长，但依然和语文课堂有着密切的联系：或固定在几个班上阅读课，或时不时给本校老师上示范课（我必须"示范"，否则，我愧为校长和语文特级教师），或给学生上选修课，或随时被邀请到哪个班去给孩子们上课……总之，我的语文教育实践和思考一直没有停止。

纵观我三十多年的语文教育经历，我想重申以下朴素的常识：

语文教育不只是"字词句段语修逻文"的训练，而是与人的精神、情怀、人格密不可分；但是，所谓"人文教育"必须落实于对每一篇课文乃至每一个字的咀嚼，包括必要的训练。离开了对语言文字的品味与运用，语文课就成了"思想品德课"或"主题班会课"。

有时候专门的学习与训练是必要的，但有效的语文教育是一种潜移默化的感染，是一种自然习惯的养成；而语文学习则是一种生活习惯，或者说一种生活方式的自然呈现。让学生的语文学习与日常生活水乳交融，应该是语文教师的追求。

语文课的魅力，就是教师本人的魅力。而教师本人的魅力更多的是人格与学识魅力。因此，语文教师应该具备学者视野、诗人激情。一个真正有学问与情趣的教师，无论他怎么教学，哪怕他有时候"满堂灌"，都叫"素质教育"。

备课时，教师对教材的钻研与挖掘越深越好；但是在课堂上，则应将课文深刻的思想内容和学生的生活打通，让他们轻松地感悟课文内容。任何脱离学生实际因而让学生不知所云的"精彩讲解""深刻分析"，都不过是教师的自言自语而已。

不要把课堂填得太满，留一些空间给学生，留一些空白给自己。教学的流程随课堂现场的情况而自然推进，教师"教"的思路和学生"学"的思路融为一体，教师和学生不知不觉地走进对方的心灵，同时也走进课文的深处。

哪有那么多"理念""模式"啊？语文教育其实很朴素的，因为语文本身就不需要任何花哨的标签。课堂上，领着学生读一读，议一议，问一问，说一说，练一练……其间妙趣横生、开怀大笑，或热泪盈眶、心灵激荡，就是很好的语文课了！

……

我越来越是一个"教育保守主义者"。继续实践与深入思考的结果，不是什么"创新"，而是回归——回到起点，归于常识。

最后，我要真诚感谢张新洲先生，感谢为这本书的再版付出劳动的编辑老师，更要感谢我的每一位读者！

2015 年 1 月 22 日于成都